글로벌 시대

관광학의 이해

강규선 저

An Introduction To Tourism

백산출판사

머리말

'고용 없는 저성장 시대'에는 성장 잠재력이 크고 고용창출 효과가 높은 관광산업에 주력하는 것은 이미 전 세계적인 현상으로 볼 수 있다.

특히 우리나라는 지난 해 11월 외래 관광객 입국 1,000만명 시대를 열었다. 이는 우리나라를 방문하는 외래 관광객 통계를 시작한 1955년 6월 이후 1978년 처음으로 100만명, 2000년 500만명 돌파 이후 12년만에 배로 늘어난 수치다. 최근 3년간 우리나라를 찾은 외래 관광객수의 증가율은 12.4%로 미국, 중국, 이탈리아 등 기존 관광대국에 비해 월등히 앞선 실적이며, 경제협력개발기구(OECD) 주요 국가 중 최고수준이다. 이는 국가위상의 변화와 최근의 한류열풍이 견인차가 됐음이다.

향후 외래 관광객 1,000만명 시대에는 양적 확대 못지않게 질적 성장도 동반해야 한다는 과제를 안고 있다. 문화체육관광부와 한국관광공사는 대규모 국제회의의 유치, 의료, 문화공연, 웨딩이벤트, 스키 등 고부가가치 관광상품개발에 주력할 것으로 알려지고 있다. 아울러 K팝 등 한류 열풍을 활용해 한국 관광의 이미지를 제고하고 궁극적으로 다시 찾고 싶은 대한민국을 만들어가는 다양한 정책적인 배려가 필요한 시점이다. 이제 우리나라도 글로벌 국가로의 도약과 국제적인 관광지 대열에 합류했다는 자긍심을 가질 때가 되었으며 앞으로 우리가 가진 '한국적인 매력'을 잘 활용하여 고품격 관광산업 체계를 지속적으로 만들어 나가야 할 것이다.

한류로 인한 국가 브랜드가치 상승 활용, 고부가가치 관광상품 개발, 개별 관광객 편의성 제고, 지방 관광 활성화, 관광 수용태세 개선 등을 통해 우리나라 관광산업의 질적 발전을 위해 노력해야 할 때가 현실로 다가선 것이다.

다만, 유럽 전역의 금융위기와 일본 엔저(低)현상이 지속되면서 관광산업은 물론 서비스산업 전반에 근심이 깊어지고 있다. 글로벌 경쟁시대에 반드시 극복해야 할 중차대한 위기가 도래한 것을 의미하는 것이다.

본 글로벌시대 관광학의 이해는 관광학을 처음으로 접하는 학생들의 이해를 돕기 위한 관점에서 출발하였다.

관광의 세계화, 글로벌시대를 맞이하여 진정한 관광의 의미를 살펴보고, 세계 및 우리나라 관광의 발전과정과 관광현상의 제효과를 살펴보았다. 그리고 무엇보다도 관광학을 전공하며 처음으로 접하는 학생들의 향후 진로결정에 작으나마 도움을 주고자 대표적인 관광산업인 호텔업, 여행업, 외식업, 국제회의업, 리조트 · 관광교통업의 의미를 개황 중심으로 살펴보았다. 끝으로 관광자원 개발의 이해와 관광마케팅 및 관광정책 · 관광행정의 이해, 관광과 서비스의 관계성을 살펴보았다.

개인적으로 휴양 콘도미니엄업, 관광호텔업, 일반여행업 등 다양한 분야의 현장에서 약20여년이 넘는 경험을 쌓았으나 그 경험을 바탕으로 본서에 모든 것을 옮기기에는 많은 제약과 본인의 능력에 분명 한계가 있었음을 솔직히 담고 싶다.

향후 더 많은 연구와 고민의 시간을 많이 갖고 다시 한번 본서가 새롭게 태어날 수 있는 계기를 만들고 싶다.

끝으로, 짧은 시간에 본서가 완성될 수 있도록 배전의 노력과 정성을 쏟아 주신 백산출판사 관계자 모든 분들께 진심으로 감사와 고마움을 표한다.

2013년 2월
저자 씀

차 례

제1장

글로벌시대 관광의 의미

발표 및 토론과제

- 관광의 어원에 대한 정확한 이해
- 관광의 정확한 개념 설명 및 중요성의 인식
- 관광의 유사개념과의 상호 관련성 및 차이점 이해
- 관광을 구성하는 기본요소에 대한 정확한 이해
- 관광의 학문적 성격에 대한 정확한 이해

제1절 관광의 기초개념

1. 관광의 어원

현재까지 밝혀진 관광의 어원으로서 가장 오래된 출처는 기원전 8세기경 중국 고대국가인 주나라에서 편찬되었다고 하는 역경(易經 : 오경의 하나로서 주역이라고도 부른다)을 들 수 있다. 이 역경의 "관(觀)"괘(卦)에 보면, "관국지광이용빈우왕(觀國之光 利用賓于王)"이라는 표현이 있는데, 이 "관국지광(觀國之光)"에서 "관광(觀光)"이라는 용어가 유래되었다고 전한다. 고대 중국 주나라 이후부터 관광이라는 어휘가 문집 등에 자주 인용되어 온 것을 보면, 이 용어는 그 후 세월이 지남에 따라 꽤 친숙한 문구로 자리잡아 온 것 같다.

그러나 당시의 '나라의 빛을 본다'는 관국지광(觀國之光)은 그 나라의 정치 · 경제 · 사회 · 문화 등 백성을 다스리는 정치제도를 살피는 것으로 해석, 「유람시찰일국지정책풍습위관광(遊覽視察一國之政策風習爲觀光)」, 즉 한 나라의 정책과 풍습을 유람하면서 시찰하는 의미로서의 '관국지광'임에는 이론이 없는 것 같다. 예를 들어, 3세기경 중국의 삼국시대에 위나라 조조의 아들로서 문재였던 조식이 "시이준걸래사 관국지광(是以俊傑來仕 觀國之光 : 이로써 재주와 슬기가 뛰어나고 어진 사람이 와서 벼슬을 살며 나라의 풍광을 본다)"라는 문구를 남겼다. 또 중국 당나라 시대에 오언율시에 뛰어났던 맹호연은 그의 저서 『맹호연집(孟浩然集)』에서 "하신우휴명 관광래상경(何辛遇休明 觀光來上京 : 어찌 다행히 시간을 내어 관광차 서울로 올라왔다)"이라는, 현대적 의미에 가까운 관광용어를 사용하였다고 한다.

한편, 관광이라는 용어가 언제 우리나라에 들어왔으며, 언제부터 친숙한 용어로 자주 인용되었는가에 대하여는 이제까지 별로 알려진 바 없다. 또한 언제 이 어구가 현대적 의미로 관광현상을 지칭하는 뜻으로 바뀌어졌는가에 대해서도 밝혀진 바 없다. 단지 역사기록을 참조해 볼 때 삼국시대부터 지식인들 사이에서 간간이 이 어구가 사용되었을 것으로 짐작되고 있으며, 특히 14세기 말, 즉 여말선초의 문헌에 자주 등장하고 있는 점에 주목할 따름이다.

신라 말기 대학자인 최치원의 계원필경속의 한 구절에는 "인백이천지관광육년명방미(人百已千之觀光六年銘牓尾 : 남이 백 번 하면 나는 천 번 해서 관광 6년만에 과거급제자 명단에 오르게 되었다)"라는 말이 기록되어 있는데, 여기서 '관광육년'이란 '중국에 가서 선진문물을 살피며 체류한 지 6년'이란 뜻으로 해석하고 있다.

고려시대에 들어와서는 두 건의 용례가 발견된다. 그 하나는 고려사절요인데, 고려 예종 11년(1115년)에 중국 송나라 임금이 우리나라 사신에게 "…觀光上國 盡把宿習… (관광상국 진파숙습 : 우리나라를 관광하여 구습을 전부 버리도록 하고…)"라고 교시하였다고 기록되어 있다. 다른 또 하나는 고려 말인 우왕 10년(1385년)에 당시의 유명한 문사였던 정도전도 '관광(觀光)'이라는 용어를 사용한 것으로 밝혀지고 있다. 정도전은 당시 그의 친구인 이숭인이 중국 북경에 하정사(시년하례 단장)로 떠난 뒤 그의 문집에서 이르기를, 명나라의 명을 받아 중국으로 간 그의 친구 이숭인이 그곳의 선진문물을 돌아보고 귀국하게 되면 자신은 그의 견문록 제목을 '관광집(觀光集)'이라고 붙여주겠노라고 서술하였다고 한다.

그 후 조선시대에 들어와서는 관광이라는 용어는 지식인 사회에서 아주 일반화된 용어로 자리잡은 것 같다. 조선 건국 직후인 태조 5년(1396년)에 도읍을 개경으로부터 지금의 서울인 한성으로 옮기면서 정도전, 조준 등은 신도읍지의 지명을 정하였는데, 서울 북부에 지금의 동에 해당하는 10개의 방을 설치하면서 그 중 한 방의 명칭을 "관광(觀光)"으로 정하였다고 조선왕조실록은 기록하고 있다.

우리나라에서 관광이라는 말이 오늘날과 같은 뜻으로 사용된 것은 제2차 세계대전 이후의 일이지만, 당초에는 국제관광만을 뜻하는 경향이 있었으나, 지금에 와서는 국제뿐만 아니라 국내도 관광이라 부르고 있다.

서구의 경우, 18세기 영국의 귀족 자재들이 일종의 통과의례로 유럽대륙(특히 프랑스와 이탈리아)을 몇 년에 걸쳐 수학여행을 하는 것을 두고 '그랜드 투어(grand tour)'라고 불렀다고 한다. 그리하여 '투어리스트(tourist)'라는 용어는 1800년에 사용되기 시작했으며, '투어리즘(tourism)'이라는 용어는 1811년에 「The Sporting Magazine」 잡지에 최초로 등장했다고 옥스포드 영어사전(Oxford Dictionary)은 밝히고 있다.

Tourism이라는 말은 영어로 '짧은 기간의 여행'을 뜻하는 tour의 파생어이고, tour라는 말은 라틴어의 도르래를 의미하는 tornus라는 말에서 유래한 것으로서 처음에는 순회여행을 의미했다고 한다.

따라서 tourism은 주유(周遊)를 의미하는 'tour'에 행동이나 상태 혹은 ~주의(主義) 등을 나타내는 접미어 '-ism'이 붙어 만들어진 말로서, 문맥에 따라서는 관광, 관광대상, 관광사업을 의미하기도 한다. 또 tour에 접미어 '-ist'가 붙어서 만들어진 tourist는 관광객을 의미한다. 이와 같은 투어(tour), 투어리스트(tourist), 투어리즘(tourism) 등의 용어가 일반적으로 사용된 것은 1930년대 이후의 일이라고 한다. 그 후 1975년부터는 모든 국제기구에서 관광의 영어적 표현을 tourism으로 통일하였다.

한편, 독일에서는 제2차 세계대전 이전에는 관광을 뜻하는 용어로서 'Fremden(외국의, 외국인)'과 'Verkehr(왕래 또는 교통)'라는 합성어인 'Fremdenverkehr'를 사용하였는데, 전후에는 Tourismus'로 바뀌었으며, 프랑스에서도 tourisme'이라는 용어를 사용하고 있다.

2. 여러 학자들의 관광에 관한 정의

관광의 정의는 역사적인 변천과정을 통하여 많은 국내외 학자들에 의하여 매우 다양하게 정의되면서 발전하여 왔다. 원래 관광연구는 경제학자들이 국제관광을 '무형의 수출(invisible export)'로서 주목함에 따라 그 연구가 시작되었는데, 최초 관광연구의 과제는 관광에 의한 경제효과를 측정하는 데 있었다. 여기서는 여러 학자들의 관광에 관한 여러 학제적인 연구 가운데서 대표적인 연구만을 소개하고자 한다.

1) 슐레른(H. Schulern, 1911년)

오늘날의 관광에 대한 가장 오래된 정의는 1911년에 슐레른이 정립한 내용으로, 그는 "관광이란 일정한 지구 · 주 또는 타국에 들어가서 머물다가 되돌아가는 외래객의 유입 · 체재 및 유출의 형태를 취하는 모든 현상과 그 현상에 관계되는 모든 사상, 그 중에서도 특히 경제적인 모든 사상을 나타내는 개념"이라고 했다.

2) 마리오티(A. Mariotti, 1927년)

로마대학의 마리오티는 1927년에 발간한 『관광경제학강의(*Leizioni di Economia*

Turistica)』에서 외국인 관광객의 이동에 따른 관광활동을 여러 가지 측면에서 다루고 있는데, 특히 관광의 경제적 의미를 강조하였다. 관광경제학강의의 사상적 체계를 완성하였고, 특기할 만한 것은 관광흡인 중심지의 이론이다.

3) 보르만(A. Bormann, 1931년)

관광론에 관한 연구가 왕성하였던 1930년대 독일의 보르만은 1931년 출판된 자신의 저서 『관광학개론(*Die Lehre von Fremdenverkehr*)』을 통해 "관광이란 직장에의 통근과 같이 정기적 왕래를 제외하고 휴양의 목적이나 유람, 상용 또는 특수한 행사의 참여나 기타의 사정 등에 의하여 거주지에서 잠시 떠나는 여행"이라고 하였다. 이러한 그의 주장은 현실적으로 관광현상에 대한 이론적 비판의 여지는 있으나, 전반적인 관광현상을 포괄적으로 수용하고 있다는 점에서 종합학문으로서의 관광이론 체계는 높이 평가되어진다고 하겠다.

4) 오길비(F.W. Ogilvie, 1933년)

영국의 오길비는 투어리스트의 이동에 관한 문제를 취급한 사람인데, 1933년에 그의 저서 『관광객이동론(*The Tourists Movement*)』에서 "관광하는 사람은 복귀할 의사를 가지고 일시적으로 거주지를 떠나지만, 1년 이상을 넘지 않는 기간 동안에 돈을 소비하되, 그 돈은 여행하면서 벌어들인 것이 아닐 것"이라고 하여 이른바 '귀한예정 소비설'을 주창하였다. 즉 오길비는 관광의 본질을 '타지에서 얻은 수입을 일시적 체재지에서 소비하는 것'에 있다고 본 것이다.

5) 그뤽스만(R. Glücksmann, 1935년)

그뤽스만은 볼만과 같은 시대에 활약한 독일의 관광연구자로, 관광론의 체계화를 시도하고 관광동기의 분류를 포함한 관광원인의 분류를 제시한 사람이다. 그는 1935년에 출판된 저서인 『일반관광론(*Allgemeine Fremdenverkehrskunde*)』에서 "관광이란 체재지에서 일시적으로 머무르고 있는 사람과 그 지역에 살고 있는 사람들과의 여러 가지 관계의 총체로서 정의할 수 있다"고 했다. 따라서 그의 주장에 따르면 관광연구의 접근범위는 지리학을 비롯하여 기상학, 의학, 심리학, 국민경제학, 사회학, 경영경제학 등의 학문분야까지 포함하는 것으로, 관광론은 관광에 관한 기초는 물론 원인과 수단 및 영향 등에 관해 광범위한 연구분야가 되어야 한다고 했다.

6) 훈지커와 크라프(1942년)

1942년에 훈지커(W. Hunziker)와 크라프(K. Krapf)가 공동으로 저작한 『일반관광학개요(*Grundriss der allgemeinen Fremdenverkehrslehre*)』에서 "광의의 관광은 본질적으로 외국인이 여행지에 머무르는 동안 일시적으로나 계속하여 주된 영리활동의 추구를 목적으로 정주하지 않는 경우로서, 외국인의 체재로부터 야기되는 모든 관계나 현상에 대한 총체적 개념을 의미한다"고 하였다. 이는 이제까지 단순한 개념보다는 새로운 개념으로의 전환을 기한 것이다.

7) 이노우에 만주소(井上万壽藏, 1961년)

일본의 관광학자인 이노우에는 그의 저서 『관광교실』에서 "관광이란 인간이 다시 돌아올 예정으로 일상생활권을 떠나 정신적 위안을 얻는 것이다"라고 하였다. 그는 정신적 위안이 관광의 본질이며 관광의욕이란 것은 정신적 위안을 구하는 마음이라고 했다.

8) 베르넥커(P. Bernecker, 1962년)

오스트리아의 베르네크는 1962년 그의 저서 『관광원론』에서 "상업상 혹은 직업상의 여러 이유에 관계없이 일시적 또는 개인의 자유의사에 따라 이동한다는 사실과 결부된 모든 관계 및 모든 결과를 관광이라고 명할 수 있다"고 하여 관광주체로서의 관광객의 역할을 중시하면서 '관광주체론'을 주창하였고, 관광현상 속에서 겸목적 관광을 인정하였다.

9) 메드상(J. Medecine, 1966년)

그는 "관광이란 사람이 기분전환을 하고 휴식을 하며, 또한 인간활동의 새로운 여러 가지 국면이나 미지의 자연풍경에 접촉함으로써, 그 경험과 교양을 넓히기 위하여 여행을 한다든가, 정주지(定住地)를 떠나서 체재함으로써 성립하는 여가활동의 일종이다"라고 정의하고 있다.

10) 일본의 「日本觀光政策審議會」 보고서(1969년)

"관광이란 자기의 자유시간(여가) 안에서 감상, 지식, 체험, 활동, 휴양, 참가, 정신적 고무 등의 생활변화를 추구하는 인간의 기본적 욕망을 충족시키기 위한 행위(레크리에이션)들 중에 일상생활권을 떠나 색다른 자연 및 문화 등의 환경 밑에서 행하고자 하는 일련의 행동이다"라고 정의하고 있다.

11) 쓰다노보루(津田昇, 1969년)

『국제관광론』에서 "관광이란 사람이 일상생활권을 떠나서 다시 돌아올 예정으로 타국이나 타지의 문물 및 제도 등을 시찰하고 풍경 등을 감상 · 유람할 목적으로 여행하는 것이다"라고 주장하였다.

12) 세계관광기구(UNWTO, 1982년)

국제적인 측면에서 관광에 관한 정의를 살펴보면 세계관광기구의 정의가 가장 권위 있는 것으로 알려져 있는데, 즉 "방문 주요 목적이 방문국 내에서 보수를 얻는 활동을 제외하는 것으로 1박 이상 12개월을 넘지 않는 기간, 거주지 이외의 나라에서 통상의 생활환경을 벗어나 여행하는 것"으로 정의되어 있어 공연이나 돈벌이 목적 이외의 상용여행도 포함시키고 있음을 알 수 있다.

13) 맥킨토시(R.W. McIntosh, 1986년)

"관광객과 다른 방문자들을 유치 · 접대하는 과정에서 관광객, 관광사업자, 정부, 지역사회 간의 상호작용으로 야기되는 현상과 관계의 총체"라고 정의하고 있다.

14) 시오다세이지(鹽田正志, 1987년)

"좁은 뜻의 관광이란 사람이 일상생활에서 떠나서 다시 돌아올 예정으로 이동하고, 영리를 목적으로 삼지 않고, 풍물을 가까이 하여 즐기는 것이며, 넓은 뜻의 관광이란 앞에 말한 행위에 의하여 일어난 사회현상의 총체인 것이다."

〈표 1-1〉 국내 · 외 학자 및 기관의 관광 정의

학자 및 기관	관광의 정의
슐레른 (H. Schulern, 1911)	일정한 지구(地區) · 주(州) 또는 타국에 들어가서 머물다가 되돌아가는 외래객의 유입 · 체재 및 유출의 형태를 취하는 모든 현상과 그 현상에 관계되는 모든 사상(事象), 그 중에서도 특히 경제적인 모든 사상을 나타내는 개념
마리오티 (A. Mariotti, 1927년)	외국인 관광객의 이동에 따른 관광활동을 여러 가지 측면에서 다루고 있으며, 특히 관광의 경제적 측면 및 그 의미를 강조
보르만 (A. Bormann, 1931년)	직장에의 통근과 같이 정기적 왕래를 제외하고 휴양의 목적이나 유람, 상용 또는 특수한 행사의 참여나 기타의 사정 등에 의하여 거주지에서 잠시 떠나는 여행
오길비 (F.W. Ogilvie, 1933년)	관광하는 사람은 복귀할 의사를 가지고 일시적으로 거주지를 떠나지만, 1년 이상을 넘지 않는 기간 동안에 금전을 소비하되, 그 금전은 여행하면서 벌어들인 것이 아닐 것. 다시 말해 거주지에서 취득한 금전을 의미하며 '귀환예정소비설'을 강조
그뤽스만 (R. Glücksmann, 1935년)	체재지(관광 목적지)에서 일시적으로 머무르고 있는 사람과 그 지역에 살고 있는 사람들과의 여러 가지 관계의 총체로서 정의
훈지커 & 크라프 (W. Hunziker & K. Krapf, 1942년)	본질적으로 외국인이 여행지에 머무르는 동안 일시적으로나 계속하여 주된 영리활동의 추구를 목적으로 정주하지 않는 경우로서, 외국인의 체재로부터 야기되는 모든 관계나 현상에 대한 총체적 개념
이노우에만주소 (井上万壽藏, 1961년)	인간이 다시 돌아올 예정으로 일상생활권을 떠나 정신적 위안을 얻는 것. 정신적 위안이 관광의 본질이며 관광의욕이란 것은 정신적 위안을 구하는 마음으로 정의
베르넥커 (P.Bernecker, 1962년)	상업상 혹은 직업상의 여러 이유에 관계없이 일시적 또는 개인의 자유의사에 따라 이동한다는 사실과 결부된 모든 관계 및 모든 결과를 관광이라고 정의. 관광주체로서의 관광객의 역할을 중시하면서 '관광주체론'을 주창
메드상 (J. Medecine, 1966년)	사람이 기분전환을 하고 휴식을 하며, 또한 인간활동의 새로운 여러 가지 국면이나 미지의 자연풍경에 접촉함으로써, 그 경험과 교양을 넓히기 위하여 여행을 한다든가, 정주지(定住地)를 떠나서 체재함으로써 성립하는 여가활동의 일종으로 정의
일본관광정책심의회보고서 (1969년)	자기의 자유시간(여가) 안에서 감상, 지식, 체험, 활동, 휴양, 참가, 정신적 고무 등의 생활변화를 추구하는 인간의 기본적 욕망을 충족시키기 위한 행위(레크리에이션)들 중에 일상생활권을 떠나 색다른 자연 및 문화 등의 환경 밑에서 행하고자 하는 일련의 행동으로 정의
쓰다노보루 (津田昇, 1969년)	사람이 일상생활권을 떠나서 다시 돌아올 예정으로 타국이나 타지의 문물 및 제도 등을 시찰하고 풍경 등을 감상 · 유람할 목적으로 여행하는 것으로 주장

학자 및 기관	관광의 정의
세계관광기구 (UNWTO, 1982년)	방문 주요 목적이 방문국 내에서 보수를 얻는 활동을 제외하는 것으로 1박 이상 12개월을 넘지 않는 기간, 거주지 이외의 나라에서 통상의 생활환경을 벗어나 여행하는 것"으로 정의하고 있으며 공연이나 돈벌이 목적 이외의 상용여행도 포함한 것이 특징
맥킨토시 (R.W. McIntosh,1986년)	관광객과 다른 방문자들을 유치 · 접대하는 과정에서 관광객, 관광사업자, 정부, 지역사회 간의 상호작용으로 야기되는 현상과 관계의 총체로 정의
시오다세이지 (鹽田正志, 1987년)	좁은 뜻으로 사람이 일상생활에서 떠나서 다시 돌아올 예정으로 이동하고, 영리를 목적으로 삼지 않고, 풍물을 가까이 하여 즐기는 것이며, 넓은 뜻으로 앞에 말한 행위에 의하여 일어난 사회현상의 총체로 정의

3. 관광의 개념

이상에서 소개한 여러 학자들의 관광에 대한 정의를 통해서 볼 때, 관광은 한마디로 집약할 수 없는 복잡한 사회현상이라 생각된다. 따라서 관광을 간단명료하게 정의한다는 것은 그리 쉬운 일이 아니다. 다만, 여러 학자들의 정의를 종합해서 관광개념을 규정한다 하더라도 가급적 일상적인 용어법에서 어긋나지 않도록 해야 하며, 일반적으로 누구나 쉽게 이해할 수 있는 현실적 감각에 따른 개념정의가 바람직하다고 생각된다.

사실 관광이 인간생활의 여러 가지 요소들이 종합되어진 사회 · 문화적 현상으로 인식되고, 그에 따라 하나의 사회과학으로 영역을 찾아가고 있는 것은 최근의 일이라고 본다. 관광이 아직 하나의 학문으로 인정받기에는 많은 부문에서 미진한 점이 있고, 위에서 소개한 바와 같이 한마디로 정의를 내릴 만큼 학자들 간에 합의도 도출되어 있지 않다.

하지만 지금까지 학자들에 의해 논의된 관광의 정의를 종합해 보면, 관광은 변화를 추구하려는 인간의 욕구로 인하여 자기의 생활범주를 벗어나 새로운 환경 속으로 이동하는 행위로서 심신의 변화를 추구하고 다시 일상생활로 돌아올 때까지 변화된 여러 환경을 즐기는 인간활동의 일체를 의미한다고 하겠다.

다시 말해서 관광은 인간이 일시적으로 반복되는 일상생활을 벗어나지만, 다시 그 일상생활로 복귀할 것을 전제로 다른 지역의 제도 · 풍습 · 자연 등을 감상하며 배우고 견문하는 행위를 총칭한다. 그리고 넓은 의미에서는 여기에서 파생되는 여러 산업적 효과와 정치 · 경제 · 사회 · 문화 · 기술 등의 여러 환경적인 효과를 관광의 범주에 포함시키기도 한다.

따라서 본서에서는 관광을 다음과 같이 정의내리고자 한다.

"관광이란 사람이 일상생활권에서 떠나, 다시 돌아올 예정으로 이동하여 영리를 목적으로 하지 않고, 휴양 · 유람 등의 위락적 목적으로 여행하는 것이며, 그와 같은 행위와 관련을 갖는 사상의 총칭이다." 따라서 일상생활권(정주권)을 벗어나는 이동의 전제성과 반드시 다시 회귀하여야 하는 회귀의 전제성, 어느 정도 원거리이어야 하고 24시간 이상 체류하여야 함과 1년 이내에 일상생활권으로 반드시 회귀해야 한다는 전제성을 놓고 볼 때 아래와 같이 관광의 개념도를 구성할 수 있다.

[그림 1-1] 관광의 개념도

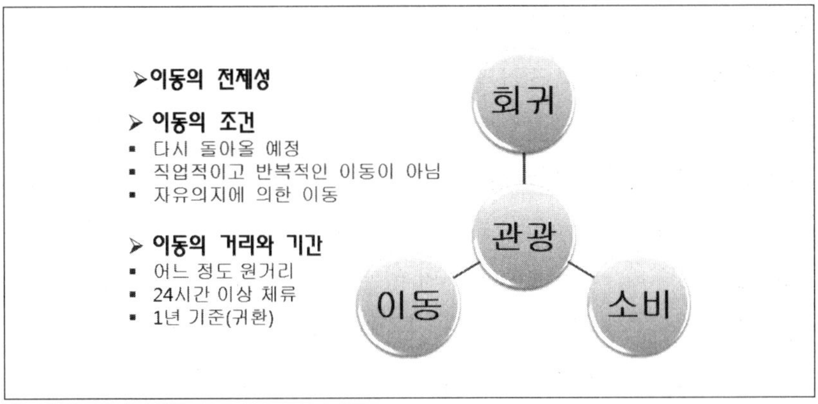

4. 관광의 중요성

관광은 현대사회에서 국민 모두가 관심을 가지고 있고 또 실제로 참여하고 있는 여가문화활동의 하나로서 점차 그 중요성을 더해가고 있다. 예를 들어, 주말이면 관광을 하기 위해 도시를 탈출하여 고속도로를 메우는 승용차 행렬을 통해서도 알 수 있듯이, 이러한 현상은 현대사회의 인간생활에서 관광이 차지하는 비중을 입증해주고 있다고 하겠다. 어떠한 이유로 관광이 인간의 삶 속에서 이렇듯 중요성을 띠고 있을까 하는 의문은 관광이 가지는 기본적 성격을 이해했을 때 보다 명확히 되어질 것이다.

일차적으로 관광은 외래관광객이 소비하는 관광외화획득이라는 경제적 효과의 측면에서 이해하는 것이 필요하다. 이 때문에 세계 각국은 관광을 국가전략산업으로 육성하고 있다. 더불어 관광은 국제화·세계화로 가는 우리나라 국가사회 발전에 핵심적인 역할을 수행하는 국제교류활동으로서, 국민적 참여를 통해 한국과 세계를 하나로 연결시키는 문화행동이다. 오늘날 관광은 국제교류를 통한 국제친선 도모 및 세계평화에 기여하는 민간외교적 효과까지도 창출한다.

그래서 오늘날 서양사람들은 관광산업을 일컬어 '굴뚝 없는 수출산업', '교실 없는 교육', '언론 없는 통신', '의전 없는 외교'라고 국민들에게 홍보하면서 일석사조의 효과를 갖는 주요한 산업이라고 선전하고 있는 것이다.

이와 같은 중요성을 지니는 관광의 이념으로서는 자유성, 평등성, 행복성, 평화성, 교육성, 인간성 회복 등으로 요약할 수 있겠다.

관광은 구속에서 해방되고 자유롭게 이동하는 차원에서 자유성에 기초한다. 따라서 거주·이전의 자유는 일반적 자유권으로서 인간의 자유로운 이주 및 이동을 보장하는 자유권적 기본권이다. 따라서 이동뿐만 아니라 자유롭게 휴식할 수 있는 여가의 자유가 보장되어야 하고, 미래의 사회복지관광에 따른 공공복리에 적합한 자유의 분배 또한 있어야 한다. 이는 모든 국민의 행복권과 자유롭게 여행할 수 있는 자유권과 여행권을 보장하고 이를 위하여 국가는 지원을 아끼지 않음을 뜻한다.

또한 관광은 모든 사람에게 기회가 균등하게 주어진다는 차원에서 평등성에 근거하여 행해지고 있다. '관광헌장'에서는 "모든 국민은 관광할 수 있는 권리를 가진다. 관광할 수 있는 여행의 권리는 어떤 조건에 있어서도 평등한 기회와 이용의 기능을 가진다"고 규정하고 있다.

한편, 구속에서 해방되어 빛을 본다는 것은 인간이 추구하는 지고지선의 행복을 의미한다. 또한 관광이 교류를 통하여 상호 이해를 증진시킨다고 하는 것은 관광을 통해 인류평화에 기여할 뿐만 아니라 남을 이해하고 또 교류함으로써 상호 배우는 교육성을 가진다. 따라서 관광이라는 여가활동을 통하여 균형된 삶을 찾을 수 있으며, 심신을 단련시키고 결국은 인간성회복에도 기여하게 되는 것이다.

제2절 관광의 유사개념 및 상호관련성

관광과 유사하거나 상호 관련성을 가진 개념은 많다. 이 중에서도 여가와 레크리에이션 또는 위락, 행락, 놀이, 여행 등 유사개념은 우리들의 일상 생활주변에서 자주 사용되는 관계로 각 개념에 대한 사회적 가치가 부여되어 버린 경우가 많다. 개념의 본질 자체가 변질되어 비속화 혹은 미화된 경우가 많기 때문에 더욱 그 개념의 실체를 파악하기는 어렵다. 더욱이 개념 자체가 정의되어 있더라도 시대에 따라 또는 사회계층 · 종교 · 직업 등의 사회환경에 따라 계속 변천하고 있기 때문에 용어 자체가 지니는 의미 자체를 지속적으로 유지시키는 것조차 어렵다고 본다.

그러나 유사개념 자체의 명확한 정립은 앞으로 관광현상의 학문적 연구, 나아가 관광의 학문적 체계확립의 선결조건이라고 생각되므로 여기서는 먼저 유사개념들의 본질을 파악해 보고 이를 다시 관광이라는 개념과 상호 대비시켜 그 상관성을 규명해 보기로 한다.

[그림 1-2] 관광 · 여가 · 레크리에이션의 연관성

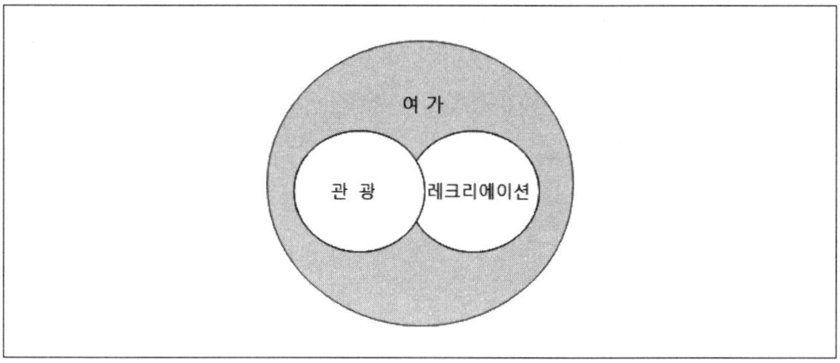

1. 여가

1) 여가의 정의

우리가 정의하고자 하는 용어 중 가장 포괄적이고 다의적 의미를 지닌 것이 바로 여가(leisure · 레저)란 개념이며, 개념규정에 가장 어려움이 뒤따르는 것이 바로 이 개념이다.

레저(leisure)의 어원은 고대 그리스어의 스콜레(scole)란 말에서 유래되었다고 한다. 스콜레란 두 가지 의미가 있다고 전해지고 있는데, 첫째는 여분의 시간, 둘째는 영어의 스쿨(school)의 어원으로서 연구, 연습, 놀이 등을 뜻한다고 한다. 레저의 어원이 스콜레라고 말하여지는 것은 레저가 본래 문화를 창조하는 활동을 뜻하고 있기 때문이다.

또한 레저는 프랑스어의 리세레(licere)란 말에서 유래되었다고 전해지고 있다. 이 말의 뜻은 '허락받는다', '자유로운' 등의 의미를 가진다. 리세레로부터는 다시 프랑스어로 로와지르, 영어로는 라이센스(license)라는 말이 파생되었다고 한다. 이는 원래 '노역의 면제', '공직의무의 면제'를 의미하고 있기 때문에 말하자면 '작업이나 업무 등과 같은 일로부터 면제되어 자유로이 할 수 있는 휴양이나 레크리에이션과 같은 활동을 할 수 있는 시간을 의미한다.

〈표 1-2〉 여가의 개념 분류와 내용

분 류	내 용
시간적 개념	인간에게 주어진 하루 24시간 속에서 생명유지와 노동에 필요한 시간을 제외한 나머지 시간, 즉 잉여시간은 또는 자유재량적 시간의 관점에서 여가를 이해하고자 하는 것.
활동적 개념	시간적 토대 위에서 여가를 이해하고자 하는 관점으로, 개인의 생활만족과 삶의 질을 추구하고자 선택하는 활동으로 규명되며 여기에는 수면, 식사, 노동과 같은 정례화된 활동이 아닌 것을 의미.
상태적 개념	정신 · 영적 상태를 의미하며, 자유정신, 자유의지로서의 여가를 강조한 개념으로 이는 매우 주관적인 개념.
제도적 개념	여가의 본질을 노동, 결혼, 교육, 정치, 경제 등의 사회제도의 상태나 가치관의 맥락에서 규명하고자 하는 개념.

자료 : 김광근외, 최신 관광학, 백산출판사, 2007, p.40

일반적으로 여가라고 하면 그 개념 속에는 '시간'개념과 '활동'개념이 함께 포함되어 있다. 먼저 시간개념으로서의 여가에는 하루 24시간이라는 전체 생활시간 가운데서 식사 · 수면 등의 '생리적 필수시간'과 노동 · 가사 등의 구속시간을 빼고 남은 시간 즉 잉여시간이라는 소극적인 의미와, 의무나 구속으로부터 해방되어 자신의 자유재량에 맡겨진 자유로운 시간, 즉 좀더 적극적인 의미의 두 가지 정의가 포함되어 있는 것이다.

여기서 자유시간은 사람이 자신의 자유로운 선택에 의해서 쓸 수 있는 구속받지 않는 시간이므로 사람이 그와 같은 시간을 어떻게 쓸 것인가에 따라 그 시간의 의미는 여러 가지로 달라질 수 있다. 그와 같은 의미에서 볼 때 활동개념으로서의 여가의 의미는 시간개념으로서의 여가의 내용이 어떠한 활동이냐라는 활동내용의 질에 따라 분류되어질 수 있다.

따라서 활동개념으로서의 여가에는 자유시간에 행해지는 자유로운 활동이라는 형태로서 '자유'를 강조하는 뜻과 자유시간에 행해지는 창조적인 활동이라는 형태로서 '창조성'을 강조하는 뜻의 두 가지의 의미가 포함되어 있는 것이다. 전자에는 가끔 활동의 내용이나 기능 등이 열거되어 휴식, 기분전환 그리고 자기실현을 위해 임의로 행하는 활동의 총체라고 정의할 수 있겠고, 후자는 은연중에 뭔가 규범적인 가치를 부여한 정의라고 말할 수 있겠다.

이와 같은 경우의 입장은, 경우에 따라서는 여러 가지 입장이 있을 수 있겠으나, 대표적인 예가 창조성을 강조하는 정의라고 말할 수 있겠다. 그와 같은 경우 여가란 단지 잉여시간이나 자유로운 상태를 말하는 것이 아니라 독자적인 가치를 창조하는 행위로서 가치창조 · 문화창조의 행위를 뜻하는 것이 된다.

이상에서 살펴본 바와 같이 여가는 여분의 시간이지만, 있어도 없어도 좋다는 잉여시간을 말하는 것이 아니라, 노동을 위하여 혹은 노동을 포함한 인간생존에 불가결한 의미를 갖는 것으로, 자기재량으로서 자유로이 처분하고 자기향상을 도모하는 기회라는 보다 적극적이고 전진적인 의미를 내포하고 있다.

2) 여가의 기능

활동개념으로서의 여가에는 자유시간에 행해지는 자유로운 활동이라는 형태로 '자유'를 강조하는 뜻과, 자유시간에 행해지는 창조적인 활동이라는 형태로서 '창조성'을 강조하는 뜻의 두 가지 정의가 포함되어 있다고 앞에서 설명한 바 있다. 그렇지만, 일반적으로 활동개념으로서의 여가는 자유시간에 행해지는 자유로운 활동이라는 형태로서 '자유'를 강조하는 뜻에서 사용되는 경우가 많은데, 이럴 경우 여가의 기능으로서 휴식, 기분전환, 그리고 자기계발 등이 열거된다. 그러므로 여기서는 이와 같은 여가의 기능에 관하여 살펴보기로 한다.

(1) 휴식 기능

휴식은 피로를 회복시킨다. 이런 면에 있어서 여가는 일상생활, 특히 근로생활에서 기인하는 압력에 의해서 가해진 육체적 · 정신적 마멸을 회복시킨다. 오늘날 노무는 상당히 경감되어 왔을지는 모르나, 노동밀도의 증대, 생산공정의 복잡화, 대도시 지역에 있어서 통근거리의 장거리화 때문에 근로자는 아무 일도 하지 않은 채 있는다든지, 또는 조용히 여유 있게 쉬는 것이 점점 긴요해지고 있다. 그런 필요성은 특히 경영관리층에서 더욱 절실하다.

(2) 기분전환 기능

기분전환은 인간을 권태로부터 구출한다. 세분화된 단조로운 작업은 노동자의 인격에 나쁜 영향을 가져온다. 그리고 현대인의 소외감은 일종의 자기상실의 결과에서 오는 것이기 때문에, 일상적인 세계로부터 탈출의 필요성이 생기게 된다. 이와 같은 탈출은 지역사회의 법률적 · 도덕적 규율을 범하는 형태를 취하는 경우도 있고, 다른 한편에서는 사회병리적 요소를 포함하게 되기도 한다.

그러나 반대의 입장에서 보면, 그것은 평행유지적 요인이 되고, 사회적으로 필요한 수련이나 규율을 지켜나가는 하나의 수단이 되기도 한다. 그 곳에서 기분전환을 시켜 보상적 경험을 추구한다든가, 일상적 세계와 격리된 세계로 도피한다든가 하는 행동이기도 하다. 현실의 세계에서 탈출을 하게 되면, 장소나 리듬이나 스타일의 변화 추구(여행, 유희, 스포츠)가 된다. 탈출이 가공의 세계(영화, 연극, 소설)로 향하게 되면 등장인물에 자기를 투사하고, 주인공과 자기를 동일시하여 그 기분을 즐기는 등의 행동이 나타난다. 이는 공상적 세계에 의존하여 공상적 자아를 만족시키려고 하는 행동이다.

(3) 자기계발 기능

자기계발은 자기의 능력을 발전시키는 것이다. 여가는 일상적 사고나 행동으로부터 개인을 해방시키고 보다 폭넓고 자유로운 사회적 활동에의 참가나 실무적이고 기술적인 훈련 이상의 순수한 의미를 가진 육체 · 감정 · 이성의 도야를 가능케 한다. 유희단체 · 문화단체 · 사회단체에 자발적으로 가입하여 활동하는 데에 여가의 계발적 기능이 나타난다. 학교교육에서 채워졌다고는 하지만, 사회가 끊임없이 진보해지고 복잡해져 감에 따라 시대에 뒤떨어지기 쉬운 지식능력은 여가를 통하여 다시 한번 자유로이 뻗어나갈 기회가 주어진다. 또한 옛것이나 새로운 것을 불문하고 여러 정보원(신문 · 잡지 · 라디오 · TV)을 적극적으로 이용하는 태도도 키워나간다.

여가는 평생 계속하는 자발적인 학습의 형태를 낳게 하고, 새로운 창조적인 태도의 형성을 돕는다. 의무적 노동으로부터 해방되어 개인은 스스로 선택한 자유로운 훈련을 통하여 개인적 · 사회적인 생활형태 가운데서 자아실현의 길을 펼쳐 나가는 것이다. 이러한 여가이용은 기분전환적인 이용만큼 일반적인 것은 아니지만, 대중문화 일반에서 본다면 대단한 중요성을 가진다.

이상의 세 가지 기능은 흡사 대립하고 있는 것처럼 보이기도 하지만, 상호간에는 밀접한 관련을 가지고 있다. 실제로 이들은 각 개인이 처해 있는 상황에 따라서 정도의 차이는 있어도 모든 사람들의 일상생활에서 거의 인정되고 있다. 또한 이 세 가지 기능은 계기적 관계에 설 경우가 있는가 하면, 공존하고 있는 때도 있다. 순차적으로 기능하는 때도 있고, 동시적으로 작용할 때도 있으며, 또한 중층적으로 작용할 때도 있어서 각각 분리하기가 어렵다. 각 기능은 보통 하나의 우월적 요소로 존재함에 지나지 않는다.

프랑스의 사회학자 듀마즈디에(J. Dumazedier)는 여가를 '휴식', '기분전환', '자기계발'과 같은 세 가지 기능을 가진 활동의 총칭으로 파악하면서, "여가란 개인이 직장이나 가정 그리고 사회로부터 부과된 의무에서 벗어났을 때에 휴식을 위하여, 기분전환을 위하여, 혹은 소득과는 관계없는 지식이나 능력의 배양 및 자발적인 사회참여와 자유로운 창조력의 발휘를 위하여, 오로지 임의적으로 행하는 활동의 총체"라고 정의했는데, 이 정의는 이해하기 쉬운 설명이어서 오늘날 널리 이용되고 있다.

〈표 1-3〉 여가기능과 관광의 기능

여가기능	관광의기능
▪ 휴 식 (공간활동이 이루어지지 않는 경우도 있음) ▪ 기분전환 ▪ 자기계발	▪ 여행(공간이동)을 수반한 휴식 · 휴양 ▪ 비 일상적인 환경에서 해방감과 기분전환 ▪ 지식과 전문확대 ▪ 자기확대와 과거실현으로 이어지는 자기계발기능

자료 : 김광근외, 최신 관광학, 백산출판사, 2007, p.41

2. 레크리에이션

레크리에이션(recreation · 위락)은 그것이 개인이나 집단에 의해서 여가 중에 영위되는 활동이고 그 활동으로 인하여 얻어지는 직 · 간접적 이득 때문에 강제되는 것은 아니며, 그 활동 자체에 의하여 직접적으로 동기가 주어진 자유롭고 즐거운 활동이다.

레크리에이션은 라틴어의 recreate에서 유래한 말로서 기분을 전환하다(refresh)와 저장하다(restore)의 의미를 가진 것으로 인간을 재(re)생(creation)시키고, 인생에 활력을 회복시키며, 또한 이것은 노동과 더 많은 관련이 있는 사회기능적이고 교육적인 것이다. 그라지아(Grazia)는 이를 "노동으로부터 인간이 휴식을 취하고 기분전환을 하고 노동 재생산을 위한 활동"으로 정의하고 있으며, "각 개인이 자발적으로 행하여 그 행위로부터 직접 만족감을 얻어 즐길 수 있는 모든 여가의 경험"으로 인식하고 있다.

따라서 여가와 레크리에이션의 관계는 전자를 시간개념으로 보고 후자를 활동개념으로 보려는 견해가 지배적인데, 레크리에이션은 사회적인 편익을 증진하고자 조직되는 자발적 활동으로서 다음과 같은 특징을 지닌다.

① 레크리에이션은 육체, 정신 및 감정의 활동을 표현하기 때문에 단순한 휴식과 구별된다.
② 레크리에이션의 동기는 개인적 향락과 만족의 추구이므로 노동의 동기와 구별된다.
③ 레크리에이션은 선택의 범위가 무한정하기 때문에 수많은 형태로 나타난다.
④ 레크리에이션은 자발적 의사에 의해 참여한다.
⑤ 레크리에이션은 여가시간에 행해지는 활동이다.
⑥ 레크리에이션은 시간, 공간, 인원 등의 제한이 없고 실행과 탐색이라는 보편성을 지닌다.
⑦ 레크리에이션은 진지하며 목적을 가지고 행하여진다.

이러한 점에서 레크리에이션은 여가시간에 영위되는 자발적 활동의 총체로서 여가의 하위개념이라고 하겠다.

여가와 레크리에이션의 차이점을 좀더 상세히 살펴보면, 여가는 포괄적이고 덜 조직적이며 개인적인 동시에 내적 만족을 추구하는데 반하여, 레크리에이션은 범위상 한정적이고 비교적 조직적이며 동시에 사회적 편익을 강조하고 있다. 또한 여가가 보통 시간의 기간이나 마음의 상태를 말하는데 비해 레크리에이션은 공간에서의 활동을 가리킨다. 나아가 여가가 쾌락과 자기표현을 위한 것이라면, 레크리에이션은 활동과 경험의 직접적 결과로서 발생한다.

레크리에이션과 관광의 차이점은 시간과 활동공간의 차이에 있다고 하겠다. 관광도 넓은 의미에서는 레크리에이션활동의 하나이지만, 그러나 관광은 일상거주지와는 멀리 떠나는 활동이라는 데에 차이점이 있다. 비교적 관광은 이동의 거리가 멀고 시간적으로도 길지만, 레크리에이션은 일상공간의 주변에서도 일어난다. 물론 관광은 일상거주지를 떠나 다시 일상생활권으로 돌아오기까지의 전과정에서 일어나는 수많은 복합적인 현상이며 그 영향이 크다는 특징을 가지고 있기도 하다.

〈표 1-4〉 레크리에이션과 관광의 차이점

구 분	레크리에이션	관 광
대상 선택	거주지로부터 시 · 공간적 범위의 제약	공간적 이용 대상의 선택범위가 광범위(전세계적)
시 간	비교적 단기적	중 · 장기적 (대개의 경우 1일 이상 소요)
시설의 질 및 제약 정도	시설의 제약을 받으나 시설에 대한 품질의 요구정도는 낮음	시설의 제한성은 비교적 낮으나 시설의 질이 비교적 고급
주요 성격	후생적 대상 사회적 목적이 우선 재생 · 사회편익이 우선	경제적 행위의 대상 자유 · 내적 만족 개인의 목적이 강조
일상생활권의 여부	일상생활권내에서도 이루어짐	일상생활권에서 탈피

자료 : 김광근외, 최신 관광학, 백산출판사, 2007, p.40

3. 놀이

놀이(play)라는 개념도 여가 및 레크리에이션과 더불어 관광과 밀접한 관련성을 가진다고 하겠다. 인간을 놀이하는 존재, 즉 '유희하는 인간(Homo Ludens)'으로 보는 호이징하(John Huizinga, 1955)나 그 비판적 계승자라고 할 수 있는 카이요와(Roger Caillois, 1994)는 놀이를 인간의 본질이며 동시에 문화의 근원으로 파악하고 있다. 이들의 견해에 따르면, 문화가 놀이의 성격을 상실하게 되면 마침내 문화는 붕괴의 길을 걷게 된다고 한다. 특히 호이징하는 놀이를 인간의 본질, 나아가 문화의 근원으로 파악하고, 놀이의 본질과 그 표현 형태를 인류역사의 전과정 속에서 파악한 후 놀이가 문화를 만들어 내며 또한 그것을 지속시킨다고 결론짓고 있다. 호이징하는 놀이의 특성으로서 다음 네 가지를 들고 있다.

① 인간의 자발적 자유의사에 의해 행해진다.
② 일상생활의 막간에 이용되며 탈일상적이고 사심이 없다.
③ 전통화 · 반복화라는 지속성을 가지며, 놀이공간으로 미리 구획되어진 공간에서 행해진다.
④ 게임이 끝나면 놀이집단은 영구히 내집단화되어진다.

한편, 카이요와(Roger Caillois)는 놀이의 기준 또는 특성으로서
① 참가의 자유
② 일상생활로부터의 격리
③ 과정과 결과의 불확실성
④ 생산성을 목적으로 하지 않음
⑤ 규칙의 지배
⑥ 가상성 등 6가지를 들고 있다.

이와 같은 놀이의 특성을 볼 때, 그것이 곧 여가의 한 형태로서 자유의사에 근거한 활동인 것은 틀림없지만, 질서 · 규칙 · 전통화 등의 관점에서 보면 레크리에이션 또는 관광과 개념적으로 다름을 알 수 있다.

그러나 놀이는 또한 관광과 여러 가지 공통적인 측면도 없지 않다. 그레번(Graburn, 1983 : 15)은 그 공통속성을 다음과 같이 지적한다.

"인간의 놀이는 관광에서 말하는 여행이라는 요소를 갖고 있지는 않지만, 관광이

지닌 여러 속성을 공유한다. 즉 놀이가 지닌 정상규칙으로부터 이탈, 제한된 지속성, 독특한 사회관계, 그리고 터너(Turner)가 유동(flow)이라고 이름한 몰입과 열중성을 지닌다. 관광과 마찬가지로 놀이로서 게임은 일상생활의 구조와 가치관과는 다르면서도 그것을 강화시켜 주는 의례(rituals)인 것이다."

4. 여행

여행(travel)은 의미 그대로 어떤 수송수단을 통해서든 한 장소에서 다른 장소로 이동하는 행위로서 목적이나 동기에 관계없이 모든 이동행위를 일반적으로 지칭할 때 사용하는 포괄적인 개념이다. 여행은 그 본질이 이동이라는 점에서 다른 개념들보다 관광과 더욱 밀접한 관계를 가진다. 그래서 여행과 관광은 동의어로 착각될 만큼 현실사회에서 혼용되기도 한다. 특히 우리나라에서는 통속적으로 관광의 의미를 이동, 즉 교통과 가장 밀접히 관련시켜 보는 경향이 강하다.

관광은 본질적으로 여행의 한 형태라고 본다. 따라서 여행은 대체로 다음과 같이 정의된다. "여행자는 출발의 원점으로 되돌아오거나 그렇지 않아도 되며, 어떤 목적을 가지고 여하한 교통수단에 의존하여 한 장소에서 다른 장소로 이동하는 행위"로서 관광과는 관계없이, 뚜렷한 목적이나 동기에 관계없이도 행하여지는 것이다. 이와 같이 오늘날 이 travel(여행)은 단순형태의 여행을 가리킬 때 사용하는 개념이다.

5. 관광현상 및 인접개념과의 관련성

이상에서 우리는 인접개념들 중 비교적 중요하다고 생각되는 여가 · 레크리에이션 · 놀이 · 여행 등의 본질을 포괄적으로나마 파악하여 보았다. 그런데 이들 유사개념들은 우리가 논의삼는 관광이라는 현상과 종횡으로 연관되어 서로간의 명확한 상관관계를 밝히기가 어렵다. 최근에는 이들 개념들 간의 상호관련성에 대해 많은 연구들이 나타나고 있으나, 인접개념 간의 유사성과 관광현상의 개념적 실체를 명료하게 파악하기에는 부족한 점이 많아 보인다.

관광과 인접 유사개념 간에는 공통성과 상이성을 동시에 가지고 있기 때문에 각자를 따로 분리시켜 적절한 개념정의를 내리기는 결코 쉬운 일이 아니다. 그러나 위의 논의를 바탕으로 하여 각 개념들의 고유특성을 분명히 밝혀봄으로써 관광의 실체가 무엇인가를 파악해 보고자 한다. 이는 기초이론의 확립을 위해서는 반드시 극복해야 할 연구과제로 보기 때문이다.

먼저 관광과 레크리에이션(위락)의 차이점은 무엇인가? 그 차이는 종류의 문제라기보다는 오히려 정도의 문제이다. 레크리에이션 특히 야외레크리에이션은 —골프 · 스키 등의 스포츠에서 볼 수 있듯이— 성격상 관광보다 역동성(dynamism)과 신체적 노력(physical exertion)의 정도가 더 크다. 또한 레크리에이션은 관광보다 육체적 또는 정신적 회복이라는 목표추구의 정도가 더 크며, 역내(intra)란 의미가 강하다. 반면에 관광은 레크리에이션이나 여가보다 견문획득을 통한 지식의 향상, 혹은 자기계발(self-enlightenment)이라는 성취욕구 성향이 더 크다고 볼 수 있다.

관광이 여가나 레크리에이션(특히 야외위락)과 크게 다른 점은 '상당한 정도의 거주권역 이탈(displacement)'이라는 공간이동성에 있다. 옥외 혹은 야외라는 개념도 역시 어느 정도의 공간적 이탈을 전제하고 있지만, 문자 그대로 '문 밖'이면 충분한 것이지 자신이 거주하는 지역사회를 상당히 이탈하여 이역 또는 이국문화 환경을 접촉한다는 의미는 시사해 주지 않는다.

그러나 다른 문화나 다른 환경을 접촉할 수 있는 상당한 거리의 이동이라고 해서 관광을 이주(imigration)와 혼동해서는 안된다. 이주는 회귀를 전제하지 않는 영구체류를 목적으로 한다는 점, 그리고 유흥목적의 이동이 아니라 생계목적의 이동이라는 점에서 다르다.

이동이라는 점에 관한 한, 관광은 여행(travel)과 같은 부류에 속한다. 그래서 흔히들 관광을 여행과 동일시하는 경향도 적지 않다. 관광이라는 개념 속에는 여행 등 온갖 뉘앙스가 뒤섞여 있어 실체화에 어려움이 있다고 보아 미국여행통계센터(USTDC) 같은 기관은 아예 관광이라는 용어를 쓰지 않고 여행이라는 용어로 일관해 오기도 하였다(Frechtling, 1976).

그러나 앞에서도 밝혔지만, 서로간에 분명히 다른 점은 여행이라는 개념은 단지 이동이라는 현상만을 그 속성으로 하고 있을 뿐, 목적이나 동기를 전제하지 않는다는 것이다. 즉 여행이란 개념은 관광과 같이 유흥이나 위락을 목적으로 하거나 자기발전을 기하는 것이 아닌, 행위목적이나 행위동기를 묻지 않는 포괄적 이동개념이다. 따라서 모든 관광행위는 전부 여행 속에 포함되지만, 역으로 모든 여행이 전부 관광일 수는 없다. 즉 여행은 관광의 필요조건은 되지만 충분조건은 될 수 없다.

〈표 1-5〉 관광의 대표적 유사개념(서양)

유사 용어	내 용
Tourism	• 관광여행을 의미하는 가장 대표적인 용어
Tour	• 시찰 등을 목적으로 하는 여행
Sightseeing	• 명승지 및 유적지·유물 등을 둘러보는 관람 및 구경
Travel	• 국가나 지방, 지역 등을 둘러보는 여행
Trip	• 일반적으로 단기간 일정의 여행
Voyage	• 비교적 장거리의 선박여행 또는 항공여행
Picnic	• 야외에서 식사 등을 즐기며 이뤄지는 소풍, 야외 나들이
Hiking	• 주로 장거리 보행 여행
Leisure	• 일상적 업무나 의무로부터 벗어난 여유로운 시간을 즐김
Cruise	• 크루즈(유람선)을 이용한 순항
Pilgrimage	• 성지 순례를 목적으로 하는 여행
Camping	• 야외에서 숙영 등을 통한 휴식
Excursion	• 당일의 매우 짧은 여행

〈표 1-6〉 관광의 대표적 유사개념(동양)

유사 용어	내 용
소풍(逍風)	• 복잡한 일상생활을 벗어나기 위하여 잠시 바람을 쏘이는 행위 • 주로 학교에서 방과 후 또는 정례적으로 역사유물 관람이나 산업현장 견학 등을 겸하여 먼 길을 다녀오는 행위
유람(遊覽)	• 이곳 저곳 돌아다니며 사물을 둘러봄 • 특별한 소일거리 없이 놀면서 경관을 둘러보는 행위
기행(紀行)	• 여행을 즐기는 동안 사물을 보고 듣고 느낀 소감을 적는 일련의 행위
나들이	• 잠시 동안 돌아 올 생각과 의도로 가까운 곳에 잠시 다녀오는 행위
피서(避暑)	• 혹서기에 주로 더위를 피해 시원한 곳으로 옮기는 일시적 행위
피한(避寒)	• 혹한기에 주로 추위를 피해 따듯한 곳으로 옮기는 일시적 행위
천렵(川獵)	• 주로 냇가나 강가에서 고기잡이 등을 즐기는 행위
행락(行樂)	• 야외 등지에서 주로 이뤄지며 레크리에션 등의 여흥의 수반되는 행위
휴양(休養)	• 일상생활에서 지친 마음과 몸을 편히 쉬면서 회복하는 행위
답사(踏査)	• 유물이나 산업현장에 직접 가서 살펴보고 조사하는 행위
탐방(探訪)	• 특별한 목적을 가지고 탐문하여 찾아 보는 행위
탐험(探險)	• 미지의 세계를 찾아 위험을 감수하며 탐구하는 행위
구경(求景)	• 경치, 풍경, 관람물 등을 흥미있게 관람하고 즐기는 행위
순례(巡禮)	• 주로 종교적인 목적으로 성지나 영장(靈場)을 숭배하고 찾아보는 행위

제3절 관광의 구성요소

1. 관광의 구조

관광이란 관광행동을 가능케 하는 각종 사업활동과 관광객을 유치하는 지역과의 여러 관계 등 관련사상을 염두에 두고 폭넓게는 관광현상을 의미한다고 함은 이미 앞에서 언급한 바 있는데, 그렇다면 관광현상은 전체적으로 어떤 구조를 가지고 있는지에 대해 알아보기로 한다.

결론적으로 관광현상은 관광의 3대 구성요소로 일컬어지는 관광주체, 관광객체, 관광매체로 이루어져 있다.

우선 관광현상의 기본적인 요소는 관광행동의 주체로서 관광객의 존재를 빠트릴 수 없다. 사람들이 관광에 대한 욕구를 가지지 않는 한 관광현상은 일어나지 않기 때문이다.

다음으로 관광행동의 객체로서의 관광대상이 있다. 예를 들면, 관광객은 풍부한 자연환경을 동경하여 일상생활권을 벗어나게 되는데, 관광대상을 공간적 개념으로 바꿔 말하면 관광지가 된다. 관광대상 내지 관광지는 관광객을 끌어들이는 유인력의 요소로서의 관광자원과 관광객이 그 매력을 향유할 수 있도록 각종 편익을 제공하는 관광시설(서비스 포함)로 구성된다. 관광자원을 세분화하면 자연관광자원과 인문관광자원으로 대별할 수 있으며, 관광시설은 음식과 숙박 등 기반시설과 감상 · 체험 및 스포츠로 대표되는 각종 활동을 위한 시설로 대별할 수 있다.

마지막으로, 관광현상은 주체와 객체의 존재만으로 성립되지 않는다. 양자를 연결하는 매개기능이 필요한데 그것이 바로 관광정보와 관광교통이다. 아무리 훌륭한 관광자원이라도 일반인에게 알리지 않으면, 다시 말해서 관광정보가 없으면 관광행동은 일어나지 않는다. 또 많은 사람들에게 알려져 방문하고 싶다는 생각이 들더라도 이동수단이 없으면 일상생활권을 벗어날 수가 없다.

따라서 관광현상이 성립하기 위해서는 주체, 객체, 매개 등 3대요소가 존재해야 하며, 마지막으로 이들 3대 요소에 영향을 미치는 것으로 정부나 지방자치단체에 의한 관광정책과 관광행정이 있다. 휴일이나 휴가제도의 제정, 자연공원의 정비, 철도나 고속도로의 건설 및 정비, 관광정보의 제공 등 행정분야의 역할 역시 관광현상이나 관광진흥에 지대한 영향을 미치고 있음을 간과해서는 안 될 것이다.

[그림 1-3] 관광의 구조 개념도

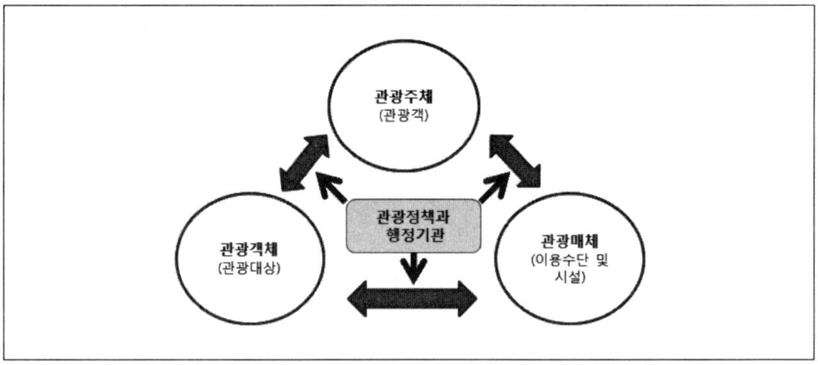

2. 관광주체

관광의 구성요소로서 가장 중요한 것은 말할 것도 없이 관광을 하는 사람 그 자체의 존재이다. 관광을 행하는 주체 곧 관광주체를 관광객이라 말한다. 관광객이 관광을 하고 싶어 하는 관광욕구와 관광동기로부터 관광은 시작된다. 관광객은 관광의 수요자인 동시에 소비자이며 관광시장을 형성하는 최대의 요소가 된다. 즉 관광주체가 가지는 사회경제적인 여건과 관광동기는 관광수요를 구성하는 중요한 결정요인이 되는 것이다.

3. 관광객체

관광의 주체인 관광객은 관광욕구나 동기에 따라 관광대상을 찾게 된다. 이와 같이 관광욕구를 충족시켜 주는 역할을 하는 것이 관광대상이다. 관광대상은 관광목적물이며 관광의욕의 대상이 되고 관광행동의 목표가 되는 것이다. 그러므로 관광대상은 보는 것에만 한정되지 않으며, 보고, 듣고, 맛보고, 배우고, 행하고, 생각하는 모든 것을 포함한다. 관광대상은 관광자원과 그 자원을 살려서 관광객의 욕구충족에 직접적으로 기여하는 관광시설로 대별된다. 전자인 관광자원은 유형적 자원(자연 · 인문), 무형적 자원(인적 · 비인적), 문화적 자원(유형문화재 · 무형문화재 · 기념물 · 민속자료) 등으로 구성되며, 후자인 관광시설은 하부시설(항만 · 공항 · 주차장 · 통신시설 등의 기반시설)과 상부시설(여행 · 행정 · 숙박시설 · 레크리에이션시설 등)로 이루어진다.

[그림 1-4] 관광주체(관광객) 범위

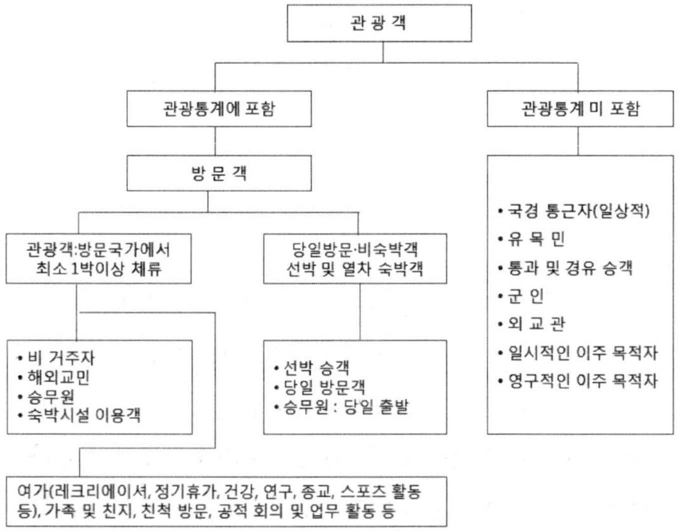

자료:WTO, *Guidelines for the Collection & Presentation of International Tourism Statistics*, B.2.2.2호

4. 관광매체

관광의 주체와 객체를 연결시키는 역할, 즉 관광주체의 욕구와 관광대상을 결합시키는 역할을 하는 것을 관광매체라고 한다. 이들 관광매체를 분류하면,

① 시간적인 매체인 숙박시설 · 관광객이용시설 · 관광편의시설

② 공간적인 매체인 교통기관 · 도로 · 운수시설
③ 기능적인 매체인 여행업 · 통역안내업 · 관광기념품판매업 · 관광정보와 선전물 등이 있다.

관광매체의 대부분은 관광시장 내의 사업에 의해서 제공되고 있으며, 그 내용은 다음과 같다.

1) 관광시장

관광시장은 관광수요를 창출하는 관광객(관광주체)의 행동체계가 원활히 활동할 수 있도록 하는 기본적 매체기능을 가지고 있다. 관광시장은 국적 구분에 따라 내국인시장과 외국인시장으로 구분할 수 있고, 활동공간의 측면에서는 외래시장, 해외시장, 국내시장으로 분류할 수 있다. 이 체계는 관광을 하려는 욕구와 동기 · 지각 · 학습 · 성격 · 태도 등의 심리적 요소뿐만 아니라, 문화 · 사회계층 및 집단과 준거집단 등의 사회적 요소에 따라 작용한다.

2) 관광교통 및 운송시설

관광교통은 관광행동의 주체를 관광자원과 시설에 직접 연결시켜 주는 이동체계를 말한다. 관광은 사람의 이동이기 때문에 교통수단에 대한 논의 없이 관광체계를 거론하기는 힘들다. 그리고 교통은 보통 목적지까지 도달하는 수단인 동시에 목적지에서 이동수단으로 정의된다. 따라서 관광교통에는 공간적 차원의 이동체계와 국내외 교통수단 그리고 하드 · 소프트교통체계, 영리적 · 비영리적 교통수단도 모두 고려할 수 있다.

3) 유관 관광 관련업체

관광기업은 관광객에게 관광대상에 대한 정보를 제공하거나 상품화하여 이윤을 추구하는 기업체계를 말한다. 관광기업은 대개 관광의 준비와 숙박 및 활동과 관련된 여행업, 관광숙박업, 관광안내업, 관광시설업 등으로 구성되어 있다. 그리고 이 체계는 관광객의 행동을 유도하고 관광대상의 개발을 담당하며, 주로 제품 · 가격 · 유통·촉진 등의 요소로 구성되어 있다.

4) 관광정책과 행정기관

관광정책과 관광행정도 관광성립에 필요한 요소로서 결정적인 역할을 한다. 여기서 정책이란 관광에 대한 국가의 방침을 뜻하며 행정이라는 방침에 의거한 구체적인 시책을 의미한다. 따라서 관광행정은 관광체계의 핵심적 요소들이 원활한 상호작용을 할 수 있도록 조정 또는 규제하는 체계인 것이다. 이 체계는 관광체계의 기능적 발전을 위한 지원적·보조적 역할을 수행하며 행정목표, 행정조직, 행정기능, 행정인력, 행정예산, 행정정보 등으로 구성되어 있다. 따라서 현대의 관광은 관광시장, 관광교통, 관광대상, 관광기업 간의 핵심적 상호작용관계 속에서 성장하고 있으며, 특히 개발도상국과 같이 관광이 아직 충분히 발전하지 않은 국가에서는 관광행정체계의 지원적 역할이 필수적이다.

제4절 관광학의 학문적 성격 및 연구방법

1. 관광학의 성격과 효용

1) 관광학의 성격

관광학이 어떤 내용을 가지고 있으며, 어떤 역할을 담당하고 있는 것인가라는 성격론(Charakteristik)에 관해서는 관광학이 성립된 때부터 논의되어져 왔다. 그와 같은 논의를 통해서 명백해진 것은 관광학이 언제나 실천적 의식과 결부되어 있다는 점이다. 이는 관광 특히 국제관광이 한 나라에 가져다주는 경제적 이익이 강하게 의식되어, 그와 같은 이익의 증대를 위한 여러 가지 방책을 추구하는 것이 관광학에 부과된 과제였다는 점으로 미루어 보아도 명백하다. 이와 같이 관광학을 필요로 하는 목적이 뚜렷했었다는 것이 관광학의 성격을 사변적이라기보다는 오히려 실천적인 것으로 만들었다고 할 수 있겠다.

오늘날 관광이라는 사회현상이 갖는 사회적 의의는 국내적으로나 국제적으로 옛날과는 비교도 할 수 없을 정도로 커졌고, 그 가치가 널리 인식되기에 이르렀으나, 관광학의 성격과 역할은 본질적으로 달라지지는 않았다. 그것은 오늘날에 와서도 관광현상을 건전하게 발달시키기 위한 여러 방책을 탐구하는 기초로서 기본적 이해를 얻기 위한 연구에 두고 있으므로, 그 의식은 단순한 지적 유희가 아니라 실천적인 것이라 생각된다. 여기서 실천적인 것이라고 하는 것은 반드시 기술적이며 실용적인 것만을 의미하는 것이 아니라, 실증을 통한 과학적 · 객관적인 것이라야 한다는 것이다. 이와 같은 생각은 오늘날 관광학을 연구하고 있는 학자들 사이에서는 일치된 견해라고 할 수 있다.

관광의 연구는 화석을 연구하는 것이 아니며, 산이 그곳에 있기 때문에 올라가는 것도 아니다. 그것은 관광이 지니는 현대적 의의가 너무나 클 뿐만 아니라, 그 연구가 매우 급한 것이라서 하는 것이다. 관광은 유람이며 별로 생활에 긴요한 것이 아니라고 생각되었던 때도 있었지만, 오늘날에 와서는 관광은 국민의 정신위생과 건전한 육체를 유지하기 위해서, 한걸음 더 나아가서 항구적인 세계평화를 위해서도 그야말로 필요불가결한 생활요건이 되고 있다.

2) 관광학 연구의 효용

이렇게 연구된 관광학은 실제로 필요한 것인가, 그 효용문제를 검토해 보기로 한다.

훈지커(W. Hunziker)[1]는 1959년에 발표한 논문 「관광학과 그 응용(Fremdenverkehrwissenschaft und ihre Anwendung)」 중에서 "관광학은 존재하는가?"라는 논제를 내걸고, 스스로 긍정하면서 관광학연구의 이점이 다음과 같은 점에 있다고 기술하고 있다. 즉,

첫째, 관광학은 관광이 지니고 있는 고도로 다양한 본질을 이해하는 데 도움이 된다는 것

둘째, 관광학은 관광직업교육에 소용되는 관광론(관광직업교육론)을 수립하는 데 도움이 된다는 것

1) Walter Hunziker는 스위스 관광계의 지도자로서 1899년 취리히에서 탄생하여 대학에서 경제학을 전공하였다. 스위스 관광연맹부회장, 스위스 여행금고회장, 국제관광전문가협회장 등을 역임하였다.

셋째, 관광학은 경제정책상의 여러 문제를 해결하는데 소용된다는 것 등이다.

그리고 훈지커는 지금까지의 관광학이 통계학, 지리학, 경제학, 경영학 등의 여러 학문의 분석방법을 이용해 오면서 성과를 올렸던 점을 높이 평가하고, 동시에 앞으로도 이와 같은 방향에 따른 관광학의 발전에 기대를 걸고 있다. 그리고 그는 당면한 과제로서 프라이빗 섹터(private sectors)와 퍼블릭 섹터(public sectors)와의 접점에 있는 '환경문제'를 문제삼아 그 연구의 중요성과 긴급성을 강조하고 있다. 이 논문 하나를 미루어 보더라도 관광연구자의 실천적 의식의 일면을 알 수가 있다.

2. 최초의 관광연구

관광학은 관광과 관련한 모든 사상 즉 관광현상을 연구대상으로 하는 학문인데, 본격적으로 과학적인 연구가 시작된 것은 19세기 말부터라고 한다. 먼저 1899년 이탈리아 정부통계국장인 보데이오(L. Bodio)는 "이탈리아에 있어 외래객 이동 및 소비액에 대해서"라는 보고서를 작성하여 발표하였는데 이것이 관광연구의 효시로 알려져 있다.[2] 당시 이탈리아에서는 외화획득을 목적으로 외국인 관광객을 유치하는 일이 국가의 주요사업이 돼 있었는데, 이는 외국인 관광객의 동태를 파악하고 국제관광의 진흥을 도모하기 위해서였다.

20세기에 들어오면서 유럽에서는 미국인 관광객을 유치하려는 움직임이 활발해지면서 국제관광통계 분야에서의 연구가 계속 진행되었는데, 보데이오에 이어 이탈리아의 니체훼로(A. Nicefero)가 1923년에 발표한 똑같은 논문 "이탈리아에 있어서 외국인의 이동" 및 베니니(R. Benini)의 1926년의 논문 "관광객 이동의 계산방법의 개량에 관하여" 등 두 편이 발표되었다. 이 밖에도 관광통계에 관한 많은 논문이 유럽의 여러 나라, 특히 독일, 이탈리아, 스위스 등을 중심으로 발표되었으며, 경제학적인 전문서적들이 출간되었다.

이와 같은 현상은 유럽대륙과 북미대륙 간의 관광객 이동의 증가가 그 배경이 되었으며, 그 중에서도 19세기 말엽부터 20세기의 1920년대까지의 미합중국으로부터의

2) 당시 이탈리아를 방문하는 미국인 관광객의 동태를 파악하여 대미(對美) 선전을 강화할 목적으로 수행된 통계관련 보고서로서 관광객수, 체재기간, 소비액 등을 조사하였다.

관광객 증가는 유럽 각국으로 하여금 관심을 갖게끔 만들었으며, 그 동태를 분석해서 대미선전을 강화함으로써 달러를 벌자는 것이 목적이었다.

이들 관광통계에 관한 많은 논문들의 주된 내용은 ① 관광객의 수, ② 체재기간, ③ 소비액 등에 관한 것으로 이것들을 어떠한 방법으로 조사하는 것이 타당한가 하는 것이었다.

3. 관광학의 연구방법

1) 관광학 연구의 접근방법

개별과학 가운데 어떤 방법으로 접근하느냐 하는 것에 관해서 후자의 입장을 취한다면, 그것은 이른바 기성과학의 한 분야의 성과에 비추어 관광현상을 해명하고, 그러한 사실을 모아서 쌓은 후에 개별과학의 응용과학으로서 관광학을 수립하려는 입장이다.

즉 그것을 최초로 실천한 사람은 마리오티(A. Mariotti) 교수이며, 그 마리오관광학이 하나의 과학으로 성립하기 위해서는 필연적으로 과학적 문제가 제기된다. 일반적으로 과학의 특성은 그 대상에 있는 것이 아니라 어떠한 대상이든 간에 그 대상에 접근하는 방법에 있는 것이다. 여기서 과학적 방법이라 함은 일반적으로 연구하려는 대상을 객관적 · 체계적으로 정밀하게 관찰 · 검증 · 분류 · 해석함으로써 보편적인 이론을 도출하는 과정이라고 말할 수 있다.

관광을 체계적으로 연구하는 방법에는 두 가지가 있음을 알 수 있다.

하나는 관광현상이 매우 복잡한 현상이라는 이유로 관광을 연구하려는 관광학을 단순히 사회과학의 한두 가지 학문뿐만 아니라, 자연과학 등 다른 수많은 학문분야를 고르게 취급한 종합문화과학적인 것이 아니면 안된다는 입장이다. 즉 그뤽스만(R. Glücksmann)의 견해는 이러한 입장을 대표하고 있다.

다른 하나는 관광현상의 복잡한 다양성을 인정하면서도 연구의 방법을 한정하지 않는 연구는 성립할 수 없다는 입장이다. 관광연구를 종합문화과학의 입장을 이론적으로 뒷받침한 사람은 보르만(A. Bormann)이다. 훈지커(W. Hunziker)와 크라프(K. Krapf)는 이념적으로는 종합문화과학이 바람직하다고 인정은 하면서도 기술적인 어려움과 실용상의 가치에서 경제학에 기울어진 관광연구를 하였다는 점에서 개별과학의 응용학으로 관광학을 수립하려는 입장에 속한다.

2) 관광론에서 관광학으로

관광연구의 체계화는 순수이론으로서의 관광학이라기보다는 이론으로서의 관광학에 정책론을 포함한 보다 큰 범주, 말하자면 관광학으로서의 체계가 아직 정비되지 못한 단계의 관광론에서부터 시작되었다. 그것은 아마도 당시 관광연구자들이 스스로 자기의 학문체계가 불충분하다는 것을 인식했기 때문인 것 같다.

그래서 그뤽스만은 자신의 저서를 『일반관광론』이라 불렀고, 또한 보르만도 『관광론』이라 불렀다. 여기에서 두 사람의 저서는 모두가 지식의 집합체로서의 '논(論)'이라는 점에서는 동일하다. 그런데 매리오티 교수는 『관광경제학강의(*Lezioni di Economica Turistica*)』라는 명칭을 사용하고 있다. 이탈리아어의 economica에는 '경제'와 '경제학'의 두 가지 의미가 있으나, 여기에서는 '경제'의 의미로서 사용했음을 매리오티 교수 자신이 인정하고 있다. 이상에서 보는 바와 같이 제2차 세계대전 이전까지는 '관광학'이라는 명칭은 전혀 사용하지 않았고, 오로지 '관광론'이라는 명칭만이 있었던 것이다.

훈지커도 1942년 이전에는 다른 사람처럼 '관광론'이란 용어법을 쓰고 있었지만, 1943년에 저술한 『과학적 관광론의 체계와 주요문제(*System und Hauprobleme einer wissenschaftlichen Fremdenverkehrslehre*)』란 책에서는 처음으로 '과학적인 관광론'이란 말을 사용하였고, 나아가서 그 후로는 계속하여 오늘날까지 '관광학'이란 말을 사용하고 있다. 이와 같은 사실은 훈지커의 학문적 체계의 발전과 자신을 말하고 있는지 아닌지는 차치하고라도 그 후에는 이런 유(類)의 용어가 많이 사용되게 되었고, 라틴어계의 국가에서는 'tourismologia'라는 용어가 사용될 정도가 되었다.

4. 관광학의 향후 방향

1) 접근방식별 관광학의 의의

지금까지의 관광연구에는 두 가지 접근방식이 존재해 왔음을 알고 있다. 즉 하나는 종합사회과학으로서의 관광학이며, 다른 하나는 개별과학의 응용학으로서의 관광학이다. 한편, 일본의 시오다세이지(鹽田正志, 1974 : 60)는 이를 '위로부터의 관광학'과 '아래로부터의 관광학'이란 표현으로 접근방식을 구분하고 있는데, 의미상으로 볼 때 전자는 종합사회과학으로서의 관광학을, 후자는 개별과학의 응용학으로서의 관광학을 의미하고 있다. 관광현상을 파악하는 연구방식으로서 어떤 것을 택할 것인가 하는 것은, 각 방식이 나름대로의 장단점을 갖고 있기 때문에, 단정적으로 어느 접근방식이 좋다고 말할 수는 없다. 다만, 그것이 어느 방식이든 관광학 또는 관광론이라 부른다면, 그 관계는 [그림 1-5]와 같이 될 것이다.

[그림 1-5] 관광학의 접근방식별 구분

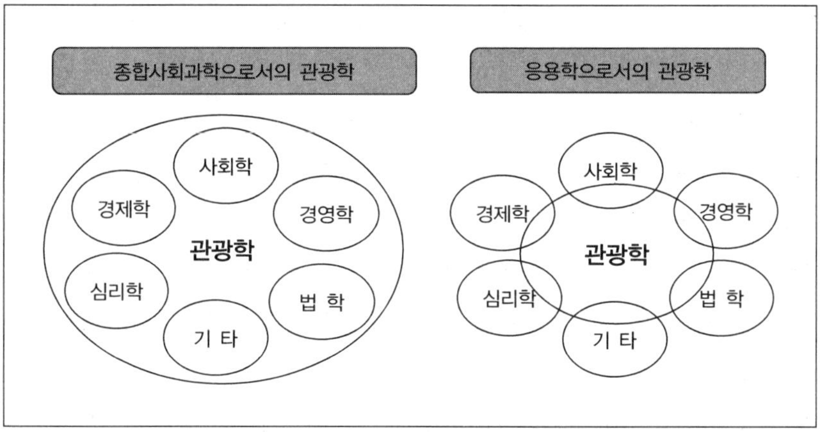

이와 같은 두 가지 입장이 오래도록 상치하며 지속되고 있다는 것은 그들 나름대로의 이유와 신념이 있었기 때문일 것이다.

개별과학의 응용학으로서의 관광연구는 현저하게 전문화되었고, 그 분석기법도 매우 실용적인 것이 되었다. 그러나 이러한 경향은 "나무를 보고서도 숲 전체를 보지 못할 위험성을 내포하고 있다"고 한 시오다세이지(鹽田)의 지적은 적절한 표현이라 하겠다(鹽田正志, 1974 : 71).

반면에 종합사회과학으로서의 관광학 즉 위로부터의 관광학이 지닌 문제점에 대해서도 역시 시오다(鹽田)가 다음과 같이 가장 잘 요약하고 있다. 즉 "숲 전체의 모습을 파악하는 데는 좋을지 모르나, 이 방식은 지식의 집적은 있어도 법칙은 없고, 따라서 그것은 진실된 학문이라고 보기는 어려우며, 관광학이라는 호칭은 편의적인 것밖에는 안된다. 왜냐하면, 모든 분야의 여러 법칙들을 동일한 차원에서 파악할 수는 없기 때문이다. 엄밀한 법칙으로서 자연과학법칙과 대수법칙[3]으로서 사회과학법칙을 하나의 과학의 이름아래 동거시킬 수 없는 것이며, 또 사회과학법칙과 윤리학 같은 정신과학의 법칙을 동일시할 수도 없다. 영국의 로빈스(L. Robbins)가 말한 대로 실증적 연구의 일반법칙과 규범적 연구의 일반법칙과의 사이에는 아무리 교묘한 수법을 쓰더라도 위장할 수가 없는, 그리고 공간 또는 시간을 어떻게 바꾸어 놓더라도 다리를 놓을 수 없는 논리적 장벽이 있기 때문이다(鹽田正志, 1974 : 279~80)"라고 했다. 시오다(鹽田)가 지적한 대로 이 방식은 관광현상이라는 숲 전체를 주마간산식으로 대충 파악하는 데는 유익할지 모르나, 나무에 비유되는 개별현상을 면밀히 탐구하지 못함으로써 지식의 깊이를 상실한다는 약점이 있다. 이렇게 되면 진실된 학문 여부와 같은 가치논쟁은 접어 두고라도 다른 인접 사회과학에 비해 내세울 이론도 내세울 법칙도 없는, 학문성이 결여된 분야로 취급받게 될 위험성이 높다.

이처럼 두 가지 입장을 구별하려는 사고방식에 반대하는 입장도 있다. 예를 들면, "기성학문의 개념을 어렵게 생각하여 '어디까지가 어떤 학문의 범위'라고 하는 생각에 구애되지 말고 진실로 관광을 이해하는 연구가 가장 올바른 것이다"라는 견해이다(岡庭博, 1969 : 29).

그러나 학문에 있어서 중요한 것은 인식목적 · 인식대상 · 인식수단의 상호관련이며, 방법을 한정하지 않는 학문이란 존재할 수 없는 것이고, 따라서 방법을 명시하지 않고서 단지 '진실로 관광을 이해하는 연구'가 필요하다고만 하는 것으로는 아무런 해결도 되지 않는 것이다.

2) 관광학의 향후 방향

전부터 "관광"은 관련되는 여러 과학이 혼합하여 이루어진 것으로서, 지금까지 독

3) 대수의 법칙(law of large numbers)이란, 관찰표본수가 적으면 틀릴 확률이 많으나, 관찰표본수가 많아지면 맞을 확률이 아주 높아지는 일종의 확률법칙을 뜻한다. 사회과학에서 내세우는 법칙이란 이러한 대수의 법칙에 바탕을 둔 확률법칙에 그 근거를 두고 있다. 예컨대, 우리나라에 사는 어떤 특정 개인의 수명은 예측하기 어려우며 법칙화 할 수 없다. 그러나 수십만 명의 평균수명을 종합해 본다면 우리나라 사람의 평균수명을 예측할 수 있다.

립된 "학(學)"의 체계를 이루지 못하고 있다는 이유로 "관광학"이라고 당당하게 불려지지 못해왔다.

그러나 오늘날에 와서는 관계영역 사이에 걸쳐진 학제적 연구가 각 방면에서 왕성해졌기 때문에 이제는 차츰 "학(學)"으로서 인지되어지는 것이 마땅하다고 생각되어질 뿐만 아니라, 오히려 더 적극적으로 "학(學)"의 확립을 목표로 연구에 진력하는 편이 현실적인 것으로 생각된다.

그러므로 관광론이란 말을 관광학이 미완성된 단계의 표현이라 생각하든, 관광이란 말을 관광에 관한 이론적 측면에 한정하여 정책까지도 포함한 보다 넓은 뜻에서의 범주를 관광론이라 생각하든 그 입장은 자유이지만, 어느 것이든 간에 지금으로부터 관광연구의 입장은 앞에서 기술한 두 가지의 기본적인 입장이 병행됨과 동시에 종합사회과학으로서의 관광학에서는 철학적인 이해가, 그리고 개별과학의 응용학으로서의 관광학에서는 통계학적인 방법이 점점 중요해질 것으로 본다. 이러한 의미에서는 관광연구자가 어느 길을 선택하더라도 여러 방면에서 더 한층의 교양과 지식을 획득하는 일과 학문적 방법을 몸에 익히는 것이 절실히 요구된다고 하겠다.

제2장

관광의 발전사

발표 및 토론과제

관광의 시대별 발전 현상에 대한 정확한 이해

세계 관광의 발전과정을 시대별로 이해

우리나라 관광의 발전과정을 시대별로 이해

역사는 현재와 과거와의 대화이며 그러한 대화과정을 통하여 현재의 의미가 떠오르는 것이다. 이러한 역사의 시점에서 '현재'와 '새로운' 시대를 반영하는 중요한 사회현상인 관광의 과거와 현재를 되새겨 보고자 한다. 근대의 경제적인 풍요로움은 '대중관광'이라는 관광형태를 잉태하였으며 이에 대체하는 '새로운 관광'은 '탈 근대'라는 새로운 시대의 도래와 깊은 관련성을 가지고 있다. 이러한 현대관광의 의미를 이해하기 위하여 관광의 역사에 대하여 고찰해 보고자 하는 것이다.

현대에 있어 하나의 사회현상으로 자리잡고 있는 관광현상은 그 시대의 사회모습을 대변해주는 대표적인 사회현상으로 볼 수 있으며, 따라서 관광의 역사를 되새겨 봄으로써 현대관광의 의미를 이해할 수 있는데, 여기에 관광의 역사를 배우는 목적이 있다 하겠다. 이러한 목적을 달성하기 위해서는 먼저 관광의 역사에 대한 시각을 명백히 하고 이를 검토함으로써 관광의 역사를 배우는 의미가 보다 쉽게 이해될 것으로 본다.

제1절 관광의 발전단계

관광의 일반적인 발전단계를 관광내용을 이루는 커다란 특성에 따라 시대를 구분하면 다음과 같이 요약할 수 있다. 즉 여행(tour)의 시대, 관광(tourism)의 시대, 대중관광(mass tourism)의 시대, 신관광(new tourism)의 시대로 구분할 수 있겠다. 단지, 세계의 역사부분에서는 주로 유럽을 대상으로 했으며, 이러한 발전단계를 도표로 요약해본 것이 〈표 2-1〉이다.

다만, 여기서 밝혀 두고자 하는 것은 〈표 2-1〉은 일본의 관광학자인 시오다 세이지(鹽田正志)[4] 교수가 유럽의 관광을 중심으로 그린 도표를 참고하여 최근의 신관광(new tourism)의 시대를 포함하여 재작성한 것이다.

4) 시오다 세이지(鹽田正志) : 일본의 아세아대 교수로서 그의 저작물로는 「관광경제학서설」(1960), 「관광경제론」, 「관광학연구 I」(1974) 등이 있다.

1. 여행(tour)의 시대

고대 이집트, 그리스와 로마시대로부터 1830년대까지를 총칭하여 여행(tour)의 시대라고 할 수 있다. 이 시대의 특징은 귀족과 승려, 기사 등이 속하는 특수계층이 종교와 신앙심의 향상을 위한 교회중심의 개인활동으로서 여행을 하였고, 관광사업의 형태는 자연발생적인 특징을 지니고 있었다.

고대 그리스와 로마시대의 경우, 올림피아(Olympia)에서 열렸던 경기대회 참가를 위한 여행행위나 신전참배 등의 종교활동을 위한 여행이 주류를 이루고 있었다. 로마시대 후기에는 교통 · 학문의 발달로 지적 욕구의 증대에 따른 탐구여행, 종교 및 예술활동을 위한 여행, 식도락 관광 등의 형태로 발전하였다. 그리고 중세시대에는 십자군 전쟁의 영향으로 일부 중간층도 관광에 참여하게 되고 가족단위의 관광형태도 생겨났으며, 주로 수도원이 숙박시설 기능을 담당하였다.

〈표 2-1〉 관광의 발전단계

단계구분	시기	관광자층	관광동기	조직자	조직동기
여행(tour)의 시대	고대부터 1830년대 말까지	귀족, 승려, 기사 등의 특권계급과 일부의 평민	종교심	교회	신앙심의 향상
관광(tourism)의 시대	1840년대 초부터 제2차 세계대전 전까지	특권계급과 일부의 부유한 평민(부르주아)	지식욕	기업	이윤의 추구
• 대중관광 (mass tourism) • 복지관광 (social tourism) • 국민관광 (national tourism)의 시대	제2차 세계대전 이후 근대까지	대중을 포함한 전국민(장애인, 노약자, 근로자 포함)	보양과 오락	기업, 공공단체, 국가	이윤의 추구, 국민복지의 증대
신관광 (new tourism)의 시대	1990년대 이후 최근까지	일반대중과 전국민	개성관광의 생활화	개인, 가족	개성추구와 특별한 주제 또는 문제해결

우리나라의 경우를 살펴보면, 신라시대의 화랑 등에 의한 집단수련이 있었고, 관리의 지방시찰, 과거시험, 종교활동 등에 의한 상류층 중심의 수련여행이 있었던 시기

로서, 전반적으로 소규모의 개별적 여행이 주류를 이루고 있었으며 시대상에 따라 특별한 목적을 띈 일부계층의 특별한 여행이었다고 할 수 있다.

2. 관광(tourism)의 시대

관광(tourism)의 시대는 서비스를 통하여 관광사업의 토대를 마련한 시기로 1840년부터 제2차 세계대전 이전까지를 말한다. 이 시기의 관광은 귀족과 부유한 평민이 지식욕을 충족시키기 위한 형태로 발전하여 단체여행이 생성되었으며, 이에 따라 이윤추구를 목적으로 하는 기업이 등장함으로써 중간매체적인 서비스사업이 태동하게 되었고, 영국의 토마스 쿡(Thomas Cook)이 도입한 여행알선업이 그 시초가 되었다.

르네상스(Renaissance) 이후 중세에서 근대로 접어들면서 순례를 중심으로 관광여행이 증가하고 여관이 등장했으며, 유럽대륙횡단여행이 성행하는 단계로 발전하였다. 이러한 발전을 거듭하던 관광이 19세기 산업혁명을 계기로 교양관광(grand tour) 시대가 대두되고 온천 · 휴양지를 중심으로 호텔이란 숙박시설이 등장하면서 더욱 성황을 누리게 되었다.

마침내 근대 '관광산업의 아버지'라 불리는 토마스 쿡이 1841년에 단체 전세열차를 운행하면서 처음으로 관광여행자를 모객한 것이 오늘날 여행사에 의하여 단체관광 및 패키지여행상품이 판매되는 효시가 되었다.

또한 이 시기에는 교통 · 통신의 발달로 기차, 자동차, 선박여행이 시작되었으며, 이는 향후 관광의 대중화를 구축하는 중요한 기초가 되었다.

3. 대중관광(mass tourism)의 시대

대중관광의 시대는 제2차 세계대전 이후 현대에 이르는 대량관광시대를 가리킨다. 이 시기는 조직적이고 대규모적인 관광사업의 시대로서, 중산층 서민대중을 포함한 전 국민이 관광을 여가선용과 자기창조활동 등의 폭넓은 동기에 의해서 이루어지는 사회현상으로 받아들여지는 시대이다. 한편으로는 여행할 만한 여유가 없는 계층을 위해 정부나 공공기관이 적극 지원함으로써 국민복지 증진이라는 목적을 위해 '복지

관광(social tourism)'운동의 이념을 확산 · 수용하여 적극적인 관광정책을 추진하기에 이르렀다.

이러한 복지관광의 실현 측면에서 건전한 여가활동을 위해 장애자, 노약자, 저소득층, 소외계층의 관광활동을 지원하는 관광정책이 많은 국가에서 시행되고 있다. 또한 관광활동을 국민의 기본권으로까지 인식하는 국민관광경향이 늘고 있다. 이에 부응하여 국민 모두가 관광에 참여할 수 있는 기회가 주어지고 생활화되어 대중적으로 참여하게 되는 국민관광(national tourism)의 붐이 일어나게 되며 이러한 국민관광 관련시설이 늘어나고 있다.

또한 이 시기에는 매스미디어의 발달을 통하여 사람들에게 미지의 세계에 대한 다양한 정보를 이 전 시대보다 신속하고 폭넓게 전달하여 관광산업 발전에 기여하는 자극제 역할을 하였다. 이러한 결과들로 인하여 정부는 광역적 관광개발을 적극적으로 전개하게 되었고, 관광산업 발전의 주도적 역할을 담당하면서 오늘날 세계 각 국은 관광산업을 국가전략산업으로 육성하게 되었다.

4. 신관광(new tourism)의 시대

1990년대 이후 관광의 개념은 다품종 소량생산의 신관광(new tourism)의 시대로서, 생산력의 증가로 잉여물이 생겼고 여가시간의 대폭적인 증대로 인해 인간의 욕구는 보다 자아실현이나 문화를 향유하려는 고차원적인 욕구로 변해왔다. 이러한 현상은 당연히 여가와 관광의 추구로 나타나 교통수단이라는 기술력의 뒷받침 아래 여가와 관광현상에서 비약적인 증가 · 발전을 가져오게 되었다. 관광공급자의 측면에서도 이제는 이러한 고객을 단순히 만족시키는 차원에서 벗어나 감동을 시켜야 경쟁에서 살아남을 수 있다는 판단 아래 고객의 욕구를 충족시키고 그에 부응한 서비스를 만들어내고 있는 것이다.

이러한 시대적인 흐름을 반영하여 관광을 통한 자기표현을 추구하는 개성이 강한 계층이 주도하는 새로운 흐름의 관광형태가 등장하였다. 더 이상 저렴한 관광상품, 표준화된 패키지여행을 원하지 않고 부단히 새로운 관광지, 색다른 관광상품을 탐색하며 개성을 추구하고 질적인 관광을 선호하는 관광객이 점증하는 추세인 이러한 현상을 독일의 푼(Auliana Poon)은 신관광혁명(new tourism revolution)이라 명명하고 있다.

이와 같이 탈 대중관광시대를 신관광시대라고도 불렸는데, 신관광시대의 특징은 관광의 다양성과 개성추구에 따라 특별관심관광(special interest tourism)이 많이 생긴다는 것이다. 종래의 본능적인 욕구충족의 해결로 보았던 관광을 이제는 전형적으로 어떤 특수한 주제관광으로서 특별관심관광을 이루고 있으며, 문화관광이 이러한 영역을 대표하고 있고 종교관광, 민속관광, 생태관광, 문화유산관광, 요양관광 등 보다 차원이 높으면서도 다양한 형태의 관광을 추구하게 되었다.

향후 관광산업의 추세는 글로벌화, 개별여행(F.I.T)의 증가, 특별목적관광(S.I.T)의 증가, 재방문 형태의 증가, 정보취득의 채널 다원화 및 용이성에 따라 지속적인 변화를 맞이할 것이다. 아울러 발전 가능한 미래 관광산업의 시장은 자연추구형, 모험추구형, 문화 및 체험추구형, 테마추구형, 웰빙&로하스(Lohas) 추구형 등의 다양한 형태의 체험을 할 수 있는 관광형태로 발전을 거듭할 것으로 전망된다.

〈표 2-2〉 관광의 발전단계

	Tour	Tourism	Mass Tourism	New Tourism
시 기	고대~1830년대 말	1840년대 초~제2차 세계대전	제2차 세계대전 이후	1990년대 이후
관광자층	귀족, 승려, 기사 등의 특권계급과 일부 평민	특권계급과 일부평민(부르주아)	대중 포함한 전국민	일반대중과 전국민
관광동기	종교심	지식욕	보양, 오락	관광의 생활화
조 직 자	교회	기업	기업, 국가, 공공단체	개인, 가족
조직동기	신앙심 향상	이윤구추	이윤추구와 국민후생증대	개성추구와 특정한 주제
사업성격	자연발생적 관광단계	매개사업적 관광단계	개발육성적 관광단계	
관광요소	시장+대상	시장+기업+대상	시장+대상+기업+행정+교통	
정부역할	무의미	자유방임적	주도적	
정부개입	무개입	간접 · 소극적 개입	직접 · 적극적 개입	

자료 : 김광근 외, 최신 관광학, 백산출판사, 2007, p. 59

제2절 세계관광의 발전과정

1. 고대 · 중세의 관광

1) 고대 이집트와 그리스

기원전 5세기에 태어난 그리스의 역사가인 헤로도투스(Herodotus)는 로마의 키케로(Cicero)에 의해 '역사의 아버지'로 불리어졌으며, 고대 이집트와 그리스의 역사를 기술한 것으로 알려져 있다. 그는 또 '고대에 있어서 가장 위대한 여행자'라고도 불리어졌고, 그리스를 중심으로 중근동 · 유럽남부 · 북아프리카 각지로 여행을 시도하여 각 시대, 각 지방에서 행해졌던 '여행'에 관해서도 기술했었다. 그에 의하면 관광적인 여행의 가장 옛것은 신앙 때문에 행해졌다고 한다.

그러나 관광이 유럽에서 본격적인 형태로 나타난 것은 그리스 시대였다. 기원전 776년 이후 올림피아(Olympia)에서 열렸던 경기대회에는 많은 사람들이 여러 곳에서 참가하여 이를 즐겼다고 하며, 에게해에 여기저기 흩어져 있는 여러 섬 중에서도 델로스(Delos)섬에는 반도로부터 많은 사람들이 찾아와서 요양을 위하여 머물렀다고 전해지고 있다.

또한 그리스 신들의 신전이 건축되고 참배자가 많았던 것도 잘 알려져 있으며, 특히 델포이(Delphoi)에 있는 아폴로(Apollo)의 신전이나 아테네(Athenai)의 제우스(Zeus)나 헤파이스토스(Hephaestus)의 신전이 관광명소로 유명했다고 전해진다. 이처럼 그리스의 관광은 당시의 시대적 배경에서 판단하면 체육, 요양, 종교의 세 가지 동기에서 행해졌으며, 즐거움을 위한 여행의 목적이 된 최초의 것은 스포츠와 그 관람이었음을 알 수 있다.

이 시대의 여행자는 민가에서 숙박하는 것이 보통이었고, 숙박시키는 쪽에서는 외래자를 모두 대신(大神) 제우스의 보호를 받는 '신성한 사람'으로 생각하고 후대하는 관습이 있었고, 이와 같은 환대의 정신은 호스피탈리타스(Hospitalitas)라고 해서 그 당시 최고의 미덕으로 여겼으며, 이 말이 오늘날의 '호스피탈리티(hospitality)'의 어원이 되었다고 한다. 영국의 역사가 토인비(A.J. Toynbee)도 말한 바와 같이 그리스 시대 가운데서도 기원전 4세기 중엽 이후의 이른바 헬레니즘(Hellenism)시대는 '인간존중의 정신'이 지배했던 시대로서 호스피탈리타스도 여기에 그 근원을 갖는 것으로 생각된다.

2) 고대 로마

로마시대에 와서는 공화정과 제정의 양 시대를 통하여 관광이 한층 번성하였던 것이 기록으로 보아 명백하다. 고대 로마시대의 관광동기 내지 목적은 종교 · 요양 · 식도락 · 예술감상 · 등산이었던 것으로 보인다.

먼저 로마신화의 여러 신의 신전은 본토는 물론 여러 섬의 곳곳에 세워졌으며, 사람들은 각각의 목적에 따라 주신인 주피터(Jupiter), 미와 사랑의 여신인 비너스(Venus), 풍작의 여신 케레스(Ceres) 등의 신전에 참배했다.

로마 사람들은 그리스 사람들보다 훨씬 미식가였으며, 그 내용은 당시의 조리교본인 '조리의 왕(De re Coquinaria)'을 보아도 알 수 있다. 그래서 그들이 각지의 포도주를 마셔가며 미식을 즐기는 식도락은 가스트로노미아(Gastronomia)라 불리어졌고, 하나의 관광형태가 되었다. 가을에는 술의 신 바커스(Bacchus)를 주신으로 하는 제례가 행해져 많은 사람들이 몰려들었다고 한다.

이같은 미식으로 인해 많은 비만인이 생겨났고, 그와 함께 온천요양을 필요로 하는 병자가 늘어났으며, 오늘날의 요양관광이라는 새로운 관광형태를 낳게 하였다. 남부 이탈리아의 바이아(Baia)는 이와 같은 유형의 관광중심지 중의 하나가 되었으며, 그에 따라 요양객을 위해 연극이 공연되었고, 또한 카지노(Casino)도 설치되었다.

또 예술관광이란 각지의 명승고적을 탐방하는 것을 말하는 것으로 가깝게는 카프리섬의 티베리우스(Tiberius)황제의 별장으로부터, 멀리는 이집트의 피라미드 등이 그 대상이었다.

그리고 등산에는 종교적 동기로 인한 것과 과학적 동기로 인한 것으로 구분할 수 있는데, 전자의 예로는 알프스의 산베르나르도(San Bernardo)에 있는 주피터(Jupiter) 신전 참배 등이 있고, 후자의 예로는 시칠리아(Sicily)섬의 에트나(Etna)활화산을 찾는 등산 등이 널리 알려져 있었다.

로마시대에 들어와서 이 같은 관광이 가능했던 배경으로는 교통수단의 정비를 들 수 있겠다. 기원전 4세기에 건설되었다는 아피아가도(Appian Way)를 비롯하여 로마의 중심 훠로(Foro)로부터는 일곱 개의 가도가 동서남북으로 뻗었고, 남쪽은 멀리 그리스로 뻗어나가는 해상교통으로 연결되어 있었다. 고대 로마의 도로정비는 주로 전략상의 이유에서였다고는 하나, 그것이 관광의 발전에 기여했던 것은 명백한 사실이다.

당시 육상의 교통수단은 마차뿐이긴 하였으나, 사람의 수와 목적에 맞추어 2인승 단거리용의 2륜마차 키시움(Cisium), 3인용 2륜마차 카렛세(Calesse), 4인승 장거리용의 4륜마차 프레토리움(Paretorium)으로부터 포장과 침대가 붙은 4륜차 카루카 도르미토리아(Carruca Dormitoria) 등 여러 종류가 있었다.

한편, 해상교통도 소형의 트라게토(Traghetto)나 바르카(Barca)로부터 대형의 나베(Nave)에 이르기까지 여러 가지가 있었는데, 대형선으로 로마의 오스티아(Ostia)항구에서 스페인의 카디즈(Catiz)까지는 7일, 나폴리 근처의 포즈올리(Pozzuoli)항구에서 그리스의 코린터스(Corintus)까지는 5일이 걸렸다고 한다.

숙박시설은 처음에는 민가를 개조하는 정도의 것이었으나, 관광이 점차 발전함에 따라서 대형화되기 시작했으며, 오스티아(Ostia) 등지에서는 4층 건물로서 내부에 리셉션 데스크와 선물가게까지도 갖춘 여관이 있었다는 것은 오늘날 오스티아의 유적에서도 확인되고 있다. 이 밖에 그리스에 있었던 것과 같은 간이식당 타베르나(Taverna)나 식당 겸 숙박시설인 포피나(Popina)가 각지에 건설되어 영업을 하고 있었다.

그 당시에 있어서 관광은 극히 일부의 계층에만 한정되어 행하여졌음에도 그것이 발달한 이유로서는 위에서 지적한 여러 조건 이외에 다음과 같은 점을 지적할 수 있다.

첫째, 치안의 유지가 잘되어 있어서 안심하고 관광여행을 할 수 있었다는 것,

둘째, 화폐경제가 보급되어 있어서 물물교환의 번거러움을 피할 수 있었고 또한 행동반경이 커졌다는 것,

셋째, 학문의 발달에 따라서 지식수준이 향상되어 미지의 세계에 대한 동경이 증대한 것 등이 그것이다.

그러나 기원 5세기에 이르러 로마제국이 붕괴되면서 치안은 문란해졌고 도로는 황폐해졌으며, 화폐경제는 다시 실물경제로 되돌아감으로써 관광에 있어서는 악조건이 겹쳤기 때문에 오랜 관광의 공백시대로 빠져들게 되었던 것이다.

3) 중세 유럽

유럽에 있어서 관광부활의 원인이 된 것은 십자군전쟁이었다. 11세기말(1096)부터 13세기말(1291)에 이르기까지 약 200년간 7회에 걸쳐 편성된 십자군원정은, 서유럽의 그리스도교도들이 성지 예루살렘을 이슬람교도들로부터 탈환할 목적으로 감행한 대원정이었다. 십자군원정이 열광적인 종교심과 함께 호기심 · 모험심의 산물이었다는 것은 일반적으로 널리 알려진 바이지만, 원정에서 귀국한 병사들이 들려준 동방의 풍물에 대한 정보는 유럽인들에게 동방세계에 대한 관심을 가지게 함으로써 동서 문화교류의 계기를 마련하게 되었던 것이다.

또한 동방과의 교섭의 결과 교통 · 무역이 발달하고 자유도시의 발생을 촉진하였으며, 동방의 비잔틴문화 · 회교문화가 유럽인의 견문에 자극을 주어 근세문명의 발달에 공헌한 바가 컸다.

비록 명분과 목적에서 예수의 묘가 있는 예루살렘을 회교도의 손에서 탈환하여 기독교도의 영토로 삼아 순례자의 편의를 꾀하려던 '성지 예루살렘(Jerusalem)의 탈환'은 끝내 달성하지 못했으나, 이슬람교도에게 그리스도교도의 예루살렘 순례를 인정하게 함으로써 중세를 통하여 예루살렘은 종교관광의 최고 목적지가 되었던 것이다.

중세 유럽의 관광은 중세세계가 로마법왕을 중심으로 한 기독교문화공동체였던 탓으로 종교관광이 성황을 이루었는데, 예루살렘에 이어 제2의 순례지는 로마였다. 여기에는 교황이 있고 사도 베드로나 바울 등이 순교한 땅이기도 하다. 로마 교황이 7대에 걸쳐 프랑스 남부 아비뇽(Avignon)에 유폐당한 14세기와 신성 로마제국 황제 칼 5세가 로마를 약탈한 16세기 초에는 일시적으로 황폐되기는 하였으나 오랜 중세를 통하여 로마는 신앙의 중심지였다.

중세 유럽의 제3의 순례지는 스페인의 산티아고 드 콤포스텔라(Santiago de Compostela)였다. 이곳에서 12사도의 한 사람인 야곱의 유골이 발견되었다고 해서 1082년에 대성당이 건립되었고, 또한 성지로 지정된 이래 프랑스와 스페인 각지로부터 많은 순례자가 모여들었다.

이와 같이 중세 유럽의 관광은 성지순례(Pilglim)의 형태를 취하였고, 그들은 수도원에서 숙박하고 승원 기사단의 보호를 받으면서 가족단위로 먼 길의 관광을 즐길 수가 있었다.

2. 근대관광의 발생과 발전

1) 근대관광의 생성조건

관광은 근대의 경제적 풍요로움을 근본적 원인으로 하여 발생한 사회현상이며, 근대를 구체화하는 전형적인 사회현상이라 할 수 있다.

여가활동의 일종인 관광을 실현하기 위해서는 먼저 돈과 시간이 필요하게 된다. 그리고 또 하나의 조건으로 관광을 받아들이는 사회규범의 침투, 즉 주위의 누구나가 어려움 없이 관광을 즐길 수 있는 사회환경을 들 수 있으며, 관광을 유발시키는 이 모든 조건은 경제적 풍요로움이 사회 전반에 걸쳐 확산됨으로써 비로소 성립하게 되는 것이다.

근대 이후 관광이 더욱더 확대된 계기는 19세기 말 이후의 여행조건의 비약적인 향상을 들 수 있는데,

첫째, 교통의 혁신적 발전

둘째, 숙박시설의 정비

셋째, 관광관련 산업의 복합화와 발전

넷째, 관광정보의 보급

다섯째, 이동의 저해요인의 철폐 및 완화 등이 그것이다.

2) 근대 유럽의 관광

유럽에 있어 15세기에서 19세기 초까지는 르네상스, 대항해, 종교개혁, 미국의 독립, 그리고 계몽주의가 확산된 시기로 역사의 시대구분은 이를 근세라고 부른다. 이와 같은 근세는 근대의 기초가 구축되는 시대이며 또한 여행의 역사에서 관광의 역사로 전환하는 시기라고도 할 수 있다.

유럽에 있어서의 관광은 위에서 언급한 바와 같이 일부에서는 대항해시대를 맞이하는 등 화려한 일면도 있었지만, 근세에 와서도 종교관광의 기조는 달라지지 않았다. 그러던 것이 19세기에 들어서면서 커다란 변화가 나타났다. 이 시대에는 이미 중세 말기에 생긴 여관조합(inn guild)이 발전하여 여관의 수도 많아졌으며 관광여행이 쉬워진데다, 문예부흥기를 맞아 괴테(J.W.v. Goethe), 셸리(P.B. Shelley) 그리고 바이

런(G.G. Byron) 등 저명한 작가와 사상가가 대륙을 여행한 후 발표한 작품들이 또 다른 관광여행의 자극제가 되었다. 역사가들은 이 시대를 가리켜 '교양관광의 시대' 또는 '그랜드 투어(Grand Tour)의 시대'라고 부르고 있다.

이른바 산업혁명이 가져온 기술혁신의 하나인 철도의 발달은 특히 영국에서 두드러져서 1850년에는 주요 철도망이 거의 완성돼 있었다. 이와 같은 시대상황에서 등장한 사람이 토마스 쿡(T. Cook)인데, 그의 활약에 의하여 대중의 즐거움을 위한 여행은 새로운 형태로 전개되어 갔다.

영국인 목사였던 쿡은 관광분야에서는 최초로 여행업을 창설한 인물로 다양한 아이디어 속에 단체관광(패키지 투어)을 처음으로 시도하였으며, 이러한 단체관광의 구조하에 관광의 대중화의 길이 열리게 된 것이다.

쿡에 의한 여행업의 창설은 처음에는 종교활동에서 시작되었다. 쿡은 인쇄업을 운영하면서 전도사 및 금주운동가로서 활동하고 있었는데, 당시 도시노동자의 음주습관을 없애기 위하여 관광이라는 건전한 레저활동을 노동자계층에 인식시키며 금주운동을 펼치고 있었던 것이다. 여행과 관련한 쿡의 최초의 업적은 금주운동 참가를 위한 단체여행의 주최였다. 그는 1841년에 철도회사와의 교섭을 통해 단체할인의 특별열차를 임대하여 570명 참가자들의 전 여정을 관리하여 성공적으로 끝마쳤는데, 이는 근대여행업의 제일보라 할 수 있다.

그 후 쿡에게 여행수속의 대행을 의뢰하는 사람이 속출하여, 드디어 1845년에는 단체여행을 조직화하고, 교통기관이나 숙박시설을 알선하는 것을 전업으로 하는 '여행대리업(당시는 excursion agent)'을 경영하게 되었다. 쿡의 공적은 누가 무엇이라 하여도 대중의 여행을 손쉽게 한 것에 있으며, '즐거움을 위한' 여행에 참가할 수 있는 사람들을 증대시켰다는 점이다. 이 점에서 쿡을 '근대관광산업의 아버지'라고 부르고 있으며, 또 쿡의 등장 이후를 '근대관광의 시대'라고 부른다.

한편, 숙박시설면에서도 19세기가 되면서 온천지를 중심으로 호화로운 객실과 위락시설을 갖춘 곳이 나타났는데 이를 호텔이라 부르게 되었다. 남부 독일의 바덴바덴(Baden-Baden)의 바뒤쉐 호프(Der Badische Hof)나 하이델베르그(Heidelberg)의 유로페쉬호프(Der Europäische Hof), 파리의 그랑 호텔(Grand Hotel) 등이 그것이다.

3) 근대 미국의 관광

미국은 독립 이후 급속한 근대화를 이루어 19세기 말에는 영국을 제치고 세계경제를 주도하는 대국이 되었다. 경제발전으로 인한 중산층의 탄생은 20세기에 들어와 관광 붐을 일으켜 1910~1920년에 걸쳐 미국인의 유럽여행 붐을 조성하였으며, 유럽에서도 미국관광이 유행하여 유럽대륙과 북미대륙 간의 왕래가 빈번하게 되었다.

이렇게 대서양을 사이에 두고 양 대륙간 교류가 증가하게 된 배경에는 대형화 · 고속화를 이룬 대형 호화여객선의 등장을 들 수 있다. 20세기 전반은 이러한 호화 대형 여객선의 시대라 할 수 있으며, 대형 여객선에 의한 관광은 하와이, 카리버해의 여러 섬, 아프리카, 아시아 등을 대상으로 하는 세계 주유관광의 확대를 실현시켰으며, 또한 미국에서는 20세기 초두에 자동차 붐이 일어나 경제적 풍요로움과 중산층 계급의 대두를 상징함과 동시에 국내관광의 발전에도 기여하게 되었다. 이것이 이른바 '유럽으로의 여행시대'이다.

이와 때를 같이하여 스타틀러(E.M. Statler)와 같은 호텔경영자에 의해서 미국의 호텔기업이 대형화 · 근대화되는 계기가 마련되었다. '근대호텔의 혁명왕'으로 일컬어지는 스타틀러는 1908년에 버펄로(Buffalo)에서 스타틀러 호텔(Statler Hotel)을 개관함으로써 미국호텔산업에 새 역사를 창조한 인물이다.

영국에서도 근대적인 호텔기업을 발전시킬 수 있는 터전이 마련되기는 하였으나 크게 성장하지 못하였고, 미국에서 오히려 융성한 발전을 가져와 오늘날 호텔기업의 본고장으로 평가되고 있다. 이와 같이 근대에 와서 미국의 호텔이 유럽의 호텔보다도 더 발전을 보게 된 까닭이 무엇인가를 다음과 같은 측면에서 살펴볼 수 있겠다.

첫째, 숙박업자들의 개성면에서 미국의 숙박업자들은 유럽에 비해 보다 진취적이고 투기적이며 확장주의적 과감성이 있었던 결과이고,

둘째, 호텔기업의 개성면에서 유럽의 것이 귀족적 냄새를 풍기며 화려한 그리고 안정적인 특성을 보이는데 반하여, 미국의 호텔은 평등적 내지는 대중적 취향의 운영형태를 보여 주었다는 점이다.

이의 주요한 요인은 미국인의 생활습관에 기인함과 동시에 여행을 어느 나라에 비해서도 좋아하는 사실에서 기인되고 있다. 이는 곧 오늘날까지 국내외를 막론하고 호텔산업의 발전을 유도한 선도적 요소이기도 하다.

특히 20세기 초에, 스타틀러가 전혀 새로운 스타일의 버펄러 · 스타틀러호텔(Buffalo Statler Hotel)을 오픈함으로써 도시를 왕래하는 중산층의 여행자가 투숙할 수 있는 상용호텔의 탄생을 가져옴과 동시에 미국 호텔산업의 새로운 시대를 열었다.

4) 일본의 근대화와 관광

일본의 근세라 하면 16세기 후반에서 에도(江戶)시대 말기까지를 말하는데, 이 시기에는 전국(戰國)시대가 종식되면서 경제 활성화를 위한 교통의 발달과 치안유지 등 여행의 조건이 기본적으로 정비됨에 따라 여행활성화가 재개되었다. 특히 이 시대에는 주인(朱印)무역선에 의한 해외교역이 성행하였다. 주인무역선이란 허가서를 교부받은 상선으로 대외교역을 장려하는 국가시책에 힘입어 17세기 초까지 동남아시아를 중심으로 성행하였는데 에도시대로 접어들면서 쇄국정책에 밀려 약 200년간에 걸쳐 대외교역은 모습을 감추고 말았다.

하지만 에도시대에는 근대화를 위한 경제적 · 사회문화적 기반이 형성되어 실질적으로 민중이 "즐거움을 위한 여행"을 누릴 수 있었던 시기라 할 수 있다. 에도시대에 들어오면서 여행을 위한 제반조건이 거의 갖추어지게 된다. 봉건제도가 정착된 에도시대에는 각 지역을 관리 · 통제하는 영주나 무사들에게 순번제로 일정한 기간 동안 에도로 불러들여 정부 일을 담당케 하는 「참근교대제」가 제도화되었는데, 이들의 편의를 위해 전국에 걸쳐 도로 및 숙박시설이 정비되었으며, 농업경제 활성화로 인한 화폐경제의 발달과 치안향상 등은 일반 서민들까지 여행의 기회를 누릴 수 있는 촉매역할을 하였다.

에도시대에 유일하게 서민들이 참가 가능한 여행은 바로 종교관련 여행이었다. 종교관련 여행이라 함은 주로 전국의 참배지를 순례하는 여행으로 당시 가장 인기있는 참배지는 '이세신궁(伊勢神宮)'이었다. 이세신궁은 서민에게 있어 일생에 한번은 참배해야 되는 곳으로 인식될 만큼 종교적 흡인력이 강한 곳이었다. 이세신궁을 참배하는 형태에는 크게 두 가지 유형이 있었는데 '누케마이리'와 '오카게마이리'가 그것이다. 여기서 "마이리"란 신사참배를 위해 신궁을 방문하는 것을 의미하는 말이다.

먼저 전자인 '누케마이리'란 일반적으로 여행허가서를 교부받지 않거나 집주인의 승낙 없이 집을 빠져나와 몰래 신사참배를 위해 여행을 떠나는 것을 가리키는 것으로 에도시대 젊은이들 사이에 유행하였으며, 하나의 풍습으로 받아들여져 여행 후 돌아와도 처벌받지 않았다고 한다. 여기서 "누케"란 일본어로 '빠져나오다'라는 말이다.

한편, 후자인 '오카게마이리'란 1638~1867년 사이에 약 60년을 주기로 3회 정도(1705년, 1771년, 1830년) 이세신궁으로 민중들이 대거 참배하였던 현상을 가리키는 말이다. 이러한 배경에는 이세신궁의 부적이 하늘에서 떨어진다는 기이한 현상을 직접 경험하기 위한 것이 원인이었는데, 남녀노소를 불문하고 모든 계층의 사람들이 참가하였다고 한다. 특히 이들의 여행을 위해 도로 주변에 대규모로 편의시설이 마련되었으며, 이러한 시설 덕분에 여행이 가능하였다는 뜻에서 '오카게마이리'라는 용어가 탄생되었다고 한다. "오카게"란 일본어로 '덕분에'라는 말이다.

어쨌든 민중의 여행이 활성화된 것은 에도시대이지만 여전히 저해요소가 산재해 있었으며, 이러한 것이 완전히 제거되어 여행의 틀을 벗어나 하나의 '관광'으로 자리매김한 것은 일본의 근대가 시작된 메이지시대부터라 할 수 있다.

1868년 메이지시대에 접어들면서 일본은 근대국가로서의 형태를 갖추었으며 근대화구조의 기반이 마련되면서 관광정책에도 영향을 미치게 된다. 특히 관광관련 분야 중 여행업에 관련한 정책을 펼치게 되는데, 이러한 정책 배경에는 무엇보다도 외국인 관광객을 유치하려는 정부의 의지 때문이었다. 1896년에는 「희빈회」라는 여행알선단체를 설립하여 상류계층의 외국인 관광객을 접대하기도 하였다. 이후 20세기로 들어서면서 미국과 유럽에 있어 중산계층에까지 국제관광 붐이 일어나 이들 외국인 관광객을 전문적으로 대응하기 위하여 「Japan Tourist Bureau」가 설립되었는데, 이는 현재의 「일본교통공사」의 전신인 것이다.

일본 근대관광의 특징으로서 '단체여행'을 빼놓을 수 없는데, 이 중 수학여행은 일본 고유의 관광형태라 할 수 있다. 수학여행은 메이지시대에 근대학교제도가 정비되자 1888년에 문부대신 훈령으로 정식적으로 탄생하였는데, 전쟁 중에 일단 폐지되었다가 종전 이후인 1946년에 재개되어 오늘에까지 이르고 있다. 수학여행의 목적은 학생이 단체여행을 통하여 학교생활에서 얻을 수 없는 경험이나 지식 그리고 견문 등을 넓히기 위한 것으로 서양의 그랜드투어(Grand Tour)처럼 교육적 의의가 깊은 단체여행이라 하겠다.

5) 근대 한국의 관광

우리나라에서는 근대에 들어와서도 고려시대의 '역참제도(驛站制度)'가 지속되어 교통과 통신 및 숙박시설은 역이 그 기능을 담당했었다. 그러나 임진왜란과 병자호란을 겪으면서 서서히 그 기능을 상실해가던 역은 19세기 말에 와서는 통신 · 교통의 일대혁신과 함께 완전히 그 기능을 잃게 되었고, 사회 내부에 몇 가지 특징적인 현상이 나타났는데, 이러한 변화는 개항기를 기점으로 다시 한번 새로운 형태의 양상으로 바뀌었다.

임진왜란 이후 혼란해진 정국 속에서 역 · 원제도가 유명무실해짐에 따라 객주와 여각 및 주막 등이 나타난 것이다. 역(驛)[5]이나 원(院)[6]은 관용적 성격을 띠고 있으나, 객주(客主)[7]와 여각(旅閣)[8]은 사용적 성격을 띤 것으로 일반여행자보다는 상인을 대상으로 한 여인숙이었고, 주막[9]은 서민대중을 대상으로 한 여숙의 성격을 띠고 있었다.

더욱이 강화조약이 1876년에 체결된 후 부산항이 개항되고, 이어 원산 및 인천항이 개항되자 많은 객주가 개항장을 비롯한 도시에 집결되었고, 이들은 객주조합을 결성하여 활동을 활발히 함으로써 개항지에서 외국상품 판매의 중개역할과 더불어 그들의 숙소로 제공되었다.

한편, 개항과 더불어 외국의 물물교환이나 경제적 침투와 함께 많은 외국인이 입국하게 되면서, 이미 있었던 숙박시설의 변천을 가져왔고, 1910년 한일합방과 더불어 근대적인 여관이 서울을 비롯하여 전국적으로 생겨났다. 이러한 숙박시설들은 처음

5) 중앙관청이 공문을 지방관청에 전달하며, 외국사신의 왕래와 관리의 여행 또는 부임 때 마필을 공급하던 곳으로, 신라 21대 소지왕 9년에 처음으로 베풀었다.

6) 고려와 조선조 때 역과 역 사이에 두었던, 출장하는 관원을 위한 국영의 여관이다. 역이 완전히 관용에 속한다고 한다면, 원은 반관반민의 성격으로 평민이 관리하였으며, 공용여행자의 숙식 외에 일반민중의 여사로도 사용되고, 또한 가난한 자에게는 음식을, 여행자에게는 약을 무료로 제공하기도 하였다.

7) 조선조 때 주로 인삼, 약종, 금은, 직물, 피혁 따위 물품을 위임받아 팔거나 또는 임시 거주하는 상인들을 상대하던 여관개념이다.

8) 상인이 농산물이나 수산물의 매매를 거간하며, 또한 그 물건 임자를 묵게 한 여관집이다. 객주와 같은 뜻으로 쓰이나, 객주는 객상을 숙박시키고, 여각은 여상을 숙박시켰으며, 취급화물 · 설비 · 소재 등의 차이로 구별짓고 있다.

9) 서민을 대상으로 한 음식점 겸 여숙으로 주로 시골의 길거리에서 술이나 밥 따위를 팔고 나그네도 치르는 집이었다. 임진왜란 때부터 성행하였는데, 17세기 이후 개인상의 활동이 활발해짐에 따라 도시에서는 객주, 시골에서는 주막이 여숙의 장소로 제공되었다.

에 부산, 인천과 같은 개항지를 중심으로 발생하였는데, 철도교통의 발달과 함께 전국의 주요 철도역 부근을 중심으로 번창해 나갔다. 이에 따라 개항기 무렵에 흔히 볼 수 있었던 행전과 짚신에 괴나리봇짐을 진 나그네와 보통 여염집과 다를 것 없는 초가지붕의 낮은 여인숙의 전경은 교통과 도시의 발달 속에 점차 근대적인 모습의 일본풍 또는 서양풍의 여관에 밀려나게 되었다.

근대적인 여관의 발달과 함께 외국인을 대상으로 한 서구식 개념의 호텔도 탄생하였는데, 1888년에 인천에 세워진 대불(大佛)[10]호텔이 그것이다. 그 후 이 호텔 바로 길 건너에 스튜워드 호텔(Steward Hotel)[11]이 문을 열고 우리나라를 찾아오는 유럽인이나 미국인 등이 이용하였으나, 1899년에 경인선철도가 개통됨으로써 반드시 인천에서 숙박할 필요가 없게 되고 보니 이용객이 줄어들어 사양길을 걷다가 문을 닫고 말았다. 그리고 1902년에는 서울에도 손탁호텔(Sontag Hotel)[12]이 세워졌지만 오래 유지되지 못하였고, 1905년 경부선의 개통과 1906년 경의선이 개통됨에 따라 철도사업의 부대사업으로 1912년에 부산역과 신의주역에 각기 개관된 부산철도호텔과 신의주철도호텔이 우리나라 근대적 호텔의 효시라고 하겠다.

경인선, 경부선 그리고 경의선 등 철도의 개통은 한일합방을 전후하여 국내인의 여행왕래를 활발하게 하였으며, 특히 일본의 압록강 가교공사를 준공시켜 개통됨과 동시에 중국대륙의 침략을 시도하면서, 철도 이용객들이 증가함에 따라 1941년에 처음으로 재팬 투어리스트 뷰로(JTB : 일본교통공사의 전신)의 조선지사가 설립되었고, 한반도내 일본인 이동의 편의를 제공하게 되니 일본인의 여행왕래도 빈번해졌다.

그 당시의 여행수단은 오로지 철마에 의한 것이 대부분이었으나, 이 밖에도 1914년에는 평양~진남포 사이를 비롯한 9개의 버스 정기노선이 처음으로 등장하였고, 1936년에는 한일 사이에 부관 대형 연락선인 '금광환'이 취항함으로써 두 나라 사람들의 여행을 가속화시켰던 것이다.

---

10) 우리나라에서 서양식 개념의 호텔로서는 맨 처음이다. 1888년에 인천에 일본인에 의하여 세워진 3층 11실의 호텔이다. 당시 인천항을 드나들던 구미인들과 일본인들의 숙소로 사용되었다.

11) 대불호텔 바로 길 건너에 중국인에 의하여 건립되었다.

12) 독일인 손탁(Sontag)이 서울 정동에 1902년에 세웠으며, 벽돌 2층의 건물로 2층에는 귀빈실을, 1층에는 보통객실과 식당을 두었다. 객실, 가구, 장식품, 악기, 의류 및 요리가 모두 서양식으로 제공된 서구적 양식의 숙박시설로서 외국인들의 집합소역할을 하였으며, 청일전쟁 후에는 미국이 주축이 되어 구성된 정동구락부로 외교가의 중심지가 되었다.

위에서 기술한 바와 같이 우리나라의 관광여행은 개항과 더불어 철도의 개통으로 활발해지기 시작했으며, 또한 관광사업도 철도사업의 부대사업으로 태동되기 시작했다고 볼 수 있다.

3. 현대관광의 출현과 확대[13)]

1) 대중관광의 출현

(1) 대중관광과 대중소비사회

제2차 세계대전 이후의 폐허에서 부흥한 이른바 선진국에서는 1960년대부터 대중관광(mass tourism)의 시대를 맞이하게 된다. 대중관광이란 관광이 대중화되어 대량의 관광객이 발생하는 현상을 말하는데, 미국, 일본 그리고 서유럽의 국가들을 중심으로 대중관광이 시작되었다. 이러한 국가들은 대부분이 근대화의 선발 그룹에 속해 있었으며, 전후 경제발전으로 더욱더 고도의 근대화를 달성해가고 있었는데, 선진제국의 경제발전은 대중소비사회를 잉태하는 결과를 가져오게 되었다.

대중소비사회란 공업생산력이 비약적으로 증대하여 대량생산 · 대량소비의 경제활동에 의해 인류사상 미증유의 경제적 풍요로움을 실현한 사회를 말한다. 대중소비사회는 1950년대에 미국에서 출현하기 시작하여 60년대에는 일본과 서유럽 제국에서도 형성되고 있었다.

특히 대중소비사회의 특징인 경제적 풍요로움은 사회 전반에 걸쳐 폭넓게 침투하여 대중레저사회를 형성하게 되었다. 원래 부유한 유한계급층의 소유물로 인식되어 있던 레저(leisure)가 일반대중에게도 향수되기 시작하였고, 그 중에서 가장 인기있는 레저가 바로 관광이었으며, 대중소비사회에 대중관광이 발생하게 된 계기를 마련하게 되었던 것이다.

초기 대중관광은 패키지투어(package tour)에 의한 단체여행으로 실현되었고, 국제적인 차원에 있어서의 대중관광 역시 단체여행의 형태를 띠고 있었는데, 지구의 '북반부'에 위치하고 있는 경제 선진국의 관광객이 지구의 '남반부'에 위치하고 있는 제3

13) 오카모토 노부유키(岡本伸之)편, 觀光學入門, 有斐閣, 2001, pp.48~54.

세계의 국가나 개발도상국 관광지를 집중적으로 방문하는 관광형태를 보이고 있었다.

(2) 대중관광시대의 개막

1960년대를 기점으로 미국과 유럽에서는 많은 사람들이 국제관광의 혜택을 누릴 수 있게 되었는데, 제트여객기가 출현함으로써 이를 이용한 관광객이 관광지에 한꺼번에 많이 몰려든 '대중관광'의 개막을 알리는 시기이기도 하였다. '북반부'에 위치한 선진국들의 관광객은 3개의 'S(sun : 태양, sand : 해변, sex : 성)'를 즐기기 위해 '남반부'의 관광지를 찾았으며, 1950년대에는 225만명이던 관광객이 1967년까지 1,600만명으로 증가하였고, 이들 가운데 북미와 서유럽의 관광객이 약 80%를 차지하였다.

이러한 국제대중관광의 활성화를 배경으로 1960년대경부터 관광개발에 의한 '남반부' 국가들의 경제발전에 대해서 국제적으로 논의되기 시작하였다. '남반부' 국가에 있어서의 관광객 지출액은 1950년의 5억달러에서 1967년에는 30억달러까지 급증하게 되자, 1960년대 후반부터 관광을 '무형의 수출(invisible export)'로 간주하게 되었고, 관광개발이 외화획득과 경제발전의 유망한 수단으로서 주목하게 되었던 것이다.

1960년대 후반의 국제관광의 현저한 확대에 의해 관광이 지니는 의의를 다시금 인식하고, 국제관광을 촉진하기 위한 국제기관의 활동도 활발하게 되었다. 이러한 시대적 배경하에 국제연합(UN)은 1967년을 국제관광의 해로 정하고 "관광은 평화로 가는 패스포트"라는 슬로건 아래 국제관광의 보급과 관광사업의 진흥을 도모하였다.

또 유럽에서는 대중관광의 확대에 따른 '소셜투어리즘((social tourism)'의 실현이 가능하게 되었다. 소셜투어리즘이란, 경제적 빈곤이나 신체적 · 정신적 장애 등의 이유에서 관광을 향수할 수 없는 사람들을 대상으로 관광을 즐길 수 있도록 제반 사회적 지원책을 수행하는 사상이나 활동을 말하는데, 20세기 중반을 기점으로 스위스와 프랑스를 중심으로 시행된 이후 유럽 전체에 보급되어 대중관광 발전에도 기여하게 되었다.

(3) 대중관광의 확대

1970년대에 들어오면서 국제관광의 경향이 더욱더 확대되는데, 1969년에는 점보제트여객기가 정기항공노선에 취항하면서 국제관광의 대량화 및 고속화가 급속히 진행되었으며, 이 시기를 기점으로 북미와 유럽에 이어 일본도 국제관광객 송출국 대열에 뛰어들게 된 것이다.

1970년대부터 10년간은 국제연합이나 세계은행 등 국제기관에 의한 국제관광개발에 대한 지원이 강화되어 국제대중관광에 대응하는 관광지가 세계 각지에 정비되는 시기였다. 사실 1980년대에 들어오면서 대중관광에 의한 문제점들이 조금씩 제기되기 시작하였지만, 그럼에도 국제관광의 확대경향은 순조롭게 계속 진행되었으며, NIES(Newly Industrializing Economies : 신흥공업경제지역)에 이은 ASEAN(Association of South-East Asian Nations : 동남아시아국가연합)의 여러 국가를 시작으로 하는 아시아지역의 경제발전으로부터 1980년대에는 ASEAN 회원국들이 새롭게 국제관광객 송출국이 되었으며, 1990년대에는 해당 국가에서 자국민을 위한 관광촉진정책이 추진되었다.

1990년대에 들어오면서도 선진제국과 아시아에서 송출되는 국제관광객 확대경향은 계속되었으며, 1997년에 시작된 아시아 통화위기로 경제성장이 조금 주춤하게 되지만, 이미 경제적 풍요로움을 획득한 아시아 여러 국가에서의 국제관광에 대한 관심은 계속 고조되고 있다.

2) 새로운 관광의 모색

(1) 대중관광의 폐해와 비판

1970년대에 들어오면서 국제대중관광 확대에 따른 문제점이 제기되기 시작하였다. 관광지의 문화변모, 범죄 및 매춘 발생, 환경오염 및 파괴 등이 대표적인 문제점이었다. 더욱이 호스트(host : 관광지 주민)에 대한 게스트(guest : 관광객)의 경제적 · 사회적 우월성, 그리고 선진국 기업에 의한 경제적 지배 등에 귀착하는 '네오(neo) 식민지주의' 혹은 '네오(neo)제국주의' 문제도 제기되었다.

이러한 문제는 근대가 안고 있는 '세계시스템 구조'의 불균형이라는 근본적인 문제에 기인하는 것이 크다 하겠다. 세계시스템구조란 사회학자 월러슈타인(I. Wallerstein)이 제시한 현재의 세계 전체를 하나의 사회공간으로 인식하는 모델이다. 그는 세계 전체를 하나의 큰 원으로 보고, 근대화가 세계 전체에 침투·형성되면서 근대화를 달성한 핵심부분, 근대화를 달성 중인 중간부분, 그리고 근대화를 달성하지 못한 외각부분 등, 3개의 구조로 성립되어 있다고 하였다. 이러한 세계시스템구조론은 국제사회의 불균형적·종속적인 관계를 나타내며 결국 핵심부분에 위치한 부유층이 주변의 빈곤층을 만들어 낸다는 것이다([그림 2-1] 참조).

[그림 2-1] 세계 시스템 구조도

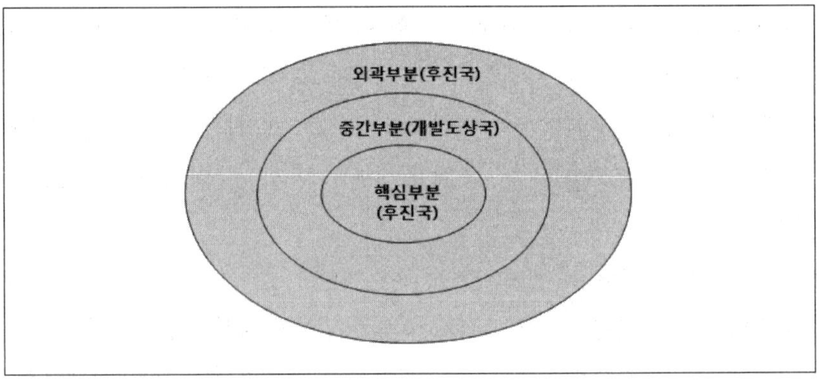

여기에 '남북문제'가 발생하게 되는데, 남북문제란 지구의 남반부에 위치한 빈곤층과 북반부에 위치한 부유층과의 경제격차를 말한다. 그리고 세계시스템구조론은 환경문제와도 관련이 깊다. 근대사회에 있어 경제발전에 의한 자연환경 파괴는 1960년대부터 보고되어 왔지만, 70년대에는 지구 규모적 환경문제가 인류생존을 위협할 정도로 심각하게 되었다. 근대화에서 형성된 세계시스템구조론은 필연적으로 환경문제를 야기시킨다.

대중관광에는 세계시스템구조론의 2개의 문제가 투영되어 있다. 다시 말하면, 세계시스템구조론의 핵심부분과 주변부분과의 관계는 관광에 있어서의 빈곤한 호스트와 부유한 게스트와의 불균형적 관계를 낳았으며, 근대화에 의한 환경문제는 무분별한 관광개발에 의한 자연환경의 오염 및 파괴라는 결과를 초래하게 된 것이다. 이러한 대중관광의 문제, 나아가서는 세계시스템구조론의 문제에 의문을 던진 것이 바로 새로운 관광의 모색인 것이다.

(2) 새로운 관광의 개념

여기에서 말하는 '새로운 관광'이란 용어는 정확한 번역은 아니지만, 영어의 'alternative tourism'의 역어(譯語)로서 사용하고자 한다. alternative tourism이라 함은 대중관광을 대신하는 '또 하나의 관광'이라는 의미를 내포하고 있는데, 1980년대 말부터 관광연구에 빈번히 사용되고 있다.

하지만 alternative tourism에 대한 용어의 정의가 아직 미흡하며 학술용어로서 부적절하다는 지적을 받고 있기도 하다. 그래서 관광분야에서는 지구환경문제와 관련한 국제회의에서 제안된 '지속가능한 개발(sustainable development)'에서 가져온 '지속가능한 관광'이라는 용어를 많이 인용하고 있는 실정이다.

하지만 여기서는 alternative tourism의 의미를 고찰하고 이상적인 관광을 표현하는 이념으로써 '새로운 관광'이라는 용어를 사용하고자 한다. 즉 새로운 관광이란 대중관광의 폐해를 극복하는 이상적인 관광형태의 총칭이라고 하겠다.

(3) 새로운 관광에의 관심고조

1990년대 이후에도 대중관광은 계속 확대되어 가지만, 일부 북미와 서유럽에서는 새로운 관광이 실천되고 있었다. 이(異)문화 존속 및 교류를 지향하는 에스닉투어리즘(ethnic tourism) 혹은 자연환경을 보존하면서 관광을 즐기는 에코투어리즘(eco-tourism), 그리고 관광객 스스로의 목적에 따라 자유로이 실시하는 SIT(special interest tourism) 등이 대표적인 예라 할 수 있다.[14)]

새로운 관광의 발전 및 진흥은 대중관광의 문제에 대응하는 단체 및 기관, 예를 들어, 관광관련 국제기관, 각국의 정부관련 행정기관, NGO, 종교단체, 연구자집단 등

---

14) SIT : 'Special Interest Tour'의 약자로 관광 이외의 특정목적이나 관심을 충족시키는 여행을 가리키는 용어이다. 단순한 단체여행으로는 만족할 수 없는 여행자의 다양한 수요를 흡수하기 위하여 정형화된 상품에 대한 차별화를 시도하여 근년에는 자연보호나 환경관련을 테마로 하는 여행이나 농촌체험 등도 폭넓은 의미에서 SIT에 포함시키고 있다.

에 의해 지원되어 왔는데, 새로운 관광에 대한 관심과 모색이 향후 더욱더 확대되어 갈 것으로 예상된다.

3) 현대관광의 발전방향

(1) 새로운 관광과 포스트모던

1970년대에 선진제국의 사회구조는 대중관광을 잉태한 대중소비사회에서 탈(脫)공업사회로 일제히 이전하게 된다. 탈공업사회란 사회학자 벨(D. Bell)이 주창한 정보화 사회를 말하는데, 유럽 선진제국의 고도 근대사회는 탈공업사회에 들면서 새로운 발전국면을 맞이하게 된다.

그러나 남북문제와 환경문제가 심각해지자 근대사회가 지니는 한계와 폐해에 대한 논의가 시작되었고, 그 중 하나가 바로 포스트모던론이었다. 포스트모던론은 근대사회를 엄하게 진단하고 고발하였지만, 그 실상을 정확하고 구체적으로 제시하지는 못하였다는 지적을 받고 있다.

여기서 포스트모던을 탐구하는 실천방안으로서 새로운 관광에 주목할 필요가 있다. 예를 들어 에스닉투어리즘(ethnic tourism)이나 에코투어리즘(eco-tourism)은 각각 남북문제나 환경문제에 대한 관광의 변혁적 대응으로 볼 수 있으며, 이러한 실천적 대응은 근대문제를 해결하고 포스트모던을 탐구하는 하나의 계기가 될 수 있으리라 생각되어진다.

(2) 포스트모던과 현대관광의 의미

포스트모던은 이제 뿌리를 조금씩 내리고 있는 우리들의 미래상이며 이와 관련한 관광의 역사를 짚어보는 일은 매우 뜻 깊은 일이라 할 수 있을 것이다. 따라서 마지막으로 포스트모던 사회와 관광과의 관계에 대해 살펴보기로 한다.

포스트모던사회가 근대사회가 안고 있는 제반 문제를 극복하여 만들어지는 사회라고 한다면, 그것은 다양한 이질적인 요소가 조화를 이루고 공생한다는 이미지를 가지게 되는 것인데, 이러한 이미지와 관광과의 공통점이 바로 '교류에 의한 창조'인 것이다. 관광에는 이질적인 문화적 · 사회적 배경을 지니는 호스트(host : 관광지 주민)

와 게스트(guest : 관광객), 혹은 게스트(guest : 관광객)와 자연과의 접촉에서 새로운 문화나 형태가 창출될 가능성이 있으며, 이러한 '교류에 의한 창조'의 실천이야말로 새로운 관광의 실천과 연결되는 것이다.

이렇게 하여 현대관광은 여행의 전통적인 교육적 의미를 지금까지 계승하고 있는 근대의 산물인 동시에 포스트모던으로 가는 매개역할을 하는 사회현상으로 볼 수 있는 것이다. 여기에 현대관광이 지니는 의미를 찾을 수 있으며, 근대에서 탈근대, 다시 말해 모던에서 포스트모던 시대로 전환할 때, 현대관광은 절대 간과할 수 없는 하나의 사회현상인 것이다.

제3절 우리나라 관광의 발전과정

우리나라 관광의 발전과정을 논함에 있어서는 서양의 관광사를 논하는 것과 같이 여행(tour)의 시대, 관광(tourism)의 시대, 대중관광(mass tourism)의 시대, 신관광(new tourism)의 시대로 구분하는 데는 여러 가지 이론이 있을 수 있으나, 적절치 않다고 본다. 그것은 우리나라의 여행이나 관광의 역사와 환경이 서양의 그것과는 많은 차이점을 보이고 있기 때문이다.

물론 우리나라에도 삼국시대로 거슬러 올라가 보면 불교가 전래되면서 사찰의 참배나 유명사찰의 순례라는 형태의 관광이 있었으나, 여기에 참여할 수 있는 계층은 높은 지위에 있는 왕, 귀족, 승려 등과 경제적으로 여유가 있는 특수계층이었고, 이들의 관광현상은 주로 정치, 외교, 군사적 목적이었다.

특히 우리나라가 서양의 그것과 다른 점은 무엇보다도 관광발전의 기초가 되는 교통수단이나 숙박시설이 발달되지 못하였으며, 또한 국민의 소득수준이 매우 낮았기 때문에 관광현상이 일어나기 어려웠다고 할 수 있다.

일반적으로 서양의 관광역사를 통해서 볼 때 관광의 시대는 산업혁명을 기점으로 하여 구분하고 있는데, 우리나라의 경우는 본격적인 산업화가 1960년대부터 일어났으므로 60년대 이후를 관광의 시대라 명명할 수 있을 것으로 본다.

따라서 우리나라 관광의 발전과정을 논할 때에는 서양의 관광사를 논할 때와는 달리 크게 산업화 이전단계와 그 이후의 단계로 구분하여 그 전단계, 즉 1950년대 이전은 관광의 태동기로 인식하고, 산업화 이후는 60년대에서부터 각 10년 단위의 연대별로 관광의 여명기, 기반조성기, 성장기, 도약기로 명명되는 시기로 구분해 보는 것이 우리나라 관광사를 이해하는데 유익할 것으로 생각된다.

1. 1950년대 이전(관광의 태동기)

서양에서와 마찬가지로 우리나라의 고대에도 넓은 의미의 관광행위가 이루어졌을 것으로 추측되나, 관광에 관한 문헌상의 기록은 거의 남아 있지 않다.

우리나라는 삼국시대로부터 근대조선시대에 이르기까지 불교문화권의 나라로 우리 민족의 생활양식, 정치, 문화, 제도 등 모든 면에서 불교의 영향을 받아왔다. 따라서 여행이나 관광활동도 불교가 정착되면서 전국 각지에 사찰이 생겨남에 따라 신도들을 중심으로 불교봉축행사 참가와 산중의 사찰을 찾는 여행의 한 형태인 관광이 생성되었다고 할 수 있다. 따라서 사찰의 참배와 유명사찰의 순례는 고대 유럽에서의 신전 및 성지참배와 유사한 성격을 띠는 원시관광형태라 하겠다.

백제는 중국과의 문화교류가 활발했으며 일본으로의 불교를 전하는 과정에서 교류도 빈번하였다. 이러한 가운데 유학생이나 승려들이 중국뿐만 아니라 인도 및 일본 등으로의 해외 왕래가 자주 있어 온 기록들이 많다.

이후 통일신라시대에는 불교가 크게 발전했으며, 이와 더불어 이른바 종교여행이 활발했던 것으로 전하여진다. 많은 유학생과 승려들이 불교연구를 위해 중국뿐만 아니라 멀리 인도에까지 여행을 했는데, 신라시대의 원효와 의상대사가 해로를 통해 당나라 유학을 했고, 혜초는 인도에 들어가 여러 나라를 순례한 후 돌아와 여행기인 「왕오천축국전」을 남겼다.

고려시대에는 신분제도가 철저했으므로 지배계층과 피지배계층의 구별이 뚜렷하여 신분에 따라 행동에 제약이 많았다. 따라서 여행은 지배계층인 귀족계급을 제외하고는 거의 이루어지지 않았으므로, 귀족계급을 중심으로 하는 중국으로의 유학이나 교역활동이 이 시대의 여행행동을 구성하는 대표적 예였다. 당시의 귀족계급의 자제들은 명산과 사찰 등의 국내여행은 물론 국외에까지 여행을 하였다.

결국 근대조선 이전까지의 관광성격을 띤 여행은 종교적 · 민속적인 내용이 대부분이었다. 따라서 조선시대 초기의 관광유형은 이전의 삼국시대나 고려시대의 관광유형과 흡사하였으나, 조선시대 후기의 쇄국정책 그리고 일본 및 구미 열강들의 침략과 일본의 통치로 말미암아 관광의 발달은 보지 못하였다. 또한 근대에 이르기까지 스스로 국제사회에 활로를 개척하지 못하고 은둔의 나라로 감추어진 채 남아 있었기에 국제간의 교류는 활발하지 못하였으며, 구미처럼 인접국가들과의 자유스러운 관광도 이루어지지 못하였던 것이다.

조선시대의 사회계급은 양반, 중인, 상민, 천민의 4계층의 봉건적 신분제도로 구분되어 있었다. 이 시대는 고려시대와는 달리 유교를 숭상하였으므로 양반인 사대부들은 낙천적인 성품으로 시와 풍류를 즐기면서 학문적 교양의 확대를 위해 단체관광에 참여하였다. 또 점차로 평민계층의 관광과 여가활동이 부분적로나마 나타나기 시작하였다. 조선시대의 평민계층의 관광은 정월 보름날 밤에 행하여졌던 답교, 사월 초팔일의 연등행사, 오월의 단오 등 특정일에 한하여 이루어졌는데, 이들은 대부분 풍년을 기원하고 자신과 가족의 재앙을 방지하려는 목적으로 일시적인 여행도 행하여졌던 것으로 나타났다.

여행자의 숙식을 해결하는 숙박형태는 완전히 관용으로 출장하는 관원들을 위한 역과 반관반민의 성격으로 평민이 관리하고 관용여행자의 숙식 외에 일반 백성들이 이용하는 여사 또는 빈자에게 음식과 여행자에게 약을 무료로 제공하였던 원(院)제도가 발달하였으나, 임진왜란과 병자호란을 거치면서 유명무실하게 되었다.

임진왜란 이후 혼란해진 정국 속에서 역 · 원제도가 유명무실해짐에 따라 객주와 여각 및 주막 등이 나타난 것이다. 역이나 원은 관용적 성격을 띠고 있으나, 객주와 여각은 사용적 성격을 띤 것으로 일반여행자보다는 상인을 대상으로 한 여인숙이었고, 주막은 서민대중을 대상으로 한 여숙의 성격을 띠고 있었다.

따라서 본격적인 우리나라 관광의 출발은 19세기 말부터라고 할 수 있겠다. 조선말기에 발발한 운양호사건으로 인한 문호개방시대를 맞이하여 1876년에 일본과의 강화조약 즉, 병자수호조약 체결을 계기로 부산항이 개항되고 이어 원산 및 인천항이 개항되어 많은 해외열강과의 통상과 접촉을 통하여 기존의 전통적인 여행에 많은 변화를 가져왔다.

개항과 더불어 외국과의 물물교환 등을 통한 경제적 침투와 함께 많은 외국인이 입국하게 되면서 이미 있었던 숙박시설의 변천을 가져왔고, 1910년 한일합방이 이루어짐에 따라 근대적인 여관이 서울을 비롯하여 부산 및 인천과 같은 개항지는 물론 철도역 부근을 중심으로 번창해 갔다.

또한 1899년에는 서울에서 인천 간에 경인선철도가 개통되어 근대적 여행시설이 확충되기 시작했으며, 이밖에 1888년에는 인천에 대불(大佛)호텔(우리나라 최초의 서양식 개념의 호텔임)이 세워지고, 1902년에는 서울 정동에 '손탁(Sontag)호텔'이 프랑스계 독일 태생인 손탁에 의해 세워졌다. 하지만, 이러한 시설들은 우리나라 사람들을 위한 것이 아니라 모두가 일본을 비롯한 외국인을 위한 것이었다.

2. 일제강점시대(관광의 암흑기)

1910년 한일합방 이후 일본의 통치는 우리나라 관광산업에 커다란 변화를 초래하였다. 일본여행업협회(JTB) 조선지사가 1912년에 설치되었고, 일본이 만주대륙 진출을 위해 병참지원 목적으로 한반도에 철도를 부설함으로써 철도여행이 큰 비중을 차지하게 됨에 따라 1914년 서울에 조선호텔, 1915년 금강산에 금강산호텔, 장안사호텔이 각각 세워졌다. 그 후 1925년에는 평양철도호텔, 1938년에 당시 최대 규모를 자랑하던 서울의 반도호텔(현 롯데호텔 자리, 8층 111실)이 장안의 화제를 모으면서 개업하였다.

한편, 일본은 러·일전쟁의 승리로 인하여 대륙진출이 활발해지자 1914년에 재팬투어리스트 뷰로(JTB : Japan Tourist Bureau : 일본교통공사의 전신)의 한국지사를 개설하였고, 관광사업 및 국제경제상의 중요성을 알리고 일제 강점시대 동안 일본인의 여행편의를 제공하였다.

그러나 이 시기에는 모든 관광시설이 일본인과 외국인을 위한 것이었다. 따라서 우리 국민의 관광여행은 극도로 제한되어 있었고, 관광사업 역시 일본인이 독점하고 있었기 때문에 진정한 의미에서 우리의 관광사업이라 할 수 없었으며, 따라서 일제치하에서의 관광은 일본인을 위한 것이었을 뿐, 우리 국민관광으로서는 참으로 치욕의 암흑기였다고 하겠다.

3. 1950년대(관광의 여명기)

우리나라 사람이 관광사업을 경영한 것은 1945년 8월 15일 해방 이후부터이다. 해방이 되면서 곧바로 일본여행업협회 조선지사를 재단법인 대한여행사(Korea Tourist Bureau)로 명칭을 변경하였고, 1948년 우리나라를 방문한 최초의 외국인관광단(Royal Asiatic Society, 70명)이 2박 3일의 일정으로 경주를 비롯하여 국내 주요 관광지를 여행하였으며. 같은 해 미국의 노스웨스트 항공사(NWA)와 팬 아메리칸 항공사(PANAM) 등이 서울영업소를 차리고 영업을 개시하였다. 뒤이어 1950년에는 온양 · 대구 · 설악산 · 무등산 · 해운대 등지에 교통부(당시) 직영 관광호텔을 개관하였다. 그런데 해방직후의 대혼란을 거쳐 1948년 정부가 수립되었으나 미쳐 관광행정체계가 확립되기도 전에 1950년 6 · 25전쟁이 발발하여 전국의 관광시설은 모두 파괴되고 문을 닫았다.

부산으로 피난을 간 정부는 1950년 12월에 교통부 총무과 소속으로 관광계를 신설하여 철도호텔업무를 관장케 하였으며, 1953년에는 노동자들에게 연간 12일의 유급휴가를 실시하도록 보장한 「근로기준법」을 제정 · 공포하였다. 그 후 1954년 2월 10일 대통령령 제1005호로 교통부 육운국에 종전의 관광계를 관광과로 승격시킴으로써 관광사업에 대한 행정적인 체제를 마련하기 시작하였다. 이때의 관광행정의 당면과제는 전쟁으로 파괴된 도로, 숙박시설 등의 관광시설을 복구 · 확장하는 한편, 관광법규가 마련되지 않아 자발적으로 설립되는 관광사업을 지원 · 육성하는데 주력하는 일에 지나지 않았다.

1957년 11월 교통부가 IUOTO(국제관설관광기구, WTO 전신)에 가입하여 국제관광기구와의 유대를 갖게 되었으며, 1959년 10월에는 IUOTO 상임이사국으로 피선되었다. 1958년 3월에는 '관광위원회 규정'을 제정하여 교통부장관의 자문기관으로 중앙관광위원회를, 도지사의 자문기관으로 지방관광위원회를 각각 설치하여 다소나마 관광행정기능을 보강하였으나, 실질적으로 관광행정이 이루어지지는 못하였다.

한편, 1950년대 말에 가서는 정부가 관광사업진흥 5개년계획을 수립하여 민간호텔

건설에 정부가 재정융자를 해주었으며 모범관광지 개발을 추진하였다. 이에 따라 국민들은 서서히 국가의 관광정책에 관심을 갖게 되었다. 이렇게 볼 때 1950년대는 정부가 관광사업에 관심을 표명한 여명기라 할 수 있다.

4. 1960년대(관광의 기반조성기)

우리나라의 관광사업은 1960년대에 들어서서 조직과 체제를 갖추고 정부의 강력한 정책적 뒷받침을 마련하는 등 관광사업 진흥을 위한 기반을 구축하기 시작하였다.

1961년 8월 22일 법률 제689호로 제정 · 공포된 「관광사업진흥법」은 우리나라 관광의 획기적인 발전을 위한 최초의 법률이다. 이 법은 관광질서의 확립, 관광행정조직의 정비, 관광지개발을 위한 지정관광지의 지정, 관광사업의 국제화 추진 등을 규정하였다. 1년 뒤인 1962년 7월과 11월에는 이 법의 시행령과 시행규칙이 제정되어 관광사업이 획기적으로 발전할 수 있는 계기를 마련하였다. 또한 관광과 관련되는 「문화재보호법」을 1962년 1월에 제정 · 공포하였다.

1962년 4월에는 「국제관광공사법」이 제정되었고, 이 법에 의하여 국제관광공사(현 한국관광공사의 전신)가 설립되었는데, 이 공사는 관광선전, 관광객에 대한 제반 편의제공, 외국관광객의 유치와 관광사업 발전에 필요한 선도적 사업경영, 관광종사원의 양성과 훈련을 주된 임무로 하였다. 또한 동년에는 유능한 안내원을 확보하기 위하여 통역안내원 자격시험이 처음으로 실시되었다.

1963년 9월에는 교통부(당시)의 육운국 관광과가 관광국(기획과, 업무과)으로 승격되어 관광행정의 범위가 넓어지게 되었고, 동년 3월에는 특수법인인 대한관광협회중앙회(현, 한국관광협회중앙회)가 설립되어 도쿄와 뉴욕에 최초로 해외선전사무소를 개설하였다.

1965년 3월에는 제14차 아시아 · 태평양관광협회(PATA) 연차총회 및 워크숍을 유치하였고, 같은 해에 국제관광공사, 세방여행사 등의 6개 단체가 ASTA(미주여행업협회)에 정회원으로, 교통부 등 18개 업체가 준회원으로 가입하였다.

또한 1965년 3월에는 대통령령 제2038호로 관광정책심의위원회 규정을 제정 · 공포하고, 이를 근거로 국무총리를 위원장으로 하는 '관광정책심의위원회'를 발족하고,

여기서 관광정책에 관한 주요 사항을 심의 · 의결케 함으로써 이 기구의 법적 지위를 높임과 동시에 기능을 강화하였다.

1967년 3월에는 「공원법」이 제정 · 공포되어 국립공원위원회가 구성되고, 동년 12월에는 지리산이 국내 최초로 국립공원으로 지정되었다.

그리고 1968년에는 '관광진흥을 위한 종합시책'이 교통부에 의하여 공표되었는바, 그 내용은 1971년까지의 관광시책으로서

① 관광지역의 조성
② 문화재의 관광자원화
③ 고도보전의 제도 확립
④ 온천장 및 해수욕장의 개발
⑤ 산야개발과 여가이용 등을 설정하였다.

이상과 같이 1960년대의 한국관광은 발전과정의 기반조성시대로 볼 수 있으나, 1964년 도쿄올림픽과 그 이듬해 한국과 일본의 국교정상화로 많은 일본인이 방한하면서 한국의 관광시장은 종래의 미국으로부터 일본으로 바뀌는 전환점이 되었다. 따라서 1960년대는 관광사업이 정착 · 발전하기 시작하고, 종합산업으로 체계적인 발전의 초석을 놓은 시기라 할 수 있다.

5. 1970년대(관광의 성장기)

1970년대는 정부가 관광사업을 경제개발계획에 포함시켜 국가의 주요 전략산업의 하나로 육성함과 동시에 관광수용시설의 확충, 관광단지의 개발 및 관광시장의 다변화 등을 적극 추진하고, 이에 따른 관광행정조직의 보강 및 관광관련 법규를 재정비함으로써 우리나라 관광산업이 규모와 질적인 면에서 크게 성장한 시기였다고 하겠다. 이러한 시기에 관광진흥을 위해 시도되었던 주목할 만한 사항들을 살펴보면 다음과 같다.

1970년에는 국립공원과 도립공원이 지정되고, 한미합작투자로 조선호텔이 개관되

었다. 또한 1971년에 경부고속도로의 개통을 계기로 전국적으로 관광지 개발이 촉진되었고, 청와대에 관광개발계획단이 설치되었으며, 전국의 관광지를 10대 관광권으로 설정하여 관광지 조성사업이 본격적으로 추진되기 시작하였다. 그리고 동년 11월에는 한국관광학회가 발족하였다.

1972년 12월 정부는 관광사업의 육성을 위해 「관광진흥개발기금법」을 제정하여 제도금융으로 관광기금을 설치 · 운용하도록 하였다. 그리고 1972년 하반기부터 우리나라 기업의 경제무대가 급속히 국제화되어가는 가운데 외국관광객이 급증함으로써 정부는 관광법규의 재정비에 착수하였다.

1975년 4월에는 「관광단지개발촉진법」이 제정되었다. 이 법은 경주보문관광단지와 제주중문관광단지 등과 같은 국제수준의 관광단지개발을 촉진케 함으로써 관광사업 발전의 기반을 조성하는 데 기여토록 하기 위해 제정되었으나, 1986년 12월 「관광진흥법」의 제정으로 이에 흡수되어 폐지되었다.

1975년 12월에는 우리나라 최초의 관광법규인 「관광사업진흥법」을 폐지하고, 동법의 성격을 고려하여 「관광기본법」과 「관광사업법」으로 분리 제정하였다. 즉 과거 관광사업진흥법의 진흥적 · 조성적 부분은 「관광기본법」으로, 규제적 부분은 「관광사업법」으로 정비한 것이다. 여기서 「관광기본법」은 우리나라 관광법규의 모법(母法)이며 근본법의 성격을 갖는다.

한편, 1973년부터 국제관광공사(현 한국관광공사의 전신)의 기구가 민영화되었고, 동년 4월에는 대한관광협회중앙회도 기구를 개편하고 조직을 강화하여 한국관광협회로 그 명칭을 바꾸었다.

교통부 관광국도 1972년부터 기구를 개편 · 확장하여 기획과, 진흥과, 지도과, 시설과를 설치하여 관광행정을 확대함으로써 보다 전문적으로 관광진흥 및 사업의 지도업무에 임하게 되었다.

1978년 12월에는 역사상 처음으로 외래관광객 100만명을 돌파하는 성과를 거두었고, 1979년에는 제28차 PATA총회가 서울에서 개최되었으며, WTO(세계관광기구)에서는 9월 27일을 '세계관광의 날'로 지정하였다.

6. 1980년대(관광의 도약기)

1980년대는 우리나라 관광이 도약한 시기라 할 수 있다. 1979년 6월 OPEC이 기준 유가를 59% 인상함으로써 일어난 제2의 유류파동이 세계적인 경기침체를 가져와 1980년 초에는 우리나라 관광사업이 일시적으로 불황을 맞기도 하였으나, 이후 경제성장정책의 가속화는 다시 국민의 관심을 여가생활에 집중시켜 여가생활 속에서 생활의 만족을 느끼는 경향이 커져가고 있었던 기간이다. 따라서 1980년대에 들어서는 복지행정의 차원에서 국민복지를 향상시키고 건전국민관광을 정착시키기 위하여 국민관광진흥시책을 적극 펴나가게 되었고, 국제관광과 국민관광의 조화 있는 발전을 이루기 위한 정책이 추진되었다.

특히 1981년부터 해외여행의 부분적 허용과 50세 이상의 관광목적 해외여행에 대한 자유화(1981년 1월 1일)는 우리나라 관광의 대중화가 시작되는 분기점이라 할 수 있다.

그리고 1983년 ASTA총회, 1985년 IBRD / IMF총회, 1986년 ANOC총회와 아시안게임, 1988년 서울올림픽 개최와 같은 대규모 국제행사의 성공적 개최와 관광정책은 관광산업의 비약적인 발전과 해외시장에서 한국여행에 대한 관심을 고조시키고 한국관광의 수요를 촉진시키는 데 크게 기여하였다.

1989년 1월 1일부터 내국인의 해외관광이 완전히 자유화됨으로써 관광분야에서도 양방향 관광(two-ways tourism)이 활발하게 이루어지게 되었다.

7. 1990년대(관광의 재도약기)

1980년대에 이어 1990년대는 우리나라 관광의 재도약기라 할 수 있다.

1990년 7월 13일 정부는 전국을 5대관광권 24개소권의 관광권역으로 설정한 정부계획을 확정함으로써 관광선진국 대열에 진입할 수 있도록 관광개발 및 보전에 힘을 기울이게 되었다.

1992년 4월에는 교통부가 관광정책심의위원회의 의결을 거쳐 '관광진흥중장기계획'을 정부계획으로 확정하였으며, 1992년 9월에는 '관광진흥탑' 제도를 신설하고 관광외화획득 우수업체를 선정하여 매년 관광의 날(9월 28일)에 수여했다.

1993년에는 제19차 EATA(동아시아관광협회)총회를 유치하였고, 동년 8월 7일부터 11월 7일까지 총 93일 동안 치러진 대전 엑스포(EXPO)는 세계에 우리나라의 저력을 과시한 이벤트축제였다.

1994년에는 우리나라 관광업무의 담당부처가 교통부 육운국에서 문화체육부관광국으로 이관되었으며, 특히 '94 한국방문의 해'는 외국인들의 방한을 촉진하고 한국의 역사 · 문화를 비롯해 발전상을 외래객들에게 알리는 우리의 노력이 결실을 맺은 해이기도 하다. 또 1994년 4월에는 PATA(아시아 · 태평양관광협회)의 연차총회, 관광교역전 및 세계지부회의 등 3대 행사가 46개국 1,350명의 회원국 관련인사가 참석한 가운데 성황리에 개최되었다. 그리고 종래 「사행행위 등 규제 및 처벌특례법」에서 사행행위영업으로 규정하여온 카지노업을 1994년 8월 3일 「관광진흥법」 개정시 관광사업의 일종으로 전환 규정하였다.

또한 정부는 1995년 말부터 관광진흥의 중장기적 과제를 검토하기 시작하여 1996년 7월 대통령 주재로 '관광진흥 확대회의'를 개최하고 1996년부터 2005년까지 추진할 '관광진흥 10개년계획'을 확정하였다. 또 1996년 12월 30일에는 「국제회의산업 육성에 관한 법률」을 제정 · 공포하였는데, 이 법은 국제회의의 유치를 촉진하고 그 원활한 개최를 지원하여 국제회의산업을 육성 · 지원함으로써 관광산업의 발전과 국민경제의 향상 등에 이바지함을 목적으로 한다.

1997년 1월 13일에는 「관광숙박시설지원 등에 관한 특별법」이 제정되었는데, 이 법은 2000년 ASEM회의, 2002년의 아시안게임 및 월드컵축구대회 등 대규모 국제행사에 대비하여 관광호텔시설의 부족을 해소하고 관광호텔업 기타 숙박업의 서비스 개선을 위하여 각종 지원을 함으로써 국제행사의 성공적 개최와 관광산업의 발전에 이바지함을 목적으로 제정된 한시법이다.

1998년 5월에는 중국인 단체관광객에 대한 무비자 입국과 러시아 관광객에 대한 무비자 입국 및 복수비자 허용 등을 실시함으로써 한국의 관광이 선진국으로 진입하는 계기가 되었다고 할 수 있다.

8. 2000년대(관광선진국으로의 도약기)

2000년대는 뉴밀레니엄을 맞이하여 21세기 관광선진국으로의 힘찬 도약을 준비하는 시기라고 할 수 있다.

2000년에는 국제관광교류의 증진과 국내관광수용태세 개선에 주력했다. 제1회 APEC 관광장관회의와 제3차 ASEM회의를 성공적으로 개최하여 국제적 위상을 한층 제고하였다. 특히 2000년 6월 15일 역사적인 첫 남북정상회담을 갖고 난 후 발표한 6·15 남북공동선언을 계기로 남측의 백두산, 평양, 묘향산 방문 등 남북관광교류의 확대를 위한 중요한 토대가 이루어진 해라고 할 수 있다.

2001년에는 동북아 중심의 허브공항 구축의 일환으로 인천국제공항이 개항하였으며, '2001년 한국방문의 해' 사업을 통해 관광의 선진화를 위한 제반 사업이 수행되었고, 관광산업의 국제화를 위하여 제14차 세계관광기구(UNWTO) 총회를 성공적으로 개최하였다.

2002년에는 '한국방문의 해'를 연장하고, 한·일월드컵 축구대회 및 부산 아시안게임의 성공적인 개최로 국가 이미지는 한층 높아져 외래관광객의 방한욕구를 증대시켰다. 또한 관광진흥확대회의의 정기적인 개최로 법제도 개선, 유관부처의 협력모델을 도출하고 관광수용태세 개선에 만전을 기하였다.

2003년도는 동북아경제중심국가 건설을 위한 원년으로 아시아 관광허브건설기반 구축과 개발중심의 관광정책에서 문화예술 및 생태적 가치지향의 관광정책으로의 전환과 국제적 관광인프라 확충을 추진하는데 중점이 주어졌다. 그러나 연초부터 전 세계적으로 확산된 사스(SARS)와 이라크전쟁, 조류독감 등의 영향으로 전 세계적으로 관광시장이 위축된 한해이기도 하였다.

2004년에 들어서면서 국제환경의 악영향으로 큰 위기를 맞이했던 관광산업은 점차 회복세로 접어들었다. 2004년 방한 외래객수는 전년 대비 22.4% 증가한 사상 최대치인 582만명을 기록했으며, 관광수입 또한 최근 6년 사이 처음으로 증가세를 나타냈는데 전년 대비 6.6% 증가한 57억 달러를 기록했다. 또 정부는 관광산업의 중요성과 그 가치를 인식하고, 급증하는 국민관광수요를 선도·대비할 수 있는 관광진흥 5개년계획(2004~2008년)을 수립·추진하였으며, 2004년 4월에 개통된 고속철도는 전국을 2시간대 생활권으로 연결시켜 국민생활에 큰 변혁을 가져올 뿐만 아니라 국민관광부문에 대한 파급효과도 매우 큰 것으로 본다.

2005년도에 들어와 한국과 일본은 2005년을 '한 · 일 공동방문의 해'로 지정하고 관광교류 및 국제행사 공동개최 등의 국제친선의 노력을 기울였으나, 근래 일본의 독도 영유권 주장 및 역사교과서 왜곡 등이 문제화되면서 일본인 관광객의 증가폭이 둔화되었다.

2006년에 들어와서는 관광산업 경쟁력 강화대책으로 관광산업에 대한 조세부담 완화, 신규투자 및 창업촉진을 위한 제도개선, 해외 관광시장의 획기적 확대여건 조성, 국민 국내관광 활성화, 관광자원의 품격과 부가가치 제고 등 다섯 개 분야에 걸쳐 총 62개 과제 추진 등 획기적인 범정부적 대책을 발표하였다.

2007년 4월에는 한국 고유의 관광브랜드 'Korea, Sparkling'을 선포하고 홍보를 다각화하는 한편, 중저가 숙박시설인 '굿스테이(Goodstay)'와 중저가 숙박시설 체인화 모델인 '베니키아(BENIKEA)' 체인화 사업 운영을 위한 기반을 구축하였다.

2008년에 들어와서는 관광산업의 국제경쟁력 강화를 위해서 2008년을 '관광산업의 선진화 원년'으로 선포하고, '서비스산업 경쟁력 강화 종합대책' 등 범정부 차원의 대책을 본격적으로 추진하였다. 따라서 2008년 4월에는 서비스산업선진화(PROGRESS-Ⅰ) 방안의 일환으로 「관광진흥법」, 「관광진흥개발기금법」, 「국제회의산업 육성에 관한 법률」 등 '관광3법'을 제주특별자치도로 일괄 이양하기로 결정하는 등 적극적이고 지속적인 노력이 추진되었다.

2009년도에는 전 세계 대다수 국가가 관광산업의 침체상태를 면치 못하였으나, 우리나라는 환율효과 등 외부적 환경을 바탕으로 삼아 적극적 관광정책 추진으로 관광객이 증가하여 9년만에 관광수지 흑자로 전환하는 데 성공하였다. 특히 가시적 성과로는 2011년 UNWTO 총회 유치(2009.10), 의료관광 활성화 법적 근거 마련(2009.3), MICE · 의료 · 쇼핑 등 고부가가치 관광여건을 개선한 것 등이다.

2010년도는 환율하락, 신종플루 및 구제역 발생, 경기침체 지속이라는 대내외적인 위협요인을 극복하고 관광산업의 장기적인 경쟁력 확보에 주력하였다.

문화체육관광부는 '관광으로 행복한 국민, 활기찬 시장, 매력있는 나라 실현'이라는 비전 아래 외래관광객 1,000만명 유치목표 조기 달성을 위해 크게 4개 부문 즉 수요와 민간투자 확대로 내수진작, 창조적 관광콘텐츠 확충, 외래관광객 유치 마케팅 강화, 관광수용태세 개선방안 마련에 중점을 두었다. 구체적으로는 휴가 · 휴일제도 개선으로 관광수요 확충을 위한 여건을 조성하고, 규제와 경영여건 완화 및 제도개선 등 민간투자 확대를 통한 내수진작을 꾀하였고, 수변관광, 새만금, 생태탐방로 등 미래형 관광자원과 한국적 특성을 갖춘 관광콘텐츠를 확충하였다.

또한 2010~2012 한국방문의 해를 계기로 국격 제고와 관광 목적지로서의 매력도 향상을 위한 지역 맞춤형 마케팅을 전개하였고, MICE, 의료관광, 한류문화 확산에 따른 공연관광 등 고부가가치 관광산업을 육성하는 등 외래관광객 유치 마케팅을 강화하였다. 그리고 외래관광객 수용태세 개선을 위해 환대서비스 제고, 안전한국 캠페인 실시, 관광안내 서비스 품질 확보 등을 추진하였고, 관광숙박시설 확충 대책, 쇼핑관광 활성화 방안 등을 마련하였다.

〈표 2-3〉 8 · 15 광복 이후 우리나라의 주요 관광사

연 대	연 도	주 요 내 용
1940년대	1945	미군정청에 육운국(陸運局) 발족
1950년대	1950	국내알선업체(서울교통공사) 설립
	1953	PATA 설립
	1954	교통부 육운국에 관광과 설치
	1957	교통부 국제관설 관광기구(IUOTO: 현, WTO) 가입
1960년대	1961	'관광사업진흥법' 제정 · 공포
	1962	국제관광공사 창립, 통역안내원자격시험 실시
	1963	교통부 관광과가 관광국으로 승격
	1965	제14차 PATA 총회, 관광정책심의위원회 규정 공포
	1967	국내 최초로 '지리산'을 국립공원으로 지정
1970년대	1970	경부고속도로 개통
	1972	'관광진흥개발기금법' 제정, '국토이용관리법' 제정
	1975	'관광단지개발촉진법' 제정 · 공포
	1975	'관광기본법' 제정 · 공포, '국민관광'이란 용어의 공식화 교통부 WTO(세계관광기구) 가입
	1975	'관광사업법' 제정 · 공포
	1978	'관광호텔등급심사제' 도입, 외래관광객 100만명 돌파
	1979	제28차 PATA 총회, 경주 보문관광단지 개장
	1979	'한국관광진흥 장기종합계획' 보고서 발간

연 대	연 도	주 요 내 용
1980년대	1980	제주도를 입국사증(VISA) 면제지역으로 지정
	1982	국제관광공사를 한국관광공사로 명칭 변경
	1983	ASTA총회 개최
	1986	'86 아시안게임 개최, '관광진흥법' 제정 · 공포
	1988	'88 서울올림픽 개최, 외래관광객 200만명 돌파
	1989	국민해외여행 전면자유화
1990년대	1990	관광권역개발을 5대 관광권 24개소권으로 확정
	1991	여행업 해외시장 개방, 외래관광객 300만명 돌파
	1993	대전엑스포 개최
	1994	'한국방문의 해(Visit Korea)' 선포
	1998	외래관광객 400만명 돌파
	1999	'관광비전 21' 확정, '7대문화관광권'개발사업 추진
2000년대	2000	외래관광객 500만명 돌파
	2001	'한국방문의 해(Visit Korea)' 선포
	2002	월드컵축구대회, 부산 아시안게임 '제2차관광개발기본계획'수립(16개 시 · 도관광권역)
	2003	금강산 육로관광 개시, 대구 유니버시아드 대회
	2004	'관광진흥5개년계획'수립, 주5일근무제실시, 제53차PATA 총회
	2005	외래관광객 600만명 돌파

자료 : 김광근 외, 최신 관광학, 백산출판사, 2007, p. 77

제3장

관광현상의 효과

발표 및 토론과제

- 관광현상의 효과 중 경제적 효과에 대한 전반적인 이해
- 관광현상의 효과 중 사회적 효과와 문화적 효과에 대한 전반적인 이해
- 관광현상의 효과 중 마이너스(부정적) 효과에 대한 전반적인 이해

제1절 관광의 경제적 효과

관광의 여러 가지 효과란, 관광이란 행동과 그 집합으로서의 현상이 가져온 영향을 어떤 기준으로 평가한 것을 말한다. 관광은 다양한 행동이며, 매우 현대적인 사회현상이라서 그것이 가져오는 영향은 매우 여러 방면에 걸쳐 있으므로 관광을 어떤 각도에서 파악하는가에 따라 그 효과의 의미도 달리 해석된다.

관광의 효과라고 말하는 경우, 종래에는 먼저 국제관광을 통한 외화획득, 즉 국제수지의 개선에 관한 효과를 들었다. 점차적으로 국제 및 국내의 관광왕래가 활발하게 이루어져 감에 따라 국제수지의 면만이 아닌 여러 가지 경제적 효과가 인정되기에 이르렀다. 즉 관광에 직·간접적으로 관련되는 사업에 대한 투자의 촉진이나 고용기회의 증대 등이 그것이다.

또한 관광은 다른 나라의 풍토나 문물을 알고, 문화적 교류를 가져오게 하는 등의 비경제적 효과가 있다는 것이 예부터 널리 알려져 왔다. 더구나 대중관광(mass-tourism)의 시대가 도래하면서 교육적·문화적 효과, 국민후생적 효과 등이 주목을 받게 되었고 점차 그 비중이 증대되어지고 있다. 그러므로 현대에 있어 관광의 효과는 이들을 종합한 것으로 이해하여야 할 것이다.

관광의 여러 효과는 상호 관련성을 갖는 면이 있지만, 여기서는 이것을 경제적 효과와 사회·문화적 효과로 분류하고, 각각의 효과에 대하여 설명한 후, 긍정적 효과와 함께 제기될 수 있는 부정적 효과에 대해서도 살펴보고자 한다.

관광은 즐거움을 위한 여행이지만, 관광객은 일련의 소비활동으로 이루어지는 복합적인 현상이기도 하다. 관광객은 관광행위를 수행하면서 여러 가지 소비활동을 수반하게 되는데, 이러한 과정에서 발생하게 되는 경제적 효과에는 국제수지개선과 외화획득, 경제발전에의 기여, 지역개발의 촉진 등이 있다.

1. 국제수지의 개선

국제관광에 의한 외화획득은 국제수지를 개선하는데 커다란 역할을 한다. 그것은 외래관광객의 소비가 받아들이는 나라에 외화수입이 되며, 외국인 관광객의 증가가 외화획득의 증대에 직접적으로 기여하게 되는 것이기 때문이다. 더욱이 부존자원과 자본이 빈약하고 공업제품의 수출이 곤란한 나라에 있어서는 국제관광객을 받아들이는 것은 외화를 획득하는데 매우 유효한 수단이 되고 있다.

제품수출 등에 의해서 외화를 획득하는 경우, 외화로서 지급되는 수출대금의 전부가 외화수입으로 되는 것은 아니다. 왜냐하면, 그 상품을 만드는데 필요한 원자재 등을 수입하는 경우가 많기 때문이며, 외화를 지출하고 있는 부분이 있기 때문이다. 물론 그와 같은 점은 관광의 경우에 있어서도 마찬가지지만, 관광에 의한 외화의 획득은 일반 수출에 비해 훨씬 외화가득률이 높다는 것이 특징이다.

여기서 '외화가득률'이란 획득한 외화수입에서 그 외화를 얻기 위해 지출된 외화를 뺀 나머지 실질적인 외화수입이며, 이 순외화수입이 획득한 외화수입 가운데 몇 %인가를 나타내는 것을 말한다.

관광상품의 판매에 의해서 획득되는 외화가득률이 제품수출 등에 의해 획득되는 외화가득률보다도 1.4배 가까이나 높은 것은[15] 외화를 얻기 위해 지급되는 비용이 매우 적게 들기 때문인 것이다. 다시 말하면, 제품수출 등에 의해서 외화를 획득하는 경우에는 원자재의 수입, 외국에서의 선전비 외에도 해외로 제품을 실어나가는 수송비 등이 들지만, 관광제품일 경우에는 국내에서 생산되지 않은 일부 식료품이나 양주, 그리고 외국에서의 선전비만이 지출되고 해외로 제품을 실어나가는 수송비와 같은 비용은 들지 않기 때문인 것이다.

국제관광에 의한 외화수입이 "보이지 않는 수출"이라고 불려지는 까닭은 여기에 있고, 나라마다 외국인 관광객을 유치하려고 노력하는 이유가 되고 있다.

그리고 관광에 의한 외화획득은 제품수출 등의 상품무역에 의한 외화획득과는 달리 또 다른 하나의 유리한 특징을 갖고 있다. 즉 상품무역에 있어서는 각 나라의 보호무역주의에 의한 관세장벽, 민족자원주의에 의한 원자재의 수입곤란, 수출시장에 있어서 환경의 악화 등의 문제를 항상 안고 있고, 경우에 따라서는 수출대상국의 국민의 민족감정, 국제경제정책 등의 영향을 받아 상품배척이라는 문제가 일어나는데

15) 일반적인 예로서 재품수출 등에 의한 외화의 가득률은 65.2%인데 비해, 관광에 의한 외화의 가득률은 91.8%이며, 우리나라의 경우는 거의 94%에 달하는 것으로 나타나 있다.

반하여, 관광은 오히려 국제친선이나 문화교류에 기여하면서 외화를 얻을 수 있다는 점이다.

이상에서 살펴본 바와 같이 국제관광은 외화의 획득에 이바지하는 것이나, 무역수지가 대폭적으로 흑자가 되는 경우에는 관광지출을 증대시킴으로써 국제수지의 균형을 이룰 수 있는 대책을 세울 수 있어, 이런 면에서 국제수지의 개선에 이바지하는 것이다.

2. 경제발전에의 기여

국제관광, 국내관광 어느 것이든지 관광은 관광객과 관광대상과를 결부시킴으로써 대상지로서의 국가 또는 지역의 경제발전에 기여한다. 특히 관광 특유의 상품이나 서비스에 대한 수요의 증대가 가져오는 경제적 효과는 대단히 큰 것이라 할 수 있다.

관광소비의 구조는 교통비, 숙박비, 식사비, 오락비, 상품구입비 등으로 구성되는데, 이들의 관광소비는 직접적으로 국가나 지역의 수입과 이어지는 것이다.

관광소비의 증대는 관광객을 직접적인 이용자로 하는 관광사업의 성립 · 발전을 촉진한다. 예를 들면, 숙박시설의 건설, 오락시설의 신설, 교통기관의 정비, 전문적 서비스 사업의 성립 등은 관광객 왕래의 증대에 기인하는 투자활동의 결과라고 생각할 수 있다.

관광사업의 발전은 이와 관계가 있는 모든 사업의 발전을 촉진시킴과 동시에 새로운 고용의 기회를 제공한다. 나라 전체의 외화획득액 가운데서, 관광에 의한 외화수입이 압도적으로 높은 관광국인 스페인에서는 취업인구의 약 20% 정도가 관광과 직접 관련되는 사업에 일하고 있으며, 다른 특별한 산업이 부진한 국가나 지역에 있어서는 관광이 가져오는 고용효과는 큰 의미를 갖는다.

더욱이 고용기회의 증대는 새로운 구매력을 낳게 하고, 수요를 확대시키며, 이른바 승수효과를 나타내게 되는 것이다.

이러한 것들이 관광의 경제적 활동을 자극하는 기본적 구조이며, 관광경제를 지배하는 법칙과 그 자체는 일반경제의 그것과 같은 것이다. 즉 수요와 공급의 관계나 시장원리 등을 적용하는 점은 같지만, 관광경제의 경우에는 수요자(관광객)가 공급자측에 직접 찾아옴으로써 경제활동이 성립한다는 점에 특색이 있다.

3. 지역개발의 촉진

국제관광에 비해 국내관광의 경제적 효과는 일반적으로 가볍게 여기기 쉽다. 그것은 국제관광이 외화의 수입에 직결되어 있는데 비해 국내관광은 화폐의 국내이동과 재배분을 가져올 뿐이라는 평가가 있기 때문이다. 그러나 국내관광이 지역경제의 발전에 크게 이바지하는 것이라는 점은 두말할 필요도 없거니와 재화의 지역적 이동이 미치는 영향을 가볍게 생각해서는 안 될 것이다.

국제관광의 경우에서도 숙박, 토산품 구입이라고 하는 구체적인 소비활동은 특정한 지역을 중심으로 이루어지는 것이며, 그러한 의미에서 볼 때 국내 · 국제를 불문하고 관광의 경제적 효과는 우선 지역경제의 발전으로 나타날 수 있는 것이라고 생각할 수 있다.

지역경제에 대하여 효과가 발생되어 가는 과정은 앞에서 이미 설명한 것과 기본적으로 같다. 해당 지역에서의 관광에 관한 소비의 증대는 관광에 관한 여러 가지 사업을 성립시키는 것이 되고, 거기에서 다음과 같은 경제적 효과가 생겨나게 된다.

첫째, 고용의 기회를 증대시킨다. 관광에 관한 사업은 그 성격에서 비교적 단순한 서비스노동을 많이 필요로 하고, 그렇기 때문에 노동력을 빠른 시간에 활용할 수 있다는 점에서는 다른 산업보다 직접적인 유효성을 지니고 있다.

둘째, 관광소비의 증대와 관광사업의 활성화는 직간접적으로 지방자치단체의 세수(稅收)를 증대시키는 것과 관련된다. 세수의 증대가 공서비스의 향상, 즉 지역사회의 발전에 이바지함은 말할 필요도 없다.

셋째, 관광사업의 발전이 도로, 상하수도, 전력공급 등의 생활기반시설의 정비에 관계되는 것을 들 수 있다. 즉 관광사업이 그 주변일대의 생활환경을 근대화하는 데 이바지하게 되는 것이다.

제2절 관광의 사회 · 문화적 효과

관광의 비경제적 효과를 총칭하여 관광의 사회 · 문화적 효과라 부르는데, 그것은 '인간의 정신활동에 미치는 영향'을 말한다. 매스 투어리즘(mass tourism)의 시대에 있어서 관광의 사회 · 문화적 효과는 경제적 효과 이상으로 주목받게 되었다. 사람과 자연과의 접촉, 사람과 사람과의 만남이라는 일들이 사람에게 미치는 영향은 매우 크다고 생각되고 있다.

관광의 효과는 기본적 의미에서는 직접체험과 문화의 전달을 매개하는 기능을 가진 것이라고 말할 수 있겠는데, 일반적으로는 교육적 효과, 문화적 효과, 국가홍보효과, 국제친선효과 등으로 나누어 고찰할 수 있다.

1. 교육적 효과

관광은 직접적 체험을 통해서 풍물을 보고 사물에 접한다는 점에 있어서 뛰어난 교육적 효과를 가지고 있다. 관광을 통하여 새로운 지식의 획득이 이루어지지만, 무엇보다도 '변화욕구'의 충족이 중요하며, 이러한 과정에서 파생되는 지적 욕구의 구체적 실현이라고 하는 교육적 효과는 관광객들이 가장 높은 관심을 보여야 할 요인이다. 즉 관광이란 여가활동의 한 형태로서 경제적 발전과 타문화에 대한 지적 호기심을 충족시키기 위한 수단으로 활용되고 있음을 의미한다.

인간은 업무나 여가활동을 통하여 욕구의 충족을 도모함으로써 인간적 성장을 지향하는 것이며, 사회변화의 영향을 받아 파생되는 여러 가지 현대적 욕구의 대부분은 평소와는 다른 환경과 체험에 의해 충족시키고 있는 것이다. 궁극적으로 관광의 교육적 효과는 관광객이 직접적 체험을 통해서 얻어지는 것에 대한 평가이며, 견학이나 시찰여행 등의 교육적 목적을 달성하기 위해 시도하는 직접적 체험에 의한 지식의 증대를 도모한다. 따라서 관광은 교실 없는 교육, 즉 Education without a class room이라 한다.

요약하면, 관광의 교육적 효과란 관광을 통해 다양한 문물에 대한 접촉과 경험의 축적을 의미한다. 역사유적 탐방, 박물관·미술관 탐방 및 동식물원의 관람, 그리고 다도관광, 전적지관광, 도자기 만들기, 성지순례, 수학여행, 보이스카우트캠프 참가 등 교육목적에 따라 다양한 체험을 경험함으로써 관광객은 역사적 통찰력과 문화적 가치를 보다 깊이 이해하게 되는 것이다.

2. 문화적 효과

관광이 지니고 있는 또 한 가지의 사회·문화적 효과는 관광이 서로 다른 문화를 전달하는 매개로서 기능을 다하는 데에서 생긴다.

관광에 의해서 습득한 지식과 체험은 다른 여러 사람들에게 자연스럽게 전해짐으로써 사회에 대하여 커다란 영향을 미치게 된다. 오랜 역사의 모든 과정을 통해서 보면 다른 나라의 문화나 산물은 여행자와 함께 다른 나라로 건너간 일이 많았다.

예전에는 다른 나라나 다른 지방의 문화는 상인이나 순회연예인과 같이 여행하는 것을 일거리의 일부처럼 여기고 있는 사람들에 의하여 전해졌다고 말할 수 있다. 실크로드(silk road)가 교역뿐만 아니라 동서문화의 교류에 크게 이바지한 것은 잘 알려진 사실이며, 이탈리아의 여행가 마르코폴로의 체험담에 바탕을 둔 '동방견문록'은 당시로서는 최초의 상세한 동양의 소개서였고, 유럽사람들의 동양에의 관심을 높여, 그것이 신항로나 신대륙 발견의 원인이 되었다고 한다.

관광이 즐거움을 위한 여행이고 여행하는 그 자체가 목적이지만, 그 여행에 의해 얻어지는 지식과 경험은 다른 사람들에게 전해질 수 있는 것이며, 또 내방한 여행자를 통하여 서로 다른 문화에 접촉할 수 있는 것이다.

커뮤니케이션 수단이 발달한 현대에 있어서는 관광이 문화를 전달하는 기능은 상대적으로 감소되었다고 말할 수 있겠으나, 사람들의 행동양식 등은 기본적으로 사람과 사람과의 접촉을 통해 전하여지는 성격을 가진 것이다.

우리나라에 있어서도 해외여행을 경험한 사람은 여러 가지 지식이나 체험을 가지고 돌아와 다른 사람들에게 적잖은 영향을 미쳤으며, 이는 오늘날까지도 계속되고 있다. 또한 우리나라를 방문한 외국인 여행자를 통해서 다른 나라의 문화가 도입되고 있으며, 한국인관광객에 의해 한국의 문화가 해외에 소개되고 있다.

국내관광에 있어서도 다른 지역의 사람들 사이의 교류가 관광객의 왕래에 의해 촉진되고 있다.

3. 국제친선 효과

관광은 국제교류를 통하여 국가 간의 친선을 도모할 수 있다. 오늘날 관광에 부과된 기본적 사명 중에서 국제친선의 증진은 국가 간의 상호이해를 꾀할 수 있어 매우 중요시되고 있다. 이에 따라 각국의 국민이 될 수 있는 한 많은 기회를 만들어 해외여행을 하여 그 나라 국민과 광범위하게 접촉하고, 또한 모든 사정을 관찰하는 것이 요망된다.

이처럼 관광의 국제친선효과는 매우 광범위하게 나타나며, 특히 인적 교류를 통한 상호 이해의 증진, 한국을 이해하고 도와주는 친한인사 증가, 국제화시대의 국제활동의 원활화 등에 크게 기여하게 된다. 아울러 관광종사원과 해외여행자는 민간외교관의 역할을 수행하게 된다.

따라서 관광산업은 평화산업으로 인식되고 있으며, 실제로 관광을 통해 세계평화에 이바지한다고 볼 수 있다. 무엇보다도 이해집단 간의 분쟁은 서로에 대한 오해와 불신에서 비롯된다는 점을 고려할 때, 국제관광은 세계를 하나의 우호적인 공동체로 만드는 데 기여하게 될 것이다.

궁극적으로 관광이 구현하고자 하는 이념이 세계평화라고 볼 때, 관광은 상호교류를 통해 국가 간의 이해를 증진시킬 수 있으며, 그동안 특정국가에 대해 가지고 있던 편견을 불식시키는 데 중요한 역할을 담당하게 된다. 여러 연구결과를 보면, 어떤 특정 국가나 지역을 방문했던 관광객은 방문하기 전보다 방문지에 대해 긍정적인 평가를 하여 관광활동이 국제친선에 기여함을 이해할 수 있다. 따라서 관광객과 접촉한 지역주민이 접촉이 없었던 주민보다 관광객에 대해 보다 긍정적인 평가를 하였다. 따라서 해외여행은 국제친선과 민간외교에 도움이 된다고 볼 수 있다. 또한 관광객과 관광종사원은 민간외교관, 즉 'Diplomacy without a protocol'이라고 불리운다.

4. 국가홍보 효과

관광의 활성화는 관광지 국가를 내외국인에게 홍보하는 효과를 꾀할 수 있다. 이는 오늘날의 관광이 단순히 경제적 효과만을 위해 발전시키는 것이 아님을 의미한다. 특히 관광을 통한 국가홍보효과는 자국의 민족적 우수성을 세계에 알리는 역할을 담당한다. 지난 70년대 정부에서 실시한 참전용사 유치사업은 6 · 25전쟁의 폐허와 가난의 참상에서 놀랍게 발전한 우리나라의 재건모습을 세계적으로 유감없이 홍보하였다고 할 수 있다. 따라서 관광은 언론 없는 통신, 즉 'Communication without a press' 라고 한다.

이와 같은 국가홍보 효과를 달성하기 위해서는 무엇보다도 우리나라를 찾는 외국인에게 우수한 전통문화와 문물을 체계적으로 소개해야 한다. 고려자기, 거북선, 인쇄(금속활자) 등 다양한 한국의 전통문화는 관광상품 개발에도 유용하게 활용될 수 있으며, 이와 같은 전통문화를 효과적으로 외래 관광객들에게 소개할 수 있는 관광수용태세를 정비해야 할 것이다.

아울러 국가의 발전상, 친절, 미풍양속 등을 보여줌으로써 국위선양을 도모해야 한다. 한강의 기적을 이룩한 우리나라의 발전모습은 한국보다 경제적으로 낙후된 지역에서 온 관광객들에게는 주요한 관광매력이 될 수 있다. 이처럼 관광자원은 단순히 역사유적 및 전통문화에 국한되는 것이 아니라 관광객의 호기심을 자극할 수 있는 모든 것들이 관광자원으로 활용될 수 있는 것이다.

또한 외국관광객들을 맞이하는 모든 국민과 관광종사원은 우리나라를 선전하는 홍보요원이 되어야 하며, 내국인의 해외여행을 통해서도 국가홍보를 꾀할 수 있어야 한다. 하지만, 해외를 방문하는 내국인이 해외에서 모범적인 행동을 하지 못하고 현지인과 관광객들에게 좋지 못한 행동을 한다면, 우리나라의 이미지에 부정적인 영향을 미치게 되어 한국의 전반적인 이미지를 흐리게 한다. 따라서 외국을 여행하는 내국인들은 자신의 행동이 우리나라의 국익에 영향을 미친다는 점을 명심해야 할 것이다.

대통령이 국가홍보 TV광고에 출연한 것은 외국인 관광객 유치 및 한국관광 이미지 개선에 큰 도움이 되었으며, 실제로 일본지역에 대통령의 국가 홍보광고가 방영된 후에 우리나라를 찾는 일본인 관광객이 29.4%나 급증하였다고 한다. 실로 이는 국가의 이미지를 바꾸고 국가를 홍보하는데 있어서 커다란 성과를 거두었다고 본다.

그 밖의 관광의 사회·문화적 효과를 살펴보면 다음과 같다.

1) 직업의 다양화 가능

관광산업의 발전은 다양한 직업종류의 확대와 직업의 전환, 직업구조의 다양성을 촉진시킨다. 관광의 발전과 성장으로 관광산업의 유형이 다양해짐으로써 직업종류가 확대되고, 이들 산업에 종사하는 사람들과 기타 부대시설에 근무하는 사람들의 신규 수요창출로 새로운 직업기회가 많아짐에 따른 직업의 전환이 자연적으로 발생한다.

2) 해당 지역주민의 직·간접 견문의 확대

관광목적지를 방문하는 관광객들과의 직·간접적인 접촉 등을 통하여 이질적인 문화를 습득하고 이해하는 기회를 제공받아 자연적으로 견문을 넓히는 계기를 제공한다. 아울러 각종 문화적 이질감의 오해에 따른 편견 등을 사전에 제거하고 국제적 친선과 우의를 증진시키는데 기여하게 된다.

3) 문화·교육인프라의 확대

관광산업의 발전에 따라 지역 간 신규 도로망 확충, 통신시설의 확대 및 관광객을 위한 휴식공간 및 관광지의 자연적 인구증가 등에 따른 교육시설 등과 같은 하부시설의 확충이 우선시 추진된다.

이러한 인프라는 관광목적지내에 필요한 물품의 신속한 조달, 외부지역과의 긴밀한 정보교류, 인간생활과 사회생활의 질적 개선, 교육환경의 개선 등 지역주민의 문화와 생활환경에 질적으로 긍정적인 결과를 가져오게 된다.

제3절 관광의 마이너스(부정적) 효과

1. 여러 효과의 관련성

관광의 여러 가지 효과에 관해서, 이것을 앞에서 편의상 경제적 효과와 사회 · 문화적 효과로 대별하여 설명했지만, 본래 이것들은 서로 관련되는 것으로서, 한편으로는 바람직한 영향인 플러스 효과를 가져오는가 하면, 다른 한편에서는 바람직스럽지 못한 영향인 마이너스 효과를 동시에 발생시킨다는 문제가 있다.

외화획득을 위한 국제관광객의 수용은 국제수지를 개선하는 경제적 효과와 함께 국제친선이라고 하는 사회 · 문화적 효과를 높이는 것이나, 반면에 예의를 갖추지 못한 관광객의 언행에 의하여 그 나라에 대한 평가가 내려지는 수가 있다. 또 경제적으로도 관광객이 상품이나 서비스의 수요를 급격히 증가시킴으로써 물가 상승 등의 국민경제에 마이너스 효과가 생기는 수도 있다.

아와 같은 경우에 전체적인 평가는 어느 쪽의 가치를 보다 중시하는가와 어느 것이 기본적인 사항이고 또 어느 것이 파생적인 사항인지에 대한 인식에 따라 내려지겠지만, 마이너스되는 측면만 문제 삼는다면 관광 그 자체는 마이너스효과를 가져오는 것으로만 부각되어 비판의 대상이 되기 쉽다.

이하에서는 대표적인 관광의 마이너스(부정적)효과를 살펴보고자 한다.

2. 자연환경의 훼손

관광개발은 필연적으로 자연의 훼손을 동반하게 된다. 한편으로 무조건적인 보호가 인간생활의 풍요에 도움을 준다고 하는 견해는 문제가 있다고 본다. 때로는 자연조건을 인위적으로 개선하는 것이 오히려 환경의 보호에 도움이 될 수도 있기 때문이다. 예를 들어, 홍수 시에 자주 범람하는 하천의 폭을 넓혀 홍수피해를 예방하는 것은 자연환경을 소극적인 보호에서 벗어나 적극적인 대응으로 환경을 관리하는 방안이 될 수도 있기 때문이다.

이처럼 자연에 대한 개발은 개발 자체가 문제가 된다기보다는 개발자의 개발방향에 따라 문제가 될 수도 있고 자연보호에 도움이 될 수도 있다. 이와 같은 개발방식을 보전적 개발(sustainable development)이라 한다. 그러나 관광개발 시 관광개발 주체가 지나치게 자신의 이익만을 고집하게 되면 실제적으로 많은 부작용이 표출되며, 이로 말미암아 나타나는 대표적인 환경파괴의 요인은 크게 두 가지로 요약된다.

첫째, 경제적 이유만을 추구하는 개발은 많은 환경파괴를 일으키게 된다. 관광개발자들은 경제적 이익에 몰두하고 환경보전을 등한시하여 개발지 주민과 주변지역에 피해를 주는 사례가 종종 발생한다. 이에 따라 해정당국의 적절한 통제가 요구된다.

둘째, 자연의 무분별한 이용은 생태계의 질서를 파괴한다. 이를 예방하기 위해서는 보전적 개발을 전제로 관광지가 개발되어야 한다. 이는 환경친화적인 개발을 의미하며, 향후 환경친화적인 개발만이 개발자뿐만 아니라 지역주민에게도 이익이 될 것이다.

따라서 생태계를 보호할 수 있는 개발, 지역적 특성을 고려한 개발, 기후 및 풍토에 기초한 지역적 특성을 고려한 개발, 환경보호를 위한 제도적인 장치구축 등의 조건을 충족시킬 수 있는 여건이 마련되어야 한다.

3. 인문환경의 훼손

관광개발은 자연적 환경파괴 외에도 미풍양속 등의 전통문화를 파괴하여 지역정서를 왜곡시키고 현지인들의 가치관을 혼돈에 빠지게 할 우려가 있다. 이는 폐쇄적인 전통사회가 갑작스럽게 외부세계에 노출되어 주민생활 침해가 발생하고 관광객들의 퇴폐적인 행태가 현지인들에게 악영향을 미침으로써 발생한다.

이에 따라 세계의 주요 관광지들은 관광지의 전통적인 문화를 보존하기 위해 다각적인 노력을 기울이고 있다. 예를 들어 하와이에 가면, 폴리네시안 문화센터가 있는데, 이는 하와이 및 주변 섬나라들의 문화를 인공의 특정 공간에 전시함으로써 현지인들의 삶을 보호할 뿐만 아니라 관광객과 현지인과의 마찰을 없애기 위한 조치이다. 아울러 이와 같은 문화의 무대화는 관광객에게 관련문화를 한 장소에서 관람하고 이해하게 함으로써 관광객의 시간적 · 경제적 손실을 줄이는 효과도 기대할 수 있다.

궁극적으로 전통문화를 중심으로 하는 인문환경의 보존은 현대관광에 있어서 매우 중요하게 대두되는 요인이다. 또한 전통문화는 관광객이 탐구하기 위해 관심을 고조시키는 중심적 관광매력이므로 관광개발자, 현지주민, 정책적 지원 등이 효과적으로 조화를 이루어야 한다.

4. 호화사치 및 과소비조장

한편으로 관광은 호화사치와 과소비를 조장할 수도 있다. 관광객은 일상생활을 벗어나 신비감과 해방감, 그리고 미지의 세계가 제공하는 환상적인 분위기 속에서 경제적 소비의 위험성을 망각하기 쉽다. 특히 한국과 같이 여가에 대한 체계적인 교육이 이루어지고 있지 않은 상황 하에서 관광객들은 자신의 일상적인 통제능력을 상실하여 충동적 구매에 몰입할 수 있다.

또 한편으로 관광객들이 일상생활권에서보다 소비행태가 더 과감하게 나타나는 것은 일상생활에서의 경쟁환경이 없으며, 위락행위가 제공하는 환상체험의 마력성과 자유를 만끽하는 과정에서 향유하는 현실도피적인 행태에서 비롯된다. 무엇보다도 위락에의 지나친 탐닉은 인생을 파멸로 몰고 갈 수도 있다. 최근 들어, 청소년들에게 유흥비를 마련하기 위해 범죄를 저지르는 경향이 나타나고 있는데, 이는 일부 청소년들이 쾌락적인 유흥문화에 빠져들고 있음을 의미하는 것이다.

아울러 위락에의 지나친 탐닉은 근로의욕을 저하시킬 수도 있다. 노동과 여가생활은 모두 인간이 살아가는 데 있어서 매우 소중한 시간이다. 그러나 지나치게 균형을 상실하여 여가생활은 전혀 하지 않은 채 노동에만 몰두한다든가, 아니면 노동은 일절 하지 않은 채 여가생활에만 몰두하는 것은 매우 위험하다. 가장 이상적인 것은 노동과 여가생활의 조화이다. 이 양자는 상호 보완적인 성격을 지니고 있어 균형있는 시간배분이 필요하다.

또한 관광지에서의 지나친 소비행태는 일상생활에까지 영향을 미쳐 소비성향을 부채질할 수도 있다. 따라서 여행자들은 관광을 할 때 알뜰하고 가치있는 시간계획을 수립함으로써 계획 있는 소비행태를 확립하고 비용은 최소화하면서 관광편익은 최대화하는 노력이 요구된다.

그 밖의 관광의 마이너스(부정적) 효과를 살펴보면 다음과 같다.

1) 인구구조의 변화 초래

관광의 발전은 해당 지역의 경제를 활성화시키며, 인구의 증가를 가져오기도 한다. 역설적으로 관광개발로 인해 토지의 전용, 산업구조의 변화에 따른 직업구조의 변화 초래 등으로 해당지역 현지민들이 토지나 주거지, 그리고 직업을 잃어버리게 되어 살던 지역을 떠나게 되기도 한다.

관광객의 증가와 외부에서 유입되는 인구로 인한 혼잡성은 주거환경을 악화시켜 지역주민들이 삶의 터전을 떠나게 만드는 원인이 되기도 한다. 뿐만 아니라 젊은 여성층과 청년층의 과도한 증가는 지역사회의 인구구조를 왜곡시키기도 한다.

2) 지역주민들 간의 갈등 및 지역민의 소외 초래

관광의 발전에 따라 관광목적지내 일부 주민들은 물질적 수혜를 받기 때문에 긍정적이지만 상대적으로 그러한 혜택을 누리지 못하는 여타 주민들은 상대적으로 박탈감을 느낄 수 있다. 따라서 이러한 경제적 불균형은 계층 또는 계급간의 갈등으로 비화될 수 있는 위험요인을 내포하고 있다.

시기에 따라 대량의 외부 관광객이 유입되면 해당 관광목적지는 관광객으로 만원을 이루게 된다. 이렇게 되면 지역주민들이 과거 자율적으로 사용할 수 있었던 각종 시설들을 외부 유입된 관광객들과 공유해야 하는 불편함이 있다. 관광시설이 한정되어 있는 경우 지역민이 받는 불편과 피해는 커지게 되며 이는 곧 관광의 마이너스(부정적)효과로 이어지게 된다.

제4장

관광대상과 관광사업개요

발표 및 토론과제

관광대상의 성격과 특성에 대한 이해

관광자원의 정의와 정확한 분류에 대한 이해

관광시설의 개념과 종류에 대한 정확한 이해

관광사업의 정의 및 기본성격 · 현대적 특성의 이해

관광법규에 의한 관광사업별 분류 및 이해

관광대상이란 관광객의 욕구를 충족시키는 모든 목적물을 말한다. 구체적으로 말한다면, 보아서 아름다운 자연경관, 휴양을 가능하게 하는 자연환경, 진기한 문화재나 독특한 분위기를 지닌 향토경관 등인데, 그 밖에도 행락과 같은 무형의 것도 포함하기 때문에 이와 같은 호칭이 붙게 된 것이다.

이와 같이 관광대상(tourism object)이란 관광행동을 일으키게 하는 매력이나 유인력을 지닌 것인데, 그 종류는 한이 없을 정도로 다양하다. 특히 현대와 같이 사람들에게 관광을 가능하게 하는 조건이 갖추어지게 됨에 따라 그 대상이 보다 다양해지고 있다.

그러나 일반적으로 관광대상은 관광자원과 관광시설(서비스 포함)로서 구성되고 있다고 말할 수 있다. 여기서 관광자원이란 이른바 관광대상의 소재이며, 관광시설(서비스 포함)이란 관광자원을 살려서 관광객의 욕구 충족에 기여하고 그 자신 유인력을 갖는 것을 말한다.

이 4장에서는 먼저 관광대상의 개념과 그 기본적인 성격을 설명한 다음에 관광자원을 분류하기로 한다.

관광사업이란 관광시설을 갖추는 것, 관광자원을 효율적으로 보존하는 것, 관광정보를 제공하는 것, 관광지를 선정하는 것, 관광안내를 하는 것, 그리고 관광통계를 작성하는 것 등의 모든 활동의 총칭이다. 추상적으로 말하면, 관광을 추진시키는 모든 활동을 관광사업이라 말할 수 있다.

관광사업을 담당하는 자는 정부나 지방자치단체 등의 공공기관과 영리를 목적으로 하는 민간기업들이다. 정부나 지방자치단체가 행하는 관광사업을 관광행정이라 부르고, 민간이 행하는 것을 관광경영이라 부른다. 관광사업에는 이 양자가 대단히 복잡하게 관련되어 있을 뿐만 아니라, 또한 관광사업을 구성하는 2대지주가 되고 있다.

관광사업이라는 용어의 사용에 대하여 좁은 뜻으로 관광경영을 의미하는 경우도 없지 않으나, 이 책에서는 관광사업이라는 용어를 대체로 넓은 뜻으로 사용하기로 한다. 아울러 이 4장에서는 관광사업에 대한 개략적인 내용을 살펴보고, 다음 5장에서 9장까지 관광사업의 주요 업종별 세부적인 내용을 살펴보기로 한다.

제1절 관광대상의 성격과 특성

1. 관광대상의 성격

관광대상은 관광자의 욕구를 일으키고 충족시켜 주는 목적물이다. 구체적으로 아름답고 휴양이 가능한 자연경관, 진귀한 문화재나 독특한 분위기를 갖는 지역경관, 풍속, 인정, 생활양식 등이다. 사회화된 욕구로서의 관광행동을 유발하는 원동력인 관광대상은 목적물로서 관광행동을 유인하는 작용을 한다. 관광행동의 주체인 관광객이 관광욕구를 만족하기 위한 구체적인 관광행동을 행하는 목적물이 되는 객체가 관광대상이다.

관광행동은
① 준비
② 목적지로 이동
③ 목적지에서 활동
④ 귀가를 위한 이동
⑤ 회상의 5단계를 거쳐서 완결된다.

현대사회의 관광대상은 고품질의 관광조건이 정비되면서 그 종류가 보다 다양화되는 측면이 있지만, 크게 보면 관광자원과 관광시설(서비스 포함)로 구성된다.

관광자원은 관광대상의 소재가 되고 관광시설은 관광자원을 관광대상화하는 가치를 부여함으로써 그 자체가 유인력을 갖는다. 관광자원은 자연환경과 인문환경으로 구분되며 본래 관광현상과 무관하게 존재하지만, 부분적으로는 관광대상으로서 기능하고 있다.

관광시설은 관광자원과 상호 의존관계를 갖기 때문에 관광자원으로서 관광대상의 역할을 하기도 하고, 혹은 그 자체가 관광대상이 되는 경우도 있다. 즉 숙박시설이나 음식시설 그리고 목적지에서 체재시간을 좌우하는 각종 시설과 서비스이다. 관광시설이 그 역할을 수행하는 관광객의 관광욕구를 만족시키기 위해서는 서비스가 더해지는 것이 필요하기 때문에 관광시설의 의미는 서비스를 포함하고 있다.

우수한 관광자원이라 할지라도 관광시설로서 숙박시설이 구비되지 않으면 여유있게 체재하면서 즐기는 것이 불가능하므로 관광자원과 관광시설은 불가분의 관계에 있다. 또한, 관광자원과 관광시설 중 어느 쪽이 관광대상의 유인력으로서 주도적인가는 상황에 따라 다르다. 관광자원의 매력이 불충분할 때 인위적인 시설이나 이벤트를 개발하여 관광대상으로서 기능을 발휘할 수도 있다.

관광목적이 다양화되고 위락 및 스포츠 등이 증가하는 현대관광에서는 관광대상에 속하는 관광시설의 역할이 크게 강조되는 경향을 보인다. 관광자원은 관광시설과 결합하여 비로소 관광대상으로서의 유인력을 갖는다고 하지만, 관광대상은 정보기능과 이동수단이라고 하는 매개기능을 경유하여 관광객과 결합하게 된다. 개개의 관광자원이 아닌 관광시설이 실제로는 복합형으로 관광대상이 되고 있는 점에 주의해야 한다. 제 아무리 아름다운 자연도 사람들에게 알려지지 않는다면 관광현상은 일어나지 않는다. 잘 알려진 관광자원이라 할지라도 목적지에서 숙박시설의 예약이 되지 않고 교통편이 확보되지 않으면 사실상 관광행동으로 이행되지 않는다.

예를 들면 우리나라 해상국립공원인 다도해상에 소재하는 관광자원 중에서 자연경관과 독특한 생활양식 등은 잠재적 가치는 높은 편이지만, 접근성이나 관광시설이 구비돼 있지 않아 관광대상으로서의 기능은 미흡한 실정이다. 따라서 관광자원의 관광대상 가치는 접근성(accessibility), 매력성(attraction), 상하부구조(superstructure, infrastructure), 이미지(image) 등에 의해서 결정된다.

우수한 자원의 소재가 있어도 소비가 격증하면 원형이 파괴되어 쇠진하게 되듯이, 관광자원이 적절하게 이용되지 않으면 소재로서의 가치를 상실할 수도 있다. 관광자원은 석탄이나 석유 등과 같이 사용하면 감소하는 성질의 것은 아니라 할지라도, 인간의 무분별한 남용이 지속되면 즐거움을 위한 관광대상으로서 가치가 감소되거나 소멸될 수 있다는 측면에서 관광자원의 보호문제가 제기된다.

관광자원은

① 자연관광자원(유형 · 무형)

② 인문관광자원

③ 복합형 관광자원 등으로 분류할 수 있다.

자연관광자원은 산지, 고원, 해양, 해안, 하천, 호수, 동식물, 온천, 암석, 폭포, 계곡, 도서(유형적 관광자원) 등과 기상(따뜻하고 신선한 날씨 · 달 · 별 · 안개) 등 무형 자연관광자원으로 세분할 수 있다.

인문관광자원에는 사적, 사원, 성터, 성곽, 정원, 연중행사, 민속자료와 예능, 공예기술(무형문화재), 인정, 풍속, 민족성, 생활양식, 예절, 음식물 등이 포함된다.

복합형 관광자원은 도시, 농산어촌, 향토경관, 역사경관 등으로 구분할 수 있다.

관광시설은

① 숙박시설(호텔 · 콘도미니엄 · 펜션 · 캠프장 등)

② 음식시설(레스토랑 · 향토음식점 등)

③ 물품판매시설(기념품점 · 쇼핑센터 등)

④ 레크리에이션시설(야외 및 옥내스포츠, 취미 · 오락시설 등)

⑤ 문화 · 교육시설(야외박물관 · 민속자료관 · 동식물원 등)

⑥ 관광안내시설(관광안내소 · 안내원 · 전망대 등)로 분류할 수 있다.

이상의 개별적인 관광자원과 관광시설은 실제로는 복합형태로서 관광대상이 되고 있음을 유의할 필요가 있다. 따라서 관광자원 및 관광시설이 다양하게 분포되어 있는 관광지는 그만큼 관광효과도 크다고 말할 수 있다.

관광자원 가운데서 온천(hot spring)은 우리나라의 경우 휴양이나 요양 등의 목적으로 근대 이전에서부터 이용되었고, 많은 관광지가 온천을 중심으로 형성되어 왔다. 그러나 관광자원으로서의 비중은 유럽이나 일본에 비하여 상대적으로 낮다. 온천에는 휴양지 · 요양지로서의 온천, 관광지로서의 온천, 도시화된 온천 등 세 가지가 있는데, 도시화된 지역에서도 온천은 유력한 관광자원인 점에는 다를 바 없다. 독일의 바덴바덴(Baden- Baden)이나 일본의 아타미 및 벳부와 같이 오래전부터 관광지화된 온천도 있다.

복합형 관광자원은 자연관광자원과 인문관광자원이 밀접하게 결부되어 있어서 자연이라고만 말할 수도 없고 그렇다고 인문이라고도 볼 수 없는 관광자원이 존재하기 때문에 그렇게 부르는 것이다. 예를 들면 문화재와 관광자원이 결합하여 하나의 매력적인 역사경관을 형성하고 있을 경우 이를 복합형 관광자원으로 파악하는 것이 관광현상을 이해하고 나아가서는 관광사업을 추진함에 있어서 필요하기도 하며 효과적이라 할 수 있다. 현재 세계 각국에서 역사적 풍토의 지정 및 보전작업이 활발하게 추진되고 있음을 볼 수 있는데, 이것은 바로 복합형 관광자원에 대한 인식에 기초한 것이다.

인문관광자원 중에서 연중행사는 역사적인 전통의식이 있는가 하면, 지방의 자연적 특성을 살려서 새로 만들어가는 축제가 있는데, 관광객 유인력이 높다. 또한, 축제로서 이벤트(행사)도 관광자원으로서 매우 중요하다. 예를 들어 미국 보스턴 교외의 탱글우드에서 매년 개최되는 음악회(Tanglwood Music Festival)는 많은 국내외 관광객을 유치하고 있으며, 만국박람회나 올림픽대회는 전세계로부터 많은 관광객이 집결하여 대성황을 이룬다.

레크리에이션 시설은 스포츠에 한정시키지 않고 야외시설로서 스포츠 이외에도 이른바 관광농원 등 또는 관조(鸛鳥)와 같은 자연을 관찰하기 위한 시설도 있다. 관광욕구를 충족시키기 위해서는 각종 시설을 필요로 할 경우가 많으나, 그 위에 인간이 하는 서비스가 시설로서의 기능도 발휘할 수 있다는 점에서 관광대상에는 직 · 간접적으로 인적 요소가 포함되어 있다고 볼 수 있다.

2. 관광대상의 현대적 특성

1) 관광의 대중화

관광의 현대적 특색을 이해하기 위해서는 우선 관광의 대중화에 대한 인식이 필요하다. 현대관광은 특권계층에 한정되지 않고 일반대중이 다같이 향유하게 된 것이 기본적인 특색이다. 물론 경제적 이유, 기타 사정에 의해서 관광을 하고 싶어도 못하는 사람들이 많은 것도 사실이다.

그러나 오늘날과 같이 많은 사람들이 관광을 경험하는 시대는 과거에는 없었다.

그리고 관광의 대중화는 관광을 경험하는 사람의 층이 넓어진 것뿐만 아니라, 여행횟수의 증가, 여행거리의 연장, 목적지에서 체재시간의 증가, 활동내용의 다양화 등의 경향성을 수반하고 있다. 이와 같은 관광대중화의 배경은 1970년대 이후 사회 · 경제적 조건의 현저한 변화에서 기인된다. 즉

① 가처분소득의 증대
② 여가시간의 증대, 특히 여행을 가능하게 하는 '축적된 여가'의 증대
③ 생활을 적극적이고 즐겁게 하고자 하는 가치관
④ 인구의 도시집중현상에 따른 생활환경의 악화 등이 그것이다.

관광의 대중화에 대응하여 관광사업의 전개가 급속도로 본격화된 것도 관광의 대중화를 더 한층 촉진하게 만든 결과가 되었다. 즉 관광의 대중화에 부응할 수 있는 교통기관이 발달하고 TV를 위시한 매스미디어를 통한 대량의 관광정보가 제공된 것도 국민의 관광에 대한 지식과 관심을 고조시키는데 큰 역할을 하고 있다.

유럽에서 19세기 중엽에 등장한 '여행알선업(travel agency)'의 사업이 현재는 폭넓은 활동으로 발전된 '여행업'으로서 관광사업의 중추적 역할을 담당하고 있다. 단체여행이나 해외여행에서는 여행업의 서비스가 불가결한 것으로 이용자의 요구에 따라 다양한 방식의 알선업무뿐만 아니라 교통 · 숙박 등을 미리 조직하여 제공하는 '패키지투어(package tour)'의 기획 · 판매를 하는 것으로 관광의 대중화는 촉진되고 있으며, 해외여행의 대중화에도 그 영향이 크다.

2) 관광사업의 확대

관광사업이란 관광의 의미와 효과에 착안하여 관광현상을 촉진시키기 위한 일련의 활동이다. 관광사업은 관광객의 요구에 대응하여 존재하며, 영리를 목적으로 하고 민간기업과 정부 또는 지방자치단체 등이 주체가 된다. 관광사업의 규모가 확대되고 그 내용이 풍부해지면서 공공기관의 역할이 증대되는 것도 관광의 대중화현상에서 비롯된다. 관광사업의 확대는 대중화와 밀접한 관계를 가지면서 시설의 절대수가 증가하고 있고, 그 종류가 다양화할 뿐만 아니라 체재시에 이용하는 시설이나 서비스도

정비하게 하였다. 유한계층만이 관광객이었던 시대에는 관광대상도 한정되어 아름다운 자연에 비해 방문객이 미미하여 그 아름다움을 스스로 보존할 수 있었고 관광객이 소수이므로 관광을 이윤추구의 대상으로 하는 민간기업의 수도 적었다. 별도로 공공기관이 행정상의 배려를 할 필요가 없었다.

그러나 현대관광은 대중화에 의해서 관광사업의 성격도 크게 변화하게 되었다. 많은 민간기업이 관광사업에 진출함으로써 관광대상으로서의 시설이 생기고 교통과 정보의 관광매개의 기능도 증대하고 있다. 또한 관광정책 · 행정이라고 하는 공적 기관의 활동이 적극적으로 전개되고 있다. 정부나 지방자치단체는 관광객의 정보제공, 관광자원의 보호, 공적인 관광시설의 정비, 관광에 관한 모든 기업활동에 대한 규제나 규칙 등의 활동에 역점을 두고 있다. 각국의 공적 기관은 더 많은 국민대중의 관광에 참여할 수 있도록 경제를 포함하여 원조정책을 시도하는데, 이와 같은 생각 및 동향을 '복지관광(social tourism)'이라고 한다.

관광이 대중화되면서 자연은 급격히 많은 사람들 앞에 노출되어 자연환경의 자율적 생명이 위기에 처하게 되는 문제가 제기된다. 또한, 새로운 이윤추구의 기회를 잡은 민간기업은 활발한 투자활동을 전개하고 그에 따라 관광의 대중화에 기여한 반면, 자연환경 또는 생활환경을 악화시키는 사례도 적지 않다. 이와 같이 현대 관광사업은 환경문제를 내포하고 있는 가운데 복잡하게 변화하고 있다.

3) 관광대상의 개발

현대는 관광대상을 계획적 · 적극적으로 개발하는 시대이다. 즉 관광의 대중화를 배경으로 급증하는 관광수요를 만족시키기 위해서 정부나 지방자치단체 혹은 민간의 대기업은 계획적이고 적극적으로 관광자원을 개발하고 관광시설을 계획 · 정비한다. 관광대상의 개발은 본래의 관광자원의 상태를 인위적으로 보완하여 그 가치성을 확보하는 데 의의가 있다고 하겠다.

이러한 경향의 전형은 프랑스의 랑그독 루시옹(Languedoc Roussillon)에서 볼 수 있다. 이것은 1963년 이래 프랑스 정부, 지방자치단체, 민간토지개발업자(developer) 등 3자가 협력하여 마르세이유의 남서부 까마르그로부터 스페인 국경에 이르는 해안선 200km(랑그독 루시옹 지방)를 대규모 관광단지로서 개발한 것이다. 개발의 목적은

① 저소득층에 바캉스기회를 제공하는 것
② 로마시대 유적 등의 인문관광자원을 무계획한 개발로부터 보호하는 것
③ 과소지의 경제개발에 기여하는 것
④ 프랑스의 관광수지 개선을 위한 목적 등이다.

계획완료까지 20년을 필요로 하는 정도의 대규모 장기 개발사업으로 종래의 자연조건의 난점이 있었기 때문에 자연발생적으로는 관광지가 될 수 없던 공간을 대규모 관광대상으로 바꾸어 놓았던 것이다.

우리나라에서도 경주의 보문관광단지 개발을 위시하여 자연공원의 집단시설지구, 관광지, 온천관광지, 레크리에이션 등 다종의 관광개발이 이루어지고 있으며, 지방화시대를 계기로 도시 · 농촌별로 지역관광계획과 개발사업이 추진되고 있다. 그러나 우리는 국토성을 감안하여 다품종 소량생산이라는 전제하에 탈매스화를 위한 다핵방식의 개발이 바람직하다고 본다.

4) 복합형 관광자원의 부각

단순한 자연이 아니라 환경으로서의 자연, 즉 인간과의 관계에 의한 생활의 향기가 복합적인 대상에 대하여 현대관광객은 매력을 느끼는 것이다. 예를 들면, 프랑스의 전원풍경은 특별히 아름다운 것이다. 이것은 프랑스의 자연 그 자체가 아름다운 것보다도 자연과 인간의 조화로 만들어진 멋진 경관이 관광객에게 감명을 준다. 전통과 현대가 조화된 문화재로 충전된 유럽의 도시경관과 광장중심의 도시구조는 세계인의 관광욕구를 유발하고 있는 것이다.

실제로 복합형 관광자원을 자연과 문화재로 나누어서 자세히 보면 개별적인 자원의 가치성은 그다지 높지 않다. 그것이 전체적으로 보여질 때 관광대상으로서 더 없이 강력한 유인력을 갖는 것이다.

최근 일본에서는 '역사의 도(道)'를 보존하고 있다. 이것은 고대로부터 존속하고 있는 가도를 '선(線)'의 문화재로서 보존하고 사람들이 그곳을 걸으면서 역사적 환경을 경험하게 된다. 구미에서도 마찬가지로 독일의 '로맨틱 가도', 미국의 '자연탐색도' 등이 있고, 모두가 많은 관광객에 의해서 이용되고 있다. 이것은 현대인의 역사에 대한

향수가 나타나고 있는 것과 동시에 현대의 관광대상으로서 복합형 관광자원이 중요하다는 것을 보여주고 있는 것이다. 전통적인 생활양식을 오래 간직하고 있는 세계 각국의 농촌도 복합형 관광자원으로서 관광자원화해 가는 추세이다.

우리나라에 있어서 대표적인 복합형 관광자원은 산사를 내세울 수 있다. 한국적인 고유한 비산비야의 산지경관과 여기에 풍수지리설에 입각하여 배치된 가람경관의 조화는 자연과 인간의 상호작용의 결과를 극명하게 보여주고 있는 것이다.

5) 관광시설의 역할증대

관광대상의 현대적 특색으로서 관광시설(서비스 포함)의 역할이 크게 부각되고 있는 점도 들 수 있다. 우선 즐거움과 건강유지를 목적으로 하는 오락이나 스포츠관련 시설의 존재가 중요한 관광대상으로서 등장하였다. 이 점은 여가시간이 증대하고 목적지에서의 관광객의 체재시간이 길어질수록 체재활동을 흡수할 수 있는 시설의 역할이 증대하는 것이라고 생각된다.

오락시설도 미국의 디즈니랜드를 필두로 일련의 오락공원(amusement park)이 오늘날 여러 나라에서 관광대상으로서의 역할을 높여주고 있다. 새로운 유형의 오락공원으로서 상징적인 의미가 부여된 주제공원(thema park)은 오락적 요소가 가미되면서도 문화 · 교육시설이 확충된 야외박물관과 같은 기능을 하는 곳이 많아지고 있다. 미국 버지니아주의 윌리암스버그(Williamsburg)는 식민지시대의 버지니아 마을을 복원한 시설이며, 여기에 종업원이 당시의 생활을 재현하고 있다. 이 시설의 경영이념은 "미래는 과거로부터 배우는 것이다"이다. 네덜란드 헤이그의 마드로담 주제공원은 네덜란드 각지의 명소와 대표적 시설 129개소를 정확하게 1/25로 축소하여 만든 모형전시관(miniature land)인데, 그 주제는 평화와 번영이다.

최근에 한국을 방문한 중국의 단체관광객이 관광만족도를 높여준 대상물로서 놀이시설을 중심으로 한 주제공원을 지적한 것은 관광시설의 중요성에 대하여 시사한 바가 많다. 관광지 주민의 환대(hospitality)를 위시한 서비스의 역할도 날로 증대되고 있다.

제2절 관광자원의 정의와 분류

1. 관광자원의 의의

관광자원이란 관광의 주체인 관광객으로 하여금 관광동기를 유발시켜 관광행동으로 나아가게 하는 목적물로서의 관광대상을 말한다. 따라서 관광자원이 되기 위해서는 관광객을 매료시킬 수 있는 독자적인 관광매력을 스스로 지니고 있는 것이라야 한다.

무릇 자원이란 자연에서 채취할 수 있는 자연적인 자원으로서만 인식되어 왔으나, 오늘날에 와서는 자연뿐만 아니라 무형적인 재화에 이르기까지의 포괄적인 의미를 갖는 총체가 되었다. 즉 자원이란 자연적인 기본배경 아래 경제성 및 인간에게 도움을 줄 수 있는 욕구충족의 대상이며 끊임없는 변화에 대응할 수 있는 것이라야 한다. 이러한 맥락에서 볼 때 관광자원은 자원 그 자체가 모두 해당될 수 있을 정도로 한정되어 있지 않다는 점과 관광활동의 다양성으로 인해 그 범위는 더욱 확대되어 가고 있다.

일반적으로 광의의 자원의 의미는 관광자원과는 근본적으로 다르며, 타산업 부문의 자원은 원재료로 가용될 수 있는 자연 자체로 본다. 관광자원의 가치는 관광욕구를 충족시키는 주된 요인이 되며, 관광행동의 대상이 되는 것이다.

관광자원의 의의를 규정짓기 위한 내용을 항목별로 망라하면,

첫째, 관광객의 관광욕구와 동기를 충족시켜 줄 수 있는 관광행동의 목적물이어야 할 것

둘째, 자연적 · 인문적, 유 · 무형의 모든 자원일 것

셋째, 교훈적 · 위락적 · 문화적 가치가 있으며 매력성과 자력성을 지닌 소재적 자원일 것, 넷째, 관광의 객체로서 보존 · 보호의 바탕 아래 개발할 수 있을 것 등이다.

결국 관광자원이란 함축적으로 관광객의 관광욕구를 충족시켜 줄 수 있는 유 · 무형의 모든 자원이라 할 수 있다. 이러한 여러 가지 관광자원의 의의에 대해 그동안의 연구의 결과물이 관광자원학의 발전에 이바지해온 점도 있으나, 혼란을 야기해 불이익을 가져다주는 요인도 있었음이 사실이다.

[그림 4-1] 관광자원의 분류(한국관광공사)

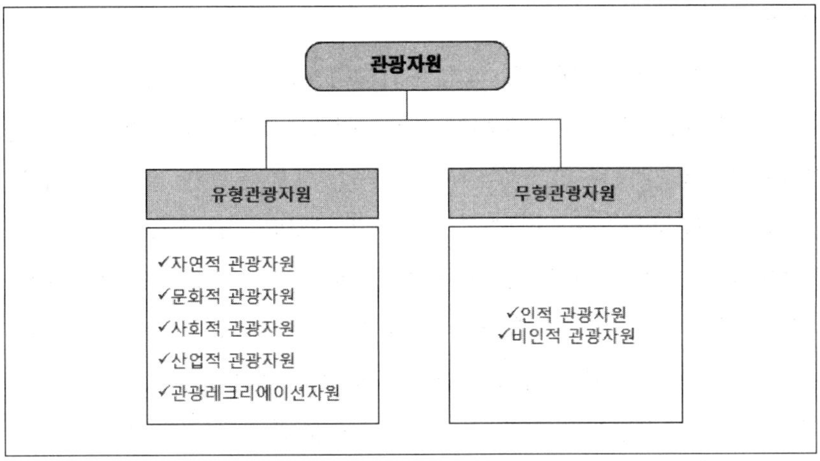

관광자원은 객체로서 관광의 성립요소 중 제2요소로서 상당한 비중을 차지하고 있다. 그러나 이의 출발점이라 할 수 있는 기본개념의 보편타당한 규정은 그 이후 전개되는 세부 각론의 방향을 정확히 결정짓는 사안이 되므로 이에 대한 개념정의는 매우 중요하다고 할 수 있다.

관광자원과 관광대상이란 용어가 혼용되어 사용되고 있는데, 그러나 이 경우에도 두 가지의 뚜렷한 차이가 있을 수 있다. 하나는 관광대상을 관광자원부분과 관광시설부분의 두 개 부분이 합해진 것으로 봄으로써 관광대상은 광의의 해석으로, 관광자원은 협의의 해석으로 보는 견해이고, 다른 하나는 관광대상이 관광자원과 동일시되어 관광자원 자체는 관광시설까지도 포함하여 광의의 개념으로 보는 견해이다.

이러한 두 가지의 상반된 견해에 대하여 단정적인 결론을 내리기는 대단히 모호한 형편이며, 더욱이 그 나라의 역사, 풍토, 독특한 환경, 민족성 등이 천차만별이므로 더욱 그러하다.

국내 관광학자들의 견해를 살펴보면, 관광자원은 그 본질을 중심으로 인간의 관광동기를 불러일으킬 수 있는 생태계내의 유 · 무형의 모든 자원으로서 보존 · 보호하지 않으면 그 가치를 상실 · 훼손당하기 쉬운 자원이다. 또는 보존 · 보호도 중요시되지만 관광자원은 관광대상이 될 수 있는 소재로서 이를 개발할 때에만 비로소 관광자원으로 그 가치를 발휘할 수 있으므로 시설부문도 포함하는 광의의 개념으로 보는 견해도 있다.

또한, 관광자원이란 관광객 욕구의 충족성, 관광행동의 유인성, 유·무형성 형태를 제시하며 관광객에 대하여 관광자원이 지니는 매력성과 유인성이 강조된다. 관광행정단위 기구에서의 관광자원의 개념에 대한 규정 또한 뚜렷한 결론적 단정을 짓지 못하고 있는 실정이다. 그렇지만 가장 공통적인 내용을 추출해 보면 유·무형적 자원, 소재적 자원, 매력성·자력성을 가진 자원으로 보호·보존으로 가치가 증가되는 자원 또는 보호·보존의 전제하에 개발이 이루어질 때 비로소 그 가치를 발하는 자원 등으로 국내 관광학자들의 요약적 견해로 파악할 수 있겠다.

결론적으로 관광자원은 관광객의 욕구 및 동기를 충족시켜 줄 수 있는 것으로서 관광객의 목적물로서의 대상이며 관광업체의 관광상품으로서의 기본적 소재로서는 상품의 재료이며 이는 매력적·자력적·교육적·문화적·위락적 등의 가치를 갖는 대상이다. 또한 유·무형의 다양한 효용성을 갖고 있는 자원이며 보존·보호가 대단히 중요한 자원이다.

즉 관광자원은 관광객의 관광욕구를 충족시켜 줄 수 있는 유·무형의 모든 자원을 말한다고 하겠다.

2. 관광자원의 분류

앞에서 관광대상을 관광자원과 인적 요소를 포함한 관광시설로 분류하였는데, 개개의 관광자원이나 관광시설은 실제로는 복합된 형태로 관광대상을 이루고 있다는 점에 유념하지 않으면 안된다. 이러한 사실을 전제로 하여 관광자원을 자연관광자원과 인문관광자원으로 대별하고, 다음에 관광시설을 설명하기로 한다.

1) 자연관광자원

자연관광자원은 자연이 인류에게 가져다준 위대한 선물이다. 자연관광자원은 인간의 노동력과 자본이 투하되지 아니한 상태 하에서 존재할 수 있지만, 국토개발과 자원보전의 입장에서 인간의 노동력과 자본이 투하되더라도 자연경관지로서 원형을 보존하고 있다면 자연관광자원이 된다.

지구상에는 여러 모양의 다른 자연환경이 존재하고 있는데, 기후적으로는 열대에서부터 건조대, 온대, 냉대, 한대로 나누어지고, 지형적으로는 산악에서부터 고원, 평지가 있으며, 그 위에 하천이 흐르고 있다. 또한 그 하천에는 많은 폭포가 있다. 그것들은 지질구조적으로 침식의 연대에 따라 어떤 경우에는 빙하가 있고, 화산지형도 존재한다. 해양에는 많은 섬이 있고, 지상에는 여러 종류의 삼림이나 동식물이 있으며, 해양이나 하천에는 어류가 생식하고 있다. 이와 같은 자연환경은 같은 모양으로 분포되고 있는 것이 아니라, 기후적 · 지형적인 요인을 중심으로 복잡하게 결합되어 각 지역마다 독자적인 경관을 구성함으로써 자연관광자원을 이루어 관광의 대상물이 되고 있다.

이용상의 기능으로 분류한다면, 자연관광자원은 그 자신 단독으로 자연경관을 형성하고 있거나 또는 자연경관을 형성하는데 요소가 되는 지형, 지질, 기상, 천상 등 관상관광의 자원이 되는 것과, 체재나 보양의 목적이 되거나 자연환경을 형성하는데 요소가 되는 기후, 온천, 지형 등 체재관광의 자원이 되는 것으로 나눌 수 있다.

전자는 자연의 아름다움, 웅대함, 그리고 진기함 등에 의해 관광재로서의 가치를 지녀 대부분 경관지를 형성함으로써 많은 관광객을 유인하고 있다. 한편, 후자는 스포츠, 심신의 휴식, 체재의 쾌적이나 즐거움을 가져다주는 기능을 갖추어 보양리조트, 스포츠리조트 등을 형성하고 있다. 물론 실제로는 이 양자가 모두 자연적으로 갖추어져 복합적으로 활용되어 가치있는 관광지를 형성하고 있는 곳도 있다.

2) 인문관광자원

관광여행은 자연관광자원에 의해서만 유인되는 것은 아니며, 인문관광자원도 커다란 유인력을 지니고 있어 많은 관광객을 유인한다. 인문관광자원이라 함은 자연관광자원과의 상대적인 대응관계에 놓여져 있는 인간이 만들어낸 관광자원을 말한다. 자연관광자원이 자연상태의 소산인 천연적 자원이라면, 인문관광자원은 인간창조의 소산인 인위적 자원이다.

인문관광자원은 그 종류가 매우 다양하여 기능적으로 분류하기는 어려우나, 그것이 가지는 성격상의 내용으로 문화적 관광자원, 사회적 관광자원, 산업적 관광자원으로 세분하여 볼 수 있다.

(1) 문화적 관광자원

문화적 관광자원은 민족문화의 유산으로서 문화적 가치가 있는 유형 · 무형의 문화재, 민속자료, 기념물 등과 같은 문화유산인데, 관광자원으로서 관광객에게 커다란 유인력을 가지고 있다.

그 가운데서도 중핵을 이루고 있는 것은 사적, 사찰, 성적 등이며, 국가의 지정을 받은 국보, 중요문화재 등이 관광자원성을 높이고 있다. 역사상 · 예술상의 가치가 높은 국보가운데서도 회화, 조각, 공예, 서적, 고고자료 등은 수도나 고도에 많다. 그러나 문화적 관광자원으로서는 특히 건조물이나 사적이 중요한 대상물이다.

성지, 패총, 고분, 구택, 정원 등의 사적은 거의 전국에 평균화되어 분포돼 있어 지방적인 관광대상으로서의 가치가 높으며, 그것은 관광거점을 쉽게 형성할 수 있음을 의미하고 있다, 또한 연극 · 음악 · 공예기술 등의 역사상 · 예술상의 가치가 높은 무형의 문화적 소산이나 의식주 · 신앙 · 연중행사 등의 민속자료도 문화적 관광자원으로서 일반에 이용되고 있지만, 이와 같은 것들은 지방에 분산되고 있다는 데에 특색이 있다.

그리고 문화적 관광자원 가운데서도 특히 연중행사는 중요한 인문관광자원이 되고 있는데, 우리나라에서도 경주의 '신라문화제', 부여의 '백제문화재' 그리고 자연적 특성을 살려 새로 시작한 제주의 '유채꽃 큰잔치' 등은 열릴 때마다 많은 사람들이 구경하러 모여들고 있다. 또 축제라고 부를 수 없는 여러 가지의 '이벤트(event)'[16]도 관광자원으로 중요하다. 예컨대, 미국의 보스턴(Boston) 교외의 탱글 웃에서 해마다 여름에 개최되는 음악회(Tanglewood Music Festival)는 많은 관광객을 유치하고 있다. 그리고 만국박람회나 올림픽대회도 전세계로부터 많은 관광객을 모이게 하고 있다.

(2) 사회적 관광자원

사회적 관광자원은 집락, 사회제도, 국민성, 민족성 등의 사회형태와 인정, 풍속,

16) 각종 회합 또는 연예 따위의 총칭.

습관, 생활방식, 식사, 의복, 주거 등의 생활형태를 가리킨다.

종래까지는 관광자원이 될 수 없었던 대상물도 관광이 대중화됨에 따라 관광매력성을 가진 관광자원으로 각광을 받게 되었는데, 최근에 와서는 다양화한 관광행동의 지향성에 따라 소박한 인정, 풍속, 특색 있는 국민성, 음식물, 예절, 여러 가지의 사회제도, 생활 속에 전승되어 온 모든 생활자료와 행사 등도 관광자원으로 재 평가받게 된 것이다.

이와 같이 사회적 관광자원은 한 나라의 역사와 전통, 그리고 과거의 생활상을 추적하고 현재의 발전상을 이해하는데 있어서 귀중한 자료가 된다. 따라서 이 사회적 관광자원은 관광에 있어서 국민적 · 민족적 관광자원이라 말할 수 있다.

(3) 산업적 관광자원

산업적 관광자원은 새로운 분야의 인문관광자원으로서 개발 · 활용되고 있는 것으로, 산업관계의 유형 · 무형의 관광자원을 가리키는 것인데, 한 나라의 농업, 임업, 어업, 공업, 상업관계의 산업시설과 그 기술수준을 볼 수 있는 산업적 대상을 말한다. 보다 더 구체적으로 말한다면, 공장에 찾아가 거기서 기술설비나 산업공정 등을 본다든가, 농산물 · 해산물의 가공시설이나 가공과정 등을 보는 것, 그리고 농업이나 목장 등에 찾아가 거기서 농산물 · 축산물의 생산기술이나 재배법을 보는 것 등을 말한다. 경우에 따라서는 직접 자기의 손이나 몸을 움직여 재배, 채수, 채취 등을 해보는 것과 같은 행동의 대상이 되는 것까지도 포함한다.

이와 같은 산업적 관광자원의 개발 · 할용은 일찍이 프랑스에서 식품가공업이나 화장품 제조업과 같은 소비대중에 직결되는 기업이 사람들에게 대해서 공장시찰을 시킴으로써 제조상품에 대한 친숙감을 느끼게 하거나, 직매를 하는 데서 비롯되었다. 나아가서 이것이 관광사업에 이용되게 되었고 관광객 유치의 수단으로써 개발되었는데, 이러한 것들을 목적으로 하는 관광형태를 산업관광(industrial tourism) 또는 기술관광(technical tourism)으로서, 현재는 관광사업의 한 형태로 확립되어 각 나라에서 다투어 실시되고 있다. 우리나라에서도 특히 포항제철이나 울산의 현대중공업, 현대자동차 공장 등은 관광객들에게 인기 있는 산업적 관광의 대상이 되고 있다.

또한 관광자원의 유형으로 자연관광자원, 인문관광자원 이외에 복합형 관광자원으로 분류하는 경우가 있는데, 자연관광자원과 임문관광자원이 서로 밀접히 연관되어서 자연이라고도 인문이라고도 말할 수 없는 관광자원이 존재하기 때문에 그렇게 부르고 있는 것 같다. 예를 들면, 문화재와 자연환경이 결합하여 한 개의 매력있는 역사경관을 형성하고 있는 경우, 이것을 복합형 관광자원으로서 파악하는 것이 관광이라 하는 현상을 이해하고, 더욱이 관광사업을 추진하는 입장에서 불가결한 것이라 말하고 있다. 우리나라에서도 현재 '역사적 풍토'의 지정 및 보존이 추진되고 있는데, 이러한 복합형 관광자원으로서의 인식에 입각한 것이라고 말할 수 있겠다.

끝으로 놀이시설, 여가시설, 캠핑 장, 어린이공원, 테마파크, 승마장, 스키장 등이 주류를 이루는 위락관광자원으로 구분할 수 있다.

[그림 4-2] 우리나라의 일반적 관광자원의 분류

자원구분	세 부 내 용
◆ 자연관광자원	평원, 산악, 온천, 기후, 구름, 호수, 폭포, 계곡, 산림, 지질, 동식물, 하천 등
◆ 문화관광자원	사적, 유적, 유형문화재, 무형문화재, 기념물, 민속자료, 박물관, 미술관 등
◆ 사회관광자원	축제, 종교, 사상, 철학, 생활, 예절, 예술, 음악, 무용, 스포츠, 교육, 음식 등
◆ 산업관광자원	산업현장, 유통단지, 백화점, 사회공공시설, 쇼핑 및 상점가, 관광목장 등
◆ 위락관광자원	놀이시설, 여가시설, 캠핑 장, 어린이공원, 테마파크, 승마장, 스키장 등

제3절 관광시설의 개념과 종류

1. 관광시설의 개념

관광시설은 관광을 위한 편익을 제공하는 것으로서 설치된 것이기 때문에 관광자원에 부가된 것을 관광대상으로서 기능되기도 하고 또 그 자체가 관광대상이 된다. 협의로는 관광객의 편익을 위해서 제공되는 설치물로 전망대, 스키장, 유람선 등이 있다. 광의로는 관광객 이외의 용도에도 제공되는 동종의 설치물, 즉 관광관련시설을 포함하는 것이기 때문에 관광사업의 입장에서도 광의로 사용하는 것이 보통이다. 예를 들면 숙박시설은 관광객만이 이용하는 것이 아니라 지역주민, 업무여행자, 기타 용무로도 이용하는 것은 도시내의 숙박시설을 상기하면 용이하게 이해될 수 있다.

「관광기본법」은 제8조에서 "정부는 관광객이 이용할 수박 · 교통 · 휴식시설 등의 개선 및 확충을 위하여 필요한 시책을 강구하여야 한다."고 규정하여 관광을 하는데 필수적으로 이용하게 되는 숙박 · 교통 · 휴식시설 등을 개선하고 확충할 임무를 정부에게 부여하고 있다. 그런데 본조에서 정부가 개선 및 확충해야 할 대상시설은 숙박 · 교통 · 휴식시설에 국한하는 것이 아니라 관광객이 이용하는 모든 시설을 포함하는 포괄적인 의미로 해석하여야 한다고 본다. 따라서 공항 · 항만 · 철도 · 주차장 · 여객선 등 육 · 해 · 공의 교통시설, 상하수도 및 쓰레기처리시설 등의 환경위생시설, 전화 · 방송 등의 통신시설을 망라하는 관광기반시설은 물론이고, 숙박시설 · 휴게시설 · 안내시설 등을 총망라한 여행관계시설 등을 포괄하는 시설이라고 본다.

일반적으로 관광시설은 기본시설로서 교통시설 · 숙박시설 · 휴식시설 · 식사시설 및 안내와 접대시설 등이 있고, 부대시설로서 매점시설 · 레크리에이션시설 · 경기시설 · 관람시설 · 보건요양시설 · 환경위생시설 · 문화교양관계시설 및 산업경제관계시설 등으로 대별할 수 있다. 이상의 제반 관광시설은 영업목적으로 기업이 경영하는 것이 대부분이고 사실상 관광사업의 주체가 되고 있으니, 개개의 입지조건 등을 검토하여 가장 유효한 방향으로 충분히 조정 · 정비되어야 한다. 그리고 인적서비스 문제도 관광시설을 효과적으로 운영하는 데 중요한 요소가 된다.

관광객을 대상으로 하여 설치된 시설 중에는 관광객을 유치하기 위한 시설, 즉 관광욕구를 만족시키는 시설 그리고 관광객을 안전하고 건전한 여행이 되도록 하기 위해서는 여러 종류의 시설을 필수적으로 갖추어야 한다.

2. 관광시설의 종류

1) 교통시설

관광행동을 성립시키는 기본적인 요소의 하나가 이동이다. 목적지로 이동 또는 귀가의 이동은 교통로와 교통수단에 의해서 행해지는 것으로 기차, 자동차, 항공기, 선박 등이 이용된다. 경우에 따라서는 목적지가 없는 행동 그 자체가 관광대상이 되는 경우도 있다.

교통기관의 발달은 관광수요의 증대, 관광행동 범위의 확대, 이용교통기관이나 활동의 변화 등 관광의 질에 큰 변화를 가져다준다. 2001년 국내의 관광동향에[17] 의하면 숙박관광여행시의 교통수단으로는 자가승용차(59.2%)를 가장 많이 이용하였으며, 그 다음으로 고속버스(8.3%), 열차(7.0%), 비행기(5.5%), 관광버스(5.1%) 등의 순으로 나타났다. 1995년에 비해 자가용의 이용률이 다소 높아진 것으로 나타났다. 당일 관광여행의 경우 역시 자가승용차(64.7%)의 이용이 가장 많았으며, 다음으로는 일반버스(11.3%)를 많이 이용하고 있는 것으로 나타났다. 이와 같은 자가용/승용차 이용률의 증가는 자가승용차 보급률의 지속적인 증가가 반영된 것으로 보인다.

교통시설은 공항 · 철도 · 자동차 · 도로(도로표지 포함) · 여객선 · 항만, 그밖에 케이블카(cable car) · 삭도(rope way), 리프트(lift) 등으로 여행의 전제조건이 이동에 있으므로 이를 기초적 시설 또는 기반시설이라고 한다.

교통관계시설은 관광객을 관광지에 수송하는 외적 교통시설과 관광지 내에서 관광의 목적으로 이동할 수 있는 내부 교통시설 등으로 나누어져 있다. 전자의 외적 교통시설은 무엇보다도 신속성 · 쾌적성 · 편리성 등이 요구되고 이들의 교통시설로서 관광객을 수용하는 제반시설에 영향을 미친다. 이와 같은 관광객 출발지의 시장성과 관광지 간의 교통시설에는 어떤 종류의 교통기관이건 적합성 여부에 대한 선택은 지형 및 거리와 관광지의 성질 기타 환경과 조건에 의하여 결정된다. 후자의 관광지 내부의 교통시설은 첫째로 자동차관광도로 · 관광철도 · 주차장 · 산책로 및 삭도와 유람선 등으로서 전자와는 달리 주로 관광객의 이용목적에 따라 설치된다. 내부 교통시설은 외부 교통시설과는 달리 거의 관광대상과 직접 연결시키는 목적에 사용되기 때문에 신속성보다도 쾌락성이나 오락성 등이 요구된다. 이와 같은 여러 교통시설의 다양성은 관광지 전체의 평가에 영향을 주므로 양질의 인적 서비스가 반드시 수반되지 않으면 안된다. 제반 교통시설의 정돈된 상황은 관광지 전체에 대한 평가

17) 한국관광공사(2001), 국민여행실태조사, p.116 참조.

에도 관련되며, 한 나라의 힘이 될 수도 있다.

그러나 어느 것이나 모두 관광지 내에 설치되는 교통시설인 만큼 건설할 때에 관광자원의 훼손방지는 물론이고 기존의 자원과 조화를 추구하는 대책이 필요하다.

2) 숙박시설

교통시설과 같이 관광사업상 숙박시설을 완비하는 것은 근본적으로 중요한 문제이다. 대부분의 여행은 숙박이 수반되며, 여행자를 받아들이는 접대에 대한 평가의 대상이 숙박시설과 관련하기 때문이다. 숙박시설은 호텔, 콘도미니엄, 여관, 여인숙, 민박 등 다양하며, 이들은 관광지의 특성이나 이용객의 여러 사정에 따라 결정된다.

한편, 다른 기능을 발휘할 수 있는 부대시설이 요구되는 바, 사교장 · 오락시설 · 운동시설 등을 설치하고 있다. 일정시간을 초과해서 여행하는 경우에는 불가결한 시설이 숙박시설인데, 교통과 더불어 관광행동을 성립시키는 기본적인 요소의 하나이다. 숙박을 추구하였던 여행자에 의해서 전문적인 숙박시설이 보급된 것은 근대 이래이고 안전과 위생이 특별히 중요하다. 숙박시설 없이 숙박기능을 갖는 교통기관도 있다. 즉 철도열차의 침대차 및 일부 여객선이 그것이다. 침대차는 정말로 교통수단으로서 숙박기능이 가능하다. 또 여객선에는 침대차와는 다르게 교통수단으로서보다는 관광목적시설로서 선내에 각종 레저설비를 완비한 호화여객선이라고 칭하는 것이 있다.

관광여행에 있어서 숙박은 관광활동을 위한 수단으로서 숙박과 숙박하는 자체를 목적으로 하는 경우에 의해서 숙박시설의 내용도 다르게 변화한다. 전자에는 안전과 위생이 특히 중요시되고 후자에는 여관 내에 다양한 오락시설을 설치하는 등 이용목적에 따라 시설의 방향을 결정한다.

숙박업은 장치산업으로서 고정자산의 비율이 높고 수익확보를 위해서도 숙박시설의 서비스기능은 다기능화되고 있다. 숙박업의 다기능화는 특히 호텔에서 두드러지고 기본적 기능의 숙박기능, 음식기능, 연회집회기능뿐만 아니라 레저스포츠 서비스기능, 쇼핑서비스 기능, 건강 · 미용 · 의료서비스 기능, 비즈니스서비스 기능 등의 여러 기능이 독립된 시설기능으로서 대형 호텔을 구성하고 있는 것으로 나타나고 있다.

지방수요를 겨냥하는 도시호텔은 지역개발의 핵심시설로서 기능이 인지되고 있다. 출장객을 중요한 이용자로 하는 비즈니스호텔은 기능성을 중시한 숙박과 비즈니스

기능이 있다. 단체객의 편리를 만족시키기 위한 부대시설과 서비스로 특화된 단체여관도 있다.

요리여관은 고급스러운 식사와 인적 서비스를 제공한다. 숙박서비스의 기본인 청결, 안전, 호스피탈리티(hospitality)를 펜션에서 제공하고 있다. 이와 같이 숙박시설은 관광객층의 요구에 부합되는 서비스기능을 제공한다.

숙박시설에는 호텔, 여관, 여인숙, 그리고 민박 등이 있으며, 이와 같은 시설의 정비는 관광지의 성질, 이용객의 상황 등에 의해서 영향을 받는다.

숙박시설의 사회적 역할은 기본적으로 여행자에게 수면, 음식, 생명 · 재산의 보호 등 세 가지의 기능을 담당하는 시설과 서비스를 제공하는 것이지만, 그 밖에도 사교 · 오락 등의 기능을 담당할 수 있는 시설의 설치를 필요로 한다.

3) 휴게시설

휴게시설은 유원지 · 휴식소 · 전망대 등이 있고, 소규모 시설로는 테이블 · 벤치 · 음료수 등도 여기에 해당된다. 이와 같은 시설은 관광지의 기본적인 서비스시설이므로 지형과 조망, 풍경 등을 충분히 고려해서 관광지의 특성에 부합하면서도 특색있는 유형으로 만드는 것이 과제이다. 휴게시설은 휴게소, 전망대, 드라이브 인(drive-in), 헬스센터 등이 있는데, 이와 같은 것들은 한 장소에 모여 있는 경우가 많다.

4) 식당시설

식사는 관광여행에 있어서 단순히 공복을 채우는 것으로서 만족하는 것이 아니고 다소나마 피로를 풀 수 있는 요리가 준비되어야 할 것이며, 지역적인 특징과 진미가 풍기는 식사시설이 필요할 것이다. 원칙적으로 관광객이 집중되는 곳에 설치되어야 하나, 식사시설을 둘러싼 자연환경이 대단히 중요하다. 식사시설로는 식당, 그릴, 요정, 레스토랑 등의 시설이 있는데, 요리와 함께 관광대상의 역할을 담당한다.

5) 관광정보시설

관광객 중에는 관광지를 처음 방문하는 경우가 많고 미지의 땅을 방문한다는 의미에서 관광지에 설치된 관광안내소 및 종합 관광안내소의 시설은 필요하다고 본다.

어느 나라에서나 공공기관에서 안내소를 설치하고 무료로 봉사하는 것이 일반적이나, 여행사 간에 교통업 또는 숙박업자로부터 수수료를 받아 서비스를 하는 경우도 있다. 우리나라에서도 최근에 아내시설이 점차 증대하고 있으나, 국민관광이나 국제관광수요에 비추어 볼 때 절대적으로 부족한 실정이다. 우리나라의 관광대상 및 관광자원에 대한 이해와 관광활동 전반의 편익을 제공하기 위해서는 우선 관광정보시스템('i' system)을 구축하고, 다음으로 주요도시 및 주요 관광지를 중심으로 안내소와 안내시설을 확충해야 할 것으로 본다.

특히 관광지 안에는 다양하게 벌려 놓은 매점시설이 있는데, 이는 해당 관광지의 특산물 또는 기념품 등을 판매하고 있는 일종의 상행위인 영업시설이다. 이 시설들은 여행 중인 관광객들의 여수를 달래는 위로와 기념에 기여하고 있는 시설이다. 안내시설은 주로 여행안내소나 관광안내소를 말하며, 그밖에도 각종 안내판 등을 지칭한다.

이와 같은 시설업무가 여행업에서 수행되는 경우, 특히 여행정보, 옵셔널 투어(optional tour)의 안내, 교통가이드 등이 제공되어진다. 정보관계시설은 관광대상으로서의 기능성은 그리 크지 않지만, 정보 · 안내 등의 편의를 제공하는 중요한 접대기관으로서의 시설이 된다고 본다.

6) 레크리에이션 관련시설

레크리에이션 관련시설은 매점시설, 오락 · 레저시설 등을 가리킨다. 매점시설은 주로 기념품 및 토산품판매시설이며, 여행자에게 여행의 즐거움을 주는 기능을 갖고 있다. 관광지에 있어서 토산품 판매의 필요성은 점점 커지고, 이것은 관광객에게 토산품의 제공과 지역의 관광수입을 생각한다면 없어서는 안 될 시설이라고 본다.

또한 관광객 가운데는 여행의 목적을 자연이나 문화적인 대상의 감상이나 접촉 이외에, 오락 · 유흥에 지향하는 사람들이 많기 때문에 관광대상으로서의 오락시설의 설치가 중요하다. 관광지에 따라 다르긴 하지만, 이와 같은 종류의 시설을 중점적으로 설치하여 관광개발을 촉진하는 예도 있다. 관광에는 오락적 행동이 수반되기 때문에, 많건 적건 대부분의 관광지에는 오락 및 유흥시설이 설치되고 있다.

스포츠시설로는 해수욕장, 스케이트장, 스키장, 골프장 등의 시설이 있다. 레크리에이션시설에는 스포츠시설 외에도 이른바 관광농원이나 그 외에 '관조(觀鳥 · bird watching)'와 같은 자연을 관찰하기 위한 시설도 있기 때문에 스포츠에 한정하여 생각하지 않는 것이 중요하다.

레크리에이션 시설 가운데는 광대한 부지에 자본을 투자하여 유원지를 만든 시설이 있는데, 철도의 연변이나 도시 근교에 설치되어 1일관광의 대상이 되는 경우가 많으며, 또 디즈니랜드와 같이 대규모로 기업경영을 하는 경우도 있다.

7) 스포츠시설

관광여행이 날로 증가 · 증대 일로에 있는 이때 운동을 주목적으로 하는 경기관광이 부쩍 늘어나고 있다. 해수욕장 · 스케이트장 · 스키장 · 골프장 · 자동차 경주장 · 경마장 등이 모두 근래에 와서 중요한 관광객유치시설로서 지역관광사업에 크게 공헌하고 있는 시설이다. 도시 내에 소재하는 스포츠시설 등은 시민의 여가대상으로서 시민의 건강증진에 기여하고 있다.

8) 환경위생시설

상수도 및 하수도 그리고 오물처리시설, 즉 환경위생시설의 완비는 관광객들의 체류기간에 극히 유의하여야 할 기본적인 조건이다. 아무리 좋은 자연경관과 관광자원에 둘러싸인 관광지라 할지라도 주위가 불결하고 더러운 냄새가 풍기거나 전염병같은 것이 발생할 우려가 있는 곳은 관광지로서의 적격 여부를 좌우하는 중요한 판단기준이 될 수 있다. 특히 현대 관광지에서는 관광객의 증가추세를 잘 파악해서 여기에 대비할 수 있는 정도의 환경위생시설을 설치하여 보건환경을 유지해 나가야 한다.

보건요양시설로서는 온천장과 피서 · 피한지가 있다. 특히 광천요양지와 기후요양지 등 명성이 있는 관광지는 주로 보건과 요양을 위해서 이용되고 있기 때문에 그의 목적을 달성시켜 줄 수 있는 시설이 요청된다.

9) 문화 및 예술시설

박물관, 미술관, 기념관 등 일종의 문화시설은 중앙에서 지방에 이르기까지 문화적 창조를 유발시키고, 나아가서는 그 곳에 보존되어 있는 문화재가 관광에 활용될 수 있도록 정돈해 놓아야 한다. 다시 말해, 일반 관광객들의 관심을 모으기 위해서 관광 시즌을 택해서 그 관광지에 알맞은 문화예술적인 관광행사 등을 베풀어서 그 지역의 대표적인 문화재(지정문화재 · 지방문화재 · 비지정문화재) 등을 전시 · 관람케 하는 시설이다. 특히 이 시설은 일반관광객 및 대중을 위해서나 관광사업의 측면에서도 없어서는 안되는 시설이다.

여기에 산업시설은 현대관광의 한 대상으로서 큰 몫을 담당하고 있다. 관광사업상 새로운 분야로서 등장한 것으로서 특히 생산 공장을 관광시키기 위한 시설, 공예 및 기술전시를 위한 시설로서 일시적인 임시시설과 상설시설 등 두 가지로 나누어져 있다.

결론적으로 교육 · 문화시설이란 박물관, 미술관, 수족관 그리고 과학관 등을 가리키는 말이다.

제4절 관광사업의 개요

1. 관광사업의 정의

관광사업(tourist industry)이란, 그 연원을 거슬러 올라가면 관광(tourism)과 표리일체가 되어 발전하여 왔고, 또한 그 발전은 서로 깊은 상관관계를 형성하며 밀접불가분의 관계에 놓여 있다. 그 때문에 관광사업이 때로는 관광 그 자체와 혼동을 일으켜서 사용되고 있음을 흔히 볼 수 있다. 다시 말해서, 단지 관광이라 말할 때 관광사업의 의미까지도 포함시킨다든지, 또는 관광사업을 가리킬 때 관광이란 용어로 사용하는 수도 있다는 것이다.

이와 같이 관광사업은 매우 다양한 관광행동이나 관광현상에 대처하지 않으면 안되는 사업이다. 그렇기 때문에 관광사업은 관광의 효용과 관광사업에 따른 여러 가지 효과를 높이기 위하여 끊임없는 노력과 개발이 요청되며, 따라서 그 내용도 매우 다채롭고 대단히 광범한 것이기 때문에, 관광사업의 개념도 다양하게 제시되고 있다.

종래 관광사업의 개념 규정에 있어서 독일의 그뤽스만(Glüksman)은 관광사업을 "일시적 체재지에 있어서 외래관광객들과 이를 수용한 지역의 주민들과의 제관계의 총화"라고 정의하였으며, 일본의 이노우에 만주소(井上万壽藏)는 "관광사업은 관광객의 욕구에 대응해서 이를 수용하고 촉진하기 위하여 이루어지는 모든 인간 활동"이라고 정의하였다. 또 다나카기이찌(田中喜一)는 관광사업을 "관광왕래를 유발하는 각종 요소에 대해 조화적 발달을 도모함과 아울러 그 일반적 이용을 촉진함으로써 경제적 · 사회적 효과를 올리려고 하는 조직적인 활동"이라고 정의하였으며, 스즈키타다요시(鈴木忠義)는 관광사업을 "관광의 효용과 그 문화적 · 사회적 · 경제적 효과를 합목적적으로 촉진함을 목적으로 한 조직적 활동"이라고 정의하였다.

우리나라 「관광진흥법」은 제2조 제1호에서 "관광사업이란 관광객을 위하여 운송 · 숙박 · 음식 · 운동 · 오락 · 휴양 또는 용역을 제공하거나 그 밖에 관광에 딸린 시설을 갖추어 이를 이용하게 하는 업(業)을 말한다"고 관광사업의 정의를 내리고 있다.

이상의 여러 정의들을 종합해 보면 "관광사업이란 관광의 효용과 그 문화적 · 사회적 · 경제적 효과를 합목적적으로 촉진함을 목적으로 한 조직적 활동이다"라고 요약할 수 있다.

국내외 학자 및 기관들이 정의하는 관광사업의 정의는 다음 〈표 4-1〉과 같다.

〈표 4-1〉 관광사업의 정의

학자 및 기관	정 의	비고
독일 로버트그룩스만 (Robert Grücksman)	일시적 체재지에 있어서 외래자와 그 지역 사람들 간의 제관계의 총체	
독일 브룩아우스 (Brockhaus)	관광자의 욕구충족을 위해 서비스를 제공하는 제영업의 총체	관광기업에 편중된 설명
일본 다나까기이찌 (田中喜一)	관광왕래를 유발하는 각종 요소에 대해 조화로운 발달을 도모함과 함께 일반적 이용을 촉진함으로써 경제적 · 사회적 효과를 기대하려고 하는 조직활동	
일본 交通公社	관광현상이 가져온 제효과를 인정하고 관광현상에 따른 일부의 요소를 조직화하여 훈련 실시와 체제 정비를 통해 국가 번영과 인류 복지증진에 크게 기여하는 다목적적이고 총체적인 활동	

학자 및 기관	정 의	비고
Chuck Y. Gee 외 2명	협의의 관광사업은 호텔, 식당, 여행사, 여행도매업자, 교통을 의미하며, 광의의 뜻은 주민과 노동자의 관광을 지원하는 국가의 경제적 지원까지도 포함	
윤대순(2001)	관광수요를 창출하고 관광자의 다양한 욕구를 충족시켜 주는 사업을 통하여 관광의 효용과 효과를 최선으로 촉진함을 목적으로 하는 공적·사적 조직활동	
손대현(2000)	관광자의 욕구충족을 위해 제공되는 서비스와 편의를 제공하는 각종유관산업의 총칭	
한국 관광진흥법	관광객을 위하여 운송·숙박·음식·운동·오락·휴양 또는 용역을 제공하거나 기타 관광에 부수되는 시설을 갖추어 이를 이용하게 하는 업	관광교통업은 관광사업에 포함되어 있지 않음

자료: 김용상 외 7인 공저, 관광학, 백산출판사, 2001. p. 84 참조 재작성

2. 관광사업의 기본적 성격

위에서 설명한 개념의 정의에서 보았듯이, 관광사업은 그 사업효과를 촉진하기 위한 목적적인 조직활동이며, 조직의 구성 또한 복합적이다. 그리고 관광사업은 자신의 직접적인 이윤만을 목적으로 하고 있는 것이 아니고, 오히려 그 성과는 널리 국민이 향유함과 아울러 관광사업의 번영을 통해서 국가나 지역사회의 발전에도 공헌함을 목적으로 하고 있다고 하겠다.

그러나 근년에 와서 관광기업이 융성해짐에 따라 관광사업에 있어서 사기업의 비중이 높아졌고, 관광기업 활동이 관광사업의 중심을 이루고 있다는 생각이 지배적으로 되었다. 그래서 일반적으로 관광산업과 관광사업을 동일시하는 풍조가 확산되었는데, 그것은 관광사업의 활동이 관광산업의 그늘에 가리기 쉬운 성질을 갖고 있기 때문이다. 사실 관광사업은 관광객의 관광행동에 대한 직접적인 서비스에 관한 부분은 대체로 관광관련 기업에 맡기고 있어서 그런 의미에서는 관광산업의 활동을 관광사업의 좁은 의미에서의 개념이라고 인식할 수도 있을 것이다. 그러나 그것은 어디까지나 관광사업에 포함된 관광산업으로서이고, 따라서 관광산업은 관광사업의 하위시스템(sub-system)임에는 변함이 없다고 본다.

따라서 여기에서는 관광사업의 산업적 측면까지도 포함하여 그 기본적 특질이 무

엇인가를 살펴보기로 한다.

1) 복합성

관광사업의 기본적인 성격은 그 복합성에 있다고 말할 수 있다. 이는 여러 사업주체로 구성된다는 점과 관광사업 자체의 내용이 매우 다양한 업종으로 구성된다는 측면에 복합성을 정의할 수 있다. 그 구체적인 내용을 살펴보면,

첫째, 관광사업은 정부나 지방자치단체 등의 공적 기관과 민간기업이 여러 가지 의미로 역할을 분담하면서 추진하는 사업이다. 관(官)과 민(民)이 서로가 역할을 분담하면서 어떤 종류의 사업을 추진하여 나간다는 것은 다른 산업의 경우에도 크거나 작거나 그렇게 말할 수 있는 것인데, 관광사업의 경우는 특히 그러한 점이 두드러진다. 관광자원의 보존관리나 관광기반시설의 건설은 한결 같이 공공부문의 역할이며, 여행업이라든가 숙박업은 거의가 민간기업의 역할인 것이다.

이와 같이 역할이 분담되는 것은 사상의 성질상 어느 한쪽 부문만이 사업주체가 되지 않으면 아니 되는, 또는 어느 쪽의 부문 가운데 그 한쪽이 맡는 것이 적합하기 때문이다. 예를 들어 관광자원의 보존관리는 관광자원이 무엇과도 바꿀 수 없는 존재인 이상 그것에 대한 작용을 민간의 자유의사에만 맡겨 둘 수 없는 일이다. 따라서 이는 공공부문의 역할이 되는 것이다. 또한 예를 들어, 숙박시설의 경우는 효율적인 운영이 요청되기 때문에 그런 점에서 민간부문에서 분담하는 것이 좋은 것이다.

둘째, 관광사업은 여러 사업주체로 구성된다는 의미 외에도 다양한 업종이 모여 하나로 통합된 활동체를 성립시키는 사업이라는 것이다.

업종이라는 개념은 생산되는 재화나 서비스의 단일적인 성격에 바탕을 두는 것인데, 관광사업은 여러 업종으로부터 제공되는 재화나 서비스를 갖추어야만 비로소 관광객의 행동에 대응할 수 있는 그러한 사업이다. 예를 들어 교통업, 숙박업, 음식업, 소매업, 출판업 등과 같은 각 업종의 사업활동이 각각 관광사업의 한 부분을 구성하고 있으며, 이 경우 한 부분이라고 하는 점이 중요하며, 관광사업은 갖가지 업종에 의하여 구성된 종합상품이라는 데 특징이 있다. 따라서 각자의 사업활동은 관광사업의 한 몫을 담당함과 동시에 그들 자신 고유의 존재의의를 가지고 있다.

결국 관광사업이란 여러 사업주체의 복합으로 구성될 뿐만 아니라, 갖가지 잡다한

업종의 복합으로 성립될 수 있는 조직상의 복합성을 특질로 하는 사업인 것이다.

2) 입지의존성

관광사업은 원래 관광자원에 의존하여 성립되기 때문에 입지의존성이 매우 강한 사업이라고 하겠다. 예를 들면, 물건을 생산하는 기업일 경우에는 생산된 것을 유통과정을 통해서 판매하므로 고객을 공장에 유치한다는 것은 거의 의식할 필요가 없다. 그러나 관광사업일 경우에는 어떤 장소에 관광객을 모이게 함으로써 레저공간을 판매한다는 성격을 가지기 때문에 관광객 유치라는 관점에서 입지(立地)가 매우 중요한 문제가 된다. 따라서 관광사업에 있어서 입지는 곧바로 해당 기업의 매출과 생존으로 직결되는 매우 중요한 특성으로 볼 수 있다.

그러나 관광사업은 관광자원의 우열 여하에도 의존하는 바가 크며, 동시에 그 경영적 입지조건에 의해서 크게 영향을 받는다. 그것은 관광사업의 산업적 측면이 기본적으로 다음과 같은 특질을 가지고 있기 때문이다.

첫째, 관광사업은 관광객의 내방에 대해서 경영활동이 비로소 시작되는데, 관광객의 내방(소비활동)은 계절별, 월별, 주별, 시간별 등에 따라 변동의 차이가 매우 크며, 관광객의 임의적인 행동에 좌우되어 불연속적인 생산형태를 피할 수 없다는 것이다.

둘째, 관광사업은 순간생산 · 순간소비의 형태를 기본적 특질로 하고 있어 생산과 소비가 동시에 완결적으로 이루어지는 생산 즉 소비형 산업이라는 것이다. 따라서 관광상품, 예를 들어 호텔의 객실과 같은 경우는 저장이 불가능하여 경영상의 탄력성이 없다는 것이다.

셋째, 관광사업의 대형화에 따라 노동시설률(유형고정자산액 / 종업원수)이 높아져 가는 경향에 있다. 초기자본의 투자액이 크면 클수록 경영환경 및 경영조건의 중시와 경영기반의 안정이 주요 과제로 대두하게 된다는 것이다.

이상의 세 가지 특성은 관광사업의 경영상 서로 밀접한 관련을 맺게 되는 성질의 것이지만, 그 중 어느 것을 보아도 경영상의 불안정요소가 되는 것뿐이다. 그러므로 사업노력이 이와 같은 요소의 해소에 마땅히 집중되어야 함은 말할 것도 없겠지만, 많은 관광객이 연중 계속하여 평균적으로 내방하는 관광지를 가장 좋은 관광지로 보는 입장에서는 관광사업의 입지의존성은 가장 중요한 기본적인 특성으로 말할 수 있다.

3) 공익성과 기업성

관광사업은 여러 관련업종의 복합체로 성립되는 특수성 때문에 사적 관광기업까지도 포함해서 공익목적을 달성하는 사업체이다. 그래서 관광사업은 공익성과 기업성을 내포하여 사적 관광기업을 통해서 공익목적을 달성하려고 하는 데 특색이 있다.

관광기업에 있어서 공익적인 측면은 관광효과와 관광경제효과 및 경제외적 효과라는 면이 지적된다. 먼저 관광효과는 국제관광에 있어서 국제친선의 증진이나 국제문화의 교류를 들 수 있고, 국내관광에 있어서는 보건의 증진, 근로의욕의 증진, 교양의 향상 등을 들 수 있다.

〈표 4-2〉 관광사업의 공익적 효과

구 분	효 과 내 용
관광효과	① 국제관광 : 국제친선증진, 국제문화의 교류촉진 ② 국내관광 : 보건증진, 근로의욕증진
관광경제효과	① 국민경제효과 : 외화획득효과 ② 지역경제효과 : 고용효과, 소득효과, 산업관련효과, 조세효과, 산업기반시설 정비효과, 지역개발효과
경제외적효과	① 보존 및 정비효과 : 자연보전, 문화재보존, 공원정비, 교통 및 상하수도시설정비, 의료시설 및 생활환경시설 정비 ② 교류효과 : 관광객과 지역주민과의 교류효과

관광의 경제적 효과면에서는 국민경제적 효과로서 외화획득효과를 들 수 있고, 지역경제적 효과로서는 고용효과, 소득효과, 산업경제효과 등을 들 수 있으며, 지역개발상 중요시되고 있다.

또한 경제외적 효과는 이른바 관광산업의 진흥에 따른 부차적 효과이긴 하지만, 자연의 보존이나 문화재의 보존 및 공원의 정비나 교통시설, 상하수도시설, 의료시설 등 생활환경시설의 정비향상이나 관광객과의 교류효과 등을 들 수 있다.

그런데 이상에서 든 여러 효과는 어느 것이든 간에 공익적인 면에서 인식되고, 관광사업진흥의 기조가 되어 있지만, 다른 한편으로 이와 같은 효과를 실질적으로 거둘 수 있는 위치에 있는 사적 관광기업은 경합적인 개별기업활동을 원칙으로 하고 있어 반드시 공익적 성과에 기능한다고는 볼 수 없다. 그래서 관광사업은 개별기업활동의 특징을 살리면서 공익적 효과를 높이도록 관광기업을 유도하는 일이 큰 과제가 되며, 공익성과 기업성의 조화적 발전을 도모해 나가는 데서 그 존재의의를 찾을 수 있다고 하겠다.

4) 변동성

일반인의 관광에 대한 충족욕구는 필수적인 것이 아니고 임의적인 성격을 띠고 있기 때문에 관광활동은 외부사정의 변동에 매우 민감하여 영향을 받기 쉽다. 변동성의 요인으로는 경제적 요인, 사회적 요인 및 자연적 요인을 들 수 있다.

첫째, 사회적 요인은 사회정세의 변화, 국제정세의 긴박함, 정치불안, 폭동, 질병발생 등과 그밖에 인간의 안전에 불안감을 주는 것들이다.

둘째, 경제적 요인은 경제불황, 소득의 불안정, 환율변동, 운임변동과 외화사용 제한조치 등이다.

셋째, 자연적 요인은 기후, 지진, 태풍, 폭풍우 등과 같은 자연의 변동현상을 들 수 있다.

5) 서비스성

관광사업을 서비스업이라 하는 것은 관광사업이 생산 · 판매하는 상품의 대부분이 눈에 보이지 않는 서비스이기 때문이다. 서비스는 관광객의 심리에 지대한 영향을 미치고 있으므로 서비스의 질적 수준 여하에 따라 기업 자체는 물론이고 관광지 전체, 국가 전체 관광사업의 성패에 중대한 영향을 미치게 된다.

따라서 이러한 서비스의 제공은 비단 관광사업 종사자뿐만 아니라 지역주민이나 국민 전체의 친절한 서비스 제공도 필요하기 때문에, 일반국민에게 관광에 대한 인식을 적극적으로 계몽시킬 필요가 있다.

3. 관광사업의 현대적 특색

앞에서 관광사업의 기본적인 성격에 관하여 검토해 보았는데, 여기서는 관광사업의 현대적 특색에 관하여 기술해 보고자 한다.

우선 첫째로 사업주체의 복합성과 관련이 있는 것으로 공적 기관의 역할이 비약적으로 증대해졌다는 점을 들 수 있겠다.

공적 기관이 관광에 적극적으로 관여를 하게 된 이유는 교통, 통신, 상하수도, 에너지, 치안, 보안과 같은 공공서비스가 관광을 진흥시키는 데 있어서 필수적 요소라는 명백한 사실에 있는 것만은 아니다. 1975년 12월 31일에 제정된 「관광기본법」에 명시되어 있듯이 관광행정의 목적은

① 국제친선의 증진
② 국민경제 및 국민복지의 향상
③ 건전한 국민관광의 발전에 이바지한다는 인식에 있기 때문이다.

여기에서 국제친선의 증진이라 함은 우리나라 국민과 외국인 사이에 경제 · 사회 · 문화의 교류를 통하여 국민성, 풍속, 습관, 지리 및 문화를 이해하고 상호 우호적인 협력 및 선의를 증진하는 것으로서 종국적으로는 세계평화에 이바지하게 되는 것을 말한다.

또한 국민경제 및 국민복지의 향상이란 외화획득에 의한 국제수지의 개선과 관광을 대상으로 하는 민간의 기업활동이 활발해짐으로써 국민의 사회적 · 문화적 생활영역을 확대시켜 결과적으로는 국민의 복지를 향상시키게 된다는 것이다.

다음으로 건전한 국민관광의 발전이란, 현대사회에 있어서 국민이 일상생활에서 어쩌면 여유와 인간성을 잃어버리기 쉬운 상황 속에서 관광이 그러한 것을 회복시켜 주는 의의를 가지고 있다고 보는 것이다.

현대는 사회관광(social tourism)이라 부르는 것처럼 경제적 또는 그 밖의 이유로 관광에 참가할 수 없는 사람들에 대하여 공적 기관은 적극적인 지원을 다해야 한다고 보고 있다. 이와 같은 관광기본법이 있다는 것은 정부가 관광행정을 적극적으로 추진할 의무가 있다는 것을 뜻한다.

관광사업의 사업주체로서 공적 기관의 역할이 어째서 오늘날 높아졌는가 하는 점에 대해서는 위에서 말한 바와 같은 배경에 더해서, 자연환경의 파괴문제와 소비자보호의 문제가 중요하게 되었기 때문이다. 즉 관광의 대중화에 의한 관광수요의 증대

는 민간기업에 의한 적극적인 관광개발을 가져왔고, 유한한 자연환경이 파괴된다는 문제가 생겨나게 되었기 때문이다.

관광사업의 현대적 특색으로서 다음에 들 수 있는 것은 관광사업을 구성하고 있는 각종의 사업활동이 민간기업의 활발한 사업활동에 의해 점점 확대되고 다양화되어 간다는 점이다. 이와 같은 경향은 1960년대의 후반부터 특히 눈부신 발전을 보였다고 하겠다. 민간기업이 관광에 관계하여 활동하는 것은 말할 것도 없이 영리가 그 목적이다. 그러므로 관광이 대중화되고 더구나 앞으로 점점 그 수요가 증가할 것을 예상한다면, 민간기업에 있어서는 관광이 이제부터 발전하게 되는 성장사업이며, 민간기업의 독자적인 창의와 연구를 결집시킬 분야가 된다고 하겠다. 그렇기에 야생동물을 방사하는 동물원 등 과거에는 볼 수 없었던 새로운 관광시설이 등장하기도 하고, 역사가 깊은 숙박업의 경우에도 대형화하고, 다각 경영화되는 경향을 따르는 등 관광사업은 더욱 복잡하게 발전되어가고 있다.

관광사업에 대한 민간대기업의 본격적인 진출은 우리나라에서는 민영호텔로부터 시작되었다. 민간호텔은 숙박업으로서 원래 관광사업의 중추적인 역할을 차지하고 있었으나, 특히 1965년에서 1968년 사이에 국제관광공사(현 한국관광공사)가 워커힐 호텔 등의 운영권을 민간에게 불하한 후부터 한국 관광업계의 중심세력이 되고 있다. 특히 한때 해외건설에 진출하고 있던 재벌회사들이 각지에 호텔을 세워 계열업체로 경영하였고, 호텔 이외에도 그룹의 자체인력의 해외송출을 맡기 위하여 기존 소자본의 항공운송대리점을 인수하여 국제여행업을 경영하기도 하였다. 이 밖에도 콘도미니엄 리조트의 개발이나 자연농원, 스키장 등의 야외 레크리에이션 시설의 개발 등 갖가지 관광사업을 경영하고 있다는 것은 잘 알려진 사실이다. 이와 같이 관광사업을 전개하는 민간기업은 호텔에만 한정되어 있지 않고, 여러 가지 사업에 진출하고 있음을 볼 수 있다.

이와 같이 현대의 관광사업은

첫째, 공적 기관의 역할이 커지게 되었다는 것,

둘째, 사업활동의 내용이 민간기업의 활발한 사업활동에 따라 점점 확대되어 다양화하고 있다는 점들을 그 특색으로 들 수 있겠다.

제1절 관광사업의 분류

1. 사업주체에 의한 분류

관광사업은 사업주체에 의해서 공적 관광기관과 사적 관광기업으로 나눌 수 있다. 공적 관광기관은 정부나 지방자치단체 등의 관광행정기관과 관광협회나 업종별 협회 등 관광공익단체로 나누어지며, 사적 관광기업은 직접관련 관광기업과 간접적 관광관련 기업으로 나누어 볼 수 있다.

[그림 4-3] 주체기준에 따른 관광사업 분류

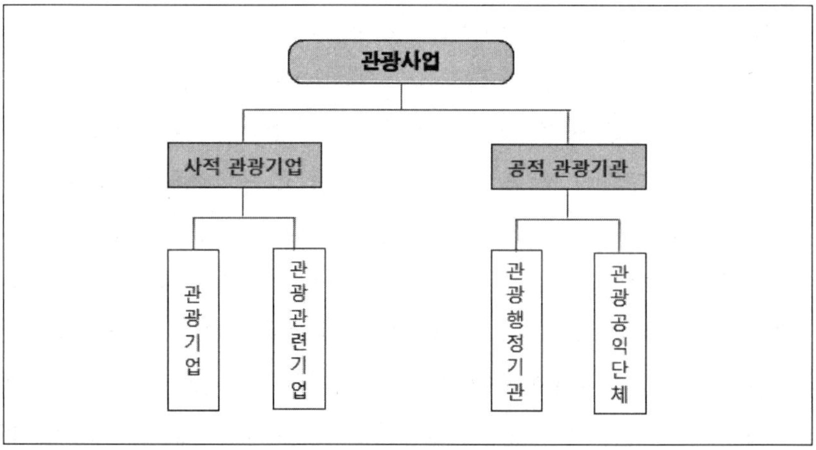

1) 관광행정기관

공적 관광사업으로 관광정책 관련 기관을 의미하는데, 국가 · 정부 · 지방자치단체 등 관광행정기관을 가리킨다. 이는 관광객 · 관광기업 · 관광관련 기업들과 직간접적으로 영향을 주고받으며 관광개발업무와 관광진흥업무를 담당한다.

2) 관광공익단체

공적 관광기관으로 한국관광공사, 관광협회 등의 공익법인과 관광인력을 양성하는 교육기관 및 관광연구소 등이 있다.

3) 관광기업

관광객과 직접적으로 관계되어 영리를 목적으로 하는 기업을 말한다. 관광객의 소비활동을 주된 수입원으로 하는 기업들을 말한다.

따라서 여행업, 숙박업, 교통업, 쇼핑업, 관광정보제공업, 관광개발업 등 대부분의 관광사업이 포함되며, 「관광진흥법」에 의한 사업들도 여기에 포함된다.

4) 관광관련 기업

관광객과 직접 대면하지는 않으나 관광기업과 직접적인 관계를 가짐으로써 관광객과는 간접적(2차적)으로 관련을 갖는 간접관광사업 또는 2차 관광사업이라 칭한다.

호텔에서 외주를 받은 세탁업자, 청소업자, 경비업자와 식품납품업자 등이 여기에 포함되며, 일반적인 소매상점, 요식업체, 오락업체 등도 관광객이 이용할 때에는 여기에 해당된다.

2. 관광법규에 의한 분류

1961년 8월 22일 제정 · 공포된 「관광사업진흥법」은 우리나라 관광의 획기적인 발전을 위한 최초의 관광법규이다. 이 법의 제정 당시에는 관광사업의 종류를 여행알선업, 관광호텔업, 통역안내업, 관광시설업 등 4가지로 구분하였으나, 1975년 12월 31일에 폐지될 때까지 4차에 걸친 개정을 통해 관광사업의 종류를 여행알선업, 통역안내업, 관광호텔업, 관광시설업, 토산품판매업, 관광교통업, 관광삭도업 등 7개 업종으로 구분하였다.

그러나 1975년 12월 31일 종래의 「관광사업진흥법」을 폐지하고 새로 제정된 「관광사업법」에서는 관광사업의 종류를 여행알선업, 관광숙박업, 관광객이용시설업 등 3개 업종으로 축소하였던 것이나, 그 후 시대의 변천에 따라 여행형태가 다원화되고 관광객의 관광성향이 전문화되자 관광사업의 종류도 확대 · 조정할 필요가 있게 되었다.

이에 따라 1987년 7월 1일부터 시행된 「관광진흥법」에서는 관광사업의 종류를 여행업, 관광숙박업, 관광객이용시설업, 국제회의용역업, 관광편의시설업 등 5개 업종으로 구분하였고, 1994년 8월 3일에는 관광진흥법을 개정하여 종래 「사행행위등 규제 및 처벌특례법」에서 '사행행위영업'으로 규정하고 있던 카지노업을 관광사업의 일종으로 포함시켰다.

1999년 1월 21일에는 「관광진흥법」의 전문개정이 있었는데, 종전의 국제회의용역업을 국제회의업으로 명칭을 변경하고, 또 종래 「공중위생법」에 의하여 보건복지부장관의 소관으로 있던 유원시설업을 문화체육관광부장관의 소관으로 이관하여 관광사업의 일종으로 규정하였다.

따라서 2011년 12월 말 현재 「관광진흥법」에서 규정하고 있는 관광사업의 종류는 여행업, 관광숙박업, 관광객이용시설업, 국제회의업, 카지노업, 유원시설업, 관광편의시설업 등 크게 7개 업종으로 구분하고 있으며, 동법 시행령에서는 이를 각각의 종류

〈표 4-3〉 관광진흥법에 따른 우리나라 관광사업의 분류

종 류	세 분	
여 행 업	일반여행업, 국외여행업, 국내여행업	
관광숙박업	호텔업	관광호텔업, 수상관광호텔업, 한국전통호텔업, 가족호텔업, 호스텔업
	휴양콘도미니엄업	
관광객이용시설업	전문휴양업	민속촌, 스키장, 해수욕장, 수렵장, 동물원, 식물원, 수족관, 온천장, 동굴자원, 수영장, 농어촌휴양시설, 활공장, 등록 및 신고 체육시설업시설, 산림휴양시설, 박물관, 미술관
	종합휴양업	제1종 종합휴양업, 제2종 종합휴양업
	자동차야영장업	
	관광유람선업(일반관광유람선업, 크루즈업)	
	관광공연장업	
	외국인전용 관광기념품판매업	
국제회의업	국제회의시설업, 국제회의기획업	
카지노업		
유원시설업	종합유원시설업, 일반유원시설업, 기타유원시설업	
관광편의시설업	관광유흥음식점업, 관광극장유흥업, 외국인전용 유흥음식점업, 관광식당업, 시내순환관광업, 관광사진업, 여객자동차터미널시설업, 관광펜션업, 관광궤도업, 한옥체험업	

별로 다시 세분하고 있다(동법 시행령 제2조). 이를 도표화하면 위의 〈표 4-3〉과 같다.

1) 여행업

현행 「관광진흥법」에서의 여행업이란 "여행자 또는 운송시설 · 숙박시설, 그 밖에 여행에 딸리는 시설의 경영자 등을 위하여 그 시설이용의 알선이나 계약체결의 대리, 여행에 관한 안내, 그 밖의 여행 편의를 제공하는 업"을 말한다(동법 제3조 1항 1호).

여행업은 사업의 범위 및 취급대상에 따라 일반여행업, 국외여행업 및 국내여행업으로 구분하고 있다.

우리나라 여행업의 등록현황을 살펴보면 2010년 12월 말 기준으로 일반여행업 1,233개소, 국내여행업 4,922개소, 국외여행업 6,429개소이다.[18)]

(1) 일반여행업

국내외를 여행하는 내국인 및 외국인을 대상으로 하는 여행업[사증(査證 : 비자)을 받는 절차를 대행하는 행위를 포함한다]을 말한다. 따라서 일반여행업자는 외국인의 국내 또는 국외여행과 내국인의 국외 또는 국내여행에 대한 업무를 모두 취급할 수 있다.

(2) 국외여행업

국외를 여행하는 내국인을 대상으로 하는 여행업(사증을 받는 절차를 대행하는 행위를 포함한다)을 말한다. 국외여행업은 우리나라 국민의 아웃바운드 여행(해외여행 업무)만을 전담하도록 하기 위하여 등장한 것이므로, 외국인을 대상으로 하거나 또는 내국인을 대상으로 한 국내여행업은 이를 법으로 허용하지 않고 있다.

(3) 국내여행업

국내를 여행하는 내국인을 대상으로 하는 여행업을 말한다. 따라서 국내여행업은 내국인을 대상으로 한 국내여행에 국한하고 있어 외국인을 대상으로 하거나 또는 내

18) 문화체육관광부, 전게 2010년 기준 연차보고서, pp.264~267.

국인을 대상으로 한 국외여행업은 이를 법으로 금하고 있다.

2) 관광숙박업

현행 「관광진흥법」은 관광숙박업을 호텔업과 휴양콘도미니엄업으로 나누고(제3조 1항 2호), 호텔업을 다시 세분하고 있다(동법 시행령 제2조 1항 2호).

(1) 호텔업

호텔업이란 관광객의 숙박에 적합한 시설을 갖추어 이를 관광객에게 제공하거나 숙박에 딸리는 음식 · 운동 · 오락 · 휴양 · 공연 또는 연수에 적합한 시설 등을 함께 갖추어 이를 이용하게 하는 업을 말한다.

호텔업은 운영형태, 이용방법 또는 시설구조에 따라 관광호텔업, 수상관광호텔업, 한국전통호텔업, 가족호텔업, 호스텔업 등으로 세분하고 있다.

가) 관광호텔업

관광호텔업은 관광객의 숙박에 적합한 시설을 갖추어 관광객에게 이용하게 하고 숙박에 딸린 음식 · 운동 · 오락 · 휴양 · 공연 또는 연수에 적합한 시설 등(이하 "부대시설"이라 한다)을 함께 갖추어 관광객에게 이용하게 하는 업(業)을 말한다. 종전에는 관광호텔업을 종합관광호텔업과 일반관광호텔업으로 세분하였던 것이나, 2003년 8월 「관광진흥법 시행령」을 개정하면서 이를 관광호텔업으로 통일하였다.

우리나라 관광호텔업의 등록현황을 살펴보면, 2010년 12월 말 기준으로 전국 630개 업체에 6만8,583실이 운영되고 있는데, 전년도에 비해 1,412실이 증가되었다.[19)]

나) 수상관광호텔업

수상관광호텔업은 수상에 구조물 또는 선박을 고정하거나 매어 놓고 관광객의 숙박에 적합한 시설을 갖추거나 부대시설을 함께 갖추어 관광객에게 이용하게 하는 업으로서, 수려한 해상경관을 볼 수 있도록 해상에 구조물 또는 선박을 개조하여 설치한 숙박시설을 말한다. 만일 노후선박을 개조하여 숙박에 적합한 시설을 갖추고 있

19) 문화체육관광부, 전게 2010년기준 연차보고서, pp.250~251.

더라도 동력을 이용하여 선박이 이동할 경우에는 이는 관광호텔이 아니라 선박으로 인정된다.

우리나라에는 2000년 7월 20일 최초로 부산 해운대구에 객실수 53실의 수상관광호텔이 등록된 바 있으나, 그 후 태풍으로 인해 멸실되어 현재는 존재하지 않는다.

다) 한국전통호텔업

한국전통호텔업은 한국전통의 건축물에 관광객의 숙박에 적합한 시설을 갖추거나 부대시설을 함께 갖추어 관광객에게 이용하게 하는 업을 말한다.

현재 우리나라에서 운영되고 있는 관광호텔은 모두가 서양식의 구조와 설비를 갖추고 있어 외국인관광객이 한국고유의 전통적 숙박시설을 이용할 수 없는 것이 오늘의 현실이다. 따라서 외국인관광객의 수요에 대처하기 위하여 한국고유의 전통건축양식에 한국적 분위를 풍길 수 있는 객실과 정원을 갖추고 한국전통요리를 제공하도록 한 것이 한국전통호텔업이다.

우리나라에는 1991년 7월 26일 최초로 제주도 중문관광단지 내에 객실수 26실의 한국전통호텔(씨에스호텔앤리조트 / www.seaes.co.kr)이 등록되어 운영 중에 있으며, 2010년 7월 5일 (주)신라밀레니엄 라궁 16실이 등록되었다.[20]

라) 가족호텔업

가족호텔업은 가족단위 관광객의 숙박에 적합하도록 숙박시설 및 취사도구를 갖추어 관광객에게 이용하게 하거나 숙박에 딸린 음식 · 운동 · 휴양 또는 연수에 적합한 시설을 함께 갖추어 관광객에게 이용하게 하는 업을 말한다.

경제성장으로 인한 국민소득수준의 향상은 다수 국민으로 하여금 여가활동을 향유케 함으로써 가족단위 관광의 증가를 가져왔는데, 가족단위 관광의 증가는 가족호텔을 급격히 증가하게 하였다. 이에 정부는 증가된 가족단위의 관광수요에 부응하여 국민복지 차원에서 저렴한 비용으로 가족관광을 영위할 수 있게 하기 위하여 가족호텔 내에는 취사장, 운동 · 오락시설 및 위생설비를 겸비토록 하고 있다.

20) 문화체육관광부, 전게 2010년기준 연차보고서, p.260.

우리나라 가족호텔업의 등록현황을 살펴보면 2010년 12월 말 기준으로 전국 55개소에 객실수 6,150실이 등록되어 있다.[21)]

마) 호스텔업

호스텔업은 배낭여행객 등 개별 관광객의 숙박에 적합한 시설로서 샤워장, 취사장 등의 편의시설과 외국인 및 내국인 관광객을 위한 문화 · 정보 교류시설 등을 함께 갖추어 이용하게 하는 업을 말한다. 이는 2009년 10월 7일 「관광진흥법 시행령」 개정 때 호텔업의 한 종류로 신설되었는데, 2010년 12월말 기준으로 사업계획승인을 받아 건축 중인 시설은 있으나 아직 등록하고 운영 중인 시설은 없다.

(2) 휴양콘도미니엄업

휴양콘도미니엄업이란 관광객의 숙박과 취사에 적합한 시설을 갖추어 이를 그 시설의 회원이나 공유자, 그 밖의 관광객에게 제공하거나 숙박에 딸리는 음식 · 운동 · 오락 · 휴양 · 공연 또는 연수에 적합한 시설 등을 함께 갖추어 이를 이용하게 하는 업을 말한다.

3) 관광객이용시설업

관광객이용시설업이란 ① 관광객을 위하여 음식 · 운동 · 오락 · 휴양 · 문화 · 예술 또는 레저 등에 적합한 시설을 갖추어 이를 관광객에게 이용하게 하는 업 또는 ② 대통령령으로 정하는 2종 이상의 시설과 관광숙박업의 시설(이하 "관광숙박시설"이라 한다) 등을 함께 갖추어 이를 회원이나 그 밖의 관광객에게 이용하게 하는 업을 말한다.

현행 「관광진흥법」은 관광객이용시설업의 종류를 전문휴양업, 종합휴양업(제1종, 제2종), 자동차야영장업, 관광유람선업(일반관광유람선업, 크루즈업), 관광공연장업, 외국인전용 관광기념품판매업 등으로 구분하고 있다.

---

21) 문화체육관광부, 전게 2010년기준 연차보고서, pp.257~259.

(1) 전문휴양업

관광객의 휴양이나 여가선용을 위하여 숙박업시설[공중위생관리법시행령 제2조 제1항 제1호(농어촌에 설치된 민박사업용시설) 및 제2호(자연휴양림 안에 설치된 시설)의 시설을 포함하며, 이하 "숙박시설"이라 한다]이나 「식품위생법시행령」 제7조 제8호 가목 · 나목 또는 바목에 따른 휴게음식점영업, 일반음식점영업 또는 제과점영업의 신고에 필요한 시설(이하 "음식점시설"이라 한다)을 갖추고 별표 1 제4호 가목(2)(가)부터 (거)까지의 규정에 따른 시설(이하 "전문휴양시설"이라 한다) 중 한 종류의 시설을 갖추어 관광객에게 이용하게 하는 업을 말한다.

(2) 종합휴양업

종합휴양업은 제1종과 제2종으로 구분된다. 제1종 종합휴양업은 관광객의 휴양이나 여가선용을 위하여 숙박시설 또는 음식점시설을 갖추고 전문휴양시설 중 두 종류 이상의 시설을 갖추어 관광객에게 이용하게 하는 업이나, 숙박시설 또는 음식점시설을 갖추고 전문휴양시설 중 한 종류 이상의 시설과 종합유원시설업의 시설을 갖추어 관광객에게 이용하게 하는 업이다.

제2종 종합휴양업은 관광객의 휴양이나 여가선용을 위하여 관광숙박업의 등록에 필요한 시설과 제1종 종합휴양업 등록에 필요한 전문휴양시설 중 두 종류 이상의 시설 또는 전문휴양시설 중 한 종류 이상의 시설 및 종합유원시설업의 시설을 함께 갖추어 관광객에게 이용하게 하는 업이다.

(3) 자동차야영장업

자동차를 이용하는 여행자의 야영 · 취사 및 주차에 적합한 시설을 갖추어 이를 관광객에게 이용하게 하는 업을 말하는데, 2차선 이상의 진입로와 충분한 주차공간, 그리고 전기 · 통신 · 공동취사시설 등의 편의시설을 갖추어야 한다.

(4) 관광유람선업

가) 일반관광유람선업

「해운법」에 따른 해상여객운송사업의 면허를 받은 자나 「유선 및 도선사업법」에 따른 유선사업의 면허를 받거나 신고한 자가 선박을 이용하여 관광객에게 관광을 할 수 있도록 하는 업을 말한다.

나) 크루즈업

「해운법」에 따른 순항 여객운송사업이나 복합 해상여객운송사업의 면허를 받은 자가 해당 선박 안에 숙박시설, 위락시설 등 편의시설을 갖춘 선박을 이용하여 관광객에게 관광을 할 수 있도록 하는 업을 말한다.

(5) 관광공연장업

관광공연장업은 관광객을 위하여 공연시설을 갖추고 공연물을 공연하면서 관광객에게 식사와 주류를 판매하는 업을 말한다.

(6) 외국인전용 관광기념품판매업

외국인 관광객(출국 예정사실이 확인되는 내국인을 포함한다)에게 물품을 판매하기에 적합한 시설을 갖추어 국내에서 생산되는 주원료를 이용하여 제조하거나 가공된 물품을 판매하는 업을 말한다.

이제까지 외국인전용 관광기념품판매업은 이용대상을 외국인 관광객에 한정하고, 판매상품은 국내에서 생산되는 주원료를 이용하여 제조 또는 가공된 물품에 한정하고 있었다. 이로 인해 외국인전용 기념품판매업의 활성화에 한계가 나타나기 시작하자, 이에 정부는 2006년 2월 「관광진흥법」을 개정하여 판매대상을 확대하여 출국예정사실이 확인되는 내국인도 포함하도록 하였다.

4) 국제회의업

국제회의업은 대규모 관광수요를 유발하는 국제회의(세미나 · 토론회 · 전시회 등을 포함한다)를 개최할 수 있는 시설을 설치 · 운영하거나 국제회의의 계획 · 준비 · 진행 등의 업무를 위탁받아 대행하는 업을 말한다.

현행 「관광진흥법」에서 규정하고 있는 국제회의업은 국제회의시설업과 국제회의

기획업으로 분류하고 있다.

(1) 국제회의시설업

대규모 관광수요를 유발하는 국제회의를 개최할 수 있는 시설을 설치 · 운영하는 업을 말하는데(관광진흥법 시행령 제2조 1항 4호), 첫째, 「국제회의산업육성에 관한 법률 시행령」 제3조에 따른 회의시설(전문회의시설 · 준회의시설) 및 전시시설의 요건을 갖추고 있을 것과, 둘째, 국제회의 개최 및 전시의 편의를 위하여 부대시설(주차시설, 쇼핑 · 휴식시설)을 갖추고 있을 것을 요구하고 있다.

(2) 국제회의기획업

대규모 관광수요를 유발하는 국제회의의 계획 · 준비 · 진행 등의 업무를 위탁받아 대행하는 업을 말한다. 우리나라 국제회의업은 '국제회의용역업'이라는 명칭으로 1986년 처음으로 「관광진흥법」상의 관광사업으로 신설되었던 것이나, 1998년에 동법을 개정하여 종전의 국제회의용역업을 '국제회의기획업'으로 명칭을 변경하고 여기에 '국제회의시설업'을 추가하여 '국제회의업'으로 업무범위를 확대하여 오늘에 이르고 있다.

5) 카지노업

카지노업이란 전용영업장을 갖추고 주사위 · 트럼프 · 슬롯머신 등 특정한 기구 등을 이용하여 우연의 결과에 따라 특정인에게 재산상의 이익을 주고 다른 참가자에게 손실을 주는 행위 등을 하는 업을 말한다(관광진흥법 제3조 1항 5호).

카지노업은 종래 「사행행위 등 규제 및 처벌특례법」에서 '사행행위영업'의 일환으로 규정되어 오던 것을 1994년 8월 3일 「관광진흥법」을 개정하여 관광사업의 일종으로 전환 규정하고, 문화체육관광부에서 허가권과 지도 · 감독권을 갖게 되었다(동법 제21조). 다만, 제주도에는 2006년 7월부터 「제주특별자치도 설치 및 국제자유도시 조성을 위한 특별법」이 제정 · 시행됨에 따라 제주특별자치도에서 외국인전용 카지노업을 경영하려는 자는 제주도지사의 허가를 받아야 한다.

현행 「관광진흥법」에 의거한 카지노업은 내국인 출입을 허용하지 않는 것을 기본으로 하고 있으며, 예외적으로 「폐광지역개발지원에 관한 특별법」에 의거 폐광지역의 경기활성화를 위하여 2000년 10월 강원도 정선군에 개장한 강원랜드카지노만은 내국인의 출입을 허용하고 있고, 2015년까지 한시적으로 운영될 예정이다.

우리나라 카지노시설은 2010년 말 기준으로 전국에 17개 업체가 운영 중에 있는데, 이 중에서 외국인전용 카지노가 16개 업체이고, 내국인 출입 카지노는 강원랜드카지노 1개소이다.

6) 유원시설업

유원시설업은 유기시설이나 유기기구를 갖추어 이를 관광객에게 이용하게 하는 업(다른 영업을 경영하면서 관광객의 유치 또는 광고 등을 목적으로 유기시설이나 유기기구를 설치하여 이를 이용하게 하는 경우를 포함한다)을 말한다.

현행 「관광진흥법」상의 유원시설업은 종합유원시설업, 일반유원시설업, 기타유원시설업으로 분류하고 있다.

(1) 종합유원시설업

유기시설이나 유기기구를 갖추어 관광객에게 이용하게 하는 업으로서 대규모의 대지 또는 실내에서 「관광진흥법」 제33조에 따른 안전성검사 대상 유기시설 또는 유기기구 여섯 종류 이상을 설치하여 운영하는 업을 말한다.

(2) 일반유원시설업

유기시설이나 유기기구를 갖추어 관광객에게 이용하게 하는 업으로서 「관광진흥법」 제33조에 따른 안전성검사 대상 유기시설 또는 유기기구 한 종류 이상을 설치하여 운영하는 업을 말한다.

(3) 기타유원시설업

유기시설이나 유기기구를 갖추어 관광객에게 이용하게 하는 업으로서 「관광진흥법」 제33조에 따른 안전성검사 대상이 아닌 유기시설 또는 유기기구를 설치하여 운영하는 업을 말한다.

7) 관광편의시설업

관광편의시설업은 앞에서 설명한 관광사업(여행업, 관광숙박업, 관광객이용시설업, 국제회의업, 카지노업, 유원시설업) 외에 관광진흥에 이바지할 수 있다고 인정되는 사업이나 시설 등을 운영하는 업을 말한다. 이는 비록 다른 관광사업보다 관광객의 이용도가 낮거나 시설규모는 작지만, 다른 사업 못지않게 관광진흥에 기여할 수 있다고 보아 인정된 사업이라고 하겠는데, 그 종류는 다음과 같다.

(1) 관광유흥음식점업

식품위생법령에 따른 유흥주점 영업의 허가를 받은 자가 관광객이 이용하기 적합한 한국 전통 분위기의 시설을 갖추어 그 시설을 이용하는 자에게 음식을 제공하고 노래와 춤을 감상하게 하거나 춤을 추게 하는 업을 말한다.

(2) 관광극장유흥업

식품위생법령에 따른 유흥주점 영업의 허가를 받은 자가 관광객이 이용하기 적합한 무도시설을 갖추어 그 시설을 이용하는 자에게 음식을 제공하고 노래와 춤을 감상하게 하거나 춤을 추게 하는 업을 말한다.

(3) 외국인전용유흥음식점업

식품위생법령에 따른 유흥주점 영업의 허가를 받은 자가 외국인이 이용하기 적합한 시설을 갖추어 그 시설을 이용하는 자에게 주류나 그 밖의 음식을 제공하고 노래와 춤을 감상하게 하거나 춤을 추게 하는 업을 말한다.

(4) 관광식당업

식품위생법령에 따른 일반음식점영업의 허가를 받은 자가 관광객이 이용하기 적합한 음식제공시설을 갖추고 관광객에게 특정 국가의 음식을 전문적으로 제공하는 업을 말한다.

(5) 시내순환관광업

「여객자동차운수사업법」에 따른 여객자동차운송사업의 면허를 받거나 등록을 한 자가 버스를 이용하여 관광객에게 시내와 그 주변 관광지를 정기적으로 순회하면서 관광할 수 있도록 하는 업을 말한다.

(6) 관광사진업

외국인 관광객과 동행하며 기념사진을 촬영하여 판매하는 업을 말한다.

(7) 여객자동차터미널시설업

「여객자동차운수사업법」에 따른 여객자동차터미널사업의 면허를 받은 자가 관광객이 이용하기 적합한 여객자동차터미널시설을 갖추고 이들에게 휴게시설 · 안내시설 등 편익시설을 제공하는 업을 말한다.

(8) 관광펜션업

숙박시설을 운영하고 있는 자가 자연 · 문화 체험관광에 적합한 시설을 갖추어 관광객에게 이용하게 하는 업을 말한다. 이는 2003년 8월 「관광진흥법 시행령」 개정시 새로 추가된 업종으로 새로운 숙박형태의 소규모 고급민박시설이지만, 관광숙박업의 세부업종이 아님을 유의하여야 한다.

그리고 관광펜션업은 「제주특별자치도 설치 및 국제자유도시 조성을 위한 특별법」을 적용받는 지역에 대하여는 적용하지 아니한다. 이 「제주특별자치도법」에서는 관광펜션업 대신에 '휴양펜션업'을 규정하고 있다.

(9) 관광궤도업

「궤도운송법」에 따른 궤도사업의 허가를 받은 자가 주변 관람과 운송에 적합한 시설을 갖추어 관광객에게 이용하게 하는 업을 말한다. 이는 종전의 「삭도 · 궤도법」이 전부 개정되어 법명이 변경됨에 따라 2009년 11월 2일 「관광진흥법 시행령」 개정 때 종전의 관광삭도업을 관광궤도업으로 개정한 것이다.

(10) 한옥체험업

한옥(주요 구조부가 목조구조로서 한식기와 등을 사용한 건물 중 고유의 전통미를 간직하고 있는 건축물과 그 부속시설을 말한다)에 숙박체험에 적합한 시설을 갖추어 관광객에게 이용하게 하는 업을 말한다. 이는 2009년 10월 7일 새로 추가된 업종이다.

제5장

호텔업

발표 및 토론과제

호텔의 정의에 대한 정확한 이해

우리나라 호텔의 시대별 발전과정 이해

호텔의 여러 가지 조건별 분류 내용의 이해

호텔사업이 갖는 기본적인 특성의 설명과 이해

호텔사업의 신규등록 및 등급심사기준의 이해

제1절 호텔업의 개념

1. 호텔의 개념

1) 고전적 개념

과거의 고전적인 호텔의 기능은 가정을 떠나 이동하는 사람들에게 가장 기본적으로 필요한 잠자고 쉴 수 있는 곳(숙박기능), 음식을 먹는 곳(취사 서비스기능), 언제 발생할지도 모르는 외부의 적으로부터 피할 수 있는 곳(보호기능) 등 주로 장소제공 기능이 가장 핵심을 이루고 있었다. 따라서 호텔의 의미도 '객실과 식음료를 제공하는 곳' 이상의 의미를 찾기는 어렵다.

2) 현대적 개념

산업혁명을 거치고 후기 산업사회로 발전하면서 소득이 증가하고 가치관이 변화함에 따라 여행의 목적 또한 이동 자체가 목적이 아니라 이동과정에서의 안락함도

[그림 5-1] 호텔의 현대적 개념

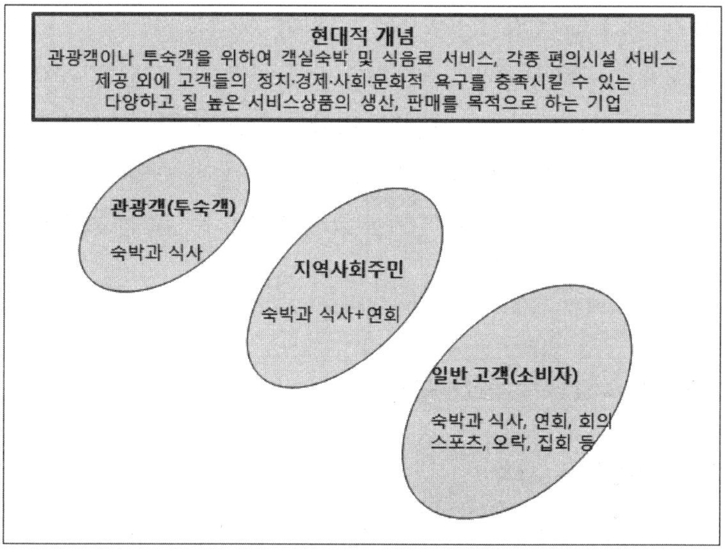

추구하게 되면서 이에 맞추어 호텔의 개념도 변화하고 있다. 즉 객실과 식음료를 제공하는 단순한 기능에 부가하여 숙박과정에서 오락 및 여가 그리고 보다 편안하게 휴식을 취할 수 있는 휴게 및 문화시설을 갖추게 된 것이다. 그리고 호텔의 목표시장(target market) 또한 여행객(traveler)에서 지역주민들(local resident)에게까지 확대함으로써 시설 및 내부 프로그램이 더욱 다양하게 발전하였다.

즉 오늘날의 호텔 고객들은 자신의 집을 떠나 이동하거나 사업을 진행하는 과정에서도 '자신의 집처럼 안락함을 누릴 수 있는 곳'을 찾게 되었고, 그에 더하여 집에서는 느낄 수 없는 새로운 것을 추구하게 되었다. 그에 따라 호텔은 이러한 이용객들의 다양한 욕구를 충족시킬 수 있는 내 · 외장 시설 등의 하드웨어(hard ware)와 인적 서비스 및 다양한 프로그램 등의 소프트웨어(soft ware)를 보강하게 되었고, 이렇게 새로이 확장된 호텔의 기능은 소득수준이 높아진 지역주민들의 휴식 및 문화에 대한 다양하고도 높아진 욕구까지도 수용할 수 있게 된 것이다.

3) 법규적 정의

호텔에 대한 법규적 개념은 우리나라 「관광진흥법」에 명기되어 있다. 즉 호텔업이라 함은 관광객의 숙박에 적합한 시설을 갖추어 이를 관광객에게 제공하거나 숙박에 딸리는 음식 · 운동 · 오락 · 휴양 · 공연 또는 연수에 적합한 시설 등을 함께 갖추어 이를 이용하게 하는 업을 말한다(법 제3조 제1항 제2호).

여기서 관광객의 숙박에 적합한 시설이란 주로 관광객이 수면을 취하면서 체재할 수 있는 객실에 관련되는 시설을 말한다. 따라서 호텔업은 객실에 관련되는 숙박시설을 갖추어 숙박기능만을 운영하는 호텔업과 숙박시설과 숙박에 부수되는 시설(음식 · 운동 · 오락 · 휴양 · 공연 또는 연수)을 함께 갖추어 운영하는 호텔업으로 구분하고 있다.

2. 우리나라 호텔업의 발전과정

1) 우리나라 호텔업의 시작

우리나라 호텔업의 발전은 최초의 서양식 호텔로부터 살펴볼 수 있다. 우리나라 최초의 서구식 호텔은 일본인 호리 리기다로(堀力太郎)가 1888년(고종 25년) 인천 서린동에 세운 대불(大佛)호텔이었다. 우리나라 호텔의 효시로 일컬어지는 이 호텔은 3층 건물에 객실 11개를 갖춘 당시로서는 고급으로 지어진 건물로 우리나라를 찾는 외국인을 위한 양식호텔이었다. 이후 대불호텔의 호황에 힘입어 청나라의 이태(怡泰)라는 사람이 대불호텔 맞은편에 객실 8개의 2층짜리 스튜워드 호텔(Steward Hotel)을 개관하였는데, 1층에서는 양(洋)잡화상을 운영하면서 2층은 객실로 영업을 하였다.

그러나 1899년 9월에 경인선이 개통되면서 서울과 인천 간의 여행시간이 단축됨으로써 외국인들은 굳이 인천에서만 숙박할 필요가 없게 되자 인천의 대불호텔 등은 사양길을 걷게 되었고, 반면에 서울에서는 1902년 독일 여인 안트와네트 손탁(Sontag)이 지금의 정동에 손탁호텔(Sontag Hotel)을 건립하였다. 이 손탁호텔은 1층에는 보통 객실과 식당 · 회의장 등을 갖추고, 2층에는 황실의 귀빈을 모시는 객실로 꾸며 우리나라 숙박시설에 일대 전환기를 가져왔다. 호텔 내 식당에서는 처음으로 프랑스요리를 선보였으며, 객실의 가구를 비롯한 장식품, 악기, 의류 및 요리 등이 서양식으로 제공되었다. 1909년에는 역시 정동에 프랑스인이 하남(何南)호텔을, 1911년에는 일본인이 남산입구에 소복(笑福)호텔을 개업하기도 하였다.

2) 철도호텔의 발전기

일본이 중국대륙의 침략을 위해 한반도를 교두보로 삼아 남북을 종단하는 철도를 부설하고 이에 따른 부대사업으로 철도이용객의 편의를 위해 철도역에 역사를 건축하는 것이 필요불가결하였던 것이다.

1899년 경인선, 1905년 경부선, 1906년 경의선이 개통되면서 여행자들의 편의를 위해 철도호텔들이 탄생하게 되었다. 1912년 8월 신의주에 가장 먼저 철도호텔이 개관되었고, 동년 12월에는 부산역에 역사를 벽돌 2층 건물로 세우면서 1층은 대합실로, 2층은 호텔객실로 활용하게 되었는데, 이것이 우리나라 국영호텔의 시초이다.

이러한 국영호텔은 1914년 조선호텔, 1915년 금강산호텔, 1918년 장안사호텔, 1920년 온양온천호텔, 1925년 평양호텔 등이 계속해서 건립되었다. 그리고 이어서 경성호텔, 광화문호텔, 목포호텔, 부산의 동래호텔, 신촌 부근의 온천호텔, 월미도호텔 등이 영업을 시작하였고, 1936년에는 미국 스타틀러 호텔의 경영방식을 도입한 반도호텔이 일본인 노구찌(野口)에 의해 우리나라 최초의 상용호텔시대의 문을 열었다. 이 반도호텔은 111개의 객실을 갖춘 당시 최대의 시설규모를 자랑하면서 우리나라 호텔산업에 일대 전환기를 가져왔다.

3) 현대적 호텔의 발전

1936년도에는 지금의 롯데호텔 자리에 우리나라 최초의 상용호텔(commercial hotel)로써 반도호텔이 건립되었다. 이 호텔은 8층 콘크리트 건물로써 111개의 객실을 갖추고 미국의 스타틀러(Statler) 호텔의 경영방식을 처음으로 도입하였고, 최초로 간부급 종사원들을 외국에 파견시켜 호텔전문교육을 받고 돌아와 근무케 하였다.

해방 이후 1949년에는 교통부에서 빅토리 호텔을 인수·경영하였고, 1950년도에는 온양, 대구, 설악산, 무등산, 화진포에 호텔이 개관되며, 1952년에는 대원호텔이 문을 열었다. 이후 1954년 2월 교통부 육운국에 관광과가 개설되면서 호텔은 새로운 국면을 맞게 되는데, 1955년에는 금수장 호텔(현 앰배서더호텔의 전신), 1957년에는 대구관광호텔과 UN Center Hotel이, 1960년에 설악산 관광호텔이, 1960년에 아스토리아(Astoria)호텔과 메트로(Metro)호텔이 건설되었고, 뒤이어 사보이, 뉴코리아, 그랜드호텔 등이 등장하였다.

1961년 8월 22일에는 우리나라 최초의 관광법규인 「관광사업진흥법」이 제정·공포되었는데, 이로써 관광호텔은 획기적인 발전의 기틀을 마련하게 되었다. 또 1962년에는 「국제관광공사법」이 제정되고 이 법에 의하여 국제관광공사(현 한국관광공사)가 설립되면서 기존의 반도호텔, 조선호텔을 비롯한 지방호텔의 호텔경영권을 인수받아 새로이 영업에 들어갔다. 그리고 1963년에는 워커힐 호텔이 개관하여 영업을 시작하였고, 1966년에는 순 민간자본으로 건립된 세종호텔이 문을 열었다.

1970년대에는 정부가 제3차 경제개발5개년계획에 따라 관광사업을 국가전략사업으로 인식하면서 관광호텔이 더욱 증가하였는데, 정부주도 하에 운영되던 호텔들이 하나 둘씩 민영화하면서 경영방식에 있어서도 일대 전환점을 가져왔으며, 전국적인 관광호텔의 등급화제도가 시행되면서 민간자본으로 이루어진 국제수준의 대규모 호텔들의 신축도 줄을 이었다. 또 외국인뿐만 아니라 내국인의 호텔이용에 대한 수요가 증가함에 따라 세계 유명호텔과의 체인화를 유치하여 서구식 대규모 관광호텔의 건설이 활기를 띠었다.

1980년대에는 국민관광과 국제관광의 조화발전 및 서비스수준의 향상, 국제회의의 국내유치, 86아시안게임과 88서울올림픽 개최 등을 통하여 우리나라 호텔산업도 일대 도약기를 맞이하게 되었다. 이 시기에는 국내 유수의 대기업들의 호텔사업 진출이 본격적으로 시작되었고, 아울러 한국 고유의 멋을 살린 관광호텔이 건설되는 등 호텔기업의 다양화·고급화 경향으로 각종 편의시설을 비롯한 판매시설에 더해 '관광의 꽃'이라 불리는 각종 컨벤션산업의 무대로도 호텔이 큰 역할을 하게 되었다.

특히 1997년 1월 13일 제정·공포된 「관광숙박시설지원 등에 관한 특별법」은 2000년 ASEM회의, 2002년의 아시안게임 및 월드컵축구대회 등 대규모 국제행사에 대비하여 관광호텔시설의 건설과 확충을 촉진하여 관광호텔시설의 부족을 해소하고 관광호텔업 기타 숙박업의 서비스 개선을 위하여 각종 지원을 함으로써 국제행사의 성공적 개최와 관광산업의 발전에 크게 이바지하였다.

제2절 호텔의 분류

호텔은 입지조건, 시설의 규모나 운영방식 및 위치나 고객의 성격에 따라 다양하게 분류되어서 복합기업으로서 하나의 산업군을 이루고 있다. 호텔의 분류도 이와 같은 호텔업의 다양성과 복잡성 때문에 호텔경영학자들 간에 그 분류상 상당한 차이를 나타내고 있다. 따라서 현대사회가 요구하는 호텔을 100% 만족하게 규정지을 수는 없지만, 대체로 다음과 같이 분류할 수 있다.

1. 관광법규에 따른 분류

과거에는 관광숙박업을 관광호텔업, 국민호텔업, 휴양콘도미니엄업, 해상관광호텔업, 가족호텔업, 한국전통호텔업으로 분류하였으나, 현행 「관광진흥법」은 관광숙박업을 호텔업과 휴양콘도미니엄업으로 분류하고(제3조 제1항 2호), 다시 호텔업을 관광호텔업, 수상관광호텔업, 한국전통호텔업, 가족호텔업, 호스텔업 등으로 세분하고 있다(동법 시행령 제2조제1항 2호).

이에 대하여는 앞의 제4장 5절 관광사업의 분류에서 상세히 설명하였으므로 여기서는 생략하기로 한다.

2. 입지조건에 따른 분류

(1) 메트로폴리탄 호텔(Metropolitan hotel)

대도시에 위치하고 수천 개의 객실을 보유하고 있는 매머드 호텔을 말한다. 이러한 호텔은 많은 숙박객을 동시에 수용할 수 있고 대연회장, 전시장, 주차장 등을 완비한 컨벤셔널호텔(Conventional hotel)이라고 할 수 있다. 그러므로 이 호텔은 회의와 비즈니스상에 필요한 설비와 시설 그리고 서비스가 철저하게 완비되어 있는 특징이 있다.

(2) 시티 호텔(City hotel)

휴양지 또는 관광지 호텔과 대조적으로 불리는 호텔로서 주로 도시의 중심부에 위치하기 때문에 도심호텔(down town)이라고도 불린다.

(3) 서버반(교외) 호텔(Suburban hotel)

이 호텔은 도시를 벗어난 한가한 교외에 세워진 호텔이다. 위에서 설명한 바 있는 시티호텔은 자동차 공해와 주차난 등으로 많은 난점들이 있지만, 자가용 여행자들이 급격히 증가하고 있는 오늘날에는 공기 좋고 주차가 편리한 교외호텔의 이용도가 날로 높아지고 있다. 예를 든다면 서울의 워커힐호텔이 여기에 해당한다.

(4) 컨트리 호텔(Cuntry hotel)

이 호텔은 교외라기보다는 산간에 세워진 호텔로 마운틴호텔(mountain hotel)이라고도 부른다. 특히 등산, 스키, 골프 등의 레크리에이션 기능을 다 할 수 있는 용도의 호텔을 말하며, 우리나라의 지리산, 속리산, 설악산에 있는 호텔 등이 이에 속한다고 할 수 있다.

(5) 에어포트(공항) 호텔(Airport hotel)

공항 근처에 위치하면서 비행기 사정으로 출발 및 도착이 지연되어 탑승을 기다리는 손님과 승무원들이 이용하기에 편리한 호텔을 말한다. 최근에는 이를 에어텔(Airtel : Air+Hotel)이란 약칭으로 부르기도 한다.

(6) 시포트(항구) 호텔(Seaport hotel)

에어포트 호텔과 같이 크게 성행하고 있지는 않지만, 항구 근처에 위치하고 있으면서 여객선의 출입에 따라 여객과 선원들이 이용하기에 편리한 호텔이다. 이러한 호텔들은 철도업무와 서비스를 일원화하기 위해 대개의 경우 철도회사에서 직접 경영하는 형태가 늘어나고 있다.

(7) 터미널 호텔(Terminal hotel)

철도역이나 버스터미널, 공항터미널 또는 항구 등의 근처에 위치하는 호텔을 말한다. 주로 이러한 호텔을 이용하는 고객은 교통기관의 종류별로 기차, 비행기, 버스, 여객선 등의 이용승객과 승무원들이다. 유럽에서는 국제철도(Eurail Pass)가 운행되고 있어 각국의 주요 도시역마다 이 호텔들이 널리 애용되고 있음을 볼 수 있다.

3. 숙박기간에 따른 분류

(1) 트렌지언트 호텔(Transient hotel)

주로 하루나 이틀 정도의 기간 동안 여행객들이 체재하는 호텔로서 흔히 상용객이 많이 이용하는 비즈니스 호텔을 말한다.

(2) 레지덴셜 호텔(Residential hotel)

주택형식의 호텔로서 적어도 1주일 이상의 체재객을 대상으로 한다. 아파트와 다른 점은 호텔식의 메이드 서비스(maid service)가 있고, 또한 최소한의 식사와 음료서비스가 제공되는 식당과 주장의 시설도 갖추고 있다.

(3) 퍼머넌트 호텔(Permanent hotel)

레지덴셜 호텔과 같은 부류에 속하지만, 이것과는 약간 다르게 아파트식의 장기체재객을 대상으로 하는 호텔로서 메이드 서비스가 제공되는 것이 특징이다.

4. 숙박목적에 따른 분류

(1) 컨벤셔널 호텔(Conventional hotel)

이는 회의를 유치하기 위한 대규모 호텔로서 객실의 대형화는 물론, 대회의장 및 주차장의 설비를 완비하고, 회의를 위해 필요한 통역시설과 원격 화상회의 시설, 컴퓨터를 통한 회의시스템 등을 확보하고 있어야 한다.

(2) 커머셜 호텔(Commercial hotel)

전형적인 상용호텔을 일컫는 말이며, 일명 비즈니스호텔(business hotel)이라고도 한다. 이 호텔의 이용객들은 대부분 세일즈맨, 엔지니어, 각 회사의 지점원, 연락사무원들이 주류를 이루고 있으므로 주로 도심지에 위치하는 것이 일반적이다. 그리고 이용객들의 이용목적에 맞추어 호텔에서 업무를 보는 데 불편함이 없도록 팩스 및 복사기, 컴퓨터, 프린터기 등의 사무기기를 갖춘 비즈니스센터를 운영하고 있다.

(3) 리조트 호텔(Resort hotel)

상용호텔과는 달리 휴양이나 레크리에이션의 목적으로 이용되는 호텔을 말한다. 주로 관광지, 피서지 및 피한지, 해변, 산간 등의 휴양지와 온천지에 건축되는 호텔로서 일명 vacational hotel이라고도 부른다.

(4) 아파트먼트 호텔(Apartment hotel)

우리나라에서는 보기 힘든 장기체재 이용객들을 위한 호텔로서 주로 퇴직한 노년

층들이 사회복지제도의 일환으로 이용하는 호텔이다. 객실마다 주방설비가 되어 있어 일반 아파트와 같은 인상을 주는 것이 특징이다.

(5) 카지노 호텔(Casino hotel)

카지노 호텔은 주로 도박을 즐기는 사람들, 즉 갬블러(gambler)들이 주로 찾는 호텔로서 객실규모가 1,000실 이상에서 수천 실에 이르기까지 다양한 매머드급의 호텔이다. 호텔마다 나름대로 독특한 건축양식이나 각종 이벤트 혹은 상징물을 갖고 있는 것이 특징인데, 이러한 호텔군을 형성하는 대표적인 도시가 미국의 라스베이거스(Las Vegas)이다.

5. 숙박시설형태에 따른 분류

(1) 모텔(Motel)

모텔이란 글자 그대로 자동차 여행자를 위한 모터호텔(moter hotel)을 말한다. 오늘날 여행의 다양화에서 오는 도로의 발달과 자동차여행의 급격한 증가로 자동차와 함께 쉬고 숙박할 수 있는 모텔이 미국을 비롯하여 세계적으로 호텔 못지않게 숙박을 요구하는 고객들에게 부응하고 있다.

(2) 유스호스텔(Youth Hostel)

청소년들의 심신 수련과 보건휴양여행을 장려하기 위한 매스 투어리즘(mass tourism)의 일환으로 만들어진 숙박시설이다. 일반적인 숙박시설이 영리를 목적으로 하는 데 반해 유스호스텔은 영리적인 목적보다는 청소년들이 여행을 통해 봉사와 우애의 정신, 그리고 애국심을 함양할 수 있도록 숙박요금을 저렴하게 책정한 일종의 사회복지 시설의 성격을 띠고 있다.

(3) 보텔(Boatel)

보트로 여행하는 사람들이 이용하는 호텔로서 항해 중 해변에서 보트를 정박시켜두고 투숙할 수 있는 시설이다. 이는 육지의 모텔(motel)과 그 성격이 같다.

(4) 요텔(Yachtel)

이는 해안, 호반 및 강변에 위치하여 요트를 이용하는 여행자들이 숙박하는데 편리하도록 꾸며진 호텔을 말한다. 해안이나 호반에 요트를 계류시킬 수 있는 설비를 갖출 것을 요한다.

(5) 로텔(rotel)

1966년 독일의 스투트가르트에 처음 출현한 로텔은 움직이는 이동식 호텔로서 26인승 2층 버스형태로 등장하여 초기에는 대중들의 눈길을 끌었지만, 많은 사람들이 움직이는 버스에서 숙식을 함께 하기란 쉬운 일이 아니므로, 로텔(rotel)의 변형된 형태로 나타난 것이 지금의 캠핑카(camping car)라고 할 수 있다.

(6) 플로우텔(Floatel)

플로우텔은 해상 및 수상의 호화호텔이라 할 수 있는데, 주로 폐선을 개조하여 숙박시설로 이용하는 것이 일반적이다. 우리나라 「관광진흥법 시행령」 제2조제1항 2호에 명기되어 있는 호텔업의 일종인 수상관광호텔업에 해당한다고 할 수 있다.

6. 요금지급방식에 따른 분류

(1) 미국식 요금지급방식(American plan) 호텔

1일, 1주일 또는 1개월 단위의 3식 요금을 객실요금에 포함하는 방식인 풀 펜션(full-pension), 아침 및 저녁식사의 2식만 포함시키는 하프 펜션(half- pension) 또는 데미 펜션(demi-pension) 등이 있는데, 흔히 이러한 것을 수정된 미국식 요금계산방식(Modified American Plan : MAP)이라고 한다. 그리고 객실요금에 아침의 1식만을 포함시키는 대륙식 요금지급방식(Continential plan) 호텔도 있다.

(2) 유럽식 요금지급방식(European plan) 호텔

객실요금과 식사대를 분리하여 계산하는 근대식의 경영방식으로서 고객에게 식사를 제공하지 않고 고객의 의사에 따라 식사대는 별도로 계산하여 지급하는 방식이다.

유럽 쪽에 이러한 호텔들이 많은데, 주로 업무용으로 많이 이용하는 커머셜 호텔(commercial hotel)에서 이러한 요금지급방식을 채택하고 있다.

(3) 혼합식 요금지급방식(Dual plan) 호텔

이는 고객의 요구에 따라 미국식이나 유럽식을 선택할 수 있는 것으로 두 가지 형태를 다 도입한 호텔 경영방식이다.

7. 규모에 따른 분류

(1) 소형 호텔(Small hotel)

객실 수가 25실 이하인 소형 호텔을 말한다. 지금은 우리나라에도 이런 소규모의 호텔은 존재하지 않지만, 여관 같은 숙박시설들은 25실 이하의 객실을 갖추고 있는 곳이 많다.

(2) 중형 호텔(Average hotel)

우리나라에서는 「관광진흥법」상 2등급 이하의 부류에 속하는 호텔로 객실 수가 25실에서 100실까지 보유한 호텔을 말한다.

(3) 중대형 호텔(Above average hotel)

객실을 100실에서 300실까지를 확보하고 있는 호텔을 말한다. 우리나라의 「관광진흥법」상 1등급 관광호텔들이 이에 해당한다고 본다.

(4) 대형 호텔(Large hotel)

호텔의 객실수가 300실 이상을 보유하고 있는 대규모 호텔을 말한다. 우리나라의 「관광진흥법」상 특등급 관광호텔들이 이에 속한다고 말할 수 있지만, 요즘에는 수백에서 수천의 객실을 보유하는 대규모 호텔이 속속 등장하고 있기 때문에, 위에서와 같은 객실 수에 의한 호텔의 분류는 전근대적인 분류방식이라고 생각된다.

제3절 호텔업의 특성

1. 호텔사업의 특성

1) 초기투자의 과다

호텔시설은 다른 어떤 산업시설보다도 일시적 최초투자(initial investment)의 필요성이 높아서 방대한 규모의 투자가 호텔 건립시 일시적으로 이루어져야 한다. 그러므로 호텔시설은 다른 일반 산업시설처럼 연차적으로 확장 및 재투자를 할 수 없기 때문에, 이것이 호텔기업이 갖는 숙명적인 최대의 불리점이기도 하다.

2) 비생산적 공공장소의 과다

호텔은 고객들이 이용하는 객실과 식당, 그리고 부수적으로 이용할 수 있는 오락·휴게시설로 스포츠센터 및 카지노, 바(bar)와 커피숍 등으로 구성된다. 하지만 이 외에도 라운지와 로비, 주차장 및 입구를 비롯한 주변의 환경시설 등은 그 자체로는 수익을 올릴 수 없는 비생산적인 요소이지만 호텔의 특성상 넓은 공간을 차지하고 있다.

3) 시설의 조기노후화

호텔시설은 다른 산업시설에 비해 노후화가 매우 빠르다. 호텔기업은 시설 그 자체를 상품으로 활용하기 때문이다. 이에 비해 타 기업은 시설물 자체를 상품으로 활용하지 않으므로 훼손의 속도가 비교적 느리다. 호텔시설은 시설 자체가 하나의 제품으로서 고객에게 어필(appeal)되어야 하기 때문에 결과적으로 그 노후화와 진부화는 가장 빠르게 이루어진다.

4) 고정경비지출의 과다

호텔기업은 다른 기업에 비해 높은 고정비지출을 감수해야 할 숙명을 지니고 있다. 연료비, 전기료, 인건비 등 공공장소(public space)와 관련된 경비는 호텔의 고정경비로서 고객이 많든 적든 간에 일정한 수준으로 유지되어야 하는 데에 경영상의 어려움이 있다.

5) 저장 불가능성(非탄력성)

호텔의 제품은 저장이 불가능하다. 일반제품들은 오늘 팔지 못했다 하더라도 그 다음날 판매가 가능하지만, 호텔의 객실이라는 상품은 당일 판매하지 않으면 그 가치가 소멸된다. 식음료상품의 경우에도 주문생산이므로 정확한 수요예측이 곤란하여 많은 식재료들이 버려지는 경우가 많다.

6) 인적 서비스에 대한 의존성

호텔기업의 경영은 먼저 고객에 대한 서비스를 강조하게 된다. 호텔의 개념이 '임시적 가정'으로 집약될 수 있음에 비추어, 호텔을 이용하는 고객에게 마치 가정과 같은 안도감과 유쾌한 시간을 최대한 보장해 주어야 할 의무가 있는 것이다. 오늘날 고객의 욕구는 매우 다종다양하므로 임기응변의 재치있는 서비스는 규격화되고 자동화된 기계설비에 의해서는 제공될 수 없다고 보기 때문에, 인적 자원에 대한 의존도는 타기업에 비하여 크다고 할 수 있다.

7) 연중무휴의 영업활동

연중무휴로 영업활동을 하는 것은 호텔의 대표적인 특징이다. 특히 외국인들이 다수 체재하는 호텔의 특성상 연중무휴 영업활동은 필수적인 사항이다. 이로 인해 호텔종사원들은 다른 사람이 공휴일을 즐기거나 쉬고 있는 동안에도 일을 해야 되기 때문에, 부득이 시프트(shift)제도를 통해 휴일에 쉬지 못하는 불편을 감수해야 하며, 호텔의 경영자는 이러한 점을 감안하여 일반기업보다는 많은 수의 종업원들을 확보해야 할 것이다.

8) 높은 고정자산 의존성

호텔업은 고정자산에 대한 비중이 일반기업보다 높은 편으로 일반기업은 건물이나 시설과 같은 고정자산보다는 상품이나 현금과 같은 유동자산의 비중이 높다고 할 수 있다. 그러나 호텔업은 토지, 건물, 집기 비품류 등 고정자산에 대한 투자금액이 총자본금 중 70~80% 이상을 차지하므로 호텔사업을 위한 최초의 자본투자가 매우 높은 편이다.

9) 과중한 인건비 지출

호텔은 연중무휴로 운영되면서 직원들이 교대로 쉴 수밖에 없으므로 더 많은 직원들을 확보해야 하며, 이는 곧 과중한 인건비 지출로 이어진다. 뿐만 아니라 보다 양질의 서비스를 제공하기 위한 종업원들의 주기적인 교육훈련도 필요한데, 이때에도 시프트(shift)제도의 실시로 말미암아 같은 내용의 훈련을 수차례 반복해야 하는 경우도 있다. 이 모든 것이 인건비의 지출로 연결되는 것이다.

10) 낮은 자본회전율

호텔은 건설과정에서 상당한 거액이 투자되지만 매출액은 투자된 자본에 비해 상대적으로 매우 낮아 자본회전율이 낮다. 이러한 낮은 자본회전율은 호텔경영을 압박하는 요인으로 작용하는데, 따라서 많은 호텔들이 종업원들의 정신교육 강화, 기계화의 도입, 그리고 보다 과학적인 수요예측기법의 활용 등을 통하여 경영성과 제고에 힘쓰고 있다.

제4절 호텔업의 등록 및 등급

1. 호텔업의 등록

1) 등록의 의의 및 성질

「관광진흥법」상의 등록은 행정법상의 허가와 유사하나, 허가보다는 재량의 여지가 거의 없고 등록요건에 맞으면 특별한 사정이 없는 한 등록을 해주어야 하는 기속행위이며, 상대방에게 이익을 주는 수익적 행정행위로 이해되고 있다. 따라서 관광사업의 등록기준에 적합한 시설을 갖추고 등록신청을 하였음에도 불구하고 등록을 받아주지 않는 행위는 위법행위가 된다.

2) 호텔업의 등록관청

관광숙박업(호텔업)을 경영하려는 자는 특별자치도지사 · 시장 · 군수 · 구청장(자치구의 구청장을 말한다)에게 등록하여야 한다(관광진흥법 제4조 제1항). 따라서 호텔업의 등록관청은 특별자치도지사 · 시장 · 군수 · 구청장이다.

그런데 관광사업의 등록은 관광사업의 허가나 지정과는 달리 등록에 앞서 선행행정절차를 거쳐야 하는 업종이 많다. 즉 관광숙박업(호텔업 및 휴양콘도미니엄업)을 경영하려는 자는 관광숙박업의 등록을 하기 전에 그 사업에 대한 사업계획을 작성하여 특별자치도지사 · 시장 · 군수 · 구청장의 승인을 받아야 하고(동법 제15조 1항 : 사업계획의 사전승인제도), 또 관광숙박업 및 관광객이용시설업 등록심의위원회(이하 "등록심의위원회"라 한다)의 심의를 거쳐야 등록을 할 수가 있다(동법 제17조 1항).

3) 호텔업의 등록기준

「관광진흥법」은 관광사업의 등록이나 변경등록의 기준 · 절차 등에 필요한 사항은 대통령령으로 정하도록 하고 있다(제4조제3항, 동법시행령 제5조 관련 〈별표 1〉). 따라서 현행 「관광진흥법」은 관광호텔업의 획기적인 개선을 위하여 등록기준을 대폭 완화하여 일반호텔이나 여관 등이 관광호텔업으로 용이하게 전환할 수 있도록 하였다.

(1) 관광호텔업의 등록기준

1. 욕실이나 샤워시설을 갖춘 객실을 30실 이상 갖추고 있을 것
2. 외국인에게 서비스를 제공할 수 있는 체제를 갖추고 있을 것
3. 대지 및 건물의 소유권 또는 사용권을 확보하고 있을 것. 다만, 회원을 모집하는 경우에는 소유권을 확보하여야 한다.

(2) 수상관광호텔업의 등록기준

1. 수상관광호텔이 위치하는 수면은 「공유수면 관리 및 매립에 관한 법률」 또는

「하천법」에 따라 관리청으로부터 점용허가를 받을 것
2. 욕실이나 샤워시설을 갖춘 객실이 30실 이상일 것
3. 외국인에게 서비스를 제공할 수 있는 체제를 갖추고 있을 것
4. 수상오염을 방지하기 위한 오수 저장 · 처리시설과 폐기물처리시설을 갖추고 있을 것
5. 구조물 및 선박의 소유권 또는 사용권을 확보하고 있을 것. 다만, 회원을 모집하는 경우에는 소유권을 확보하여야 한다.

(3) 한국전통호텔업의 등록기준

1. 건축물의 외관은 전통가옥의 형태를 갖추고 있을 것
2. 이용자의 불편이 없도록 욕실이나 샤워시설을 갖추고 있을 것
3. 외국인에게 서비스를 제공할 수 있는 체제를 갖추고 있을 것
4. 대지 및 건물의 소유권 또는 사용권을 확보하고 있을 것. 다만, 회원을 모집하는 경우에는 소유권을 확보하여야 한다.

(4) 가족호텔업의 등록기준

1. 가족단위 관광객이 이용할 수 있는 취사시설이 객실별로 설치되어 있거나 층별로 공동취사장이 설치되어 있을 것
2. 욕실이나 샤워시설을 갖춘 객실이 30실 이상일 것
3. 객실별 면적이 19제곱미터 이상일 것
4. 외국인에게 서비스를 제공할 수 있는 체제를 갖추고 있을 것
5. 대지 및 건물의 소유권 또는 사용권을 확보하고 있을 것. 다만, 회원을 모집하는 경우에는 소유권을 확보하여야 한다.

(5) 호스텔업의 등록기준(신설 2009.10.7)

1. 배낭여행객 등 개별 관광객의 숙박에 적합한 객실을 갖추고 있을 것
2. 이용자의 불편이 없도록 화장실, 샤워장, 취사장 등의 편의시설을 갖추고 있을 것. 다만, 이러한 편의시설은 공동으로 이용하게 할 수 있다.

3. 외국인 및 내국인 관광객에게 서비스를 제공할 수 있는 문화 · 정보 교류시설을 갖추고 있을 것
4. 대지 및 건물의 소유권 또는 사용권을 확보하고 있을 것

4) 사업계획의 승인

관광사업 중에서 관광숙박업 등은 막대한 시설투자비가 소요되고, 성격상 여러 행정기관으로부터 수많은 인 · 허가 등을 받아야 하는 어려움이 있으므로, 사업계획의 승인 없이 사업자가 임의로 시설투자를 한 후 관광사업의 등록을 신청한 경우에 등록관청이 등록을 거부한다면, 등록을 신청한 자는 막대한 재산상의 손실을 당할 우려가 있다. 이러한 위험성을 사전에 방지하기 위해 사업계획승인을 받은 후에 관광사업의 등록을 하도록 함으로써 사업시행의 원활을 기하고자 함에 사업계획승인제도의 목적이 있다.

이에 따라 「관광진흥법」은 “관광숙박업(호텔업 및 휴양콘도미니엄업)을 경영하려는 자는 등록을 하기 전에 그 사업에 대한 사업계획을 작성하여 특별자치도지사 · 시장 · 군수 · 구청장의 승인을 받아야 한다(제15조 제1항)”고 규정하여 ‘사업계획의 사전승인제도’를 도입하였다.

5) ‘등록심의위원회’의 심의

관광사업 중 관광숙박업(호텔업 및 휴양콘도미니엄업)의 등록(등록사항의 변경을 포함한다)에 관한 사항을 심의하기 위하여 특별자치도지사 · 시장 · 군수 · 구청장(권한이 위임된 경우에는 그 위임을 받은 기관을 말함) 소속으로 관광숙박업 등 등록심의위원회(이하 “등록심의위원회”라 한다)를 두는데(관광진흥법 제17조 제1항), 이들 관광숙박업 등은 다른 사업에 비하여 규모나 시설이 크고 의제(擬制)되는 법률도 많기 때문에, 등록을 하기 전에 미리 ‘등록심의위원회’의 심의를 거치도록 한 것이다. 다만, 대통령령으로 정하는 경미한 사항의 변경에 관하여는 ‘등록심의위원회’의 심의를 거치지 아니할 수 있다(동법 제17조 제4항).

2. 호텔업의 등급

1) 등급결정의 의의

문화체육관광부장관(제주특별자치도는 도지사)은 관광숙박시설 이용자의 편의를 돕고, 관광숙박시설 및 서비스의 수준을 효율적으로 유지 · 관리하기 위하여 관광숙박업에 대한 등급을 정할 수 있는데(관광진흥법 제19조 및 동법 시행령 제22조, 「제주특별법」 제171조의2), 이러한 등급결정권은 일정한 요건을 갖춘 법인에 위탁하도록 하고 있다(관광진흥법 제80조 3항 2호 및 동법시행령 제66조).

2) 등급결정대상 관광숙박업 및 등급구분

등급을 결정하여야 할 대상업종은 호텔업에 한한다. 그러므로 관광호텔업, 수상관광호텔업, 한국전통호텔업, 가족호텔업 및 호스텔업이 모두 등급결정대상 호텔업이다. 그리고 호텔업의 등급은 특1등급, 특2등급, 1등급, 2등급 및 3등급으로 구분한다(관광진흥법 시행령 제22조 1항).

[그림 5-2] 호텔 등급별 내용

구 분	표식(무궁화 수)	표식 바탕 색	등급 지정자
특1등급	5개	금 색	문화체육관광부장관
특2등급	5개	녹 색	문화체육관광부장관
1등급	4개	녹 색	도 지 사
2등급	3개	녹 색	도 지 사
3등급	2개	녹 색	도 지 사

3) 호텔업의 등급결정권자

(1) 등급결정권한의 위탁

문화체육관광부장관은 호텔업의 등급결정권한을 일정한 요건을 갖춘 법인 중 문화체육관광부장관에게 등록한 법인에 위탁하고 있다. 이 경우 문화체육관광부장관은 등급결정권을 위탁한 법인의 명칭 · 주소 및 대표자 등을 고시하여야 한다(관광진흥법 제80조 3항 2호, 동법 시행령 제66조).

다만, 「제주특별자치도 설치 및 국제자유도시 조성을 위한 특별법」의 규정에 따라 제주특별자치도는 도지사가 호텔등급을 결정하고, 등급에 관한 필요사항은 도 조례로 정할 수 있기 때문에(동법 제171조의2 제1항 및 제2항), 제주특별자치도에 위치하고 있는 호텔의 등급결정은 「관광진흥법」의 적용을 받지 않는다.

(2) '등급결정법인'의 자격요건

문화체육관광부장관으로부터 호텔업의 등급결정권을 위탁받기 위해서는 다음 각 호의 요건을 모두 갖춘 법인이어야 한다(관광진흥법 시행령 제66조 1항).

1. 비영리법인일 것
2. 관광숙박업의 육성과 서비스 개선 등에 관한 연구 및 계몽활동 등을 하는 법인일 것
3. 문화체육관광부령으로 정하는 기준, 즉 「호텔등급결정기관등록 및 등급결정에 관한 요령」에 맞는 자격을 가진 평가요원을 평가요소(서비스평가, 건축 · 설비 · 주차시설평가, 전기 · 통신시설평가, 소방 · 안전평가, 소비자 만족도평가)별로 10명 이상 확보하고 있을 것(동법 시행규칙 제72조 참조)

4) 호텔업의 등급결정사유

호텔업의 등록을 한 자는 다음 각 호의 사유가 발생한 날부터 60일 이내에 문화체육관광부장관으로부터 등급결정권을 위탁받아 고시된 법인에 등급결정을 신청하여야 한다. 다만, 가족호텔업 또는 호스텔업의 등록을 한 자는 등급결정을 신청하지 아니할 수 있다(동법 시행규칙 제25조제1항 〈개정 2010.8.17〉).

1. 호텔을 신규 등록한 경우
2. 등급결정을 받은 날부터 3년이 지난 경우
3. 시설의 증 · 개축 또는 서비스 및 운영실태 등의 변경에 따른 등급 조정사유가 발생한 경우

5) 호텔업의 등급결정기준 등

(1) 등급결정기준

호텔업의 등급결정기준은 다음의 별표 7과 같다(동법 시행령 제22조 3항, 동법 시행규칙 제25조 2항).

호텔업의 등급결정기준(시행규칙 제25조 제2항 관련 〈별표 7〉)

구분	특1등급	특2등급	1등급	2등급	3등급
결정기준 (만점기준)	90% 이상	80% 이상	70% 이상	60% 이상	50% 이상

주: 각 등급별 평정기준은 「관광진흥법 시행규칙」 제25조 제3항에 따라 문화체육관광부장관이 고시한 호텔업의 등급결정을 위한 평정기준에 따른다.

(2) 등급결정을 위한 평가요소

등급결정을 하는 경우에 평가요소는 ① 서비스상태, ② 건축 · 설비 · 주차시설, ③ 전기 · 통신시설, ④ 소방 · 안전상태, ⑤ 소비자만족도 등이다(동법시행규칙 제25 조 3항).

(3) 등급결정의 절차

호텔업의 등급결정절차는 문화체육관광부령으로 정하고 세부적인 절차는 문화체육관광부장관이 정하여 고시한다(동법시행령 제22조 3항, 동법시행규칙 제25조 3항).

가) 등급결정신청

호텔업의 등록을 한 자는 등급결정의 사유가 발생한 날부터 60일 이내에 문화체육관광부장관으로부터 등급결정권을 위탁받아 고시된 법인에 등급결정을 신청하여야 한다(동법 시행규칙 제25조 1항 본문).

다만, 가족호텔업 또는 호스텔업의 등록을 한 자는 등급결정을 신청하지 아니할 수 있다(동법 시행규칙 제25조 1항 단서 〈개정 2010.8.17〉). 여기서 단서규정을 신설한 것은 호텔업 중 업종의 성격상 등급결정의 실질적인 구별효과가 크지 않는 가족호텔업과 호스텔업에 대하여 호텔업의 등급결정을 신청하지 않아도 되도록 함으로써 해당 호텔업자의 부담을 들어주려는 것이다.

나) 호텔업의 시설 및 운영실태 조사

등급결정권자인 문화체육관광부장관은 등급결정을 위하여 필요한 경우에는 관계 전문가에게 호텔업의 시설 및 운영실태를 조사하도록 의뢰할 수 있다(동법 시행령 제22조 2항).

제6장
여행업

발표 및 토론과제

여행업의 역사 및 정의에 대한 이해

여행업의 조직 및 공통적인 업무에 대한 설명 및 이해

여행업 신규등록 및 보험의 가입의무 이해

여행사 기획여행 및 패키지관광의 개념 설명 이해

제1절 여행업의 개념

일반적으로 여행사 또는 여행대리점이라고도 불려지고 있는 여행업이란 여행자와 교통기관·숙박시설 등 여행과 관계를 가지는 여러 산업과의 사이에 위치하여 여행자의 이익과 편의를 제공하는 비즈니스를 말한다.

오늘날 관광하는 사람은 대부분 이 영업의 서비스를 이용하고 있고, 특히 해외여행의 경우는 이 영업을 이용하지 않는 예가 드물다고 말할 수 있다.

여행자의 편의를 도모한다는 비즈니스로서의 여행업의 역할은 매스 투어리즘(mass tourism)의 시대에 있어서 대단히 중요한 것이 되었고, 또 여행상품의 개발 등으로 말미암아 현대관광을 리딩하는 확실한 하나의 사업으로 그 영역을 확대하고 있다.

1. 여행업의 역사

1) 세계여행업의 발전과정

근대 여행업은 1845년 영국인 Thomas Cook에 의해 토마스 쿡사(Thomas Cook & Son Ltd.)가 설립되어 광고에 의해 단체관광단을 모집한 데서 비롯되었다. 그 당시에는 이를 Excursion Agent라고 하였다. 그 후 미국에서 1850년에 아메리칸 익스프레스사(American Express Company)가 설립되었는데, 처음에는 운송업과 우편업무만을 취급하였으나 후에 금융업과 여행업으로 사업을 확장하면서 1891년에는 여행자수표(Traveler's Check : 약자로 T/C라 쓴다) 제도를 본격적으로 실시하였다. 또한 아메리칸 익스프레스사는 여행비용을 분할 지급하는 할부여행(Credit Tour)제도를 실시하여 새로운 관광수요를 창출하고 이에 성공을 거둠으로써 여행업자로서의 입지를 굳혔다.

제2차 세계대전 전까지는 주로 철도와 선박 등의 교통기관을 이용한 여행업이 주종을 이루었으나, 제2차 세계대전 이후 항공기의 발달은 관광객의 대량수송과 장거리의 관광을 신속하게 만들었고 이로 인하여 여행업의 수가 급격히 증가하였다.

세계적으로 유명한 여행사로는 독일의 독일여행사(Deutsches Reisebiiro), 이탈리아의 이탈리아여행사(Compagnia Italiana Turismo)와 러시아의 국영여행사 인투어리스트(Intourist), 그리고 일본 최대의 여행사인 JTB(Japan Tourist Bureau : 일본교통공사) 등이 있다.

[그림 6-1] 국 · 내외 여행업의 발달과정

외국		국내
영국(Thomas Cook)	미국(Henry Wells)	•1954년 관광과 신설 •1961년 관광사업 진흥법 개정 •1962년 통역안내원자격 시험 •1967년 여행업의 허가제 실시 •1982년 여행업의 등록제 실시 •1989년 해외여행의 자유화 •1991년 한국일반여행업협회 •1993년 국외여행인솔자제도 •1996년 한국관광연구원 •1998년 문화관광부 •2008년 문화체육관광부 •일반여행업: 678개('09년) •국외여행업: 4,780개('09년) •국내여행업: 3,449개('09년)
1 단체 철도여행 기획 2 최초의 국제단체여행 3 패키지 여행 알선 4 세계일주 관광단 모집 5 여행의 대중화 6 근대 관광산업의 아버지	1 신용판매제도 도입 2 여행자 수표 도입 3 세계적인 복합기업	
Thomas Cook & Son, Ltd.	American Express	

2) 우리나라 여행업의 발전과정

우리나라에서 여행사가 처음으로 설립된 것은 1910년에 압록강 가교공사의 준공 개통으로 철도이용객이 증가함에 따라 일본의 JTB(Japan Tourist Bureau : 일본교통공사)가 1914년에 조선지사(현 대한여행사의 전신)를 설치한 것이 그 시초라고 하겠다.

이것은 말할 것도 없이 일본의 식민지정책의 일환으로서 설치된 것이며, 일본은 자국 내 거주자의 한국여행을 권유하기 위하여 '조선의 저녁'이란 프로그램을 마련하여 자국 내 주요 도시의 각 극장에서 상영하면서 한국여행의 안내선전을 하였고, 이 지사를 통해 많은 일본인이 한반도에 이주할 수 있도록 이동의 편의를 제공하였다. 이처럼 우리나라의 여행업도 다른 관광사업과 마찬가지로 철도의 개통으로 활발해지기 시작하였으며, 일본의 식민지정책의 일환으로 태동하였던 것이다.

광복 후 1950년을 전후로 하여 대한여행사가 새로이 창설되고, 온양, 서귀포, 설악산, 불국사, 해운대 등에 호텔이 개업함으로써 여행업도 본격적인 궤도에 오를 계기가 마련되었으나, 6 · 25전쟁으로 말미암아 '60년대 이전에 있어서는 발전을 하지 못하였다.

그러나 1961년에 우리나라 최초의 관광법규인 「관광사업진흥법」이 제정 · 공포됨으로써 제도면의 체제정비가 이루어지고, 여행업에 대한 행정적인 뒷받침이 가능하게 되었는데, 1962년 4월에 제정된 「국제관광공사법」에 따라 설립된 국제관광공사(현 한국관광공사의 전신)가 1963년 2월에 대한여행사를 인수 · 합병하여 운영해오다가 1973년 6월 30일 민영화로 현재의 대한여행사(Korean Travel Bureau : KTB)라는 명칭으로 운영되고 있다.

그 후 1965년에는 서울에서 처음으로 제14차 아시아 · 태평양관광협회(PATA) 연차총회를 개최함으로써 우리나라의 관광사업을 국제시장에 진출시키는 새로운 계기를 마련하였고, 또한 홍콩에서 개최되는 미주여행업협회(ASTA)의 총회에 국제관광공사, 세방여행사 등 6개 단체가 참가하여 정회원으로 가입하게 됨으로써 이때부터 우리나라 여행업도 획기적인 발전을 가져오게 되었다.

한편, 1977년에는 「관광사업법」의 개정에 의하여 일반여행업에서 국제여행알선업으로 개정되고 그 동안의 등록제가 허가제로 되었다. 1982년 4월에는 다시 「관광사업법」의 개정으로 종전의 허가제가 다시 등록제로 바뀌었고, 1989년에는 해외여행 완전자유화조치 및 자본주의의 시장경제원리에 입각한 제도의 운영으로 여행사의 수가 급증하여 격심한 경쟁시대가 되었다.

1990년대 중반 이후는 일반인, 신혼여행객의 해외여행뿐만 아니라 대학생들의 배낭여행을 시발로 중 · 장년층의 배낭여행 등 다양한 형태의 여행이 각광을 받기 시작하여, 전국민의 여행화 · 레저화로 인한 대중여행시대가 개막되기에 이르렀다.

2000년대에 들어와서는 2001년 '한국방문의 해'와 2002년 한 · 일 월드컵 축구대회 개최의 파급효과로 많은 외래관광객을 유치하여 관광업계의 모든 관련 산업들이 상승곡선을 그렸으며, 침체된 금강산 관광도 육로관광으로 재도약을 맞이하게 되었다. 2003년에는 SARS, 이라크전쟁, 조류독감 등 악재가 잇달아 발생하여 국제적으로 관광산업이 침체됨으로써 우리나라 여행업계도 잠시 위축된 시기도 있었지만, 대형 여행사들을 중심으로 적극적인 노력을 기울인 결과로 2005년 외래관광객 600만명 돌파 이후 2011년도에는 약 970만명이 입국하였으며, 중국 관광객의 대량입국과 지속적인 한류문화의 영향으로 2012년에는 약 1,100만명 정도가 입국할 것으로 추정하고 있다.

또한 1990년대 단체여행에서 탈피한 개별여행객의 증가, 여행구매 연령층의 확대, 생활수준의 향상에 따른 여가문화 정착 등으로 여행시장은 계속 확대되고 있다.

2011년 1월 말 기준으로 등록된 여행업체 수를 살펴보면 국내여행업 4,922개, 국외여행업 6,429개, 일반여행업 1,233개로 전년도에 비해 증가하였다. 이런 여행산업의 급속한 성장은 국내여행업체수보다 국외여행업체수가 많아지는 여행산업의 구조에서도 변화를 가져왔다.

2. 여행업의 정의와 특성

1) 여행업의 정의

여행업이란 여행객과 공급업자 사이에서 여행에 관한 시설의 예약 · 수배 · 알선 등의 여행서비스를 제공하고 공급자로부터 일정액의 수수료(commission)를 받는 것을 영업으로 하는 사업체를 말한다. 이 사업체를 영위하는 자를 여행업자라 부르고, 여기서 공급자는 여행업자 입장에서는 프린서펄(principal)이라고 부르고 있다.

[그림 6-2] 여행업의 개념

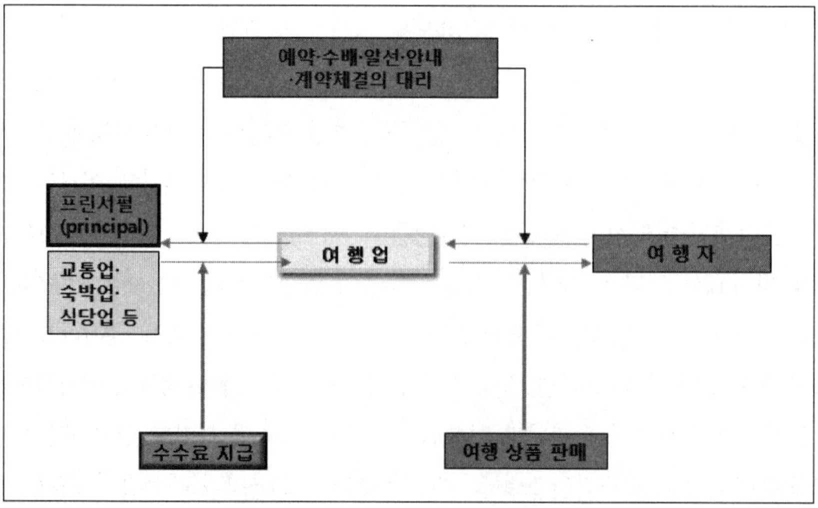

따라서 여행업자는 하나 또는 복수의 프린시펄로부터 위탁을 받아 여행 및 여행에 관련된 서비스를 제공하는 개인 또는 회사를 말하고, 프린시펄이란 여행업자를 대리자로 하여 영업활동을 하는 개인 또는 회사로서 항공회사, 해운회사, 철도, 버스회사 등을 말한다.

현행 「관광진흥법」은 제3조 제1항 제1호에서 여행업을 "여행자 또는 운송시설 · 숙박시설, 그 밖에 여행에 딸리는 시설의 경영자 등을 위하여 그 시설 이용 알선이나 계약체결의 대리, 여행에 관한 안내, 그 밖의 여행 편의를 제공하는 업"이라고 규정하고 있다.

유통업자로서의 여행업자는 도매업자 및 소매업자의 기능을 담당한다. 여기서 여행자와 프린시펄의 관계를 도표로 나타낸 것이 위의 [그림 6-2]이다.

2) 여행업의 특성

여행업의 특성은 크게 경영의 구조적 특성과 사회현상적 특성으로 구분할 수 있으며, 그 내용은 다음과 같다.

(1) 여행업의 구조적 특성[표 6-1참조]

① 창업의 용이성

다른 사업에 비해 상대적으로 저렴한 자본금 규모로 회사 설립이 용이하며, 토지, 건물, 설비시설 등과 같은 초기 고정자본의 투자가 적다.

단, 시대적 조류를 반영하여 정보화 시스템에 대한 투자나 초기 영업활성화를 기하기 위한 광고 · 홍보활동비는 적정규모의 투자가 요구된다.

② 소규모 자본 특성

소규모 물적, 인적 자원으로 회사경영이 가능한 특성을 갖는다.

국내전문여행사, 일부 SIT여행사의 경우 예약상담을 담당하는 OP 1명 정도만 사무실에 상주하고 스마트폰 등 모바일 오피스를 활용한 외부근무나 재택근무가 가능한 업종이다.

③ 신용 사업의 특성

여행상품은 눈으로 여행출발 전 상품을 직접 눈으로 보거나 만져볼 수 없는 절대 무형의 상품이다. 따라서 여행상품을 취급하는 여행사의 직원들의 서비스 접객태도나 고객과의 약속이행 등을 통한 신뢰도, 평판도가 매우 중요하다. 따라서 지속적인 단골고객(repeat guest)을 창출하기 위해서는 여행일정의 준수 및 양질의 서비스 제공이 무엇보다도 요구된다 하겠다.

④ 입지 의존의 특성

여행상품에 대한 문의 및 각종 상담을 위해 방문하는 고객들을 위해 보다 찾기 쉬운 곳에 입지해야하는 특성을 갖고 있다. 이는 단순히 고객 방문이 용이한 장소적 특성을 떠나 여행사와 긴밀한 업무유대관계를 맺고 있는 항공사, 대사관, 행정기관 등의 밀집지역에 위치하는 것이 효율적 업무수행을 위해 반드시 필수불가결한 사항이다.

〈표 6-1〉 여행업의 경영구조적 특성

창업의 용이성	✓설립자본금의 규모가 적음 - 일반 2억원 - 국외 6천만원 - 국내 3천만원 ✓고정자본의 투자가 적음 - 개, 휴, 폐업이 용이함
소규모 자본 특성	✓소규모 경영이 가능함 ✓최근 항공좌석 예약보증금(Deposit)문제 대두 ✓전산개발비용 증대(인터넷 예약 시대 경향 반영) ✓광고비용 증대 등의 문제점 대두
신용 사업의 특성	✓무형의 서비스 상품 - 대외 신뢰도 & 평판도중요 ✓고객과의 약속사항의 이행 ✓여행일정 준수 및 양질의 서비스 제공
입지 의존적 특성 - 특히, 사무실 -	✓고객이 찾고, 방문하기 좋은 위치 ✓항공사가 밀집된 곳 ✓외국 대사관 및 행정기관이 밀집된 위치

(2) 여행업의 사회현상적 특성[표 6-2 참조]

① 계절의 집중성

여행업 특히 여행상품의 구매는 성수기 · 비수기 등 계절적인 영향을 매우 많이 받는 특성이 있다. 이는 관광산업 전반에 영향을 미치는 요인이기는 하지만 그 중에서도 여행업이 가장 많은 영향을 받는 것으로 알려져 있다. 상품가격의 차별화 및 여행조건의 다양한 변화 등을 통해 자구적으로 해결할 수 있는 전략을 실현해야 해야 기업을 생존시킬 수 있을 것이다.

② 비(非) 저장성

여행상품은 적시에 판매가 되지 않을 경우 재고관리나 저장기능을 수행할 수 없는 특성을 갖는다. 여행상품 자체가 형태를 보유하지 않은 무형의 서비스 상품임을 반증하는 것으로 해석할 수 있다.

③ 독자적 상품조성의 불가능

여행상품을 구성할 때, 특히 패키지상품은 단일품목(교통, 숙박 등)만으로는 상품구성이 어렵다. 이는 여행상품 취급 후 부가가치 창출이 어려운 문제점이 내재되어 있기 때문이다. 또한 최종적 상품평가에 대한 만족도, 충족도가 다르며, 소위 '표준화'된 상품 생산이 불가능하다는 특성과 연관이 있다.

④ 상품수명주기의 단명성

여행상품은 특허권 출원 등 상품보호의 어려움이 있으며, 반대급부적으로 모방이 매우 용이한 특성을 갖는다. 다시 말해 독창적 상품출시의 어려움이 내재되어 있으며, Life cycle이 짧아짐에 따라 독창성, 모방성의 유지가 매우 어려움을 반영한 것이다.

⑤ 공익성

여행 및 관광목적지는 특정 지역이 아닌 전 세계가 해당된다. 따라서 해외여행을 하는 한 개인의 행동에 따라 결국에는 자국의 이미지를 좌우하는 매우 중요한 사안으로 연결된다. 따라서 나라를 대표하는 민간외교사절로서의 책임감과 사회적 책임을 인식하는 행위가 매우 중요하다.

⑥ 외부환경의 민감성

여행업은 여타 기업과 같이 내부 환경보다는 기업 외부환경의 영향을 많이 받는다. 정치 · 경제 · 사회 · 문화는 물론 보건(질병), 자연재해 등의 영향도 예외일 수 없다. (예 : 일본 지진-쓰나미, 방사성 물질 등-, 아일랜드 화산폭발, 우리나라 구제역 발생, 이도네시아 · 태국의 쓰나미, 미얀마 지진, 구제금융, 2000년대 초반 동남아 및 중국의 사스, 조류독감 인플루엔자, 2008년 미국의 월가 금융위기 등의 영향은 여행업 동향에 매우 중대한 영향을 미쳤음)

〈표 6-2〉 여행업의 사회현상적 특성

특성	내용
계절 집중성	✓관광산업 전반에 영향을 미치는 주요 특성 ✓성수기_평수기_비수기 / 극성수기_극비수기 등 ✓*상품가격 차별화, 여행조건의 다양화* 등으로 극복
비(非) 저장성	✓관광자원(항공기, 호텔) 및 시설은 → 유형의 상품 ✓여행상품 자체는 → 무형의 상품(SVC) ✓따라서 '저장이 불가능' '재고가 없음' → 항공기 좌석, 호텔의 객실 등
독자적 상품조성 불가능(어려움)	✓단일 품목(교통, 숙박)만으로는 상품 구성 어려움 → 부가가치 창출의 어려운 문제점 존재 ✓최종적 상품 평가에 대한 만족도, 충족도가 다름 → 소위 '표준화' 된 상품 생산이 불가능
상품 수명 주기 단 명 성	✓특허권 보호의 어려움 → 모방의 용이 ✓독창적 상품 출시 어려움 내재 ✓Life Cycle의 짧아짐. 독창성, 모방이 어려운 상품
공 익 성	✓여행, 관광의 대상 목적지 → 전 세계가 해당 ✓해당 국가의 이미지로 좌우됨 ✓나라를 대표하는 민간외교사절로 책임 인식 ✓사회적 책임 인식이 매우 중요
외부 환경 민감성	✓기업 내부 환경 보다 외부 환경의 영향이 큼 → 사회, 정치, 경제, 문화, 보건(질병), 자연재해등

3. 여행업의 역할

여행업의 역할은 1) 국가경제적 측면, 2) 여행객 측면, 3) 사회 · 문화적 측면으로 크게 세 가지로 구분하여 설명할 수 있다.[표 6-3참조]

1) 국가경제적 측면

여행업의 역할을 국가경제적 측면에서 살펴 볼 때, 국제수지의 개선, 고용증대의 효과, 국민소득 창출 효과, 재정 수입의 효과, 국내 산업진흥 효과에 기여하는 역할을 제시할 수 있다.

2) 여행객 측면

여행업의 역할을 여행객 측면에서 살펴볼 때, 여행사에 대한 '신뢰성 확보'를 전제로 잠재 여행객들에게 정보 판단력을 제공하고, 시간과 비용을 절감시키며, 패키지 여행 상품을 이용함으로서 상대적으로 저렴한 비용으로 여행을 할 수 있도록 역할을 수행한다.

3) 사회 · 문화적 측면

여행업의 역할을 사회 · 문화적 측면에서 살펴볼 때, 민간외교관 역할 및 자국의 홍보를 통한 국가홍보의 효과, 현지인 교류 등을 통한 국제 친선효과, 관광지 개발 및 지역경제 활성화 기여 등을 통한 지역경제개발 효과 등의 역할을 수행한다.

〈표 6-3〉 여행업의 주요 역할

구분	내용
국가 경제적 측면	①국제수지의 개선 ②고용 증대 효과 ③국민소득 창출 효과 ④재정 수입의 효과 ⑤국내 산업 진흥 효과
여행객 측면	✓여행사에 대한 '신뢰성 확보' - 미지의 세계 ✓정보 판단력의 제공 - 전문적인 지식과 노하우제공 ✓시간과 비용의 절감 - 예약, 수배의 정확성, 시간절약 ✓여행 요금의 염가성 - PKG등 대량구매등의 이유
사회 · 문화적측면	✓국가 홍보의 효과 - 민간외교관 역할, 자국 홍보 ✓국제 친선 효과 - 현지인 교류를 통한 국제친선도모 ✓지역 경제 개발 효과 - 관광지 개발등 지역경제 활성화

4. 관광진흥법 상 여행업의 종류

「관광진흥법」에서의 여행업이란 "여행자 또는 운송시설 · 숙박시설, 그 밖에 여행에 딸리는 시설의 경영자 등을 위하여 그 시설 이용 알선이나 계약체결의 대리, 여행에 관한 안내, 그 밖의 여행 편의를 제공하는 업"을 말한다(동법 제3조 제1항 1호).

이와 같은 여행업은 사업의 범위 및 취급대상에 따라 일반여행업, 국외여행업, 국내여행업으로 구분하고 있다(관광진흥법 시행령 제2조 제1항 1호).

1) 일반여행업

일반여행업이라 함은 국내외를 여행하는 내국인 및 외국인을 대상으로 하는 여행업[사증(査證 : 비자)을 받는 절차를 대행하는 행위를 포함한다]을 말한다. 따라서 일반여행업자는 외국인의 국내 또는 국외여행과 내국인의 국외 또는 국내여행에 대한 업무를 모두 취급할 수 있다.

우리나라 일반여행업의 등록현황을 살펴보면 2011년 1월 말 기준으로 1,233개 업체이다(문화체육관광부, 2010년기준 연차보고서, p.265).

2) 국외여행업

국외여행업이라 함은 국외를 여행하는 내국인을 대상으로 하는 여행업[사증(査證 : 비자)을 받는 절차를 대행하는 행위를 포함한다]을 말한다. 국외여행업은 우리나라 국민의 아웃바운드 여행(해외여행업무)만을 전담하도록 하기 위해 등장한 것이므로, 외국인을 대상으로 하거나 또는 내국인을 대상으로 한 국내여행업은 이를 법으로 금하고 있다.

우리나라 국외여행업의 등록현황을 살펴보면 2011년 1월 말 기준으로 6,429개 업체이다(문화체육관광부, 2010년기준 연차보고서, p.265).

3) 국내여행업

국내여행업은 국내를 여행하는 내국인을 대상으로 하는 여행업을 말한다. 즉 국내여행업은 내국인을 대상으로 한 국내여행에 국한하고 있어, 외국인을 대상으로 하거나 또는 내국인을 대상으로 한 국외여행업은 이를 법으로 금하고 있다.

우리나라 국내여행업의 등록현황을 살펴보면 2011년 1월 말 기준으로 4,922개 업체이다(문화체육관광부, 2010년 기준 연차보고서, p.265).

〈표 6-4〉 관광진흥법규상 여행업의 종류

여행업 분류	업무 취급 대상 분야	회사설립 법적 자본금
일반 여행업	• 내국인 대상의 국내여행 ☞Intrabound/Domestic • 내국인 대상의 국외여 ☞Outbound • 외국인 대상의 국내여행 ☞Inbound • 수속업무(비자·여권) 가능	o 2억원 이상
국외 여행업	• 내국인 대상의 국외여행 • 수속업무(비자·여권) 가능	o 6천만원 이상
국내 여행업	• 내국인 대상의 국내여행	o 3천만원 이상

5. 유통형태에 따른 여행업 분류

여행업은 유통구조 및 영업기능별 측면을 기준으로 분류할 때, 일반적으로 종합여행사, 도매형 여행사, 소매형 여행사, 직판형 여행사, 랜드 오퍼레이터 등으로 구분할 수 있다.

1) 종합여행사

자사의 재정적 부담으로 여행관련 공급업자가 제공한 여행단위상품들을 조합하여 완전한 상품으로 생산하여 여행소매업자 및 일반 여행객들에게 판매하는 여행사를 지칭한다. 일반적으로 중대형 규모의 여행사가 여기에 해당되며 국내여행, 해외여행의 모든 업무를 취급하는 여행사이다. 다만, 직판 여행사와 상이한 점은 다른 여행사에 도매(wholesale)와 다른 여행사의 소매(retail) 모두를 취급하고 있다는 점을 들 수 있다.

2) 도매형 여행사(wholesaler)

여행상품을 생산하여 다른 여행사에 판매하는 형태의 여행사를 지칭한다. 여행관련 업자로부터 여행소재를 받아 상품을 생산하여 자사에서 직접 여행객에게 판매하는 것이 아니라, 소매업자(retailer)를 통해 판매하는 형태를 갖는다. 패키지 투어 시장에서는 도매형 여행사가 급성장을 거듭하고 있지만 미디어 및 온라인 판매의 확대로 인한 여행의 직판화가 진행되어 향후에 도매 여행상품 만을 취급하는 여행사는 점차 감소추세를 보일 것으로 전망된다.

3) 소매형 여행사(retailer)

다른 여행사가 도매한 여행상품을 소매 형태로 판매하는 여행사를 지칭한다. 여행도매업자가 생산한 여행상품을 제공받아 이 상품을 최종 고객(소비자)에게 판매하는 여행사이다. 여행도매업자를 대신하여 일반 여행객들에게 직접 판매하고 그 대가로 일정요율의 수수료(commission, 보통 4~12% 내외)를 받는다. 소매형 여행사는 일반적으로 여행상품을 생산하지 않는 영세업자인 경우가 대부분이다.

4) 직판형 여행사(direct saler)

여행상품의 최초 기획, 개발부터 생산, 판매의 전과정을 자사에서 취급하는 여행사를 지칭한다. 일반적으로 다른 여행사에 도매하는 경우는 있으나 웬만하면 다른 여행사의 상품을 소매하는 경우는 극히 드물다.

5) 랜드 오퍼레이터(rand operator)

투어 오퍼레이터(tour operator)라고도 지칭한다. 랜드 오퍼레이터는 여행 목적지의 모든 수배를 전문으로 하는 소규모 여행사를 의미한다. 다시 말해 여행사와 여행업자의 수배의뢰를 받아 현지 관광목적지의 호텔객실, 식당 예약, 현지 교통수단, 각종 입장권 예매 등의 업무에 대해 여행알선을 대행해 주는 기능을 수행하는 소위 '지상수배업체'를 지칭한다.

제2절 여행업 조직 및 공통업무

1. 여행사 조직의 개념

여행사의 조직은 일반적으로 재화를 생산하는 업종과는 매우 달리 인적자원에 대한 의존도가 매우 높은 업종이다. 무형의 서비스를 판매하는 업종의 특성상 인간위주 중심 조직으로 본질적으로 고객과 직접 대면하는 일선의 업무비중이 높은 특징을 갖고 있다.

또한 여행사는 여행객들에게 여행과 관련한 모든 정보와 서비스를 제공하려는 종사원 전원 노력의 결합체로 여행사 경영조직은 여행사의 경영목적을 달성하기 위하여 구성원의 직무를 규정하고 직무수행에 필요한 권한과 책임을 부여함으로써 직무간 상호관계를 확정한 후 각 구성원의 활동을 조정하는 의미를 갖는다. 효율적인 조직구성을 위해서는 여행사의 규모와 주력사업, 경영관리의 범위, 권한위임, 종업원의

[그림 6-3] 일반여행업의 조직도(사업부 조직의 예시)

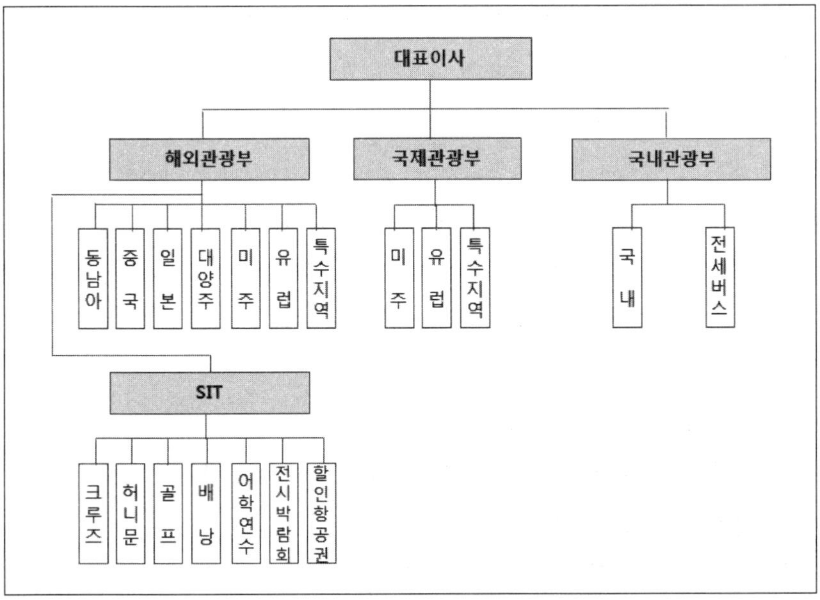

자질 등과 같은 변수에 영향을 받는다.

나아가 여행사의 조직은 해당 여행기업이 달성하고자 하는 목적과 목표에 부합해야 하며, 조직원 개개인 보다는 창의적으로 참여할 수 있는 환경을 구축해주고, 조직 내의 의사소통이 원만히 이루어 질 수 있도록 조율하여 여행사의 경영목적이 달성될 수 있어야 한다.

2. 여행사 조직의 방향성

여행사는 무형의 서비스 상품을 판매함으로서 인적자원의 의존도가 여느 기업보다 높은 편으로 해당 여행사의 특성에 맞는 경영조직으로 만들어져야한다. 그러기 위해서는 경영조직 자체가 매우 조직적이어야 하며, 가능한 한 중간계층이나 결재라인을 축소하여 의사소통이나 명령계통이 신속하게 전달될 수 있는 조직으로 방향성이 구축되어져야 한다. 또한 직원들의 업무능력과 서비스 마인드 배양을 위해 사내·외 전문 위탁 교육 등을 정기적으로 수강할 수 있도록 배려되어야 한다.

여행사 조직은 여행사 주력 영역, 매출 규모, 사내 전산시스템의 구축 정도에 따라 보다 다양한 조직형태를 구축할 수 있으나 기본적인 틀에서는 고객만족과 기업이윤 창출의 극대화를 달성하기 위한 전사적 조직이 구축되어져야 한다. 이와 같은 맥락에서 여행업은 다양한 환경과 변화에 적절히 대응할 수 있는 신축적인 경영조직을 형성하여 효율적·합리적으로 경영활동을 수행해 나가지 않으면 기업의 성장과 발전에 한계에 도달할 것이다. 다시 말해, 하루가 다르게 급변하는 대내외 환경에 유연하게 적응하고 조직의 효율성을 극대화시키는 것이 필요하다.

여행사를 이용하는 고객만족도의 제고와 기업이윤창출의 극대화를 위한 여행사 조직의 중요한 방향성은 다음과 같이 제시할 수 있다.

① 절대적으로 대(對) 고객지향적이어야 한다.
② 관리·지원부서보다는 전면 영업조직의 역할이 우선시되어야 한다.
③ 신축성을 전제로 한 동적조직이어야 한다.
④ 언제든 조직의 슬림화를 기할 수 있는 효율적 조직이어야 한다.

⑤ 경우에 따라 기능중심의 수평적 구성을 통한 위기관리능력을 배양한다.

⑥ 사업부문 및 단위별 직무특성에 맞는 조직의 운영체계를 갖춘다.

⑦ 전사적 조직구성원의 자질 향상을 통한 우수한 인재육성을 중점적으로 추진한다.

3. 여행사의 공통업무

1) 상품기획 · 개발 업무

여행상품의 전략적 개발과 궁극적으로 효율적 판매를 위한 초기 단계의 업무 전 과정을 지칭한다. 여행상품의 초기 원가구성, 여행정보의 수집 및 브로셔 제작, 광고 및 홍보 매체의 선정 등을 대표적 수행업무로 들 수 있다.

2) 생산 업무

여행관련업자들로부터 제공되어지는 단위별 상품을 결합하여 완성된 여행상품으로 만들어내는 전 과정을 지칭한다. 항공사, 호텔, 현지 교통 운송수단, 식당, 기타 편의시설 등의 알선 및 예약업무를 확정하여 여행상품을 만드는 과정이다. 여행상품의 생산을 위해서는 다양한 과정을 거치는데, 우선 여행일정작성과 여행관련사업자의 협조를 통한 단가를 결정하고, 상품원가를 분석하고, 그밖에 여행정보의 수집 등 영업을 할 수 있는 기초를 구축하는 전 업무과정을 생산업무로 말한다.

3) 판매 업무

여행상품을 판매하는 업무는 해당 여행사의 기업운명에 직결되는 가장 중차대한 업무의 비중을 차지한다. 내부적으로 훌륭한 상품을 기획 · 개발 · 생산해도 여행객에게 판매가 이뤄지지 못한다면 회사의 경영이 위험해지기 때문이다. 국내 여행 및 국외여행 상품의 상담, 예약, 판매업무, 외국인 여행객 유치 및 영업업무 수행, 항공권 발권, 육상 · 해상교통관련 발권업무, 국내 및 전 세계 숙박 관련 예약, 수배 대행 및 판매 업무 등을 수행한다.

4) 수배 업무

항공, 호텔(주로 객실), 관광 목적지, 식당, 주점, 쇼핑센터, 기념품점, 현지 교통운송수단, 관광시설물 입장권 등의 수배 업무를 지칭한다.

5) 안내 업무

국내여행안내업무(국내여행안내사 수행 업무), 국외여행인솔자 업무, 통역안내사 업무로 크게 나눌 수 있으며, 그밖에 내방 여행상담, 전화 상담, 직접 방문 상담 등의 업무와 출입국 수속 시 수반되는 공항센딩 및 미팅안내 업무도 주요 수행업무의 범주에 포함된다.

6) 수속 및 대행 업무

여권 및 비자수속 업무가 대표적이나 현재 전자여권(e Passport)이 시행되면서 여권수속 대행 업무는 사실상 불가능해졌다. 그밖에 여행자보험가입 및 기타 대행관련 업무의 수행으로 구분할 수 있다.

7) 관리 업무

사내 경리(회계)업무의 수행과 각종 행사(개인 및 그룹의 국내외 여행) 종료 후 해당 행사에 대한 소위 건별 정산업무가 수반된다. 그밖에 지원업무(총무, 인사, 노무, 복지 등)와 경영정보 및 고객관리 업무가 수행된다.

제3절 여행업 등록 및 보험의 가입

1. 여행업의 등록

1) 여행업의 등록관청

여행업을 경영하려는 자는 특별자치도지사 · 시장 · 군수 · 구청장(자치구의 구청장을 말한다)에게 등록하여야 한다(관광진흥법 제4조 제1항). 따라서 여행업의 등록관청은 특별자치도지사 · 시장 · 군수 · 구청장(자치구의 구청장)이다.

2) 여행업의 등록절차

여행업의 등록을 하려는 자는 별지 제1호서식의 관광사업등록신청서에 공통의 구비서류와 사업별 필요서류를 첨부하여 특별자치도지사 · 시장 · 군수 · 구청장(자치구의 구청장을 말함)에게 제출하여야 한다.

등록신청을 받은 특별자치도지사 · 시장 · 군수 · 구청장은 신청한 사항이 등록기준에 맞으면 관광사업등록증을 신청인에게 발급하여야 한다.

3) 여행업의 등록기준

「관광진흥법 시행령」에서 규정하고 있는 여행업의 등록기준은 다음과 같다(관광진흥법 시행령 제5조 관련 [별표 1] 〈개정 2009.11.30〉).

(가) 일반여행업의 등록기준
  1. 자본금(개인의 경우에는 자산평가액) : 2억원 이상일 것
  2. 사무실 : 소유권이나 사용권이 있을 것

(나) 국외여행업의 등록기준
  1. 자본금(개인의 경우에는 자산평가액) : 6천만원 이상일 것
  2. 사무실 : 소유권이나 사용권이 있을 것

(다) 국내여행업의 등록기준
  1. 자본금(개인의 경우에는 자산평가액) : 3천만원 이상일 것
  2. 사무실 : 소유권이나 사용권이 있을 것

2. 여행업자의 보험의 가입

1) '보증보험등' 가입의무

(1) 여행업의 등록을 한 자(이하 "여행업자"라 한다)는 그 사업을 시작하기 전에

여행알선과 관련한 사고로 인하여 관광객에게 피해를 준 경우 그 손해를 배상할 것을 내용으로 하는 보증보험 또는 한국관광협회중앙회의 공제(共濟)(이하 "보증보험 등"이라 한다)에 가입하거나 업종별 관광협회(업종별 관광협회가 구성되지 않은 경우에는 지역별 관광협회)에 영업보증금을 예치하고 그 사업을 하는 동안 계속하여 이를 유지하여야 한다(관광진흥법 시행규칙 제18조 제1항).

(2) 여행업자 중에서 기획여행을 실시하려는 자는 그 기획여행 사업을 시작하기 전에 보증보험 등에 가입하거나 영업보증금을 예치하고 유지하는 것 외에 추가로 기획여행과 관련한 사고로 인하여 관광객에게 피해를 준 경우 그 손해를 배상할 것을 내용으로 하는 보증보험 등에 가입하거나 업종별 관광협회(업종별 관광협회가 구성되지 아니한 경우에는 지역별 관광협회)에 영업보증금을 예치하고 그 기획여행 사업을 하는 동안(기획여행 휴업기간을 포함한다) 계속하여 이를 유지하여야 한다(동법 시행규칙 제18조 제2항).

그러나 직전 사업연도의 매출액이 없는 사업개시 연도의 경우에는 보증보험 등 가입금액 또는 영업보증금 예치금액을 직전 사업연도 매출액이 1억원 미만인 경우에 해당하는 금액으로 한다. 직전 사업연도의 매출액이 없는 기획여행의 사업개시 연도의 경우에도 또한 같다. 그리고 여행업과 함께 다른 사업을 병행하는 여행업자인 경우에는 직전 사업연도 매출액을 산출할 때에 발생한 매출액만으로 산정하여야 한다.

2) '보증보험 등'의 가입금액 및 영업보증금 예치금액의 기준

여행업자가 가입하거나 예치하고 유지하여야 할 보증보험 등의 가입금액 또는 영업보증금의 예치금액은 직전 사업연도의 매출액(손익계산서에 표시된 매출액을 말한다) 규모에 따라 [별표 3]과 같이 한다.

〈표 6-5〉 보증보험 가입금액(영업보증금 예치금액) 기준

(시행규칙 제18조 제3항 관련 [별표 3] 〈개정 2010.8.17〉) (단위 : 천원)

<table>
<tr><th>여행업의 종류 (기획여행 포함) / 직전 사업연도의 매출액</th><th>국내여행업</th><th>국외여행업</th><th>일반여행업</th><th>국외여행업의 기획여행</th><th>일반여행업의 기획여행</th></tr>
<tr><td>1억원 미만</td><td>20,000</td><td>30,000</td><td>50,000</td><td rowspan="4">200,000</td><td rowspan="4">200,000</td></tr>
<tr><td>1억원~5억원 미만</td><td>30,000</td><td>40,000</td><td>65,000</td></tr>
<tr><td>5억원~10억원 미만</td><td>45,000</td><td>55,000</td><td>85,000</td></tr>
<tr><td>10억원~50억원 미만</td><td>85,000</td><td>100,000</td><td>150,000</td></tr>
<tr><td>50억원~100억원 미만</td><td>140,000</td><td>180,000</td><td>250,000</td><td>300,000</td><td>300,000</td></tr>
<tr><td>100억원~1,000억원 미만</td><td>450,000</td><td>750,000</td><td>1,000,000</td><td>500,000</td><td>500,000</td></tr>
<tr><td>1,000억원 이상</td><td>750,000</td><td>1,250,000</td><td>1,510,000</td><td>700,000</td><td>700,000</td></tr>
</table>

제4절 기획여행 및 패키지관광

1. 기획여행의 개념

1) 기획여행의 의의

기획여행이란 여행업을 경영하는 자(여행업자)가 국외여행을 하려는 여행자를 위하여 여행의 목적지 · 일정, 여행자가 제공받을 운송 또는 숙박 등의 서비스 내용과 그 요금 등에 관한 사항을 미리 정하고 이에 참가하는 여행자를 모집하여 실시하는 여행을 말한다.

여행은 주로 기획여행의 형태로 운용되고 있는데, 그동안 기획여행이 무분별하게 판매되어 왔으며, 여행업자 간의 과당경쟁으로 인하여 관광업계의 질서를 파괴하는 경우가 허다하였다. 이에 따라 국외여행의 질적 향상을 도모하고 여행자의 권익보호 및 과당경쟁 방지를 위하여 기획여행을 규제할 필요성이 제기됨으로써, 여행업자는 문화체육관광부령으로 정하는 요건을 갖추어 문화체육관광부령으로 정하는 바에 따라 기획여행을 실시할 수 있도록 한 것이다.

2) 기획여행의 실시요건

「관광진흥법」은 국외여행을 하려는 여행자를 위해 기획여행을 실시하도록 규정하고 있기 때문에 기획여행은 국외여행에 국한하고 있다. 그러므로 기획여행을 할 수 있는 여행업자는 일반여행업자와 국외여행업자이고 국내여행업자는 대상에서 제외된다.

따라서 기획여행을 실시하려는 자는 국외여행업 또는 일반여행업에 따른 보증보험 등에 가입하거나 영업보증금을 예치하고 이를 유지하는 것 외에 추가로 기획여행에 따른 보증보험 등에 가입하거나 영업보증금을 예치하고 이를 유지하여야 한다. 여행업자가 가입하거나 예치하고 유지하여야 할 보증보험 등의 가입금액 또는 영업보증금의 예치금액은 직전사업연도의 매출액(손익계산서에 표시된 매출액을 말한다) 규모에 따라 위의 〈표 6-5〉에서 설명한 바 있는 시행규칙 제18조 제3항 관련 [별표 3]과 같이 한다.

3) 기획여행의 광고 표시내용 의무화

기획여행을 실시하는 자가 광고를 하려는 경우에는 다음 각 호의 사항을 표시하여야 한다. 다만, 2 이상의 기획여행을 동시에 광고하는 경우에는 다음 각 호의 사항 중 내용이 동일한 것은 공통으로 표시할 수 있다.

1. 여행업의 등록번호, 상호, 소재지 및 등록관청
2. 기획여행명 · 여행일정 및 주요 여행지
3. 여행경비
4. 교통 · 숙박 및 식사 등 여행자가 제공받을 서비스의 내용
5. 최저 여행인원
6. 보증보험 등의 가입 또는 영업보증금의 예치내용
7. 여행일정 변경 시 여행자의 사전 동의 규정

2. 국외여행인솔자(TC)의 자격요건

여행업자가 내국인의 국외여행을 실시할 경우 여행자의 안전 및 편의 제공을 위하여 그 여행을 인솔하는 자를 둘 때에는 다음 각 호의 어느 하나에 해당하는 국외여행 인솔자의 자격요건에 맞는 자를 두어야 한다.

1. 관광통역안내사 자격을 취득할 것
2. 여행업체에서 6개월 이상 근무하고 국외여행 경험이 있는 자로서 문화체육관광부장관이 정하는 소양교육을 이수할 것
3. 문화체육관광부장관이 지정하는 교육기관에서 국외여행인솔에 필요한 양성교육을 이수할 것 이 경우 문화체육관광부장관은 교육기관의 지정기준 및 지정절차, 그 밖에 지정에 필요한 사항을 정하여 고시하여야 한다.

3. 여행계약의 구체화(여행지 안전정보 제공 등)

(1) 여행업자는 여행자와 계약을 체결할 때에는 여행자를 보호하기 위하여 다음 각 호의 사항을 포함한 해당 여행지에 대한 안전정보를 제공하여야 한다.

① 「여권법」 제17조(여권의 사용제한 등)에 따라 여권의 사용을 제한하거나 방문·체류를 금지하는 국가 목록 및 같은 법 제26조(벌칙) 제3호에 따른 벌칙

② 외교통상부 해외안전여행 인터넷홈페이지에 게재된 여행목적지(국가 및 지역)의 여행경보단계 및 국가별 안전정보(긴급연락처를 포함한다)

③ 해외여행자 인터넷 등록제도에 관한 안내

(2) 여행업자는 여행자와 여행계약을 체결하였을 때에는 그 서비스에 관한 내용을 적은 여행계약서(여행일정표 및 약관을 포함한다)를 여행자에게 내주어야 한다.

(3) 여행업자는 여행계약서(여행일정표 및 약관을 포함한다)에 명시된 숙식·항공 등 여행일정(선택관광 일정을 포함한다)을 변경하려면 해당 날짜의 일정을 시작하기 전에 여행자로부터 서면으로 동의를 받아야 한다. 이 서면동의서에는 변경일시, 변경

내용, 변경으로 발생하는 비용 및 여행자 또는 단체의 대표자가 일정변경에 동의한다는 의사를 표시하는 자필서명이 포함되어야 한다.

(4) 여행업자는 천재지변, 사고, 납치 등 긴급한 사유가 발생하여 여행자로부터 사전에 일정변경 동의를 받기 어렵다고 인정되는 경우에는 사전에 일정변경동의서를 받지 아니할 수 있다. 다만, 여행업자는 사후에 서면으로 그 변경내용 등을 설명하여야 한다.

4. 패키지관광의 기본요소와 장점

1) 패키지관광의 탄생

패키지관광의 창시자는 토마스 쿡(Thomas Cook)이다. 그는 1841년 금주동맹에 참가하는 570명을 태울 수 있는 기차를 전세 내었다. 이것은 후에 패키지관광의 기준이 되는 교통수단(40마일의 철도여행), 식사(점심식사와 차), 유흥시설(찬송가 밴드), 행사(금주회의), 에스코트 서비스(토마스 쿡 자신) 등이 여기에 포함되었다.

이 여행의 성공과 계속적인 여행서비스는 토마스 쿡으로 하여금 세계 최초의 여행사를 차리게 했으며, 사람들을 해외여행으로 이끌었다. 1856년 토마스 쿡은 유럽행 그랜드관광을 처음으로 시도하기에 이르렀다. 1860년대 후반에 토마스 쿡 여행사는 나일강 유람선과 인도로 가는 철도여행, 미국가이드가 함께 수행하는 여행을 제공하였다. 그 밖에도 토마스 쿡에 의해 처음으로 시도된 것으로는 여행브로셔, 여행일정표, 그리고 공급자들에 대한 보증금제도 등을 들 수 있다.

2) 패키지관광의 기본요소

패키지관광은 여러 공급자들에 의해 제공되는 몇 개의 여행요소를 결합시켜 단일상품 및 단일가격으로 소비자에게 판매하는 것을 말한다.

패키지관광은 전형적으로 다음과 같이 구성된다.

① 하나 또는 그 이상의 교통수단(항공기 / 지상교통수단, 항공기 / 여객선, 자동차

여행, 그리고 기차여행의 패키지)

② 숙박시설

③ 식사

④ 매력물과 행사(관람, 자연적 그리고 사업적 오락시설의 입장, 레크리에이션, 여러 종류의 특별한 행사)

⑤ 그 밖의 요소(수화물 운반, 팁과 세금, 투어 매니저와 안내원의 전문적인 관광서비스, 레스토랑과 점포의 할인쿠폰)

3) 패키지관광의 이점

최근에 패키지관광이 왜 인기를 얻게 되었을까? 그 주된 요인은 개별여행이 제공하지 못하는 실질적인 많은 이점을 패키지관광이 제공해준다는 점에 있다고 본다.

(1) 비용파악

여행비용은 사전에 지급되기 때문에 고객들은 여행 전에 총비용을 정확하게 계산해 낼 수 있다는 이점이 있다. 이것은 특히 패키지관광에서 명확하게 알 수 있다. 고객은 숙박시설, 식사, 관람, 오락, 운반비, 세금을 출발 전에 지급한다. 따라서 기념품, 선물, 주류 등과 같은 개인품목은 개인적으로 추가되는 비용이다.

(2) 저렴한 가격

패키지관광에 있어서 가장 매력적인 요소는 비교적 비용이 저렴하다는 것이다. 관광공급업자로부터 단체나 여행사가 블록(객실, 항공기 좌석을 묶어서 예약)으로 구입하기 때문에 투어 오퍼레이터는 개별적으로 구입하는 가격보다 상당히 저렴한 금액으로 패키지관광을 제공할 수 있다.

단일 객실을 예약하는 것보다는 단체로 객실을 예약하는 것이 훨씬 더 저렴하다. 예약량이 많은 투어 오퍼레이터는 표준요금의 50%까지 저렴하게 객실요금을 인하시킬 수도 있다.

(3) 보장된 수배

여행자가 패키지상품을 구매할 때 그들은 또한 마음의 평화를 구입하게 된다. 개별여행자는 항공기의 고장이나 호텔에서 그들의 예약기록을 찾지 못하게 되는 등 불쾌한 일들에 대처해야 한다. 반면에 패키지관광에서는 모든 수배가 미리 투어 오퍼레이터에 의해 이루어지기 때문에 여행에 대한 이러한 걱정을 없애준다. 또한 단체예약은 투어 오퍼레이터에 의해 창출되는 사업에 공급업자가 크게 의존하게 되므로 예약의 신용도를 크게 높일 수 있다.

(4) 보장된 참가

개별관광객보다 단체관광객으로서 특별행사에 입장하기가 더욱 용이하다. 이것은 투어 오퍼레이터들이 관광참가자들을 위해 입장을 보장하는 티켓을 예약하기 때문이다. 예를 들면 단체관광객의 일원이 아니면 독일에서 10년마다 공연되는 오베람메르가우 그리스도 수난극(Oberammergau Passion Play)을 구경하는 것이 거의 불가능하다. 중국과 알바니아와 같은 나라들도 단체관광객들에게만 특정 장소에 접근하는 것을 허가하고 있다.

(5) 시간절약

패키지관광에 있어서 관광객들은 숙박편, 교통편, 쇼를 보기 위한 티켓구매에 시간을 허비하지 않아도 된다. 단체관광은 극장 그리고 다른 매력지에 있어서도 시간을 절약할 수 있다. 관광참가자들은 줄을 서서 기다리지 않는다. 그들은 개인보다 더 쉽게 입장할 수 있다.

〈표 6-6〉 개별여행(FIT)과 단체여행(Group)의 특징 비교

구분	개별여행 (FIT)	단체여행 (GT)
여행자 입장	▪ 주문 상품적 특성임 ▪ 개인의 요구사항의 반영 가능 ▪ 여행계획 수립이 복잡함 ▪ 할인혜택이 낮음 ▪ 높은 여행경비 부담 ▪ 여행일정 변경이 수월함 ▪ 자유행동 가능함 ▪ 개별적 여행 진행이 가능함 ▪ 여행기간 중 시간의 과다 손실 우려 ▪ 불안감(안전도) 이 높음 ▪ 만족도가 비교적 높음	▪ 표준화된 상품특성임 ▪ 개인의 요구사항 반영 불가함 ▪ 전문가에 의한 예약과 수배가 이루어짐 ▪ 단체할인 혜택 높음 ▪ 최소의 여행경비 가능 ▪ 여행일정의 변경 한계성이 있음 ▪ 획일적인 일정에 따라 행동하는 경우가 많음 ▪ 전문가에 의한 안내 서비스가 가능함 ▪ 효과적인 시간 활용이 가능함 ▪ 불안감 낮음(안전도가 높음) ▪ 만족도가 비교적 낮음
여행사 입장	▪ 빈번한 여행일정 변경으로 업무가 과중됨 ▪ 업무의 복잡성이 존재함 ▪ 1인당 수익성 높음(고수익율) ▪ 계절적 영향이 적은 편이 ▪ 안정, 지속적인 수입원확보가 가능함	▪ 예약 및 수배의 일괄처리로 인한 업무의 용이성 ▪ 여행일정 변경 최소화와 업무의 동질성에 의한 단순화 ▪ 1인당 수익성 낮음(저수익율) ▪ 계절적 영향을 많이 받음 ▪ 불안정한 수입원

제7장
외식업

발표 및 토론과제

- 외식업의 정확한 개념 이해
- 외식업이 갖는 특성 및 분류에 대한 설명
- 우리나라 외식업의 성장배경 및 동향에 대한 이해
- 외식업이 갖는 문제점 설명
- 우리나라 외식업의 전망에 대한 이해

제1절 외식업의 개념

1. 외식 개념

일상적으로 우리 가정의 식생활은 가정이라는 범주에서 먹고 마시는 '가정 내의 식생활 문화'와 가정 이외의 장소에서 먹고 마시는 '가정 외 식생활 문화'로 양분할 수 있다.

앞의 '가정 내 식생활 문화'를 '내식'이라고 하며, 후자를 '외식'이라고 지칭한다. '외식'은 일반적으로 가정을 벗어나 외부에서 음식을 먹는 것으로 인식되어져 있다. 그러나 집에서 완전히 조리된 음식을 주문하여 먹는다든지, 출장연회 등 다양한 소비형태의 발전으로 인하여 가정 내에서의 식생활 문화도 외식의 개념이 도입되었다.

따라서 현대적 의미의 '외식'이란 가정 외 식생활 문화와 가정 내의 외식적 내식까지를 포함하는 개념을 지칭한다.

2. 외식업 개념

외식사업의 첫 출발점인 식당은 '심신의 회복, 기력의 회생, 배고픈 허기를 채움'등의 의미를 내포한 프랑스어 'Der Restaurer'가 어원으로, 그 후 미국에서 'Restaurant'으로 자리 잡게 되었다.

식당에서 방문자를 상대로 음식을 서비스하면서 식당업, 식음업, 요식업 등으로 호칭되어지다가 미국의 공업화 시기이던 1950년대에 'Food Service Industry', 'Eating - out Industry', 'Dining - out Industry'로 호칭되었고, 1970년대에 일본의 「마스코미」지가 처음으로 '외식사업'이라는 용어를 사용하기 시작하였다.

우리나라에서는 해외 유명업체들이 우리나라로 본격 진출하기 시작한 1980년대 후반부터 본격적으로 업체들의 업종과 업태가 다양화되고 대기업의 속속 참여로 대규모화, 전문화, 체계화되면서 하나의 사업형태로 자리를 잡았다.

국내외식업은 지난 수년간 눈부신 성장을 거듭하여 하나의 거대산업으로 발전하여 왔으며, 2011년 현재 외식업의 외형적인 규모가 100조원을 넘어서는 한편, 외식

서비스의 품질에 있어서도 질적 · 양적으로 더욱 발전할 것으로 예상된다.

외식업은 넓은 의미에서 보면 "식사를 조리해서 제공하는 식품제조업과 소비자에게 음식을 직접 제공하는 음식점업을 포함하는 서비스사업의 성격이 매우 강한 복합적 사업"이라 할 수 있을 것이다.

나아가 외식업은 "식사와 관련된 음식 · 음료 · 주류 등을 제공할 수 있는 일정장소에서 직 · 간접적으로 생산 및 제조에 참여하여 특정적인 또는 불특정다수에게 상업적 혹은 비상업적으로 판매 및 서비스 경영활동을 하는 모든 업소들을 포함한다."라고 정의할 수 있다.

외식업의 본질은 "음식과 음료를 생산하여 소비자에게 제공하면서 이윤을 창출하고자 하는 외식사업체의 집합체"로 말할 수 있다. 이러한 외식업은 한식, 일식, 양식, 패스트푸드, 아이스크림, 패밀리레스토랑, 호텔, 단체급식, 커피숍, 제과점, 카페 등 다양한 업종과 업태로 발전하면서 각종 경영활동을 수행한다.

미국의 경우 외식업을 다음과 같이 정의하고 있다.

① "식음료산업은 '집을 떠난 사람들에게 음식과 음료를 판매하는 모든 업소'로 구성되어 있다."라고 식음료서비스산업을 설명하고 있다.
- "The food and beverage service industry consists of ever establishment that sells food and beverage to people out side their own homes."

② NRA(National Restaurant Association)는 "외식산업은 모든 식사와 음료 및 스낵을 가정 밖에서 준비하여 판매하는 사업의 집합이며, 포장판매도 포함된다."라고 정의하고 있다.
- "The foodservice industry as encompassing all meals and snacks prepared outside the home. The definition therefore includes all take-out meals and beverages."

제2절 외식업의 특성 및 분류

1. 외식업의 특성

1) 높은 인적 의존도

외식업은 서비스산업의 대표적인 업종으로 1인 당 매출액 및 1인당 경영효율성이 타 업종에 비해 상대적으로 낮은 편이다. 나아가 대 고객에 대한 서비스의 척도에 따라 사업의 성패가 좌우될 만큼 인적서비스의 의존도가 매우 높은 업종이다. 이는 외식업의 생산라인으로 볼 수 있는 조리 · 주방부문의 자동화에 한계성을 내포하고 있으며, 홀 서비스 등에 있어서도 절대적으로 인적자원서비스에 의존해야만 하는 단품 생산적 요소가 강하여 구조적으로 인건비의 비중이 높은 것이다.

2) 생산 · 판매 · 소비의 동시성

일반적으로 제조업은 일정한 유통경로를 통하여 상품이 최종 소비자에게 판매되지만 외식업은 일정한 유통경로 없이 상품의 구매를 위해서는 고객이 직접 내방해야 하고, 음식이라는 상품도 일정장소에서 판매와 동시에 소비되는 특성을 가지고 있다.

3) 높은 입지의존도

일반적인 호스피탈리티 업종과 마찬가지로 외식업 역시 접근성이 용이한 입지조건에 따라 사업의 성패가 좌우되는 특성을 가지고 있다. 고객의 눈에 잘 띄는 곳에 위치하여야 하며, 이는 곧 내방 고객의 수와 매출로 직결되는 매우 중요한 문제인 것이다.

그만큼 외식업은 다른 그 어떤 사업보다 입지의존성이 높으며, 도심의 번화가, 역세권, 빌딩주변, 교외의 대로변, 상가지역 등 인구밀집지역이나 유동인구가 우수한 곳에 입지해야 한다는 것을 반증하는 것이다.

4) 시간적 제약과 수요예측의 불가능성

외식업은 시간과 공간의 제약을 크게 받는다. 일반적으로 식사시간이 아침 · 점심 · 저녁시간으로 한정된 시간 내에 대부분의 매출이 발생하기 때문에 제반 인력관리 · 시간관리 · 공간활용 등으로 인하여 관리상의 문제점이 발생한다. 또한 사회 · 문화 · 정치 · 경제적인 외부환경의 변화가 변화무쌍할 뿐만 아니라 각종 행사 계절적 요인 기상조건 등으로 인한 정확한 내방 고객의 수요를 예측하거나 그에 따른 식재료의 적정구매량을 결정하기가 어려운 특성을 가지고 있다.

5) 신규 진출의 용이성 및 영세성

일반적으로 외식업은 타 산업에 비하여 적은 자본금과 특별한 기술적 노하우 없이도 누구나 쉽게 사업을 시작할 수 있는 특색을 가지고 있다. 이런 반면에 투철한 사업운영철학 및 사업정신, 경영방법의 미숙, 그리고 대다수의 외식업체들이 영세하여 자가 소유 건물이 아닌 임대형식으로 운영하고 있기 때문에 안전성이 낮아 사업에 실패할 확률이 비교적 높은 사업의 특성을 가지고 있다.

6) 저(低)원가 및 현금수익 창출

일반적으로 외식업의 원가는 타 업종의 원가에 비하여 낮은 편으로 약 30~35% 내외 정도이며 커피, 기타 음료, 주류의 경우는 15% 내외로 볼 수 있다. 반면에 결제를 하는 고객의 경우 대부분 현금 결제를 많이 이용하는 만큼 운영자금의 회전속도가 빠른 특성을 가지고 있다.

7) 다품종 · 소량 주문 생산

제조업의 경우 규격과 수요예측이 가능하여 그에 맞는 생산을 하고 재고보관이 용이하지만, 외식업의 경우는 식당을 내방하는 고객의 주문에 따라 그때그때 상품이 생산된다. 따라서 대다수의 외식업체는 다양한 고객의 기호 및 요구에 대비하여 메뉴의 구색을 갖추고 고객의 주문에 따라 생산, 판매하는 특성을 가지고 있다.

8) 상품의 부패용이성

제조업의 경우 원재료의 구매 저장 그리고, 완성된 상품의 장기간 보존이 가능하다. 그러나 외식업의 식재료와 상품은 장기간 저장이 불가능하고, 조리방법 및 유통기간이 까다롭고 짧아서 관리를 소홀하게 할 경우 부패의 위험성이 매우 높아 추가적인 비용지출이 발생할 수 있다.

또한 이미 부패한 식재료를 사용할 경우 위생에 따른 추가적인 문제가 발생할 수 있는 특성을 가지고 있다.

9) 높은 이직율

일반적으로 외식업은 업종 고유의 영세성과 상대적으로 열악한 근무환경, 처우 등의 사유로 외식업 종사자들의 근무의욕을 저하시키고 이직률을 높이는 원인으로 작용하였다. 근래 대기업과 호텔 등이 외식업에 속속 신규진출하면서 사회적 인식의 변화를 가져오고 있으나 아직은 이직률이 높은 업종으로 대책이 절실히 필요한 실정이다.

또한 종사자들의 서비스가 품질평가의 기준이 되는 만큼 내부 고객인 직원들의 만족도를 제고하는 대책수립과 노력이 무엇보다도 중요하다.

10) 복합 산업성

외식업은 식재료를 이용한 제조업이라 볼 수 있고 고객을 대상으로 하는 서비스 판매업이며, 즐거움과 편의를 제공하는 서비스업의 요소가 복합된 사업이다. 기존에 갖고 있는 품질, 서비스, 청결의 중심요소에 시간 및 가치가 결부된 사업으로 분위기 연출 제공시간을 최적화하고 메뉴, 가격적 측면에서 고객만족의 가치를 추구하는 특성을 가지고 있다.

2. 외식업의 분류

외식업의 정형적인 분류는 업체(레스토랑)의 성격 및 운영형태에 따라 구분할 수 있는데, 분류방법이나 분류기준에 대하여 현재까지 명확하게 정형화된 내용은 없다.

단, 기관별이나 학자별로 다양한 형태로 나타날 수 있는데, 워커(Walker, 1999)는 패스트푸드(퀵 서비스)레스토랑, 패밀리 레스토랑, 테마(theme) 레스토랑, 전통민속 레스토랑, 캐주얼 다이닝 레스토랑, 디너하우스 FP스토랑 등으로 나누었고, 모건(Morgan, 1993)은 레스토랑의 편의시장을 세분화하여 패밀리 레스토랑과, 스테이크 하우스 및 캐주얼 레스토랑으로 나누었다.

NRA(미국레스토랑협회 : National Restaurant Association)에 따르면 Full-Service(평균 객단가 10$ 이하), Full-Service(평균 객단가 10$ 이상), Limited-Service(패스트푸드) 등 총 3가지로 구분하고 있다.

우리나라의 경우 통계청의 한국표준산업분류[22)]에 의하면 업종과 업태에 따라 한식점업, 중국음식점업, 일본음식점업, 서양음식점업, 기관구내 식당운영, 정식류를 제공하는 기타 일반식당, 자급식 음식점업, 피자 및 햄버그 전문점, 분식 및 김밥 전문점, 이동식 식당운영, 기타 간이 체인음식점 등으로 분류하고 있다.

또한 한국표준산업분류표의 외식산업은 대분류에 '도소매 및 음식숙박업(hotel and restaurant)'으로 분류되어 있다. 또한 소분류에 '음식점업'으로 분류되어 있으며, 세분류에 '식당업, 주점업, 다과점업'으로 분류되어 있다. 세분류의 하위분류, 즉 세세분류는 총 17가지 업종으로 한국표준산업분류표에 분류되어 있다.

외식업을 취급 메뉴와 서비스에 따라 분류하면 ① 패스트푸드점 ② 패밀리레스토랑 ③ 전문 레스토랑 ④ 토속 레스토랑 ⑤ 뷔페 레스토랑으로 구분할 수 있다.[23)]

① 패스트푸드점

패스트푸드(fast food)란, 주문하면 곧 먹을 수 있다는 뜻에서 나온 말이다. 조리는 오븐에서 데우는 정도로 간단하고, 소수의 인원으로 고객의 주문에 신속하게 응대할 수 있으며, 셀프서비스와 저가격대가 특징이다. 간편하고 빠르다는 점과 젊은 층의 양식화 경향에 따라 수요가 몇 년 사이 증가되었지만, 최근 웰빙문화와 과당경쟁에 따라 침체기를 맞고 있다.

22) 통계청이 우리나라 산업에 관련된 통계작성을 목적으로 산업활동의 동질성을 기준으로 모든 산업활동을 체계적으로 유형화하여 분류하여 발표한 것을 말함.

23) 이정학, 관광학원론, 대왕사, 2011, pp.235~236.

〈표 7-1〉 외식사업의 분류별 특징

구분	패스트푸드점	패밀리 레스토랑	전문·토속 레스토랑	뷔페 레스토랑
서비스 형태	셀프서비스	셀프, 테이블 서비스	테이블 서비스	셀프 서비스
제공시간	1분 이내	15분 이내	10분 이내	즉석
객 단 가	2천원~4천원	1만원~2만원	4천원~몇 만원	3만원 전후
주 메 뉴	햄버거 · 치킨	스테이크 · 샐러드	업종에 따라	양식, 씨푸드 등
메뉴구성	가벼운 메뉴	정식, 일품요리	정식, 일품요리	뷔페
표적고객	어린이, 10대 학생층	가족단위	대중	대중
체류시간	30분 전후	60분 전후	30~60분	60~90분
업체 예	맥도날드, 롯데리아 KFC	마르쉐, TGIF 아웃백, 베니건스	스파게티· 냉면 육고기· 해산물 등의 전문점, 한· 양· 일· 중식당, 지역 토속음식점	각종 뷔페 레스토랑

자료 : 이정학, 관광학원론, 대왕사, 2011, p.236.

② 패밀리 레스토랑

패밀리 레스토랑(family restaurant)이란 패스트푸드(fast food)보다 가격이 높은 대신 여유있는 테이블 서비스와 함께 식사를 즐길 수 있는 것이 장점이다. 가격대별 다양한 음식과 정중한 서비스, 차별화된 인테리어와 분위기, 각종 프로모션과 이벤트 실시 등이 특징이다. 대표적인 브랜드로는 마르쉐 · TGIF · 아웃백 · 베니건스 등이 있다.

③ 전문 레스토랑

전문 레스토랑(special restaurant)은 단일품목 위주 또는 한 · 양 · 일 · 중식과 같이 특정종류의 메뉴를 전문적으로 취급하는 레스토랑을 말한다. 예를 들어, 단일품목 위주의 레스토랑으로는 피자 · 스파게티 냉면 · 닭고기 · 돼지고기 · 해산물 등의 전문점을 들 수 있으며, 특정 종류의 메뉴를 취급하는 레스토랑으로는 한 · 양 · 일 · 중식당 등을 들 수 있다.

④ 토속 레스토랑

토속 레스토랑(ethic restaurant)이란, 그 지역 고유의 전통음식이나 특산물은 재료로 음식을 판매하는 곳을 말한다.

⑤ 뷔페 레스토랑

뷔페 레스토랑(buffet restaurant)은 음식의 종류를 다양하게 준비해 놓고 고객이 셀프로 식사하는 레스토랑을 말한다.

제3절 우리나라 외식업 현황

1. 외식업의 성장배경과 과정

우리나라에서 외식업이 발달하게 된 성장배경으로는 우선 경제성장에 따른 국민소득 · 가처분소득의 증가와 핵가족화, 맞벌이 부부의 증가, 소비의식의 변화와 근로시간의 단축, 해외여행 자유화에 따른 서구식 문물의 유입 등을 들 수 있다. 이러한 모든 요인들이 국내 외식업계의 괄목할 만한 성장의 바탕을 마련하였다. 이외에도 소비수준이 높아지고자 가용 이용자가 급증하면서 가족단위의 외식이 크게 증가하고 있으며, 예전에 비해서 외식업의 공간적 범위도 크게 확장되었다. 또한 외식은 가족과 직장인들의 사교유대의 장(場)으로서의 역할도 더욱 증대되고 있다.

우리나라의 외식업이 발전하게 된 계기는 서구식 외식업이 우리나라기업과 합작형태로 우리나라에 진출하기 시작하면서 부터라고 할 수 있다. 해외 유명외식기업의 서비스, 종사원 교육, 대량생산의 매뉴얼화 방식이 유입되면서 기업형 외식업이 출현하였다.

우리나라는 1979년 7월 '난다랑'을 효시로 국내 프랜차이즈가 시작되었고, 서구식 외식시스템의 효시는 같은 해 10월 '롯데리아'를 그 선두로 볼 수 있다. 이후 1980년대 맥도날도, KFC 등으로 대변되는 패스트푸드(fast food)의 국내 도입은 본격적으로 외식업을 산업화하는데 크게 기여하였다. 1980년대 후반부터는 패밀리 레스토랑(family restaurant)이 생기기 시작했는데, 일본의 코코스(Coco's)사와 기술제휴로 미도

파의 코코스 레스토랑을 선두로 1992년에 (주)아시아스타의 TGIF, 1993년 판도라사 등이 출점하여 우리나라 외식업시장의 판도를 패스트푸드에서 패밀리레스토랑으로 변화시켰다. [표 7-2]는 우리나라 외식업의 1960년대 이후부터 10년 단위로 구분하여 살펴본 내용이다.

〈표 7-2〉 우리나라 외식사업의 성장과정

구분	GNP($)	주요 성장 과정	업체 예
1960년대	100~200	• 식생활의 궁핍 및 침체기(6.25전쟁 후) • 밀가루 중심의 식생활 유입(미국 원조품) • 분식의 확산 및 식생활 개선무제 부상	뉴욕제과(67)
1970년대	248~1,644	• 영세성 요식업의 우후죽순 출현 • 경제개발 계획에 따른 식생활의 향상 • 해외브랜드 도입 및 프랜차이즈 태동 • 국내 프랜차이즈 시작 – 난다랑(79. 7월) • 서구 외식업 시작 – 롯데리아(79. 10월)	가나안제과(76)
1980년대 전반	1,592~2,158	• 외식업의 태동기(요식업 → 외식업) • 영세 난립형 체인점 출현 (햄버거, 국수, 치킨 등) • 해외 유명브랜드 진출 가속화	아메리카(80) 윈첼(82) 짱구짱구(82) 웬디스(84) KFC(84) 장터국수(84) 신라명과(84) 등
1980년대 후반	2,194~4,127	• 외식업의 적응 성장기 (중소기업, 영세업체 난립) • 식생활의 외식화, 레저화, 가공식품화 추세 • 패스트푸드 및 프랜차이즈 중심시장 선도 • 패밀리 레스토랑, 커피숍, 호프점, 베이커리, 양념치킨 등 시장 약진	맥도날드(86) 피자인(88) 코코스(88) 도투루(89) 쟈뎅(89) 나이스데이(89) 크라운베이커리(88) 만리장성(86)
1990년대	5,569~10,000	• 외식업의 전환기(95년 산업으로 정착) • 중 · 대기업의 신규진출 러시 및 유명브랜드 도입 • 프랜차이즈 급성장 및 도태, 시스템 출현 (외식 근대화)	

자료 : 이선용, "국내외식사업의 전망과 마케팅전략"에서 인용

2. 프랜차이즈시장의 동향 및 전망

우리나라 외식업은 신감각형 신업태의 출현과 기존 일반 음식점의 근대화가 서서히 가속화되면서 복잡다양하게 전개될 뿐만 아니라, 외식업 전 부문별 창의적인 아이디어가 가미된 차별화된 브랜드가 주도하게 될 것이다. 또한 전통 민속형 · 요리점 ·

절충형 요리점 · 감각형 요리점의 등장이 예견되면서 현대화와 동시에 고감도 산업으로 진입하게 될 것으로 보인다. 특히 국민소득이 1만달러가 넘어서던 1997년도와는 달이 IMF 경제변혁기를 맞아 자금력 · 조직력 · 전문성과 노하우 구축업체 중심으로 외식업은 점진적 변혁을 모색하면서 고객가치와 고객만족지향으로 전개되면서 프랜차이즈 산업도 크게 활성화될 것이다.

우리나라 외식업의 향후 전망을 살펴보면,

첫째, 하이테크(high tech)와 하이터치(high touch)가 접목된 고도의 감각형 외식업의 출현이 예견된다. 매우 기능적이고 정서적이며 인간적인 고감성 연출이 자연스럽고 원초적으로 진행되는 쾌적성 점포의 출현이 바로 그 것이다. 이와 같이 변화와 발전이 예견되고 있는 외식업은 선진국에 비해 성장템포가 크고 빠르게 진행되고 있는 것이 우리나라 외식업의 현실이다. 따라서 21세기 국내 외식업의 구도는 일본의 스카이락과 로얄그룹 같은 전문 외식그룹의 성장이 예견된다.

둘째, 흐름은 이문화와 이민족 간의 절충으로 한식에 일식이나 양식의 감각을 도입하거나, 역으로 양식에 한식이나 일식 혹은 중국요리의 기법을 도입하여 종래에 없었던 감각의 표현을 연출하는 퓨전요리점의 출현이 예견된다.

셋째, 새로운 미각 · 식사형태 · 감각을 연출하면서 차별화된 공간에서 지적인 자극을 받거나 이제까지의 식상한 맛과 분위기에서 새로운 전통 민속요리점의 출현을 요구하게 된다. 전통적인 것을 현대에 맞게 끌어들여 새로운 감각을 표출한다든지, 혹은 복고풍을 반영한 현대적인 점포로 전통음식 · 건축양식 · 분위기 등을 융합하여 우리 옛것의 정감어린 향수를 현대 속에서 새로운 가치로 되살리는 전통개발형 민속음식점이 탄생하고 있다. 또 인테리어와 주방설비 및 컨설팅 관련 전문지 등의 발전과 속출이 시대적인 흐름이다. 나아가 농장 · 유원지 · 휴게소 · 휴양지는 물론, 호텔 · 스포츠센터 · 리조트 · 골프장 · 펜션 등과의 복합화와 건설 및 부동산 · 유통 · 식재 · 식품산업과도 연결하여 시대적인 소비 패턴에 맞게 패셔너블한 점포 연출이 필요할 것이다. 따라서 국내 외식업의 추세는 창의적인 아이디어와 고객가치를 창출하는 업체가 외식업 시장을 주도하면서 고감도를 향해 급진적으로 변화 발전이 이루어 질 것이다.

3. 외식업의 문제점

국내의 외식시장은 양적인 면에서는 급성장하여 현재 33조 이상의 매출규모를 보이고 있으나 전체업소의 60% 이상이 평균 30평 이하의 중소형 외식업소로 운영되는 영세성을 보이고 있다. 또한 외식업에 대한 정부의 인식부족과 관련 법규의 미비, 임대료 상승과 원가상승 등 날로 어려워지고 있는 외식업의 환경에 많은 업체들이 치열하게 경쟁해야만 하는 상황으로 외식산업 발전에 많은 장애요소를 가지고 있다. 다음은 국내 외식업의 문제점들이다(신재영 외 3인 공저, 2002 : 112~114).

1) 외식산업에 대한 정부의 인식

해외 브랜드에 대응할 만한 국내브랜드의 개발이 시급한 상황에서 국내의 독자적인 브랜드와 전통음식점을 보호할 만한 법적 근거가 미비한 실정이며, 외식업체에 대한 과세기준도 현실성이 결여되어 있다. 또한 식품위생법상의 영업허가 기준이 애매하여 관련 공무원들이 외식업에 대한 이해와 전문지식이 거의 없는 것이 현실이다.

2) 경영자와 종사원의 직업의식

외식업체에 종사하는 사람들은 타 산업체에 비해 사회적인 인식이 낮음으로써 직업적인 자부심이 결여되어있고, 이 업종에 종사를 기피하는 경향으로 이직률이 높아 자질을 갖춘 전문인력을 확보하는데 많은 어려움이 있다. 또한 경영자 또한 경험적인 운영에만 치우쳐 있어 새로운 메뉴개발과 서비스수준 제고에 크게 관심을 주지 않고 있는 상황이다.

3) 영세성

우리나라 외식업체의 78.9%가 종사원수 4명 이하의 영세한 가족노동력 중심의 영업을 영위하고 있다. 이러한 가족중심의 생계형 경영을 하는 우리나라 외식업의 영세성은 직원교육과 서비스, 메뉴개발 측면에서 앞선 해외브랜드와의 경쟁에서 뒤처지는 가장 큰 원인이 된다.

4) 과도한 경쟁

주요 국가별로 인구 대비 외식업체의 수를 비교한 자료[24)]를 보면 우리나라의 업체수는 다른 나라에 비해 인구 대비 많은 업체수가 영업을 하고 있다. 특히 '97년 말 IMF 이후 많은 신규업체가 음식점업으로 창업을 하고 있으나 이들 업체의 62% 이상이 폐업이나 명의이전 등을 하는 것으로 나타나고 있다. 이러한 높은 폐업률은 외식시장의 치열한 경쟁이 날로 심화됨을 말해준다.

5) 주변산업의 미성숙

외식산업의 주변 산업인 주방기기, 식자재 생산 및 유통의 영세성과 낮은 기술수준으로 인해 품질관리와 대량생산에 어려움이 많다.

6) 다국적 외식기업의 국내진출 및 시장잠식

다국적 외식기업은 1988년을 전후로 국내에 대거 진출하여 해외의 유명 브랜드의 주종을 이루게 되었다. 우리나라의 대기업도 독자적인 브랜드를 개발하기보다는 손쉬운 해외브랜드와의 기술제휴로 과도한 로열티를 다국적기업에 지출하여 많은 외화가 해외로 유출되고 있다. 따라서 이제는 다국적 기업의 선진화된 경영노하우와 서비스교육의 경험을 바탕으로 국내의 독자 브랜드 개발이 필요한 시기이다.

4. 외식업의 발전과제

1) 외식업 육성을 위한 법적 지원정책 및 중장기 발전계획 수립

현재의 식품위생법은 규제법으로 외식업을 육성시키기에 적합하지 않다. 특히 시장규모가 4조 5천억원에 달하는 위탁급식업체를 법령에 조속히 반영시켜야 한다. 현재까지 위탁급식이라는 명칭이 산업분류표상에 분류도 되어 있지 않고, 단체 급식사업을 비영리사업으로 규정하고 있는 등 산업의 급속한 발전에도 불구하고 관련법규

24) 식품접객업 통계자료(2000년 말 기준), 일본 총무청 통계국 통계센터, NRA(National Restaurant Association) : 한국(45,985천명 / 672,000개), 일본(126,680천명 / 805,000개), 미국(285,309천명 / 831,000개), 중국(1,300,000천명 / 3,100,000개)

는 변한 것이 없는 실정이다. 현 시점에서 위탁급식에 관련된 법규 정비를 포함하여 외식업 발전에 대한 법적 육성지원체제가 확립되어야 한다.

또한 정부가 외식업 발전을 위한 다양한 방안을 전문가 집단에 의뢰하여 발전계획을 수립하고 지속적으로 추진해야 한다. 이러한 발전계획안의 내용으로는 선진외식기법, 교육, 전통외식업 육성 방안, 제품생산설비에 대한 개발지원, 외식업 관련 국제심포지엄 유치, 축제 및 행사의 지속적 개최, 국내 향토음식 개발 및 보급 등이 포함될 수 있다.

2) 경영자와 종사원의 인식 제고

(1) 경영자

날로 경쟁이 치열해짐과 고객의 요구가 다양해지고 있는 상황에서 외식업 경영자들은 외식업을 하나의 서비스산업으로 인식하여 새로운 관점과 중 · 장기적인 경영전략을 마련해야 한다.

새로운 시장 및 고객의 요구에 부응하는 음식메뉴개발과 위생관리 뿐만 아니라 종사원들의 복리후생 증진을 통해 우수한 인력을 육성하여 서비스의 질을 제고시켜야 한다. 종사원들의 정기적인 교육과 세미나 참석으로 전문기술을 꾸준히 습득할 수 있는 기회를 제공함과 동시에 직업적인 자부심을 고취하도록 독려를 병행해야 할 것이다.

또한 경영자 자신도 외식업계의 빠른 변화의 흐름과 조류에 능동적으로 대처하고 새로운 신기술을 습득하기위해 꾸준히 연구하고 노력하는 자세를 견지해야 한다면 경영자로서 기회를 보다 쉽게 가질 수 있는 장점이 있는 분야이다.

(2) 종사원

외식업계가 현재까지 타 업종에 비하여 임금이나 복리후생 등이 열악한 것이 현실이다. 하지만 근래 들어 대형 외식업체와 해외브랜드의 업체가 출현하기 시작하면서 서비스 및 종사원의 교육기회가 많아지고 복리후생 면에서도 근무조건이 크게 개선되었다. 외식업 분야는 업체에서의 실무경험과 어느 정도의 자본만 있다면 누구나

한 번쯤 창업을 할 수 있는 분야이므로 꾸준히 노력하고 기술과 노하우를 습득한다면 경영자로서의 기회를 보다 쉽게 갖을 수 있는 장점이 있는 분야이다.

3) 음식업체의 대형화 · 체인화를 통한 규모의 적정화 유도

우리나라 음식업체의 수는 60만여 개에 달하고 있으나 그 중 약 80%가 30평 미만의 영세한 업소이다. 현재 다국적 외식기업은 자본과 경영적인 노하우를 바탕으로 우리나라의 토종 외식업계를 상당부분 점유하고 있다. 따라서 이러한 다국적 외식기업에 대항하기 위해서는 음식업체의 대형화와 체인화가 필요하다. 특히 소규모 업체는 연합회를 구축하거나 리퍼럴(referral) 조직 구성을 통해 중앙에서 일괄적으로 식자재와 양념을 공급하는 운영방식으로 규모의 경제를 추구하는 것이 바람직하다.

4) 외식업 주변산업의 육성

대규모 외식업소에서 주로 수입산 주방기기를 사용하고 있으므로 어차피 수입제품을 사용해야 한다면 자본과 기술력이 뛰어난 대기업이 적극적으로 참여하여 주방기기 분야의 산업을 발전시켜야 한다. 주방기기의 자동화와 주방기기산업 발전과 함께 유통, 인테리어, 부동산산업 등의 주변산업들도 함께 발전되는 것이 외식업의 발전을 위해서는 반드시 동반되어야 한다.

5) 전통음식의 연구개발 및 해외시장 진출

전통적인 한국 음식들은 건강과 맛이라는 측면에서는 우수한 것으로 평가하지만 대중화 및 표준화에는 아직까지 미흡한 점이 많다. 특히 서구의 음식에 익숙해 진 우리나라 청소년들의 기호에 맞게 개발할 필요가 있으며, 한국음식의 대중화를 위해서는 한식 조리과정의 표준화가 우선 선행되어야 할 과제이다.

한국 전통음식이 다이어트와 건강에 좋다는 인식으로 최근 서양에서도 한국음식에 많은 관심을 보이기 시작했는데, 이러한 대표적인 음식으로는 김치와 비빔밥 등이 있다. 특히 국적기의 기내식으로 제공되고 있는 비빔밥은 한국인뿐만 아니라 외국인들도 선화하는 음식으로 인기를 받고 있는데 이러한 고유음식을 연구개발하고 외국인들의 기호를 감안하여 해외시장에 진출하는 방안을 적극 모색해야 한다.

6) 외식업 독자 브랜드 개발

우리나라 기업이 해외의 유명 브랜드와 기술제휴를 하는 경우에는 경영전략과 노하우측면에서 이미 검증되었기 때문에 용이하게 매출을 증대시킬 수 있다. 하지만 외국의 다국적 기업에 과도한 로열티를 지불하여 많은 외화가 유출되는 문제점을 갖는다. 이제는 우리나라의 대기업들도 외국체인점에서 운영했던 노하우를 가지고 외국 브랜드와 대항할 수 있는 독자적인 브랜드를 개발해야 하며, 우리나라 시장뿐만 아니라 해외시장으로 판로를 적극 개척해 나가야 한다.

7) 신(新)경영기법 습득 및 시스템 구축

다국적 외식체인 업체뿐만 아니라 우리나라의 독자적인 외식업체들도 선진외식산업의 기법을 습득하여 체계적이고 시스템화 된 경영방식을 도입·발전시켜야 한다. 고객만족도 조사를 통한 신상품 개발과 조리과정의 표준화, 종사원의 서비스 프로그램 구축, 중앙공급식 주방 운영 형태 등을 통한 프랜차이즈시스템 개발 등을 도입하여 신경영기법을 적극 수용해야 한다. 외식업의 시스템화는 구매물류 메뉴 위생교육 관리 등 모든 측면에서 효율적인 시스템을 구축하는 것으로 최종적으로는 외식업의 경쟁력을 제고시킬 수 있는 것이다.

5. 우리나라 외식업 전망

사회·문화적 환경의 변화와 함께 식생활에 대한 경향과 추세는 여러 가지로 다양한 양상을 보일 것으로 전망된다. 식생활과 관련된 추세와 환경 변화의 요인으로는 외식의 보편화, 업종의 세분화·전문화·다양화, 편의성 식품과 가정 대용식의 성장, 건강과 안전지향 식품에 대한 소비욕구 대, 핵가족화 및 맞벌이 부부의 증가로 인한 가정 내에서의 조리기회 감소, 가족구성원간의 연령에 따른 기호와 식사시간대의 차이, 생활의 24시간화, 독신인구의 증가, 야간활동의 증가, 편의점 증가에 따른 시간제공 확대, 인구의 고령화와 독신 노인의 증가 등을 들 수 있다.

1) 외식업체 선택기준의 변화

최근 우리나라 외식에 대한 한 조사를 살펴보면, 외식업체의 선택기준이 '맛' 중심에서 '서비스'와 '가치 중심'으로 변화되고 있음을 알 수 있다. 우리나라의 경우 '맛'선택이 과거의 80%선에서 61.6%까지 내려갔으며, 일본은 40.5%까지 내려가고 있다. 현대적 의미의 외식업은 단순히 먹는 공간이 아닌 레저와 문화의 공간으로 변화되고 있음을 시사한다.

2) 외식업체의 다양화

우리나라 외식업체는 한식, 일식, 중식, 분식, 피자, 양식당, 주점, 뷔페, 패스트푸드, 패밀리 레스토랑 등이 중심이며, 외식 시 선택하는 외식업체가 매우 다양화되고 있다. 직장인들의 회식문화도 주류중심에서 식사중심으로 변모되고 있다.

또한 외식업체들은 다양한 고객의 욕구가 부합되도록 각종 이벤트와 패션쇼, 공연, 콘서트 등 고객의 취향과 먹거리를 접목시키는 노력을 함으로써 다변화를 도모하고 있다. 향후 외식업은 인테리어, 분위기, 맛뿐만 아니라 고객에게 선호될 수 있는 독특하고 테마가 있어야 한다. 소비자의 취향과 욕구에 맞춰 끊임없는 아이디어를 토대로 첨단화된 운영방식의 개선이 필요하다.

그리고 건강을 중시하는 계층이 넓어짐에 따라 유기농식품, 채식 뷔페 등의 건강추구형 외식업체, 식도락의 고급음식을 지향하는 고급화지향형 등 다양한 형태의 외식업체가 증가될 것으로 전망된다.

3) 단체급식 시장의 확대

1990년대 들어오면서부터 식자재유통 또는 외식 등에 경험을 가진 대기업들이 해외 브랜드를 도입하거나 기술제휴 등으로 선진기술을 도입하면서 급식운영에 필요한 인프라 및 운영시스템 구축 등을 통하여 단체 급식시장을 선점하고 있으며 공격적인 경영으로 급속히 확대되기 시작하였다.

우리나라의 급식시장은 향후에도 위탁화가 가능한 시장이 아직도 많이 남아있으나 수익성이 높은 시장의 위탁화의 완료와 대기업의 참여증가로 인한 치열한 경쟁으로 앞으로의 경영환경은 더욱 어려워질 것으로 전망된다. 부문별로 보면 현재 위탁률이 높은 산업체와 대학교, 관공서 등의 위탁률은 둔화되는 반면, 병원과 초·중·고 등의 위탁률이 크게 증가되어 전체 위탁시장이 차지하는 비중도 확대될 것으로 예상되면서 단체급식 시장은 꾸준히 확대될 전망이다.

4) 양극화 현상의 심화

현대인의 분주한 생활속도에 맞춘 패스트푸드의 속도 중심의 간단한 기능식과 함께 사교 및 유대의 장으로서 질 높은 서비스와 고급화된 전문음식(value)을 제공하는 식당이 동시에 발전하는 양극화 현상은 품질과 서비스, 가격, 매출액 측면에서 분명한 양극화를 보일 것으로 전망된다.

우리나라의 전문음식(value)차별화는 1990년대 패밀리 레스토랑이 다양한 메뉴로 고객의 요구에 부응한 것에 반해 2000년대는 선점업체의 진입장벽 및 전문화된 식당으로 점차 고객의 기호가 변함에 따라 브랜드의 차별화를 도모하고 있다. 이들의 대표적인 예로는 스테이크 전문점, 파스타 전문점 등이 있다(이선용, 2002). 고급화된 브랜드는 저가의 브랜드보다 매출규모와 연속성이 매우 높은 것으로 많은 조사에서 나타나고 있어 이러한 고급화된 전문음식업체가 더욱 증가할 전망이다.

5) 대형화 · 체인화 변화 추구

1980년대 이후 해외브랜드의 체인화가 시작되었는데, 앞으로도 이런 체인화는 더욱 가속화 될 것이다. 특히 햄버거 · 치킨 · 피자 · 테마레스토랑 · 고급 패밀리 레스토랑 등의 분야에서의 신규 외국 브랜드 국내 시장 진출이 가속화 될 것으로 전망된다.

현재의 해외 브랜드 패밀리 레스토랑으로 점포망의 확대 및 기존 제품으로 신규 판매채널 확장을 통한 대형화를 추구할 전망이다. 또한 단체급식시장에서 생존을 위한 업계의 구조개편이 예견되면서 급식업체간 인수합병을 통한 대형화로 경쟁력을 강화시킬 것으로 보이며, 중소업체는 대기업에 흡수 또는 틈새시장을 목표로 차별화를 도모할 것으로 보인다.

6) 적극적 마케팅 활동 강화

대형 외식업체들을 중심으로 고객을 확보하기 위한 마케팅 활동을 공격적으로 펼치고 있다. 신용카드사와의 업무제휴 강화, 휴대폰 고객을 대상으로 한 할인서비스 제공, SNS를 활용한 사이버 쿠폰 프로모션, 고객마일리지 카드 발급, 생일이나 기념일에 무료쿠폰 제공을 통해 고객 유치 및 신규 고객 유치 경쟁을 치열하게 펼치고 있다. 또한 독자적인 브랜드가 없는 외식업체의 경우 케이블 TV와 지역방송 등의 매체를 활용하거나 신문, 전단지 등을 통해 업체를 홍보하는 등 적극적인 마케팅 홍보 활동을 펼치고 있다.

제8장

국제회의업

발표 및 토론과제

국제회의 정의 및 중요성에 대한 정확한 설명

국제회의의 일반적인 분류 및 개최효과에 대한 이해

국제회의시설에 대한 정의 및 종류 이해

국제회의산업육성에 대한 중요성 및 정부지원책 이해

제1절 국제회의 개념

1. 국제회의의 정의

국제회의의 정의에 관하여는 이론상의 정의와 실정법상의 정의로 나누어 고찰해 볼 수 있다. 이론상의 정의를 보면, 국제회의란 통상적으로 공인된 단체가 정기적 또는 부정기적으로 주최하며 3개국 이상의 대표가 참가하는 회의를 의미하는데, 회의는 그 성격에 따라 국가 간의 이해 조정을 위한 교섭회의, 전문학술회의, 참가자 간의 우호증진이 목적인 친선회의, 국제기구의 사업결정을 위한 총회나 이사회 등 그 종류가 매우 다양하다.

한편, 실정법인 현행 「국제회의산업 육성에 관한 법률」(이 책에서 "국제회의육성법"이라 한다)에 따르면, 국제회의란,

첫째, 국제기구 또는 국제기구에 가입한 기관 또는 법인 · 단체가 개최하는 세미나 · 토론회 · 전시회 · 학술대회 기타 회의로 5개국 이상의 외국인이 참가하고, 회의 참가자가 300인 이상이고 그 중 외국인이 100인 이상이며, 3일 이상 진행되는 회의일 것

둘째, 국제기구에 가입하지 아니한 기관 또는 법인 · 단체가 주최하는 회의로서 회의참가자 중 외국인이 150인 이상이고, 2일 이상 진행되는 회의를 국제회의로 규정하

〈표 8-1〉 국제회의 기준

구분		참가자수	외국인(%)	참가국가수	회의기간
국제회의연합 (UIA: Union of International Association)		300명 이상	40%이상	5개국 이상	3일 이상
국제회의협회 (ICCA: International Congress & Convention & Visit Bureaus)		50명 이상	-	3개국 이상	-
한국관광공사 (KTO: Korea Tourism Organization)		10명 이상	-	3개국 이상	2일 이상
국제회의산업 육성에 관한 법률	국제기구 또는 국제기구에 가입한 기관이나 법인단체	300명 이상	100명 이상	5개국 이상	3일 이상
	국제기구에 가입하지 않은 기관이나 법인단체	-	150명 이상	-	2일 이상

고 있다(동법 제2조 1호 및 동법시행령 제2조).

2. 국제회의의 중요성

국제회의가 하나의 '산업'으로 가장 먼저 정착한 곳은 유럽지역이다. 국제기구의 약 65%가 위치하고 있는 유럽의 경우 전 세계 국제회의의 약 60%를 개최하는 등 세계 국제회의산업의 중심지가 되어 왔다. 금세기 국제회의산업이 고부가가치의 신종산업으로 떠오르자 세계 각국은 컨벤션센터 건립, 국제회의 전문요원의 양성 등을 통해 자국으로의 국제회의 유치에 총력을 기울이고 있다.

우리나라도 급속한 경제성장과 국력신장에 힘입어 세계 여러 국가들과 각 분야에서 교류를 확대해 왔으며, 항공망의 꾸준한 확충, 숙박 및 회의장시설 등 국제회의 기간산업의 발전으로 인해 국제회의를 비롯한 전시회, 이벤트 등 국제행사의 개최건수가 해마다 증가추세를 보이고 있다.

그러나 우리나라의 국제회의산업은 대형 컨벤션센터의 부족, 국제회의 전문인력의 부족, 국제회의 관련업의 수도권 집중, 지방 국제항공망 부족, 관련 업계의 공조체제 부족, 국제회의 정보 부족 등 앞으로 해결해야 할 많은 문제점을 안고 있다. 관광수지 적자가 계속되고 있는 우리의 현실에서 관광산업의 꽃으로 불리는 국제회의산업이 줄 수 있는 경제적·문화적·사회적 파급효과를 올바로 파악하고, 보다 많은 국제회의를 유치하고 활성화해 나감으로써 관광수지의 흑자전환에 노력을 배가해야 할 것이다.

국제회의의 전 세계적 시장규모는 폭발적인 성장을 거듭하고 있으며, 각국정부의 국제회의 전담기구(CVB : Convention & Visitors Bureau)에서는 국제회의산업의 중요성 그 효과를 깊이 인식하고, 다양한 국제회의는 물론 전시·박람회와 국제적 규모의 문화예술행사, 스포츠이벤트, 다국적 기업체의 인센티브 관광 등의 유치에도 총력을 기울이고 있다. 우리나라의 경우 2011년 중국의 '바오젠그룹'에서 제주도에 약 30,000여명을 송출한 것과 2012년에 개최되는 '여수세계엑스포'에 전력을 다하는 이유도 모두 동일한 맥락이다. 나아가 국제회의 산업은 고부가가치를 창출하는 신 관광산업의 개념으로 자리하고 있으며, 미래 전망이 매우 밝은 산업이라고 단정할 수 있다. 국제회의를 주관하고 개최하는 개최국가 및 개최도시는 주관단체의 관례 또는 유치경쟁에 의해 결정되어지나, 정치 · 경제 · 지리적인 이유 등이 개최국가를 선정하는 중요한 변수로 적용하게 되는 사례도 있다.

3. 국제회의업의 분류

국제회의업이란, 대규모 관광수요를 유발하는 국제회의(세미나 · 토론회 · 전시회 등을 포함한다)를 개최할 수 있는 시설을 설치 · 운영하거나 국제회의의 개최 · 준비 · 진행 등의 업무를 위탁받아 대행하는 업을 말하고(관광진흥법 제3조), 그 종류는 국제회의시설업과 국제회의기획업으로 구분하고 있다(관광진흥법 시행령 제2조).

1) 국제회의시설업

국제회의시설업은 대규모 관광수요를 유발하는 국제회의를 개최할 수 있는 시설을 설치 · 운영하는 업으로서 전문회의시설의 요건을 갖추고 있어야하며, 국제회의의 개최 및 전시 · 박람회의 편의를 위하여 부대시설로 주차시설, 쇼핑, 휴식시설 등을 갖추고 있는 업이다.

국제회의시설업은 '국제회의산업육성에 관한 법률 · 시행령 제3조에 의하면 전문회의시설, 전문 전시시설 및 부대시설로 구분할 수 있는데 전문회의시설에는 컨벤션센

〈표 8-2〉 국제회의시설별 요구조건

시설구분	시설별 요구조건
전문회의시설	▪ 컨벤션센터, 호텔시설 등 시설 ▪ 대회의실(2,000명 이상 수용) 1실 ▪ 중소회의실(30명 이상 수용) 10실 이상 ▪ 옥내 전시면적(2,500㎡ 이상)
준 회의시설	▪ 호텔 연회장, 공연장, 체육관 등 시설 ▪ 대회의실(600명 이상 수용) 1실 ▪ 중소회의실(30명 이상 수용) 3실 이상
전문 전시시설	▪ 옥내 전시면적(2,500㎡ 이상) ▪ 중소회의실(30명 이상 수용) 5실 이상
부대시설	▪ 전문회의시설 및 전문시설에 부속된 숙박, 주차 식음료, 휴식, 쇼핑 시설 등

터와 컨퍼런스센터가 있고 준 회의시설로는 호텔, 대학, 공공기관, 연구소 등의 회의시설, 전문 전시시설로는 전문 전시장이 이에 포함된다. 이 각각의 시설에 요구되는 조건은 위의 [표 8-2]와 같다.

2) 국제회의기획업

국제회의기획업은 대규모의 관광객을 유발하는 국제회의의 계획 · 준비 · 진행 등의 업무를 위탁받아 대행하는 업(관광진흥법 시행령 제2조 4항)으로 정의되고 있다. 국제회의의 특성상 기획의 전문성과 다양성으로 인해 국제회의를 성공적으로 수행하기 위한 사업의 필요성이 요구되고 있다. 한편, 국제회의기획업은 소위 PCO(Professional Convention Orrganizer)라 통칭되고 있다.

(1) 국제회의기획업체(Professional Convention Orrganizer : PCO)

국제회의기획업체는 국제회의 개최와 관련된 다양한 업무를 행사 주관자로부터 수임받아 부분적 또는 행사 전체적으로 기획대행해 주는 영리업체이다. PCO는 정부조직, 공공기관, 일반 기업체에서 자체적으로 국제회의를 담당하는 부서나 노하우가 없을 경우 국제회의 개최, 진행업무를 수임받게 되는 것이다.

국제회의는 그 준비과정이나 행사 총괄 운영, 진행에 있어 개최의 성격에 따라 부대시설에서부터 행사진행에 이르기까지 다양성을 보유하기 때문에 국제회의를 준비하기 위해서 고도의 전문성을 요구하게 된다. 이와 같은 전문성과 다양성은 국제회의기획업체의 출범과 지속적인 발전을 가져왔고, 대규모 국제회의가 빈번하게 개최되는 국가에서는 이들 국제회의기획업체들의 협조를 받아 국제회의의 국내 유치를 위한 촉진활동은 물론 행사준비 및 운영업무를 효과적으로 수행함으로써 시간 및 비용절약과 함께 원활한 회의진행이 이루어지고 있다.

국제회의기획업체가 수행하는 기능적 업무의 역할은 아래와 같다.

첫째, 정부기관, 공공기관, 학회, 협회, 민간 기업 등과 협력하여 국제회의의 국내 유치를 위한 협력방안 체결 및 유치촉진활동을 추진한다.

둘째, 주최측 또는 회의 주관자로부터 수임받은 국제회의의 성공적 개최와 운영을 위해 주최측, 회의 주관자와 긴밀한 업무협조 하에 제반 업무를 조정한다.

셋째, 호텔, 여행사, 항공사, 국제회의 관련 서비스업체(동시통역, 브로셔 제작업체, 음향설비업체 등)관련 정부기관(컨벤션 뷰로) 등과 성공적 회의 진행을 위해 필요한 모든 업무협조를 긴밀하게 진행한다.

넷째, 관련업체, 공적기관과의 긴밀한 업무협조, 전문적인 회의(프로그램)안 편성, 회의장, 숙박시설 및 전문인력 등 관련 용역과 시설의 효과적인 관리 등 제반 업무의 전체적인 조정을 통하여 주최측과 참가자들에게 행사가 가장 효율적으로 조직적으로 운영된다는 확신을 갖도록 한다.

(2) 국제회의업의 등록 기준

「국제회의시설업」은 「관광진흥법」의 규정에 의해서 등록을 하도록 규정하고 있다. 국제회의시설업의 등록기준은 다음 제2절 국제회의시설에서 자세히 살펴보기로 한다. 국제회의기획업의 등록기준은 자본금의 규모가 5천만원 이상이어야 하고, 사무실을 소유권 또는 사용권이 있을것'이라고 규정하고 있다.

3) 마이스(MICE)산업의 개념

마이스(MICE)산업이란 M(기업회의 : Meeting), I(인센티브 · 보상관광 : Incentive Travel), C(컨벤션 · 국제회의 : Convention), E(전시 · 박람회 : Exhibition)를 결합한 용어로써 현재 국제회의산업을 보다 포괄적이고 광범위한 개념을 확대한 것이라 할 수 있다.

MICE산업이 근래들어 각광받는 이유는 고용창출효과가 높고, 고부가가치산업으로 경제적 파급효과 또한 크기 때문이다. MICE는 최근 정부에서 발표한 신성장동력산업의 하나로 일반에 알려지기 시작하였다.

회의산업의 중요성은 UNWTO(세계관광기구)에서 2007년 발표한 'Measuring the Economic Importance of the Meeting Industry'의 국제산업분류기준(ISIC : International standards Industrial Classification)에 회의산업과 관련된 경제활동을 반영할 수 있는 새로운 항목을 개발하도록 제안하기도 했다.

MICE에 대한 보다 자세한 내용을 살펴보면,

① M(회의 : Meeting)

대규모 국제회의는 아니더라도 자국을 떠나 해외에서 이루어지는 회의는 회의 목적지에서 숙박과 식사, 각종 부대행사가 진행됨으로써 상당한 규모의 경제적 파급효과를 발생시킬 수 있다.

② I(인센티브 · 보상관광 : Incentive Travel)

각종 사회단체나 민간기업체서 직원 또는 조직구성원들에게 성과에 대한 장려와 동기부여차원에서 실시하는 경영기법의 하나로 볼 수 있다. 성과에 대한 보상차원의 행사 역시 일반적으로 대규모 이동이 이루어지며, 현지 행사는 주로 공식적인 프로그램 보다는 조직구성원들의 자율적인 프로그램에 의해 주로 관광 등의 형태가 주류를 이룬다. 일반 관광객들보다 경제적 파급효과가 크기 때문에 인센티브 단체를 유치하기 위한 각국의 경쟁이 날로 치열해지고 있다.

③ C(컨벤션 · 국제회의 : Convention)

앞에서 자세히 설명하였듯이 컨벤션은 MICE산업 중에서 가장 커다란 비중을 차지하는 매우 중요한 산업의 한 축이다.

④ E(전시 · 박람회 : Exhibition)

전시 · 박람회는 벤더(vender : 판매의뢰자)로부터 제공되어진 제품과 신제품 안내 등이 포함된 서비스의 전시모임을 지칭한다. 주로 공산품 관련 무역, 일반 제조업, 교육 · 의료분야, 상품 및 서비스 판매업자들의 대규모 전시회는 회의를 수반하는 경우도 있으며, 이와는 반대로 전시회가 컨벤션의 한 부분으로 진행되는 경우도 종종 있다.

4. 국제회의의 종류

(1) 회의(meeting)

회의는 모든 종류의 모임을 총칭하는 포괄적인 용어이다. 특히 모든 참가자가 단체에 관한 사항을 토론하기 위해서 단체의 구성원이 되는 형태의 회의를 말한다.

(2) 총회(assembly)

한 기구의 회원국들의 대표가 모여 의사결정 및 정책결정 등을 하고 위원회의 선출과 예산협의의 목적으로 모이는 공식적인 회의를 말한다.

(3) 컨벤션(convention)

회의분야에서 가장 일반적으로 쓰이는 용어로서 정보전달을 주된 목적으로 하는 정기집회에 많이 사용되며 전시회를 수반하는 경우가 많다. 각 기구나 단체에서 개최하는 연차총회(annual meeting)의 의미로 쓰였으나, 요즘에는 총회, 휴회기간 중에 개최되는 각종 소규모 회의, 위원회회의 등을 포괄적으로 의미하는 용어로 사용된다.

(4) 컨퍼런스(conference)

컨벤션과 거의 같은 뜻을 가진 용어이지만, 컨벤션이 주로 불특정다수의 주제를 다루는 조직 및 관련기구의 정기회의인 반면, 컨퍼런스는 주로 과학 · 기술 · 학문 등 전문분야의 새로운 정보를 전달하고 습득하거나 특정 문제점 연구를 위한 회의이기 때문에 통상 컨벤션에 비해 토론회가 많이 준비되고 회의참가자들에게 토론의 참여 기회가 많이 주어진다.

(5) 콩그레스(congress)

컨벤션과 유사한 의미를 가진 용어로서 유럽지역에서 빈번히 사용되며, 주로 국제규모의 회의를 의미한다. 컨벤션이나 콩그레스는 본회의와 사교행사 그리고 관광행사 등의 다양한 프로그램으로 구성되며, 대규모 인원이 참가한다. 대개 연차적으로 개최되며, 주로 상설 국제기구가 주최한다.

(6) 포럼(forum)

제시된 한 가지의 주제에 대해 상반된 견해를 가진 동일 분야의 전문가들이 사회자의 주도하에 대중 앞에서 벌이는 공개토론회로서 청중이 자유롭게 질의에 참여할 수 있으며 사회자가 의견을 종합한다.

(7) 심포지엄(symposium)

제시된 안건에 대해 전문가들이 연구결과를 중심으로 다수의 청중 앞에서 벌이는 공개토론회로서, 포럼에 비해 회의참가자들이 다소의 형식을 갖추어 회의를 진행하므로 청중의 질의기회는 적게 주어진다.

(8) 패널토의(panel discussion)

청중이 모인 가운데 2명에서 8명까지의 연사가 사회자의 주도하에 서로 다른 분야에서의 전문가적 견해를 발표하는 공개토론회로서 청중도 자신의 의견을 발표할 수 있다.

(9) 워크숍(workshop)

콘퍼런스, 컨벤션 또는 기타 회의에 보조적으로 개최되는 짧은 교육프로그램으로, 30명 내외의 참가자가 특정문제나 과제에 관한 새로운 지식, 기술, 아이디어 등을 교환하며, 발표자와 참가자가 감정적 동질성을 갖고 새로운 정보와 전문업무를 교육시키는 교육토론회이다.

(10) 세미나(seminar)

교육 및 연구목적으로 개최되는 회의로 발표자와 참가자가 단일한 논제에 대해 발표 · 토론하며, 발표자와 참가자는 교육자와 피교육자의 관계를 전제로 한다.

(11) 클리닉(clinic)

클리닉은 특별한 기술을 교육하고 습득하기 위한 목적에 많이 활용되는 회의형태로 기술과 전문지식 제공이 목적이며, 대부분은 소규모 집단이 참여한다.

(12) 전시회(exhibition)

무역, 산업, 교육분야 또는 상품 및 서비스판매업자들의 대규모 전시회로서 회의를 수반하는 경우도 있다. 'exposition' 및 'tradeshow'라고도 하며, 유럽에서는 주로 'trade fair'라는 용어를 사용한다.

(13) 원격회의(teleconference)

회의참석자가 회의장소로 이동하지 않고 국가간 또는 대륙간 통신시설을 이용하여 회의를 개최한다. 회의경비를 절감하고 준비 없이도 회의를 개최할 수 있다는 장점이 있으며, 오늘날에는 각종 audio, video, graphics 및 컴퓨터 장비, 멀티미디어를 갖춘 고도의 통신기술을 활용하여 회의를 개최할 수 있으므로 그 발전이 주목되고 있다.

(14) 인센티브 관광(incentive travel)

기업에서 주어진 목적이나 목표달성을 위해 종업원(특히 판매원), 거래상(대리점업자), 거액 구매고객들에게 관광이라는 형태로 동기유발을 시키거나 보상함으로써 생산효율성을 증대하고 고객을 대상으로 광고효과를 유발하는 것으로서 포상관광이라고도 말한다.

5. 국제회의의 개최효과

금세기 국제회의산업이 고부가가치의 신종산업으로 떠오르자 국제회의를 비롯한 전시회 또는 이벤트 등 국제행사의 개최건수가 해마다 증가추세를 보이고 있다. 이제 관광산업의 꽃으로 불리는 국제회의산업은 국가전략산업으로 각광을 받으면서 정착되어가고 있으며, 특히 그 효과는 다방면에 걸쳐 상승작용을 함으로써 개최국의 위상과 경제적인 부를 동시에 상승시켜 주고 있다. 그 구체적인 효과를 국가홍보, 외화획득, 고용창출, 지역경제 발전 등의 측면에서 살펴보고자 한다.

1) 정치적 효과

국제회의는 통상 수십 개국의 대표들이 대거 참여하므로 국가홍보에 기여하는 바가 크며, 회원자격으로 참가하는 비수교국 대표와 교류기반을 조성할 수도 있어 국가외교면에서도 커다란 기여를 하며, 또한 국제회의 참가자는 대부분 해당 분야의 영향력 있는 인사들로 해당 국가의 오피니언 리더들이므로 민간외교 차원에서도 그 파급효과가 매우 크다.

2) 사회 · 문화적 효과

국제회의는 외국과의 직접적인 교류를 통해 지식 · 정보의 교환, 참가자와 개최국 시민 간의 접촉을 통한 시민의 국제감각 함양 등 국제화의 중요한 수단이 될 수 있다. 또한 국제회의 유치, 기획, 운영의 반복은 개최지의 기반시설 뿐만 아니라 다양한 기능을 향상시키며 개최국의 이미지 향상, 국제사회에서의 위상확립 등 개최국의 지명도 향상에도 큰 기여를 한다. 또한 지방으로의 국제회의 분산 개최는 지방의 국제화와 지역 균형발전에도 큰 몫을 하게 된다.

3) 경제적 효과

국제회의산업은 종합 서비스산업으로 서비스업을 중심으로 사회 각 산업분야에 미치는 승수효과가 매우 크다. 국제회의는 개최국의 소득향상효과(회의참가자의 지출→서비스산업 등 수입증가→시민소득 창출), 고용효과(서비스업 인구 등 광범위한 인력 흡수), 세수 증가효과(관련 산업 발전→법인세→시민소득 증가→소득세) 등 경제 전반의 활성화에 기여하게 된다. 그 밖에도 참가들이 직접 대면을 하게 되므로 상호 이해 부족에서 올 수 있는 통상마찰 등을 피할 수 있게 될 뿐만 아니라 선진국의 노하우를 직접 수용함으로써 관련분야의 국제경쟁력을 강화하는 등 산업발전에도 중요한 역할을 한다.

4) 관광산업적 효과

국제회의의 개최는 관광산업 측면에서 볼 때 관광 비수기 타개, 대량 관광객 유치 및 양질의 관광객 유치효과를 가져다 줄 뿐만 아니라, 국제회의는 계절에 구애받지 않고 개최가 가능하며, 참가자가 보통 100명에서 많게는 1,000명 이상에 이르므로 대량 관광객 유치의 첩경이 된다. 또한 국제회의 참가자는 대부분 개최지를 최종 목적지로 하기 때문에 체재일수가 길며 일반 관광객보다 1인당 소비액이 높아 관광수입 측면에서도 막대한 승수효과를 가져온다.

일반적으로 국제회의유치효과를 도식화하면 아래 [그림 8-1]과 같다.

[그림 8-1] 국제회의 개최효과

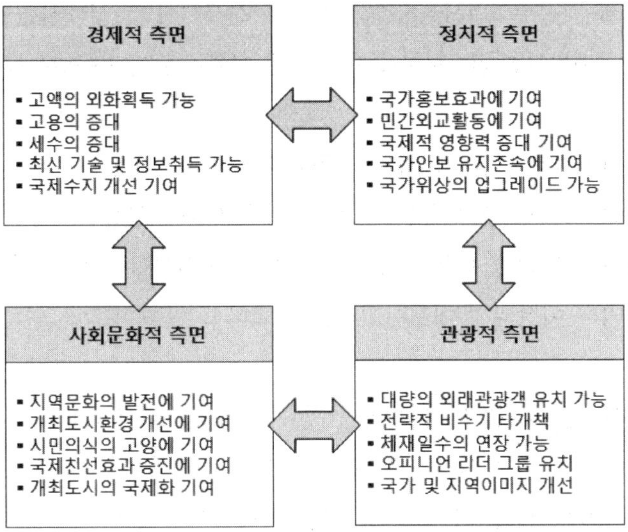

제2절 국제회의 시설

1. 국제회의시설의 정의

현행 「국제회의산업 육성에 관한 법률」(이 책에서 "국제회의육성법"이라 한다)에서는 국제회의시설의 정의로 "국제회의의 개최에 필요한 회의시설, 전시시설 및 이와 관련된 부대시설 등으로서 대통령령으로 정하는 종류와 규모에 해당하는 것을 말한다"고 규정하고 있다(국제회의육성법 제2조 3호). 한편, 국제회의시설업은 관광사업자의 결격사유(관광진흥법 제7조)만 없으면 누구든지 경영할 수 있는데, 국제회의시설의 건립과 확충사업에 관광진흥개발기금을 출자할 수 있게 함으로써 민간자본의 유치를 촉진하고 있다.

2. 국제회의시설의 종류

국제회의시설은 전문회의시설 · 준회의시설 · 전시시설 및 부대시설로 구분하지만, 부대시설은 전문회의시설 및 전시시설에 부속된 시설을 말한다(동법시행령 제3조 1항).

(1) **전문회의시설**은 다음 각 호의 요건을 갖추어야 한다.

1. 2천인 이상의 인원을 수용할 수 있는 대회의실이 있을 것
2. 30인 이상의 인원을 수용할 수 있는 중 · 소회의실이 10실 이상 있을 것
3. 2천제곱미터 이상의 옥내전시면적을 확보하고 있을 것

(2) **준회의시설**은 국제회의의 개최에 필요한 회의실로 활용할 수 있는 호텔연회장 · 공연장 · 체육관 등의 시설로서 다음 각 호의 요건을 갖추어야 한다.

1. 600인 이상의 인원을 수용할 수 있는 대회의실이 있을 것
2. 30인 이상의 인원을 수용할 수 있는 중 · 소회의실이 3실 이상 있을 것

(3) **전시시설**은 다음 각 호의 요건을 갖추어야 한다.

1. 2천제곱미터 이상의 옥내전시면적을 확보하고 있을 것
2. 30인 이상의 인원을 수용할 수 있는 중 · 소회의실이 5실 이상 있을 것

(4) **부대시설**은 국제회의의 개최 및 전시의 편의를 위하여 전문회의시설과 전문전시시설에 부속된 숙박시설 · 주차시설 · 음식점시설 · 휴식시설 · 판매시설 등으로 한다.

3. 우리나라 국제회의시설 현황

우리나라는 2000년 5월까지 '전문회의시설'은 전무한 상태였고, 그동안 유치한 국제회의는 거의 모두 준회의실에서 개최한 것이다. 그러나 2000년 아시아 · 유럽정상회의(ASEM), 2002년의 월드컵축구대회와 부산아시안게임, 2010년의 G20정상회의 개최 등으로 '컨벤션센터'가 활발하게 운영되고 있다.

우리나라의 전문 컨벤션센터(국제회의시설)는 2010년 12월 말 현재 서울 코엑스(COEX)컨벤션센터(1979.3. 개관)를 비롯하여 부산 전시컨벤션센터(BEXCO, 2001.9. 개관), 대구 전시컨벤션센터(EXCO, 2001.4. 개관), 제주국제컨벤션센터(ICC JEJU, 2003.3. 개관), 경기도 고양에 한국국제전시장(KINTEX, 2005.4. 개관), 창원에 창원컨벤션센터(CECO, 2005.9. 개관), 광주에 김대중컨벤션센터(KTJ Center, 2005.9. 개관), 대전에 대전컨벤션센터(DCC, 2008.4. 개관), 인천에 송도컨벤시아(Songdo Convensia, 2008.10. 개관) 등이 문을 열었으며, 이 외에도 몇몇 지방자치단체가 컨벤션시설을 설립하기 위한 타당성 검토가 진행되고 있다.

제3절 국제회의산업의 육성

1. 국제회의산업의 정의

국제회의산업이라 함은 국제회의의 유치와 개최에 필요한 국제회의시설, 서비스 등과 관련된 산업을 말한다. 즉 「관광진흥법」에서 규정하고 있는 국제회의시설업과 국제회의기획업과 관련된 산업을 말한다.

여기서 국제회의시설업이란, 대규모 관광수요를 유발하는 국제회의를 개최할 수 있는 시설(컨벤션센터)을 설치하여 운영하는 업을 말하고, 국제회의기획업은 대규모 관광수요를 유발하는 국제회의의 계획 · 준비 · 진행 등의 업무를 위탁받아 대행하는 업을 말한다.

2. 국제회의산업 육성을 위한 국가 · 정부의 책임

'국제회의육성법'에서는 국제회의산업 육성을 위하여 국가나 정부의 책임과 지원 그리고 지방자치단체의 역할 등에 관하여 규정하고 있다(동법 제3조부터 제16조).

1) 국제회의 전담조직의 지정 및 설치

국제회의 전담조직이라 함은 국제회의산업의 진흥을 위하여 각종 사업을 수행하는 조직을 말한다.

(1) 전담조직의 지정

문화체육관광부장관은 국제회의산업의 육성을 위하여 필요하면 국제회의 전담조직(이하 "전담조직"이라 한다)을 지정할 수 있다.

국제회의 전담조직은 다음 각 호의 업무를 담당한다.

1. 국제회의의 유치 및 개최 지원
2. 국제회의산업의 국외홍보
3. 국제회의 관련정보의 수집 및 배포
4. 국제회의 전문인력의 교육 및 수급
5. 지방자치단체의 장이 설치한 전담조직에 대한 지원 및 상호협력
6. 그 밖에 국제회의산업의 육성과 관련된 업무

(2) "전담조직"의 설치

국제회의시설을 보유 · 관할하는 지방자치단체의 장은 국제회의 관련업무를 효율적으로 추진하기 위하여 필요하다고 인정하면 전담조직을 설치할 수 있다.

2) 국제회의산업 육성기본계획의 수립 등

(1) 기본계획의 내용

문화체육관광부장관은 국제회의산업의 육성 · 진흥을 위하여 국제회의산업육성기

본계획(이하 "기본계획"이라 한다)을 수립 · 시행하여야 한다. 기본계획의 내용은 다음과 같다.

1. 국제회의의 유치와 촉진에 관한 사항
2. 국제회의의 원활한 개최에 관한 사항
3. 국제회의에 필요한 인력의 양성에 관한 사항
4. 국제회의시설의 설치 및 확충에 관한 사항
5. 그 밖에 국제회의산업의 육성 · 진흥에 관한 중요 사항

(2) 기본계획의 수립 및 변경

문화체육관광부장관이 기본계획을 수립 또는 변경하려는 경우에는 국제회의산업과 관련이 있는 기관 또는 단체 등의 의견을 들어야 한다.

(3) 필요한 협조의 요청

문화체육관광부장관은 국제회의산업 육성과 관련된 기관의 장에 대하여 기본계획의 효율적인 달성을 위하여 필요한 협조를 요청할 수 있다.

3) 국제회의 유치 · 개최 지원

(1) 지원

문화체육관광부장관은 국제회의의 유치를 촉진하고 그 원활한 개최를 위하여 필요하다고 인정하면 국제회의를 유치하거나 개최하는 자(국제회의개최자)에게 지원을 할 수 있다.

(2) 권한의 위탁

문화체육관광부장관은 국제회의 유치 · 개최의 지원에 관한 업무를 대통령령으로 정하는 바에 따라 법인이나 단체에 위탁할 수 있다. 이에 따라 국제회의 유치 · 개최의 지원에 관한 업무는 국제회의 전담조직에 위탁하도록 되어 있다.

(3) 경비의 보조

문화체육관광부장관은 국제회의 유치 · 개최의 지원에 관한 업무를 위탁한 경우에는 해당 법인이나 단체에 예산의 범위에서 필요한 경비(經費)를 보조할 수 있다.

(4) 지원신청

지원을 받으려는 자는 문화체육관광부장관에게 국제회의 유치 · 개최에 관한 지원을 신청하여야 한다(국제회의육성법 제7조 2항). 이 경우 국제회의지원신청서에 다음의 서류를 첨부하여 국제회의 전담조직의 장에게 제출하여야 한다.

1. 국제회의 유치 · 개최 계획서(국제회의의 명칭 · 목적 · 기간 · 장소 · 참가자수 · 소요비용 등을 포함하여야 한다) 1부
2. 국제회의 유치 · 개최 실적에 관한 서류(국제회의를 유치 · 개최한 실적이 있는 경우에 한한다) 1부
3. 지원을 받고자 하는 세부내용을 기재한 서류 1부

4) 국제회의산업 육성기반의 조성

(1) 국제회의산업 육성기반 조성의 내용

국제회의산업 육성기반이란 국제회의시설, 국제회의 전문인력, 전자국제회의체제, 국제회의 정보 등 국제회의 유치 · 개최를 지원하고 촉진하는 시설, 인력, 체제, 정보 등을 말한다.

문화체육관광부장관은 국제회의산업육성기반을 조성하기 위하여 관계 중앙행정기관의 장과 협의하여 다음 각 호의 사업을 추진하여야 한다.

1. 국제회의시설의 건립
2. 국제회의 전문인력의 양성
3. 국제회의산업 육성기반의 조성을 위한 국제협력
4. 인터넷 등 정보통신망을 통하여 수행하는 전자국제회의 기반의 구축
5. 국제회의산업에 관한 정보와 통계의 수집 · 분석 및 유통
6. 그 밖에 국제회의산업 육성기반의 조성을 위하여 필요하다고 인정되는 사업으

로서 대통령령으로 정하는 사업

(2) 사업시행기관의 사업실시

문화체육관광부장관은 다음 각 호의 기관 · 법인 또는 단체(이하 "사업시행기관"이라 한다) 등으로 하여금 국제회의산업 육성기반의 조성을 위한 사업을 실시하게 할 수 있다.

1. 문화체육관광부장관이 지정하거나 지방자치단체의 장이 설치한 국제회의 전담조직
2. 문화체육관광부장관에 의하여 지정된 국제회의도시
3. 「한국관광공사법」에 따라 설립된 한국관광공사
4. 「고등교육법」에 따른 대학 · 산업대학 및 전문대학
5. 그 밖에 대통령령으로 정하는 법인 · 단체. 여기서 "대통령령으로 정하는 법인 · 단체"라 함은 국제회의산업의 육성과 관련된 업무를 수행하는 법인 · 단체로서 문화체육관광부장관이 지정하는 법인 · 단체를 말한다.

5) 국제회의도시의 지정 및 지원

(1) 국제회의도시의 지정

문화체육관광부장관은 국제회의산업의 육성 · 진흥을 위하여 국제회의도시 지정기준에 맞는 특별시 · 광역시 및 시를 국제회의도시로 지정할 수 있는데, 이 경우 지역간의 균형적 발전을 고려하여야 한다. 그러나 「제주특별자치도 설치 및 국제자유도시 조성을 위한 특별법」(이하 "제주특별법"이라 약칭함)은 이러한 '국제회의육성법'의 규정에도 불구하고 제주자치도를 국제회의도시로 지정 · 고시할 수 있다고 규정하고 있다. 이에 따라 문화관광부(당시)는 2006년 9월 14일 제주특별자치도를 국제회의도시로 지정 · 고시한 바 있으며, 종전의 국제회의도시였던 '서귀포시'는 국제회의도시에서 제외되었다.

이로써 우리나라는 2005년 서울특별시, 부산광역시, 대구광역시, 제주특별자치도가 국제회의도시로 지정된데 이어 2007년에는 광주광역시, 2009년에는 대전광역시와

경남 창원시가 추가로 지정됨으로써 2010년 12월 말 현재 7개가 지정되어 있다.

(2) 국제회의도시의 지원

문화체육관광부장관은 지정된 국제회의도시에 대하여는 다음 각 호의 사업에 우선 지원할 수 있다.

1. 국제회의도시에서의 관광진흥개발기금('기금법' 제5조)의 용도에 해당하는 사업
2. '국제회의육성법'의 규정(제16조 제2항 각 호)에 의한 재정지원에 해당하는 사업

제9장

리조트업 · 관광교통업

발표 및 토론과제

리조트업의 개념 이해

리조트업의 종류별 특성 이해

관광교통업의 구분별 개념 이해

제1절 리조트업의 개념

1. 리조트업의 이해

1) 리조트의 개념

리조트(resort)의 사전적 의미는 "건강, 휴양 등과 관련하여 사람들이 자주 가는 장소" 또는 "대중적인 오락, 레크리에이션의 장소"로 해석되고 있는데, 우리나라의 경우에는 '휴양지', '관광단지' 또는 '종합휴양시설' 등의 개념으로 해석되고 있다.

우리나라에서 리조트란 아직까지 일반적으로 통용되는 용어가 아니고 현행 「관광진흥법」에서 규정하고 있는 관광객이용시설업 중 전문휴양업이나 종합휴양업(제1종 · 제2종)으로 분류되어 있을 따름이다.

일본에서는 '종합휴양지역정비법(일명 '리조트법')'이 제정되어 있어 여기에서 리조트를 "양호한 자연조건을 가지고 있는 토지를 포함한 상당규모(15ha)의 지역에 있어서 국민이 여가 등을 이용하려고 체재하면서 스포츠, 레크리에이션, 교양문화활동, 휴양, 집회 등의 다양한 활동을 할 수 있도록 종합적인 기능이 정비된 지역(약 3ha)"으로 규정하고 있다. 이 정의에 따르면 리조트는 ① 체재성 ② 자연성 ③ 휴양성(보양성) ④ 다기능성 ⑤ 광역성 등의 요건을 모두 겸비하고 있어야 하는 것으로 해석하고 있다. 따라서 하나의 요건만 만족시켰다고 해서 모두 리조트라고 말할 수 없다는 것이다.

이상의 리조트에 관한 정의들을 종합해 보면, 리조트는 사람들을 위해 휴양 및 휴식을 제공할 목적으로 일상생활권을 벗어나 자연경관이 좋은 지역에 위치하며, 레크리에이션 및 여가활동을 위한 다양한 시설을 갖춘 종합단지(complex)를 의미한다고 하겠다. 즉 리조트란 "자연경관이 수려한 일정규모의 지역에 관광객의 욕구를 충족시킬 수 있는 레크리에이션, 스포츠, 상업, 문화, 교양, 오락, 숙박 등을 위한 시설들이 복합적으로 갖추어져 심신의 휴양 및 에너지의 재충전을 목적으로 조성된 종합휴양지"라고 정의하고자 한다.

2) 리조트사업의 특성

(1) 리조트사업의 요건

현대는 스트레스사회라고 일컬어진다. 전후 일본은 경제적으로 눈부신 발전을 이루었고, 기술혁신이 진행되어 물질문명이 꽃을 피웠다. 반면 소비생활은 풍성하게 되었지만, 정신생활에 있어 마음의 피로와 갈증으로 고뇌하는 사람들이 증가하고 있었다.

리조트는 현대사회가 부과하는 다양한 스트레스에서 벗어나 본래의 자기를 찾고 싶다는 사람들이 증가함에 따라 보급되어 온 기본적 성격을 갖고 있다.

그래서 사회가 점점 근대화하고, 경제적 가치와 합리성이 한층 중시되어져 가는 것이 예상되면서부터 경쟁사회에 있어서 정신과 육체에 대한 정신적 압박감은 점차 커지고, 이로써 리조트에 대한 요구도 높아져 가게 된 것이다. 리조트사업은 이러한 인간의 정신과 관련되는 사업영역을 갖고 있기 때문에 리조트시설 등의 하드웨어적 요소의 중심만으로는 불충분하다. 서비스와 시스템, 사상, 혹은 리조트를 둘러싼 문화, 자연환경 등의 주변적 요소와 전체적 조화가 리조트로서의 성립에 중요한 의미를 갖고 있다.

정신과 육체의 피로를 푸는 것뿐만 아니라 내일의 활력을 배양하고, 가족 또는 친한 사람들과 즐겁게 한 때를 보내거나, 잃어 버렸던 자연으로 회귀하거나, 혹은 창조적인 활동을 하기 위해서 많은 사람들이 리조트를 찾고 있다고 할 수 있다. 이러한 요구에 대응하는 것이 본래의 의미에서 '리조트'라고 부르는 것이다.

(2) 리조트사업의 특성

리조트를 현실의 사업이라는 측면에서 보는 경우, 다른 산업과 비교해 어떠한 특색을 갖고 있는지 살펴보면 다음과 같다.

① 생산과 소비의 동시점 · 동지점성
② 수요의 불안전성
③ 막대한 초기투자

이러한 특징의 하나하나를 보면 다른 산업에도 적합한 것이지만, 이러한 3가지 특징을 전부 갖는 것이 리조트사업의 특색이다.

첫째, 생산과 소비의 동시점 · 동지점성인데, 이것은 서비스업 전반에 걸친 공통적인 특징이다. 다시 말하면 재고(stock)가 없다는 표현이 가능하다. 예를 들면, 리조트지역의 개인용 풀장 주변공간에서 음료를 제공한다는 서비스 제공행위와 음료를 마시면서 일광욕을 하고 시간을 보낸다는 소비행위는 공유하는 시간(동시점)에 공유하는 장소(동지점)를 고려하지 않으면 안된다. 이 때문에 이용자가 많아 의자의 수용량을 상회할 경우에는 자리가 빌 때까지 고객을 기다리게 하지 않으면 안된다(하지만, 기다리고 있는 사이에 기후가 변화하든가, 저녁이 되어서 일광욕을 할 수 없다는 상황도 있을 수 있다). 기다리는 사람이 이용을 단념하지 않게 하기 위하여 공간을 확대한다면(풀 사이드를 넓혀 의자를 증설하고, 숙박시설의 수용량을 올리고, 음료수와 서비스맨의 수를 늘린다), 고객수가 적을 때에는 시설과 노동력이 유효화하게 된다. 이렇듯 리조트사업은 재고가 없기 때문에 안정적인 서비스 제공이 불가능하다. 이것이 경영을 압박하는 원인이 된다.

둘째, 수용의 불안정성이다. 이것은 수요자측에서 볼 때, 리조트가 그들의 생활가운데에서 얼마만큼의 비중을 갖고 있는가라는 것과 리조트가 시간소비형의 행동이라는 것에 크게 유래하고 있다. 그렇기 때문에 리조트는 대부분의 사람들에게 생활필수는 아니다. 리조트에 대한 수요크기는 경기와 가계의 상황에 크게 좌우되어지는 것이라 생각된다. 더욱이 무슨 일이 있어도 리조트가 생활에 자리잡지 않으면 안된다고 생각하는 사람은 적다. 어차피 리조트에서 시간을 보낸다면, 가능한 한 지내기 쉬운 기후시기와 그 리조트지에서 특정계절에만 있는 것(스키 · 해수욕 등)이 가능한 시기를 선택하고 싶어 한다. 이 때문에 수요가 불안정하다는 것과 함께 전망도 불투명한 것이 리조트경영을 불안정하게 하는 하나의 요소로 존재한다.

셋째, 막대한 초기투자이다. 리조트사업은 일반적으로 거대한 토지취득과 시설건설 및 기반정비에 거액의 선행투자가 필요하다. 특히 일본처럼 지가가 높고 토지이용상의 각종 규제가 많은 나라에서는 넓은 용지를 확보하는 것만으로도 큰 비용이 든다. 리조트사업은 앞에서 본 것처럼 재고가 없고, 수요가 불안정하며, 동시에 리조트의 오퍼레이션에 의한 수익률도 생각처럼 높지 않다. 게다가 초기투자가 크고, 그 중에서도 차입금 변제와 이자지급만으로 경영이 압박받을 가능성이 있다.

3) 한국 리조트의 유형

우리나라 리조트는 고원형이 주종을 이루었으나, 앞으로는 우리나라가 3면이 바다인 지리적 여건으로 해양형 리조트의 개발도 활기를 띨 것으로 전망된다. 관광객들의 휴가철 방문지 선호도에서 바닷가가 단연 1위를 차지하고 있다는 점에서도 개발가능성이 높다고 본다.

주5일제 근무와 조기 출퇴근제 등 탄력적 근무 분위기 확산에 따라 자유시간이 늘어났고, 국민소득 증가와 승용차 보급의 확대 및 가족단위의 레저생활 등으로 레저패턴이 단순 숙박 관광형에서 체류·휴양형으로 변화함에 따라 다양한 시설을 구비한 대형 리조트의 필요성이 대두되고, 이러한 레저수요의 확대성향이 대기업들의 활발한 참여 현상으로 이어지고 있다. 리조트는 산악형, 수변형, 임해형, 건강·온천·스포츠형, 위락형으로 분류할 수 있다.

2. 주요 분야별 리조트사업

현재 우리나라에서 운영 중인 리조트는 산악고원형으로 스키장중심으로 구성되어 있다. 따라서 다른 경쟁업체들과 비교해서 특별한 시설이나 콘셉트를 가지지 않고 차별화되지 못하고 있는데, 이는 좁은 국토에서 기후에 차이가 없고 산지가 많기 때문이다. 또한 운영면에서도 초기투자자본의 조기회수를 위하여 콘도미니엄 분양을 중심으로 이루어지고 있다.

1) 스키리조트

스키리조트는 스키장을 기본으로 다른 레크리에이션시설을 갖춘 종합휴양지를 의미하는데, 특히 4계절이 뚜렷한 우리나라의 경우 비수기 기간이 너무 길어 스키장만을 운영하기보다는 골프장, 콘도미니엄 등을 복합적으로 갖추는 것이 일반적이다.

스키리조트는 눈이라고 하는 천연자원이 가장 핵심적인 상품으로 다른 리조트에 비해 계절성이 강하다. 또한 스키로 활강하기에 적합한 경사도를 확보하기 위해서는 산악지대에 위치하는 것이 가장 큰 특징이다.

'겨울철 스포츠의 꽃'으로 불리는 스키는 1990년대 중반 이후 국민소득 수준의 향상, 자유시간의 증가 등으로 빠르게 보급되고 있다. 1989년 이전까지는 용평, 양지파인, 베어스타운 등 5개소에 불과했으나, 1990년에 무주리조트와 사조마을이 개장해 총 7개소로 늘었다. 그 후 1992년에는 서울, 대명홍천이, 1995년에는 현대성우, 휘닉스파크 등이 문을 열어 총 11개소로 늘어났다. 그리고 1996년 지산스키장, 2002년 강촌스키장, 2006년 오크밸리 스키장이 개장함으로써 전국에 운영 중인 스키장은 14개소에 달하고 있다.

이를 지역별로 보면, 운영 중이거나 건설 중인 스키장의 대부분이 경기도와 강원도에 편중되어 있음을 알 수 있다. 이는 이들 지역이 눈이 많이 내리고 눈의 질이 좋은데다 수도권의 스키어를 유치하는데 유리하기 때문이다.

2) 골프리조트

골프리조트란 골프장을 기본으로 각종 레크리에이션시설이 부가적으로 설치되어 있는 리조트를 말한다. 일반적으로 골프장은 컨트리클럽과 골프클럽으로 나누고 있다. 컨트리클럽(country club)은 골프코스 외에 테니스장, 수영장, 사교장 등을 갖추고 있으며 회원중심의 폐쇄적인 사교클럽의 성격을 가지고 있다. 이에 대하여 골프클럽(golf club)은 다소 부대시설은 있을 수 있으나 골프코스가 중심이고 회원제이긴 하나 컨트리클럽에 비해 덜 폐쇄적이다.

이용형태에 따라서는 회원제 골프장과 퍼블릭 골프장으로 구분된다. 회원제 골프장(membership course)은 회원을 모집하여 회원권을 발급하고 예약에 의해 이용하게 하는 골프장으로 회원권 분양에 의해 투자자금을 조기에 회수하는 것이 용이한 장점이 있다. 퍼블릭 골프장(public course)은 기업이 자기자본으로 코스를 건설하고 방문객의 수입으로 골프장을 경영하는 형태로 누구나 이용할 수 있고 이용요금도 저렴한 편이지만, 투자비 회수에 장기간이 소요된다는 단점이 있다.

현재 우리나라 지역별 골프장 현황은 서울에 인접한 북부지역의 경부고속도로 또는 중부고속도로 인접지역에 대부분 위치하고 있으며, 서울 · 인천 · 경기 등 대도시 지역에 편중현상이 나타나고 있다. 새로 건설되는 골프장은 수도권이 어느 정도 포화상태를 보임에 따라 주로 강원도와 제주도에 집중될 것으로 예상된다.

3) 마리나리조트

마리나(marina)에 관한 통일적인 정의는 없으나 일반적인 의미로는 다양한 종류의 선박을 위한 외곽시설, 계류시설, 수역시설 및 이와 관련된 다양한 서비스를 갖춘 종합적인 해양레저시설을 말한다.

해양성 레크리에이션에 대한 수요가 점진적으로 더욱 다양화 · 전문화되어지고 있으므로 수상 및 레크리에이션의 중심시설인 마리나 리조트에 대한 국민의 요청도 함께 증가하고 있다.

최근에는 여가활동이 진행되는 가운데 해양레저 레크리에이션도 다양화되어 해수욕, 선텐, 낚시, 해상유람 등 전통적인 것에 비하여 세일링요트, 모터요트, 수상오토바이, 수상스키, 서핑 등 해양 레저활동의 유형이 다양화되어지고 있다. 이와 같이 해수욕, 보트타기, 요트타기, 수상스키, 스킨다이빙, 낚시, 해저탐사 등과 같은 다양한 해변 레저활동을 즐길 수 있는 체제를 위한 종합적인 레저 · 레크리에이션 시설 또는 지역을 마리나 리조트(marina resort)라고 말한다.

해양 레저스포츠의 발전을 위하여 마리나의 개발이 세계 각 도시에서 시작된 배경에는 지역에 따라 특성이 다르겠지만, 공통점은 마리나의 개발이 도시조성에 있어서 매력적인 요소가 매우 많다는 점과 대도시 주변에서는 항만의 재개발에 대한 요청이 높아지고 있다는 것이다.

마리나리조트 개발형태는 해변형, 마리나형, 종합휴양형, 기능전환형, 신규개발형으로 분류할 수 있는데,

① 해변형은 해수욕을 중심으로 하며, 주로 해변을 이용하는 해양 레크리에이션을 진흥하는 형태
② 마리나형은 마리나를 중심으로 해양성 레크리에이션 기지화를 목표로 하는 형태
③ 종합휴양형은 장기체재를 염두에 두고 종합적 휴양지 개발을 지향하는 형태
④ 기능전환형은 어항 · 창고 등을 포함하여 기존기능을 전환시켜 새로운 레크리에이션적 수변이용을 촉구시키는 형태

⑤ 신규개발형은 대규모 인공개발을 통하여 해양성 레크리에이션 공간을 새롭게 조성하는 형태로 타 기능도 포괄적으로 포함하여 개발을 전개하는 형태이다.

우리나라에서는 선진 외국의 마리나의 형태와 비교하면 마리나리조트라고 할 만한 지역은 없으나, 요트를 계류할 수 있는 마리나의 형태를 갖춘 곳은 2개소가 있는데, 공공마리나의 형태를 갖춘 부산수영만 요트경기장(Busan Yachting Center)과 민간마리나의 형태를 갖춘 충무마리나 리조트(Chungmu Marina Resort)가 있다. 아직까지는 두 곳에 불과하지만, 3면이 바다인 점과 해양스포츠에 대한 수요가 증가한다는 점을 감안한다면 앞으로 마리나 리조트의 개발가능성은 충분한 것으로 생각된다.

4) 온천리조트

온천(hot spring)이란 지열로 인해 높은 온도로 가열된 지하수가 분출하는 샘을 말하는 것으로 휴양, 요양의 효과가 크고 주변풍경과 결합되어 관광자원으로서의 가치를 구성한다. 대개 화산대와 일치하는 지역에 주로 분포하고 있는데, 화산국인 일본, 아이슬랜드, 뉴질랜드를 비롯해 미국, 캐나다, 에콰도르, 콜롬비아 등 남북아메리카 화산대와 중부유럽 내륙국가에 많이 산재되어 있다. 이 중에서 세계적으로 유명한 온천은 독일의 바덴바덴(Baden Baden), 캐나다의 밤프(Banff), 미국의 옐로스톤 공원(Yellowstone Park),일본의 아타미(熱海) 등을 꼽을 수 있다.

국내 온천의 이용형태는 여관, 호텔, 콘도 등과 같은 숙박시설과 밀접한 관련성을 맺고 있기 때문에 온천리조트는 숙박시설 중심의 관광지가 형성되는 것이 일반적이며, 1980년대 후반까지도 국내 국민관광시설의 상당수가 온천을 중심으로 발달했었다. 그러나 최근까지도 대부분의 국내 온천리조트의 개발유형은 가족단위 여행이나 편리한 교통수단으로 이용객들이 원하는 장소에 쉽게 접할 수 있는 장소에 소규모 숙박시설 하나만으로 시작되는 정체된 개발이 주를 이루고 있는 것이 사실이다.

우리나라 온천리조트는 선진국의 그것에 비해 관광자원으로서 뒤떨어지지 않으며 그 이상의 효용을 가지고 있다. 하지만 온천리조트마다 특성이 없고 획일적인 개발방식과 단순한 이용시설로 인해 건강 · 보양을 목적으로 하는 체류형보다는 단순한 경유형 숙박관광지로서의 역할밖에는 하지 못하고 있는 곳이 대부분이라 할 수 있다.

온천은 국민의 심신휴양 및 건강증진 등에 크게 기여하고 있는 귀중한 관광자원이다. 따라서 정부는 1981년에 일반 지하수와는 달리 온천자원에 대한 적절한 보호와 효율적인 개발 · 이용 및 관리를 도모함으로써 공공의 복리증진에 이바지하기 위하여 1981년에 「온천법」을 제정하였던 것이다. 동 법령의 규정에 따라 관할 지방자치단체로 하여금 온천발견 신고 · 수리, 온천원 보호지구 또는 온천공 보호구역 지정, 온천개발계획 수립 · 승인, 일일 적정 양수량에 의한 온천수이용허가 절차를 이행하게 하는 등 온천 개발 · 이용 및 관리 업무를 수행하고 있다.

2010년 12월 말 기준으로 전국 시 · 도별 온천현황은 다음과 같다.

〈표 9-1〉 우리나라 시 · 도별 온천 현황

시 · 도	계	지정면적		개발계획수립 (지구)	이용시설 (개소)	연간이용자 (천 명)
		보호지구 (천 ㎡)	보호구역 (천 ㎡)			
서 울	9	149	61	1	8	1,993
부 산	34	2,967	216	2	60	6,904
대 구	14	1,785	64	3	9	2,077
인 천	16	4,969	82	-	1	47
광 주	3	950	2	1	2	305
대 전	1	939	-	-	62	2,523
울 산	11	3,818	723	2	10	1,112
경 기	49	23,422	305	11	20	3,668
강 원	54	22,103	355	10	33	4,930
충 북	20	19,635	38	7	36	2,778
충 남	31	11,937	71	8	92	9,894
전 북	26	21,757	68	7	4	429
전 남	18	12,987	142	6	42	2,653
경 북	92	50,748	358	24	77	10,267
경 남	52	14,620	331	5	56	6,391
제 주	13	6,864	97	1	4	117
합 계	443	199,651	2,913	88	516	56,088

자료 : 문화체육관광부, 2010년 기준 관광동향에 관한 연차보고서, p.246.

제2절 관광교통업의 개념

1. 관광교통업의 이해

1) 관광과 교통

우리나라의 관광관련 법규(관광진흥법)에 따르면 교통업은 관광사업으로 규정되어 있지는 않다. 그러나 관광과 교통은 그동안 불가분의 관계를 형성하면서 발전해 왔다. 관광은 이동을 본질적 요소로 하는데, 이동을 담당하는 것이 교통시설이며, 교통시설을 이용하여 사람이나 물건(재화) 및 정보를 장소적으로 이동하는 교통서비스를 파는 것은 교통업이기 때문이다.

사람이 관광을 하기 위해서는 관광지까지의 교통로와 어떤 교통수단이 필요하다. 교통수단을 계획적이고 조직적으로 제공하는 교통기관의 발달은 이동을 편리하게 하고, 즐거움을 위한 여행이 성립하는 기반을 만들었다. 교통기관의 발달은 관광지에 이르는 시간을 단축시키고, 또한 이동에 필요한 비용을 상대적으로 싸게 들게 했던 것이다.

어떻든 교통업은 관광왕래를 촉진하고 그 효과를 기대하는 데서 이용되었으며, 관광에 매개를 강화하면서 발전돼 왔다. 따라서 관광과 교통과의 관계는 교통업이 매개되지 않았던 관광으로부터 교통업의 매개를 전제로 한 관광으로 구조상의 일대 변혁을 가져온 것이다.

그렇긴 하지만, 일상생활권으로부터의 탈출, 즉 이동이 관광을 성립시키고 또 그것을 가능하게 하는 것인데, 일상생활권은 행동범위의 확대와 도시권의 확대에 따라 점차 넓어져 가고 있고, 그곳으로부터의 탈출은 교통기관에 맡기지 않을 수 없게 되었다.

2) 관광교통의 개념

관광교통의 개념정의에 관하여는 학자들의 견해가 다양하지만, 이들을 종합해 보면 "관광교통이란 관광객이 일상생활권을 떠나 반복적이면서 체계 있고 관광적 가치가 있는 교통수단을 이용하여 관광자원을 찾아가면서 이루어지는 경제적 · 사회적 · 문화적 현상이 내포된 이동행위의 총체"라고 정의할 수 있다.

3) 관광교통업의 기본적 성격

(1) 즉시재

교통서비스는 흔히 즉시재(instantaneous goods) 또는 무형재(invisible goods)로 불린다. 일반적으로 유형재는 반드시 일정한 형상과 존속기간을 가지며, 그 생산과 소비는 각기 다른 장소에서 이루어지는 것이 보통이지만, 교통서비스는 생산되고 있는 순간에 소비되지 않으면 소용이 없으므로 저장이 불가능하다.

(2) 수요의 편재성

교통은 본원적으로 휴가기간, 주말, 출퇴근 시간 등 특정기간이나 특정시간에 수요가 집중되는 수요의 편재성이 나타난다. 특히 관광교통은 통근 등과 같이 직장에 가기 위하여 교통기관을 이용하는 파생수요(derived demand)와는 달라서 관광여행 그 자체가 목적으로 되어 있는 본원적 수요(elemental demand)이기 때문에 수요의 탄력성이 매우 크다.

(3) 자본의 유휴화

관광교통수요가 시간적 · 지역적으로 편재한다는 것은 성수기를 제외하면 적재력이 언제나 남아돌아 자본이 유휴화한다는 것을 의미한다. 도로, 운반구, 동력이라는 교통수단을 구성하는 3대 요소를 생각해본다면, 교통사업의 총비용 가운데서 차지하는 감가상각비, 지급이자, 고정인건비, 고정적 유지보수비 등의 이른바 고정비의 비율이 높고, 그 때문에 조업도의 증가에 수반하여 단위당 고정비의 감소가 강하게 작용하므로 조업률이 높은 만큼 평균비용이 감소된다.

(4) 독점성

관광객과 관광자원의 매개적 역할을 수행하고 있는 관광교통은 이동을 전제로 하는 관광의 특성상 독점형태의 성격을 띠고 있다. 그러므로 대체 교통수단이 없을 경우에 운임이 크게 인상되었다 하더라도 그 교통수단을 이용하지 않을 수 없다. 교통업은 이와 같은 독점에 따른 폐단이 크기 때문에 교통사업에 대한 통제는 사회문제로 논의돼 왔고, 정부의 통제 하에 운행되고 있는 경우가 많다.

2. 육상교통업

1) 철도

(1) 철도관광의 개요

우리나라의 철도는 1899년 9월 18일 제물포~노량진 간에 33.2㎞의 경인철도를 개통한 이래 지속적으로 발전을 거듭하면서 국민의 안전하고 편리한 생활철도로서 널리 이용되었고, 건전한 국내 관광산업을 주도하는 중요한 교통수단으로 자리잡았다. 최근에는 민간기업 경영기법을 도입하여 고객만족서비스 제공과 업무 프로세스 개선을 통한 경영효율화를 추구하고 있다.

철도를 이용한 관광은 안정성 · 정시성 등으로 관광객들에게 인기가 높다. 최근에는 관광열차 프로그램이 만들어져 운행되고 있으며, 특히 안정성을 고려해야 하는 수학여행 등의 단체여행은 철도를 이용한 관광이 선호되고 있다. 또한 철도의 운행은 각 경유지의 관광자원에 대한 접근성을 확보하여 관광객들에게 편리성을 제공하고, 새로운 관광지를 만들어 내기도 하며, 다른 교통수단과의 연계를 통하여 관광의 범위 확대에 기여하고 있다. 철도를 다른 교통수단과 비교하면, 신속성 측면에서는 항공기, 대량수송의 경제성 측면에서는 선박, 편리성 측면에서는 자동차에 뒤지는 경향이 있으나, 교통기관의 가장 중요한 조건인 안정성 · 정시성이라는 측면에서는 타 교통기관에 비하여 매우 우수한 교통수단이다.

(2) 고속철도 관광

21세기에 들어와 우리 국토는 고속철도시대의 개막이라는 전환점을 맞이하게 된다. 많은 국가적 관심과 더불어 추진돼온 경부고속철도 1단계 사업이 2004년 4월에

완료됨으로써 우리나라도 고속철도시대에 진입하게 되었다.

2004년 4월 1일 개통된 고속열차인 KTX는 1992년에 시작된 경부고속철도사업의 일환으로 서울과 부산 간 418.7㎞를 잇는 고속철도 건설 프로젝트 1단계에 해당하는 서울~대구 간의 사업구간에 개통이 이루어짐으로써 서울에서 부산까지의 소요시간을 2시간 40분대로 앞당겨 전국을 반나절 생활권으로 바꾸는 혁명적인 생활문화 변화를 이룩하게 되었다. 특히 2005년 1월 1일부터는 철도청이 한국철도공사로 전환되면서 기존의 틀에서 벗어나 경영개선과 각종 서비스의 제공 등 다양한 이벤트와 관광 활성화를 위하여 노력하고 있는데, 고속철도 개통 5년 8개월 만인 2009년 12월에는 이용객이 무려 2억명을 돌파하는 교통혁명을 이룩하였다.

2010년 11월 1일에는 대구에서 경주, 울산을 거쳐 부산으로 향하는 경부고속철도 2단계 구간이 개통됨으로써 경부고속철도는 완전개통이 이루어지게 되었다. 이로써 기존선을 이용하던 대구~부산 간의 노선에서도 더 빠른 속도로 달릴 수 있게 되었다. 그리고 KTX와 일반철도와의 상호보완적인 결합은 고객의 욕구에 맞는 열차의 운행으로 보다 편리하고 쉽게 철도에 접근할 수 있게 되었으며, 지방자치단체와 연계한 시티투어 상품개발은 물론 선박연계 및 해외상품, 계절요인을 반영한 상품, 문화예술축제와 연계한 상품 등을 개발하고 있다.

외국인 관광객의 수요창출과 문화관광진흥에 기여하고자 개발된 코레일패스는 외국인 전용으로 판매되고 있으며 외국인 관광객의 국내관광편의를 도모해 왔다. 코레일패스는 일정기간 동안 구간이나 횟수의 제한 없이 KTX, 새마을호의 특실과 수도권 전동열차 및 관광열차를 제외한 모든 열차의 이용이 가능한 상품으로 외국인 관광객의 이동편의를 증진시켜 수도권 중심의 인바운드 관광시장을 지역단위 관광으로 분산시켰다.

최근에는 계절별 · 지역별로 문화축제, 이벤트열차 등 열차의 멋과 낭만을 느낄 수 있는 관광상품을 출시하여 많은 고객으로부터 호응을 얻고 있다. 이와 같이 고속철도의 등장은 정치, 경제, 사회, 문화 모든 영역에 있어서 우리가 종전에 경험하지 못한 기회를 제공하고 있다. 직접적으로 나타나는 효과로는 여행시간이 단축됨에 따라 여행 및 통행패턴에 많은 변화를 가져왔으며, 고속철도가 통과하는 지역은 산업입지 및 거주여건이 향상되어 지역경제가 활성화되면서 인구의 흡인력이 커지게 될 것이다. 또한 고속철도로 인해 생활패턴의 변화, 지방도시로의 인구분산효과, 지역균형발전, 관광산업의 활성화, 화물수송능력 증가 등 국민생활경제에 크게 기여할 것으로 기대된다.

2) 전세버스운송사업

(1) 전세버스운송사업의 의의

전세버스운송사업이란, 운행계통을 정하지 아니하고 전국을 사업구역으로 하여 1개의 운송계약에 따라 국토해양부령으로 정하는 자동차를 사용하여 여객을 운송하는 사업을 말한다. 이 경우 정부기관 · 지방자치단체와 그 출연 · 연구기관 등 공법인, 회사, 학교 또는 「영유아보육법」 제10조에 따른 보육시설의 장과의 1개의 운송계약(운임의 수령주체가 누구이든 상관없이 개별 탑승자로부터 현금이나 회수권 또는 카드결제 등의 방식으로 운임을 받는 경우는 제외한다)에 따라 그 소속원만의 통근 · 통학목적으로 자동차를 운행하는 경우에는 운행계통을 정하지 아니한 것으로 본다(여객자동차운수사업법 시행령 제3조).

(2) 전세버스 관광상품의 형태

가) 전세버스관광

전세버스관광은 학교, 회사, 협회 또는 계모임, 친목단체 등과 같은 자생단체에서 전세버스 운송업체의 운송서비스를 제공받아 스포츠행사, 박람회, 쇼핑센터, 관광지 등을 여행하는 것을 말한다. 이 상품은 단일목적지의 여행으로 관광안내원은 동반하지 않는다.

나) 단체관광

국내에서 가장 많이 이용하는 전세버스의 한 형태이다. 단체의 대표와 여행사(전세버스업자) 간의 상담을 통하여 여행일정 및 관광목적지를 결정하여 계획된 운송서비스를 제공하는 것이다. 모든 일정표에 숙박 · 식사 · 쇼핑 · 관광지 등이 포함되며, 전 여정기간 동안 전문 관광안내원이 동반하여 여행서비스를 제공한다.

다) 개별 패키지관광

전세버스회사에서 특별한 이벤트나 계절상품, 유명관광지를 목적지로 한 특별기획 여행상품을 개별 여행자들이 모여 이용하는 운송관광상품이다.

라) 도시 패키지관광

개별 패키지관광과 유사하나 일정한 도시 내의 주요 관광지, 호텔, 음식점, 쇼핑센터 등을 운행하며 운송서비스를 제공한다.

마) 연계 교통관광

타 교통수단인 항공, 크루즈, 여객선, 철도와 전세버스를 연결하여 운송서비스를 제공하는 관광형태이다. 우리나라의 경우 관광열차와 연계하는 형태와 제주도 여행 시 항공기와 버스, 여객선과 버스를 이용하는 연계교통 관광형태가 가장 전형적으로 이루어지고 있다.

(3) 전세버스 현황

우리나라는 1948년 서울~온양 간에 관광전세버스가 처음으로 운행되기 시작하였으나, 1950년 6 · 25전쟁의 발발로 사실상 중단되었다. 그 후 정부가 관광에 대한 관심이 높아지면서 1961년 8월 22일 우리나라 관광에 관한 최초의 법률인 「관광사업진흥법」을 법률 제689호로 제정 · 공포하였는데, 여기에 관광사업의 일종으로 전세버스업이 관광교통업으로 신설 규정되면서 많은 발전이 있었다.

그러나 1975년 12월 31일 「관광사업진흥법」이 폐지되고 「관광기본법」과 「관광사업법」으로 분리 제정되었는데, 새로운 「관광사업법」에서는 관광교통업이 관광사업의 종류에서 제외되었고, 1986년 12월 31일 「관광사업법」이 폐지됨과 동시에 동법의 내용을 거의 답습한 현행 「관광진흥법」에서도 관광교통업에 관한 규정은 없다. 전세버스운송사업은 현행 「여객자동차운수사업법 시행령」 제3조에서 규정하고 있는 여객자동차운송사업 중의 한 업종으로 발전하면서 오늘에 이르고 있다.

3) 자동차대여사업

(1) 자동차대여사업의 개념 및 특성

자동차대여사업이란, 다른 사람의 수요에 응하여 유상으로 자동차를 대여하는 사업을 말한다(여객자동차운수사업법 제2조 제4호).

관광교통수단을 크게 분류하면 철도 · 버스 · 항공기 등의 공공교통기관과 자가용 자동차로 대표되는 사적 교통기관으로 분류할 수 있는데, 자동차대여사업은 이 중간에 틈새시장을 파고드는 '제3의 교통기관'의 위치에 있다고 볼 수 있다.

자동차대여사업이 제3의 교통기관으로 불리는 이유는 첫째, 철도 · 항공기 · 버스 · 택시 등의 공공수송기관의 보완적 교통수단과 도시주변, 근교, 관광지 등에서 공공수송기관의 대체교통기관으로서의 기능을 발휘하고 있다는 점, 둘째, 유통부문 및 기업활동에서 업무용 자동차의 경비절감과 휴가철 자동차 선호 이용자들의 렌터카 사용이 증가하고 있다는 것이다.

또한 자동차대여업의 매력은 필요할 때마다 자동차를 빌릴 수가 있어 자동차를 운전하여 드라이브를 즐기면서 비밀성을 보장받을 수 있다는 것이다.

(2) 자동차대여사업과 타 관광사업과의 연계

가) 철도 · 항공기와의 결합수송서비스

사람들이 여행을 할 때 자가용만을 이용한다는 것은 합리적 현대사회에 있어서는 극히 불합리한 이야기로 볼 수밖에 없으며, 시간적으로나 경제적인 측면에서 철도나 항공기를 이용할 때가 많다. 따라서 철도의 고속성 · 안전성의 장점 및 항공기의 장거리 고속성의 장점 또는 아무래도 자동차가 아니면 안된다고 하는 자동차가 갖는 기동성 등을 감안하여 스케줄을 세워서 여행을 하게 되는 것이다.

각각 특성 있는 교통수단 중에서 여행하는 사람이 각각의 필요에 알맞은 방법으로 터미널에서 연계승차가 되는 시스템을 요구한다. 이러한 렌터카는 장시간 차를 운전하여 드라이브를 즐긴다든지, 사업상 몇 군데의 방문지가 있다든지, 밀실성 있는 이동하는 방이라는 자가용적 특성을 요구하는 사람들에게 많이 이용된다.

나) 여행업자와의 제휴

여행 중 렌터카를 사용하는 경우, 렌터카의 예약과 더불어 당연히 철도와 항공기의 예약도 필요하게 되는데, 이는 목적지까지의 교통수단으로서 철도와 항공기를 연계하여 이용하기 때문이다. 특히 성수기인 경우에 렌터카 예약이 절대 필요하고, 더불어 렌터카를 장시간 사용하면 숙박이 수반되어야 하므로 호텔 등의 예약이 필요하게 된다. 따라서 여행업자에게서 하나의 패키지상품으로 구입하는 것이 유용할 수도 있다. 렌터카업자는 필연적으로 이러한 여행업자와 제휴하여 여행의 편리성 향상에 노력을 기울여야 한다.

다) 관광산업과의 제휴 등 부가가치서비스

관광지의 렌터카 회사는 그 지역 내에 있는 관광명소 및 관광시설 등과도 제휴하거나, 책임 있는 토산품점 등을 추천하거나 한다. 렌터카를 이용한 관광활동은 단지 자연경관을 감상하는 것만이 아니고 지역의 신뢰성 있는 리조트 · 여가사업체와 제휴함으로써 관광객의 편리성에도 기여하게 된다.

라) 경쟁사업과의 역할분담

렌터카의 경쟁사업으로서 대표적인 것은 택시가 있다. 택시나 렌터카 모두에 각각 장 · 단점이 있고, 한편으로는 분명히 경쟁되는 점과 역할분담면도 있다.

택시는 직업전문운전자가 운전하기 때문에 안심하고 타게 되며, 친절하고, 지리에 밝고, 안내도 자세하게 받으며, 기념사진 등도 걱정 없이 해결해 준다. 반면에 요금은 약간 비싸며, 프라이버시면의 문제와 식사시간 맞추기 등이 불리한 점이 되고 있다.

렌터카는 완전 밀실성이 있고, 프라이버시가 지켜지며, 자기가 운전대를 잡고 운전 그 자체를 즐길 수 있다. 그리고 자신이 좋을 때 바라는 장소에 언제나 갈 수 있고, 어느 곳에나 정차할 수 있는 자유가 있다. 또한 장시간 이용하면 요금이 상대적으로 저렴하다.

이와 같이 택시와 렌터카 각각의 특성을 명확하게 살린 형태로 역할을 분명히 주장하고 여행자에게도 이해를 구하여 양 업계의 보다 나은 발전을 위하고, 나아가서 여행자의 편리성 향상에 도움이 되는 방향으로 협력을 해야 할 것이다.

3. 항공운송사업

1) 항공운송사업의 이해

(1) 항공운송사업의 개념

항공운송사업이란, 타인의 수요에 맞추어 항공기를 사용하여 유상(有償)으로 여객이나 화물을 운송하는 사업을 말한다(항공법 제2조 제31호).

(2) 항공운송사업의 분류

항공운송사업은 국내항공운송사업, 국제항공운송사업 및 소형항공운송사업으로 분류하고 있다.

가) 국내항공운송사업

국내항공운송사업이란, 국토해양부령으로 정하는 일정 규모 이상의 항공기를 이용하여 다음 각 목의 어느 하나에 해당하는 운항을 하는 항공운송사업을 말한다(항공법 제2조 제32호).

1. 국내 정기편 운항 : 국내공항과 국내공항 사이에 일정한 노선을 정하고 정기적인 운항계획에 따라 운항하는 항공기 운항
2. 국내 부정기편 운항 : 국내에서 이루어지는 가 목외의 항공기 운항

나) 국제항공운송사업

국제항공운송사업이란, 국토해양부령으로 정하는 일정 규모 이상의 항공기를 이용하여 다음 각 목의 어느 하나에 해당하는 운항을 하는 항공운송사업을 말한다(항공법 제2조 제33호).

1. 국제 정기편 운항 : 국내공항과 외국공항 사이 또는 외국공항과 외국공항 사이에 일정한 노선을 정하고 정기적인 운항계획에 따라 운항하는 항공기 운항
2. 국제 부정기편 운항 : 국내공항과 외국공항 사이 또는 외국공항과 외국공항 사이에 이루어지는 가 목 외의 항공기 운항

다) 소형항공운송사업

소형항공운송사업이란, 국내항공운송사업 및 국제항공운송사업 외의 항공운송사업을 말한다(항공법 제2조 제34호).

(3) 항공운송사업의 구성요소

항공운송사업을 구성하는 기본적 요소는 3가지로 구성되는데, 운송수단인 항공기, 항공기의 이 · 착륙 장소와 여객출입국 서비스를 제공하는 공항 및 터미널, 항공기의 운항로이자 운송권을 확보해 주는 항공노선이다.

가) 항공기

항공운송서비스는 항공기의 운항에 의해 직접 생산되고 소비된다. 따라서 항공기는 항공운송시스템 구성요소로서 절대적인 위치를 차지하므로 안전성, 항공기의 속도, 적재력과 쾌적성, 항공기의 정비 및 부품의 조달용이성 등이 동시에 확보되어야 한다. 항공기의 선정 및 수명은 항공운송사업 발전의 중요한 요소라 할 수 있다.

나) 공항

공항은 운송시스템의 능률에 많은 영향을 미치고 있으면서도 소홀히 취급되는 경향이 있다. 공항의 중요성은 단순히 접근이 용이한 입지문제 뿐만 아니라 기상조건 및 출입국 여객의 원활한 처리 또는 흐름을 보장해 줄 수 있는 내부시설의 확보가 중요하다. 이와 더불어 공항으로 연결되는 대중교통망과 거리 그리고 다양한 교통수단 간을 서로 연결시킬 수 있는 수송체계를 확립하는 것이 중요하다.

다) 항공노선

항공운송사업에 있어 항공노선을 개설하고 확보한다는 것은 노선의 운항권, 곧 영업권을 확보한다는 의미이다. 따라서 항공사로서는 확보하고 있는 항공노선의 수 또는 그 광협의 정도에 따라 항공사의 지위, 항공사의 발전 및 수익확보 가능성 그리고 특정시장에서의 점유율을 평가하는 척도가 된다.

(4) 항공운송사업의 특성

가) 안전성

모든 교통기관이 안전성을 중요시하지만, 특히 항공운송사업은 안전성을 지상과제로 삼고 그 지속적인 유지에 노력하고 있다. 초기의 항공운송은 안전성이 우려되었으나, 과학기술의 발달과 더불어 첨단기술의 집합체인 항공기의 출현으로 고도의 안전성을 확보하였음에도 불구하고, 아직도 항공기의 안전성 문제가 논의되고 있음은 부인할 수 없는 현실이기도 하다. 그러나 항공운송사업은 항공기 제작 및 정비기술의 발전, 항공기의 운항 및 유도시스템의 진전, 공항 활주로의 개선 등으로 거의 완벽할 만큼 그 안전성이 보장되고 있어 다른 교통수단의 추종을 불허하고 있다.

나) 고속성

항공운송의 중요한 특성 중의 하나는 고속성이다. 이 고속성은 고객을 유인하는 흡인요소이자 장점이다. 이 고속성은 전 세계의 주요 도시를 서로 연결하는 항공노선망을 구축하여 시간적 · 거리적 장애를 극복함으로써 이용객의 증대를 가져와 국제교통체계를 항공 중심으로 이끌었다. 특히 항공운송의 고속성은 국내항공 운항보다는 일정한 고도에 올라서 운항하는 순항거리가 긴 국제노선에서 고속성의 진가가 발휘되고 있다.

다) 정시성 확보의 어려움

항공기 이용객들은 항공사의 정시성 확보 여부를 항공사 선택기준으로 삼는 경향이 있는데, 이는 운항정시성이 항공사의 신뢰성과 직결됨을 의미한다. 그러나 항공운송은 타 교통기관에 비하여 항공기의 정비 및 기상조건 등에 의하여 크게 제약을 받는 특성이 있기 때문에 정시성 확보에 많은 어려움이 있다.

라) 쾌적성 및 편리성

항공기 이용객들은 비싼 요금을 지급하고 폐쇄된 공간에서 장거리여행을 하게 됨으로, 기내 서비스 및 안전한 비행을 통한 쾌적함이 매우 중요하다. 최근 항공업계의 두드러진 동향은 항공사들이 항공기 자체만으로는 상품차별화가 어렵기 때문에 쾌적성과 안락감을 향상시킬 수 있는 각종 시설을 기내에 추가함으로써 서비스 경쟁에서 우위를 차지하려는 노력을 경주하고 있다.

마) 노선개설의 용이성

항공운송은 육상교통처럼 도로나 철도의 건설과 관계없이 공항이 있는 곳이면 항공노선의 개설이 용이하다는 것이다. 따라서 노선의 제약을 받지 않으면서도 수요에 부응하여 운항편수의 증감, 기종선정 등 공급을 탄력성 있게 조정해 나가면서 운항할 수 있다.

바) 경제성

항공운송의 경제성은 여객운임의 저렴성에 있다. 다른 교통수단과 비교하여 비싼 것은 사실이지만, 항공운송의 발전에 따라 타 교통기관에 비교하여 상대적으로 저렴해지고 있으며, 항공운송으로 절약되는 시간의 가치를 감안한다면 항공운송의 경제성은 매우 높다고 할 수 있다.

사) 공공성

정기항공운송사업은 특히 공공성을 중시하고 이를 지켜야 한다. 이러한 공공성의 유지 필요성 때문에 어느 업종보다 정부의 규제와 간섭이 많을 뿐만 아니라, 항공운송사업은 국제성을 띠고 있어 국익과도 밀접한 관계가 있다.

아) 자본집약성

항공운송사업은 규모의 경제가 발휘되는 사업으로서 막대한 자본을 투자하여 경쟁우위를 확보해야만 하는 자본집약적인 사업이다. 이에 따라 항공운송사업의 출자형태도 정부가 전액 출자하는 국영기업 형태가 많이 나타나게 된다.

2) 항공운송 현황

항공운송은 가장 중요한 장거리 교통수단으로서 5대양 6대주를 연결하고 있어 국제관광 발전에 크게 이바지하고 있다. 그간 항공운송시장 환경은 '규제와 보호'가 중요시되었으나, 세계화 · 자유화 · 민영화의 큰 축을 중심으로 '경쟁과 협력'에 의한 시장원리가 강조되는 추세이며, 최근 항공자유화 및 항공사 간의 전략적 제휴, 지역간 통합운송시장의 확산으로 다양한 형태의 경쟁구도가 형성됨에 따라, 당분간 이러한 시장원리가 강조되는 기조는 크게 변화하지 않을 것으로 전망된다.

우리나라의 항공산업은 1989년 해외여행 자유화 및 경제성장에 따른 생활수준 향상 등에 따라 항공운송수요 증가로 이어져 1993년 이후 10년간 여객 5.8%, 화물 7.0%의 높은 항공수요 증가율을 보이며 내실 있는 성장을 이룩해 왔다. 그러나 최근 고유가와 계속되는 세계경제 침체로 인해 항공운송수요의 성장 분위기 또한 다소 영향을 받을 것으로 예측되고 있다.

국내선의 경우 고속도로의 확충(서해안고속도로, 중앙고속도로, 대전~진주간 고속도로) 및 고속철도 개통 등의 대체 육상교통수단의 고속화에 따른 영향으로 인하여 제주도 연계노선을 제외한 내륙을 연결하는 항공수요는 크게 감소하거나 마이너스 성장을 나타내고 있다.

한편, 국제선의 경우는 1952년 3월 자유중국과 최초로 항공협정을 체결한 데 이어 2010년 12월 말 기준으로 구주 24개국을 비롯하여 총 90개국과 항공협정을 체결하였으며, 이중 49개국 154개 도시에 국제선 정기편이 운영되고 있다.

4. 해상운송사업

1) 해상운송의 개요

해상운송은 대외무역 증대에 따른 수출입 화물 운송수단 뿐만 아니라 해상 관광자원 개발 및 해안도서 지방의 교통수요에 따라 여객 및 관광객 운송수단으로서도 그 수요가 날로 증가하고 있다.

최근 국민생활수준의 향상과 새로운 관광욕구, 삼면이 바다인 우리나라의 지리적 특성은 육지와 가까운 도서지역의 관광객 수요가 급증하고 있는 것은 물론, 멀리 백령도, 홍도, 거문도, 울릉도 등도 관광지화가 이루어지고 있어 경치가 수려한 도서지역에 대해서는 지역개발차원에서도 관광자원의 개발과 보존의 필요성이 강조되고 있다.

이에 따라 지금껏 도서주민의 교통수단으로 이용되어 왔던 여객선은 교육수준과 생활수준의 향상에 따른 여가선용의 방법으로서 미지의 바다에 대한 동경과 해양레포츠활동 등이 급속히 확산되면서 해안관광을 겸한 연안여객선 운항이 활성화되고 있다. 또한 해양관광산업이 본격적으로 개발되면서 해양관광을 목적으로 해상유람을 즐기고자 하는 관광객들을 대상으로 특급호텔 수준의 시설과 서비스를 제공하면서 주요 항구도시 및 해안관광자원을 운항하는 크루즈가 해양관광객의 교통수단으로서 그 가치가 날로 높아지고 있다.

2) 해상여객운송사업

(1) 해상여객운송사업의 개념

해상여객운송사업이란, 해상이나 해상과 접하여 있는 내륙수로에서 여객선(여객정원이 13명 이상인 선박을 말한다)으로 사람 또는 사람과 물건을 운송하거나 이에 따르는 업무를 처리하는 사업으로서 「항만운송사업법」 제2조 제4항에 따른 항만운송관련사업 외의 것을 말한다(해운법 제2조 제2호).

(2) 해상여객운송사업의 종류

가) 내항 정기 여객운송사업

이는 국내항과 국내항 사이를 일정한 항로와 일정표에 따라 운항하는 해상여객운송사업을 말한다.

나) 내항 부정기 여객운송사업

이는 국내항과 국내항 사이를 일정한 일정표에 따르지 아니하고 운항하는 해상여객운송사업을 말한다.

다) 외항 정기 여객운송사업

이는 국내항과 외국항 사이 또는 외국항과 외국항 사이를 일정한 항로와 일정표에 따라 운항하는 해상여객운송사업을 말한다.

라) 외항 부정기 여객운송사업

이는 국내항과 외국항 사이 또는 외국항과 외국항 사이를 일정한 항로와 일정표에 따르지 아니하고 운항하는 해상여객운송사업을 말한다.

마) 순항(巡航) 여객운송사업

이는 해당 선박 안에 숙박시설, 식음료시설, 위락시설 등 편의시설을 갖춘 대통령령으로 정하는 규모 이상의 여객선을 이용하여 관광을 목적으로 해상을 순회하며 운항(국내외의 관광지에 기항하는 경우를 포함한다)하는 해상여객운송사업을 말한다.

바) 복합 해상여객운송사업

이는 위의 (가)부터 (라)까지의 규정 중 어느 하나의 사업과 (마)의 사업을 함께 수행하는 해상여객운송사업을 말한다.

3) 크루즈업

(1) 크루즈의 개념

해양관광산업이 본격적으로 개발되면서 해상유람을 즐기고자 하는 관광객들을 대상으로 선내에 객실 · 식당 · 스포츠 및 레크리에이션 시설 등 관광객의 편의를 위한 각종 서비스시설과 부대시설을 갖추고 순수한 관광활동을 목적으로 관광자원이 수려한 지역을 순회하며 안전하게 운항하는 선박을 크루즈(cruise)라 말한다.

일반적으로 크루즈여행이라고 할 때에는 크루즈 내에 숙박과 위락시설 등 관광객을 위한 각종 시설을 갖추고 여행자의 요구에 적합한 선상활동 및 유흥 · 오락프로그램 등의 행사와 최고의 서비스를 제공하는 것은 물론, 매력적인 지상 관광자원 및 관광지를 순회하면서 관광시키는 종합관광시스템을 말한다.

(2) 현행 「관광진흥법」상의 크루즈업

가) 개 념

2008년에 개정된 「관광진흥법 시행령」은 관광객이용시설업의 일종인 '관광유람선업'에 크루즈업을 추가 신설하고 이를 일반관광유람선업과 크루즈업으로 구분하고 있다. 그리고 크루즈업의 정의에 관하여는 "크루즈업이란 「해운법」에 따른 순항(巡航) 여객운송사업이나 복합 해상여객운송사업의 면허를 받은 자가 해당 선박 안에 숙박시설, 위락시설 등 편의시설을 갖춘 선박을 이용하여 관광객에게 관광을 할 수 있도록 하는 업"이라고 규정하고 있다(제2조 제1항제3호).

나) 크루즈관광의 특성

크루즈와 타 해운교통과의 차이점은 첫째, 크루즈는 관광이 목적이고, 여객선은 수송이 목적이다. 둘째, 기간이 크루즈는 장기적이고, 카페리는 단기적이다. 셋째, 크루즈는 대규모이고, 쾌속선은 소규모의 고속성을 가진다.

크루즈관광의 특성은 첫째, 목적이 수송이 아닌 관광이다. 둘째, 기간이 장기적이다. 셋째, 수려한 지역(경승지)을 관광한다. 넷째, 선내에 다양한 시설이 설치되어 있다. 다섯째, 선내 서비스가 최고급이다. 일곱째, 규모가 일반적으로 대형으로 이루어진다.

제10장

관광자원개발

발표 및 토론과제

관광개발의 개념 이해

관광개발이 미치는 지역경제 효과에 대한 이해

관광개발의 유형별 의미 이해

관광지 및 관광단지 개발의 개념 이해

관광특구 지정 및 관광특구 개념 이해

제1절 관광개발의 개념

관광개발이란 일반적으로 관광자원의 특성에 따라서 관광상의 편의를 증진하고, 관광객의 유치와 관광소비의 증대를 도모함을 목적으로 하는 개발사업이라 할 수 있다. 따라서 개발사업은

① 관광상의 편의를 도모하기 위한 제반시설의 정비
② 관광사업의 진흥을 위한 각종 제도의 정비
③ 관광객의 레저생활을 충실하게 하기 위한 행사의 개발을 그 주요사업내용으로 한다.

관광개발은 직접적으로는 관광사업의 진흥을 목적으로 하고 있고, 관광사업의 구체적인 모든 진흥시책을 관광개발이라 생각할 수 있다. 그러나 대부분의 경우 관광개발은 시설개발을 중심으로 행해지는 관계로 관광상의 편의증진을 도모하는 제반시설의 개발과 정비라는 협의의 개념이 일반적으로 통용되고 있다.

이와 같이 관광개발은 관광사업을 적극적으로 진흥시키는 것을 목표로 하고 있지만, 관광사업을 진흥시키는 배경에는 관광사업에 기대되는 여러 가지 플러스 효과가 있기 때문이라는 것은 더 말할 필요가 없는 것이다. 일반적으로 관광사업은 경제적 효과와 경제외적 효과를 합목적적으로 촉진할 것을 목표로 하여 진행된다. 그리고 사업효과는 관광의 주체자인 국민의 여가활동의 측면과 개발주체자가 받는 이익의 측면에서 파악된다. 그래서 관광개발은 크게 나누어 다음의 세 가지 입장에서 추진되고 있다고 하겠다.

① 국민의 건전한 레크리에이션의 촉진
② 지역개발의 촉진
③ 기업활동의 확대(이윤확대의 기회)

여기서 관광개발을 촉진하는 주체는 국가, 지방공공단체, 민간기업의 3자인데, 개발주체가 누구이냐에 따라서 개발목적에 차이가 있을 수 있다.

국가적 차원에서 본 관광개발에는 국민의 건전한 레크리에이션을 촉진한다는 것 외에도 뛰어난 자연경관이나 역사적 문화재의 보호와 활용, 그리고 관광수요에 대응한 관광레크리에이션 공간의 적정배치와 그 확보 등 자원보호나 국토의 효과적 이용이라는 입장에서도 적극적인 의의를 가진다. 또한 관광개발에 따른 지역개발의 촉진도 국책상 중시되어야 함은 물론이고, 관광개발은 경제 · 문화 · 사회 · 교육 · 후생 등 국가정책의 차원에 있어서도 종합적인 견지에서 진흥되는 것이 바람직하다.

지역개발의 관점에서 본 관광개발은 관광사업의 지역경제효과 가운데서 경제적 효과와 경제외적 효과에 기대하고, 지역사회의 발전과 지역주민의 복지향상을 도모하는 데 그 의의를 찾을 수 있다고 하겠다.

제2절 관광개발과 지역개발

1. 관광개발의 지역경제효과

관광개발의 현상에 비추어 그 개발의 목적을 세 가지로 크게 나누어 보았다. 그러나 개발의 주체나 목적이 어떻게 다르든 간에 관광개발이 어떤 형태로든 국토의 일정한 지역에 전개되는 한에서는, 어떠한 관광개발이든 해당 지역사회에 영향을 미치게 마련인 것이다.

관광개발이 지역개발로서 주목을 끌게 된 점은 주로 관광투자효과와 관광소비효과로 구성되는 지역경제효과에 눈을 돌리게 된 데서부터이다. 관광투자효과는 개발사업에 대한 투자효과이기 때문에 그 효과는 이럴 경우에 단기적이며 불연속적이다. 이에 비해 관광소비효과는 관광기업의 가동에 따른 관광소비의 파급효과이기 때문에 그 효과는 연속적이며 장기적 효과가 기대된다. 따라서 지역개발을 목적으로 한 관광개발에서 기대되는 개발효과가 관광소비효과에 있다는 것은 다시 말할 필요도 없다. 그러므로 이하에서는 관광소비의 지역경제효과에 대해서 살펴보기로 한다.

관광소비는 관광객의 관광행동에 수반하여 지출되는 소비이며, 그것은 직접 관광기업의 수입이 된다. 관광기업은 이 수입을 기본으로 기업경영을 지속시켜 가는데, 경영을 통하여 관광기업이 지급하는 지출처는 원재료의 구입과 임금, 보수, 이윤, 조세 등의 부가가치로 구분된다. 전자는 관광기업의 거래처에 지급되고, 후자는 임금으로서 가계수입이 되거나, 기업이익으로서 예금이 되거나, 아니면 시 · 읍 · 면의 세수입이 되기도 한다. 더욱이 이들의 관광소비는 지역경제의 내부를 순환하면서 파급되고, 그 총체로서 지역경제에 질적 · 양적인 여향을 준다. 다시 말하면, 관광소비는 관광객으로부터 관광기업에, 관광기업은 거래처로, 거래처는 다시 그 거래처로라는 식으로 순차적으로 지역경제의 내부를 순환하여 생산액을 증대시켜 산업관련효과를 가져오고 지역소득을 증대시켜 소득효과를 가져오며, 고용의 촉진(고용효과)에 공헌한다.

원래 지역경제효과의 크고 작고는 관광자원의 우열성에 좌우되지만, 효율적인 효과를 올리기 위해서는 지역사회에서의 중간생산재의 조달율을 높이는 일이나, 소득의 지역외 누실을 방지하는 일이 과제가 된다고 본다. 소득의 누실은 주로 지역주민의 고용과 지역외 기업의 진출을 거부함으로써 어느 정도 방지할 수 있는데, 외부기업에 의한 대형 관광기업은 소득의 직접적인 누실분을 웃도는 경제효과의 기대도 가능하므로 일률적으로 좋은 방책이라고는 말할 수 없는 면이 있다.

그런데, 관광개발의 지역경제개발에서의 역할은 관광자원이라는 다른 사업에서는 개발하지 않은 미개발 분야의 자원개발에 의해 지역소득의 증대와 지역주민의 고용을 추진하고 지역경제를 진흥한다는 일련의 지역경제효과를 올리는 데 있다. 지역개발이 소득격차의 시정을 목표로 추진되고 있다는 데에서 보더라도 관광개발의 이와 같은 효과는 그 기대에 부응하는 것이라 말할 수 있겠다.

2. 관광개발과 지역개발

광공업자원이나 입지조건이 좋지 못한 농산어촌이 '천혜의 자연경관'을 자원으로 해서 지역격차를 해소해 나가려고 도모하는 것은 실로 당연한 일이라 하지 않을 수 없다. 물론 농촌에 따라서는 농업이나 임업 및 어업보다 관광사업을 하는 편이 훨씬 높은 생산성을 올리는 경우도 있겠고, 자원을 유효하게 이용하기 위해서도 관광개발을 지역의 주요 산업으로 하는 편이 유리한 지역도 상당히 있을 것이다. 그러나 여기에서는 관광개발이 지역개발이라는 목적에 대한 개발수단으로서의 위치를 차지하고 있기 때문에 산업론적 견지를 떠나 지역개발의 목적에 접근하기 위한 방법으로서 고찰해보지 않으면 안될 것이다.

그런데 지역개발은 어떤 의미와 내용을 가진 것인가. 이에 대해서는 아직까지 확립된 개념은 없는 것 같다. 대부분의 국가에서 지역개발정책은 거의 자원개발에 목표를 두고 있었는데, 점차 지역격차의 시정으로 전환하던가, 대규모 임해공업의 개발로 집중하기도 하였으며, 또한 공장유치나 관광개발이 주창되던가 해왔다.

더욱이 최근에 와서는 인구와 산업의 지방분산도 중요한 과제로 되는 등 지역개발은 퍽 유동적이고 그 목적조차도 불명확한 상태에 있다. 그래서 지역개발이라는 말은 매우 여러 가지 뜻으로 사용되고 있으나, 과거의 실정에 비추어 볼 때 두 가지 견해가 지적이 된다. 즉 "지역개발에 의해서 해당 지역사회가 개발된다"는 생각과, "해당 지역사회에 대한 영향은 문제가 아니고 전체 국민경제의 발전만이 문제이며, 지역사회의 발전은 반드시 이루어진다고는 말할 수 없다"고 하는 생각이다.

요컨대, 여기에서 지역개발은 국토의 일부분인 지역사회에 전개되는 국가정책으로서 국가적 차원에서 수행되는 개발정책이라는 것을 전제로 하면서도 국민경제적인 관점과 지역적인 관점의 어느 쪽을 우선시키면서 생각할 것인가 하는 서로 다른 견해에 있다.

그러나 지역개발의 궁극적 목적이 지역주민의 복지향상에 있다고 한다면, 지역사회에 대한 영향을 고려하지 않은 지역개발은 이미 존재하지 않는다고 말하지 않을 수 없다. 지역개발은 지역주민의 복지를 목적으로 한 해당 지역사회의 개발이라는 것은 지역주민의 당연한 요구이며, 국가정책의 강요는 불이익이 없는 것에 한하여 받아들여질 수 있다는 원칙이 확립될 것이다.

특히 우리나라에서의 지역개발은 경제발전에 편중되어 왔는데, 이 점도 벌써부터 고쳐져야만 할 것으로 지적되고 있다. 지역격차가 소득격차로서 이해되고 그 시정을 지역개발의 주된 목표로 삼아 왔으나, 주민의 복지는 소득의 증대에 의해서만 달성되는 것은 아니다. 생활기반시설이나 자연환경 등 총체적인 환경의 향상이 수행됨으로써 비로소 복지의 향상이 기대될 수 있는 것이다.

이처럼 지역개발은 지역경제의 진흥이라는 좁은 시야로부터 벗어나서 지역생활공간의 질적인 향상이라는 관점에서 이루어지는 것이라야 바람직하다. 더욱이 여기에서 지역생활공간이라 함은 지역주민 생활에 관계되는 생활환경, 주거환경, 교육환경, 레크리에이션 환경 등 지역사회가 구성할 전체 생활체계를 포함한 공간을 의미하고 있고, 지역개발은 환경개발을 목표로 한 종합적인 개발이어야 한다는 것을 지적할 수 있다. 그런데, 원래 종합개발은 꼭 동시에 추진할 필요는 없는 것이며, 어느 때에는 경제개발에 편중될 수가 있겠고 어느 때에는 사회개발이 중점적으로 추진되는 수도 있을 것이다. 그러나 중요한 것은 어떤 종류의 개발사업이 다른 부분에 나쁜 영향을 미치는 일이 없도록 종합적이면서도 계획적인 배려가 있어야 한다는 점이다.

관광개발은 관광사업의 진흥을 전제로 해서 여러 가지의 개발투자가 이루어지는데, 그 가운데서도 교통사정의 개선은 관광객의 내방 증가를 촉진시키고 지역산물이나 일반 소비물자의 유통을 돕고, 지역산업의 입지조건의 개량이나 주민생활의 편의증진을 가져온다. 또한 개발행위의 일환으로서 실행되는 자연보호와 문화재의 보존과 활용, 그리고 각종의 관광레크리에이션 개발 등은 그래도 지역주민의 레크리에이션 환경의 정비로도 되고, 주민의 문화적 생활수준의 향상에 기여하게 될 것이다. 또한 관광객의 내방은 지역주민과의 인적 교류를 통한 이해를 깊게 하고 벽지의식의 완화에 기여하는 것도 기대할 수 있다.

관광사업은 그 특성으로 말미암아 지역사회의 광범한 영역에 영향을 미치게 되나, 위에서 언급한 생활공간에 대해서도 그 얼마쯤은 경제적 또는 경제외적인 영향이 모든 부문(환경)에 미친다는 것을 지적할 수 있다. 그러나 중요한 점은 그들의 영향이 모든 환경에 플러스 효과를 기대할 수 있는 반면에, 모든 환경에 마이너스 효과도 줄 수 있다는 것이다. 따라서 관광개발은 그 도입에 앞서 장단점에 대한 신중한 검토를 필요로 하나, 그 전제로서 지역사회의 종합개발에 대한 구상이 확립되지 않으면 안되고, 관광개발은 종합개발계획과의 조화를 고려하여 질적인 측면(방향 부여와 사업내용)이 결정되지 않으면 안된다.

제3절 관광개발의 유형

관광개발을 관광목적지 내지 관광지의 개발이라고 생각하는 경우, 개발방법에 따라 몇 가지의 유형을 들 수 있다. 이는 관광자원의 비교우위성, 교통편, 지명도 등에 의하여 관광개발의 수법이 달라지기 때문이다.

1. 자연관광자원 활용형

관광의 매력성이나 관광자원이 전혀 없는 지역에서 관광개발을 추진한다는 것은 일반적으로 대단히 곤란하다. 따라서 자연의 혜택이나 조상들이 남겨놓은 귀중한 문화재 등을 중심으로 관광자원의 가치를 살리는 방법이 관광개발의 수법으로 가장 일반적인 것이다. 관광자원의 가치가 같은 종류의 다른 것과 비교하여 빼어나면 빼어날수록 관광개발은 쉽게 된다. 그래서 관광자원은 자연관광자원과 인문관광자원으로 나눌 수 있으며, 관광개발의 유형으로서 우선 자연관광자원 활용형을 들 수 있다. 구체적인 실례로서는 자연의 감상, 온천의 탕치, 피서, 피한, 스키, 해수욕 등에 이용되고 있는 많은 관광지를 들 수 있다.

2. 인문관광자원 활용형

관광자원의 가치를 활용하는 유형의 관광개발에는 자연관광자원 활용형과 더불어 인문관광자원 활용형이 있다. 그 실례로서는 유서깊은 옛사찰)이나 교회, 민속 등의 경우를 들 수 있다.

자연 및 인문관광자원 활용형의 관광개발을 추진함에 있어서 유의하여야 할 점은 말할 것도 없이 자원의 가치를 충분히 보호하는 것이다. 그런데도 관광개발이 자원가치의 보호에 있어서 장기적인 계획과 구체적인 시책이 결여될 경우에는 관광자원의 가치가 차츰 낮아져 머지않아 관광지로서 관광객에 대한 유인력을 상실하게 된다.

3. 교통편 활용형

관광자원 활용형이 관광개발의 가장 일반적인 방법인 것이나, 관광자원의 비교우위성만으로 관광개발이 성공한다고는 할 수 없다. 관광객이 일상생활권을 떠나서 관광지까지 이동하는 문제, 곧 접근성의 문제가 현대에 있어서는 더욱더 관광지의 가치를 형성하는 중요한 요인으로 작용하고 있다. 교통수단의 정비는 관광목적보다는 생활환경의 향상이나 경제활동의 추진목적으로 사회기반시설을 갖추고 교통체계를 정비함에 따라 파생적으로 관광개발이 가능해지는 수도 있다. 다시 말해 교통시설 이용상의 편의와 이점을 살리는 방법으로 고속도로의 인터체인지, 철도의 정차역, 도로변 휴게소, 항만 · 공항 등의 주변은 관광자원의 가치가 그다지 뛰어나지 않아도 관광개발이 가능하게 되는 것이다.

4. 지명도 활용형

일반적으로 관광객이 어떤 장소를 방문하는 것은 그 장소에 있는 어떠한 관광자원의 가치가 높은 것을 알고 있든가 또는 알려져 있기 때문일 것이다. 관광자원으로서 비교우위성이 아무리 높다고 하더라도 사람들이 그것을 알지 못한다면, 실제 관광행동으로 옮겨지지 못한다. 반대로 관광자원의 가치가 그다지 우수하지 못한 경우라도 잘 알려져 있는 경우에는 관광개발이 가능하게 된다. 결국 어떤 장소가 관광의 매력을 형성하는 무엇인가의 의미로서 높은 지명도를 가질 경우 그것을 활용한 관광개발이 가능한 것이다.

5. 관광대상 창조형

관광개발에 있어 특정 매력이 없는 관광대상일 경우에는 인위적으로 관광대상을 창조한다든지, 인위적으로 개발의 저해조건을 해소시키는 것과 같은 방법도 있는 것이다. 그러나 이러한 유형은 다른 유형에 비해 대단히 어렵고, 관광의 대중화를 배경으로 하여 공공기관이 적극적으로 관광개발에 참여하는 경우나, 또는 탁월한 창조력을 갖춘 민간대기업의 경우가 아니고서는 실현시키기 어렵다.

제4절 관광지 및 관광단지의 개발

1. 관광개발기본계획 및 권역별 관광개발계획

1) 관광개발기본계획의 수립

문화체육관광부장관은 관광자원을 효율적으로 개발하고 관리하기 위하여 전국을 대상으로 하여 관광개발기본계획(이하 "기본계획"이라 한다)을 수립하여야 한다(관광진흥법 제49조 1항).

이 규정에 따른 '기본계획'으로는 1990년 7월에 수립된 제1차 관광개발기본계획(1992~2001년)인데 이는 이미 완료되었고, 현재는 2001년 8월에 수립한 제2차 관광개발기본계획(2002~2011년)을 시행하고 있다.

제1차 '기본계획'에서는 전국을 5대 관광권, 24개 소관광권으로 권역화하여 각각의 권역별 개발구상을 제시하였던 것이나, 이 계획을 집행함에 있어서 관광권역과 집행권역(즉 시 · 도)이 일치하지 않아 '기본계획'과 '권역계획'의 기능적인 연계 미흡 등의 문제점이 노출되었다.

이에 따라 제2차 '기본계획'에서는 이를 시정 · 개선하기 위하여 행정권중심의 관광권역인 16개 광역지방자치단체를 기준으로 관광권역을 단순화하고, 각 시 · 도별 특성에 맞는 권역별 관광개발기본방향을 설정 · 제시하였다.

(1) '기본계획'의 수립권자 및 수립시기

기본계획은 문화체육관광부장관이 매 10년마다 수립한다.

(2) '기본계획'에 포함되어야 할 내용

기본계획에는 다음과 같은 사항이 포함되어야 한다.

1. 전국의 관광여건과 관광 동향에 관한 사항
2. 전국의 관광수요와 공급에 관한 사항

3. 관광자원의 보호 · 개발 · 이용 · 관리 등에 관한 기본적인 사항
4. 관광권역의 설정에 관한 사항
5. 관광권역별 관광개발의 기본방향에 관한 사항
6. 그 밖에 관광개발에 관한 사항

2) 권역별 관광개발계획의 수립

시 · 도지사(특별자치도지사는 제외)는 '기본계획'에 따라 구분된 권역을 대상으로 권역별 관광개발계획(이하 "권역계획"이라 한다)을 수립하여야 한다. 다만, 둘 이상의 시 · 도에 걸치는 지역이 하나의 권역계획에 포함되는 경우에는 관계되는 시 · 도지사와의 협의에 따라 수립하되, 협의가 성립되지 아니한 경우에는 문화체육관광부장관이 지정하는 시 · 도지사가 수립하여야 한다.

이 규정에 의한 '권역계획'으로는 제1차 관광개발기본계획(1992~2001년)에 따른 제1차 권역계획(1992~1996년)과 제2차 권역계획(1997~2001년) 및 제2차 관광개발기본계획(2002~2011년)에 따른 제3차 권역계획(2002~2006년)은 이미 완료되었으며, 현재에는 16개 시 · 도 권역별로 수립한 제4차 권역계획(2007~2011년)이 시행 중에 있다.

(1) 권역계획의 수립권자 및 수립시기

권역계획은 시 · 도지사(특별자치도지사는 제외한다)가 매 5년마다 수립한다.

(2) 권역계획에 포함되어야 할 내용

권역계획에는 다음 각호의 사항이 포함되어야 한다.

1. 권역의 관광여건과 관광동향에 관한 사항
2. 권역의 관광 수요와 공급에 관한 사항
3. 관광자원의 보호 · 개발 · 이용 · 관리 등에 관한 사항
4. 관광지 및 관광단지의 조성 · 정비 · 보완 등에 관한 사항

4의2. 관광지 및 관광단지의 실적 평가에 관한 사항

5. 관광지 연계에 관한 사항
6. 관광사업의 추진에 관한 사항

7. 환경보전에 관한 사항
8. 그 밖에 그 권역의 관광자원의 개발, 관리 및 평가를 위하여 필요한 사항

2. 관광지 등의 지정

1) 관광지 등의 정의

여기서 '관광지등'이란 관광지 및 관광단지를 말한다.

(1) 관광지

관광지란 자연적 또는 문화적 관광자원을 갖추고 관광객을 위한 기본적인 편의시설을 설치하는 지역으로서 「관광진흥법」에 따라 지정된 곳을 말한다. 그러므로 관광객이 이용하는 지역이라고 해서 무조건 관광지가 되는 것은 아니다. 2010년 12월 말 기준으로 전국에 지정된 관광지는 총 232개소이다.[25)]

(2) 관광단지

관광단지란 관광객의 다양한 관광 및 휴양을 위하여 각종 관광시설을 종합적으로 개발하는 관광거점지역으로서 「관광진흥법」에 따라 지정된 곳을 말한다. 2010년 12월 말 기준으로 전국에 지정된 관광단지는 32개소이다.[26)]

2) 관광지 등의 지정권자

관광지 및 관광단지(이하 "관광지 등"이라 한다)는 시장 · 군수 · 구청장의 신청에 의하여 시 · 도지사가 지정한다. 다만, 특별자치도의 경우에는 특별자치도지사가 지정한다.

25) 문화체육관광부, 전게 2010년 기준 연차보고서, pp.139~140.
26) 문화체육관광부, 전게 2010년 기준 연차보고서, pp.142~145.

제5절 관광특구의 지정

1. 관광특구의 지정

1) 관광특구의 정의

관광특구는 외국인 관광객의 유치 촉진 등을 위하여 관광시설이 밀집된 지역에 대해 야간 영업시간 제한을 배제하는 등 관광활동을 촉진하고자 1993년에 도입된 제도이다. 「관광진흥법」은 제2조에서 관광특구란 외국인 관광객의 유치 촉진 등을 위하여 관광활동과 관련된 관계법령의 적용이 배제되거나 완화되고, 관광활동과 관련된 서비스·안내 체계 및 홍보 등 관광여건을 집중적으로 조성할 필요가 있는 지역으로서 시장·군수·구청장의 신청(특별자치도의 경우는 제외한다)에 따라 시·도지사가 지정한 곳을 말하는데[27], 지정요건 등은 다음과 같다.

2) 관광특구의 지정요건

(1) 관광특구의 지정신청자 및 지정권자

관광특구는 관광지등 또는 외국인 관광객이 주로 이용하는 지역 중에서 시장·군수·구청장의 신청(특별자치도의 경우는 제외한다)에 의하여 시·도지사가 지정한다.

1. 지정신청자 — 시장·군수·구청장
2. 지정권자 — 시·도지사

27) 우리나라 관광특구는 제주도, 경주시, 설악산, 유성, 해운대 등 5곳이 1994년 8월 31일 처음으로 지정된 이래, 2005년 12월 30일 충북 단양·매포읍 일원(2개읍 5개리)의 '단양관광특구'와 2006년 3월 22일 서울 광화문 빌딩에서 숭인동 네거리 간의 청계천쪽 전역(세종로, 신문로1가, 종로1~6가, 창신동 일부, 서린동, 관철동, 관수동, 장사동, 예지동 전역)의 '종로·청계관광특구'를 지정하였으며, 2008년 5월 14일 부산광역시 중구 부평동, 광복동, 남포동 지역의 '용두산·자갈치관광특구'를 새로 지정하여 2010년 12월 말 기준으로 13개 시·도에 27곳이 지정되어 있다(문화체육관광부, 전게 2010년 기준 연차보고서, pp.166~168).

(2) 관광특구의 지정요건

관광특구로 지정될 수 있는 지역은 다음과 같은 요건을 모두 갖춘 지역으로 한다.

1. 문화체육관광부장관이 고시하는 기준을 갖춘 통계전문기관의 통계결과 해당 지역의 최근 1년간 외국인 관광객수가 10만명(서울특별시는 50만명) 이상일 것
2. 지정하고자 하는 지역 안에 관광안내시설, 공공편익시설, 숙박시설, 휴양 · 오락시설, 접객시설 및 상가시설 등이 갖추어져 있어 외국인 관광객의 관광수요를 충족시킬 수 있는 지역일 것
3. 임야 · 농지 · 공업용지 또는 택지 등 관광활동과 직접적인 관련성이 없는 토지가 관광특구 전체 면적의 10퍼센트를 초과하지 아니할 것
4. 위 1호부터 3호까지의 요건을 갖춘 지역이 서로 분리되어 있지 아니할 것

2. 관광특구의 진흥계획

1) 관광특구진흥계획의 수립 · 시행

(1) 관광특구진흥계획의 수립

특별자치도지사 · 시장 · 군수 · 구청장은 관할구역 내 관광특구를 방문하는 외국인 관광객의 유치 촉진 등을 위하여 관광특구진흥계획(이하 "진흥계획"이라 한다)을 수립하고 시행하여야 한다. 그리고 "진흥계획"을 수립하기 위하여 필요한 때에는 해당 시 · 군 · 구 주민의 의견을 들을 수 있다.

(2) "진흥계획"에 포함되어야 할 사항

특별자치도지사 · 시장 · 군수 · 구청장은 다음 각 호의 사항이 포함된 "진흥계획"을 수립 · 시행한다.

1. 외국인 관광객을 위한 관광편의시설의 개선에 관한 사항
2. 특색 있고 다양한 축제, 행사 그 밖에 홍보에 관한 사항
3. 관광객 유치를 위한 제도개선에 관한 사항
4. 관광특구를 중심으로 주변지역과 연계한 관광코스의 개발에 관한 사항

5. 그 밖에 관광질서 확립 및 관광서비스 개선 등 관광객 유치를 위하여 필요한 다음과 같은 사항
   가. 범죄예방 계획 및 바가지 요금 · 퇴폐행위 · 호객행위 근절대책
   나. 관광불편신고센터의 운영계획
   다. 관광특구 안의 접객시설 등 관련시설 종사원에 대한 교육계획
   라. 외국인 관광객을 위한 토산품 등 관광상품 개발 · 육성계획

(3) '진흥계획'의 타당성 검토

특별자치도지사 · 시장 · 군수 · 구청장은 수립된 진흥계획에 대하여 5년마다 그 타당성 여부를 검토하고 진흥계획의 변경 등 필요한 조치를 하여야 한다.

2) 관광특구진흥계획의 집행 상황 평가

(1) 관광특구에 대한 평가 등

문화체육관광부장관 및 시 · 도지사는 관광특구진흥계획의 집행상황을 평가하고, 우수한 관광특구에 대하여는 필요한 지원을 할 수 있다. 그리고 시 · 도지사는 관광특구진흥계획의 집행상황에 대한 평가의 결과 관광특구지정요건에 맞지 아니하거나 추진실적이 미흡한 관광특구에 대하여는 관광특구의 지정취소 · 면적조정 · 개선권고 등 필요한 조치를 할 수 있다.

(2) 관광특구의 평가에 대한 조치 등

① 평가주기 및 평가방법 : 시 · 도지사는 진흥계획의 집행상황을 연 1회 평가하여야 하며, 평가시에는 관광관련 학계 · 기관 및 단체의 전문가와 지역주민, 관광관련 업계종사자가 포함된 평가단을 구성하여 평가하여야 한다.

② 평가결과 보고 : 시 · 도지사는 평가결과를 평가가 끝난 날부터 1개월 이내에 문화체육관광부장관에게 보고하여야 하며, 문화체육관광부장관은 시 · 도지사가 보고한 사항 외에 추가로 평가가 필요하다고 인정되면 진흥계획의 집행상황을 직접 평가할 수 있다.

③ 평가결과에 따른 지정취소 및 개선권고 : 시 · 도지사는 진흥계획의 집행상황에

대한 평가결과에 따라 다음 각 호의 구분에 따른 조치를 할 수 있다.

1. 관광특구의 지정요건에 3년 연속 미달하여 개선될 여지가 없다고 판단되는 경우에는 관광특구 지정취소
2. 진흥계획의 추진실적이 미흡한 관광특구로서 아래(제3호)의 규정에 따라 개선권고를 3회 이상 이행하지 아니한 경우에는 관광특구 지정취소
3. 진흥계획의 추진실적이 미흡한 관광특구에 대하여는 지정면적의 조정 또는 투자 및 사업계획 등의 개선 권고

3. 관광특구에 대한 지원

1) 관광특구의 진흥을 위한 지원

국가나 지방자치단체는 관광특구를 방문하는 외국인관광객의 관광활동을 위한 편의증진 등 관광특구 진흥을 위하여 필요한 지원을 할 수 있다.

2) 관광진흥개발기금의 지원

문화체육관광부장관은 관광특구를 방문하는 관광객의 편리한 관광활동을 위하여 관광특구 안의 문화 · 체육 · 숙박 · 상가시설로서 관광객 유치를 위하여 특히 필요하다고 인정되는 시설에 대하여 「관광진흥개발기금법」에 따라 관광진흥개발기금을 대여하거나 보조할 수 있다.

4. 관광특구 내의 영업시간 및 영업행위

관광특구 안에서는 「식품위생법」 제43조의 영업제한에 관한 규정을 적용하지 아니한다(관광진흥법 제74조). 즉 「식품위생법」은 제43조에서 시 · 도지사는 영업의 질서 또는 선량한 풍속을 유지하기 위하여 필요하다고 인정하는 경우에는 식품접객업자 및 그 종업원에 대하여 영업시간 및 영업행위에 관한 필요한 제한을 할 수 있도록 규정하고 있지만, 관광특구 안에서는 영업시간 및 영업행위에 관한 제한규정을 적용하지 않는다는 것이다.

제11장

관광마케팅

발표 및 토론과제

관광마케팅의 전반적인 개념 이해

관광마케팅을 구성하고 있는 기본요소에 대한 설명

관광마케팅이 갖는 특징의 이해

현대 관광마케팅의 구성요소 이해

관광마케팅믹스의 개념에 대한 이해

관광마케팅이란 간단히 말하면 관광객 중심으로 관광활동에 관련되는 상품이나 또는 서비스를 만들어 판매하는 것을 말한다.

관광사업을 발전시키기 위해서는 무엇보다도 관광객을 증대시키는 일이 필요하다. 그렇게 하기 위해서는 관광대상을 매력있는 것으로 만들지 않으면 안되며, 그 존재를 널리 알려주는 일이 필요하다. 또 그 전재로서 그 시대의 관광객이 관광에서 무엇을 구하고자 하는가를 잘 파악할 필요가 있다.

이와 같이 관광의 수요를 확대하기 위해서 공급자측이 관광객에 관한 모든 것을 조사하고 분석함으로써 상품화를 계획하고 판매를 촉진하는 여러 가지 활동을 관광마케팅이라고 한다.

이 장에서는 먼저 관광마케팅이란 무엇인가를 설명하고, 다음으로 관광마케팅이론의 발달, 관광마케팅의 특징, 현대마케팅이념의 구성요소를 살펴보고, 끝으로 관광마케팅의 현대적 과제를 설명하고자 한다.

제1절 관광마케팅의 개념

관광마케팅은 관광시장의 여러 가지 활동에 마케팅수단을 도입함으로써 관광활동에 관련되는 상품이나 또는 서비스를 공급자인 관광사업자로부터 수요자에게 원활하게 유통되도록 조정하는 활동을 말한다. 그러므로 관광마케팅이란 무엇인가를 말하기에 앞서, 먼저 마케팅(Marketing)이란 무엇인가를 말해두고자 한다.

마케팅의 정의에 관해서는 여러 가지 설명이 있으나, 그 가운데 미국마케팅협회(AMA : American Marketing Association)가 내린 것을 보면, "마케팅이란 생산자로부터 소비자 내지 이용자에게 상품이나 서비스의 유통을 인도하는 여러 가지 실무활동을 수행하는 것"이라고 설명하고 있다.

마케팅이란 판매활동의 총칭이지만, 단순히 상품을 파는 것을 뜻하는 것이 아니고, 팔 수 있는 상품을 만들어 그것을 살 사람을 찾아내어 적극적으로 작용하는 것과 같은 폭넓은 활동을 포함하고 있다. 이와 같은 설명에서 이해할 수 있듯이, 상품의 생산이나 서비스의 제공능력이 높아지고, 많은 수량의 상품을 소비자에게 제공할 수 있는 시대가 되어 만들어진 새로운 개념이다. 그렇기 때문에 독일이나 프랑스 그리고 우리나라에서도 번역어를 사용하지 아니하고 '마케팅'이란 말을 그대로 사용하고 있다.

마케팅이란 말은 1920년대에 미국에서 제일 먼저 사용하였고 제2차 세계대전 후에는 유럽의 각 나라에서도 사용하게 된 것으로, 우리나라에는 1950년대에 들어와서야 처음으로 소개되었던 것이다.

미국에서 이 말을 처음 사용하게 된 것은 '대중소비사회'로의 이행이 가장 빨랐던 때문이며, 당초에는 "생산자로부터 소비자에게 상품을 배급하는 경우의 복잡한 서비스를 포함한 개념"이라고 설명되고 있다. 즉 생산자가 상품을 만들어 그것을 도매상과 소매상을 거쳐 소비자에게 전달되기까지의 과정에 존재하는 활동이며, 유통에 관한 여러 문제나 광고 · 선전 등을 포함하고 있다.

그 후 1929년 가을에 시작된 대공황 등의 영향을 받아서 소비수요가 활발하지 못하게 됨으로써 소비자에게 받아들여질 수 있는 판매를 생각하게 되었다. 이 단계에서 오늘날 사용되고 있는 것과 같은 의미의 마케팅이 등장하기 시작하였던 것이다.

마케팅론은 1950년대 후반부터 이론화와 체계화가 진척되고, 그 활동의 목표는 소비자를 만족시키는 것, 소비자를 창조하는 것 등이라는 점이 명확해지고 있다. 그리고 기업활동의 관점에서 목표달성에 관한 여러 가지 기술을 조정 · 통합하는 관리적 활동이라고도 규정되고 있다. 이것을 경영관리론적 마케팅론(managerial marketing)이라고 한다. 이러한 개념 아래 마케팅은 경영원리의 한 적용수단으로서 과거 20여 년 동안 기업의 목적을 성공적으로 달성하기 위해 그 중요성은 더욱 절실하게 인식되어 왔다.

따라서 관광마케팅(marketing in tourism)은 목표소비자가 관광객이라고 하는 점과, 거래되는 상품이 관광서비스라고 하는 무형의 상품이라는 점에서 차이가 있을 뿐, 소비자인 관광객의 욕망을 충족시키기 위한 수단으로서 마케팅원리의 적용방법은 조금도 다를 바가 없다. 그러므로 관광마케팅은 "관광서비스의 수급관계가 지역간 또는 국제간에 원활히 교환될 수 있도록 직간접적으로 작용하는 여러 활동으로서, 관광객의 관광의욕을 유발시키고, 그것을 충족시키기 위한 수단과 방법을 파악하고 조사 ·

분석함으로써 계획 및 통제하는 일련의 관광시장활동"이라고 정의할 수 있다.

이와 같은 관광마케팅이 한 나라의 국내관광시장을 목표로 지향할 때에는 국내관광마케팅(marketing for domestic tourism)이라고 하며, 이에 대하여 외국관광시장을 목표로 하고 지향할 때에는 해외관광마케팅(marketing for foreign tourism), 관광수출마케팅(marketing for export tourism) 그리고 국제관광마케팅(marketing for international tourism)이라고 일컫는다.

위에서 구분한 국내관광마케팅과 국제관광마케팅은 그 기본개념과 원리는 다를 바가 없다. 즉 양자는 '특정한 시장의 개척을 목적으로 한 사업활동'이며, 이러한 의미에서 양자는 균질성을 갖는다.

그러나 국제관광마케팅은 국내관광마케팅과는 그 목표로 하는 시장구조, 시장환경, 시장조건 등을 달리하므로 국내관광마케팅과는 다른 특색을 가지며, 양자 사이에는 독자성과 이질성이 있다.

이상에서 말한 바와 같이 관광마케팅은 관광객에 대하여 관광객의 욕구를 만족시키는 것을 목적으로 하는 관광사업활동의 원리가 되는 이념인 것이다. 따라서 단순한 정보수집활동, 상품화계획, 정보전달활동 등만이 아니고, 이 밖에도 관광상품이나 또는 관광서비스의 요금결정, 유통경로, 입지선정, 접대체계, 판매촉진 등을 결정지우는 모든 요소를 포함한 훨씬 광범위한 것이다. 각종의 관광마케팅 수단의 종합을 뜻하는 이른바 '마케팅믹스(marketing mix)'의 개념에 의해서 표현되는 것이다.

제2절 관광마케팅의 기본요소

마케팅은 사회적 · 관리적 과정으로서 개인과 집단은 다른 사람과의 상품과 가치의 교환과정을 통해서 그들의 필요와 욕구를 인식하게 된다.

이러한 정의를 이해하기 위해서는 욕구(needs), 욕망(wants), 수요(demand), 기대(expectation), 상품(products), 교환(exchange) 및 거래(transaction), 잠재시장(potential market) 그리고 관계(relations)와 같은 기본적인 용어를 먼저 이해하여야 된다고 본다.

1. 욕구

욕구(needs)는 마케팅에 내재된 가장 기본적인 개념으로, 인간의 욕구란 인간이 무엇인가 결핍을 느끼는 상태를 말한다. 인간은 매우 복잡하고 다양한 기본적인 욕구를 갖고 있는데, 이에는 의 · 식 · 주, 안전함 · 편안함 등과 같은 생리적 욕구, 소속감 · 애정과 같은 사회적 욕구, 자존과 자기표현 등과 같은 개인적 욕구가 있다. 이러한 인간의 기본적 욕구는 외부의 자극에 의해 창조되는 것이 아니라 인간 내부에서 자연히 발생하는 인간형성의 기본적 부분이다.

욕구가 만족되지 못하면 인간은 불행을 느낀다고 한다. 중요하고 열망하는 욕구일수록 불행의 정도는 강하다. 불행을 느끼는 사람은 욕구를 충족할 수 있는 물건을 획득하기 위한 노력을 기울이거나 또는 욕망을 소멸시키는 행위를 선택한다.

2. 욕망

욕망(wants)이란 문화와 개성에 의해서 형성되는 욕구를 충족시키기 위한 형태이다. 예를 들어 발리섬 사람들은 배가 고플 때에는 망고, 새끼 돼지 또는 콩을 원하지만, 한국사람이 배가 고플 때에는 밥, 된장국, 김치찌개, 매운탕, 숭늉 등을 원하게 된다. 욕망은 욕구를 충족시킬 수 있는 대상과 관련된 개념으로서, 사회가 진보됨에 따라 그 구성원들의 욕망은 증가하게 된다. 사람들은 그들의 호기심과 욕망을 자극하는 수많은 대상들에 노출되므로 마케터는 이러한 인간의 욕망을 충족시킬 수 있는 제품과 서비스를 제공하여야 한다.

3. 수요

수요(demand)는 욕구가 구매력에 의해서 뒷받침되었을 경우를 말한다. 즉 '여름휴가에 무엇인가를 해야겠다'고 하는 것은 필요이고, 그것을 해결하기 위해서 '여행을 하고 싶다'고 하는 것은 욕구이고, 여행을 하고 싶은 의사도 있고 또 구매할 돈도 있을 경우에 관광기업에게는 '수요'가 된다. 즉 '뽐내고 싶은 필요'를 충족시키기 위해서 '최고급 해외여행을 하고 싶은 욕구'를 가지는 사람은 많으나, 그것을 살 의사가 있고 또 구매할 정도의 돈이 있는 사람(수요)은 많지 않을 것이다. 따라서 여행사는 자기회사의 여행상품을 원하는 사람이 얼마나 되는가를 측정하는 것도 중요하지만, 더 중요한 것은 그 중에 몇 사람 정도가 자기회사 여행상품을 살 수 있는가를 아는 것이 더욱 중요하다.

• 욕구(needs) : 기본적인 무엇이 부족한 상태
• 욕망(wants) : 필요가 구체적인 형태 또는 해결방법으로 표시된 것
• 수요(demand) : 욕구 + 구매의사 + 구매력

이렇게 용어의 뜻을 정리하고 보면 여행사 또는 호텔기업이 수요를 부추긴다 등의 사회적 비판은 재고해야 할 것이 분명하다. 관광기업이 필요를 창조할 수는 없다. 왜냐하면, 필요는 기업이 마케팅활동을 하기 이전에 이미 인간에게 존재하는 것이기 때문이다. 관광기업은 욕구에 영향을 미치는데 그것은 기업뿐만 아니라 여러 가지 사회적 한경이 모두 다 욕구에 영향을 미친다. 다만, 관광기업은 여가의 필요성을 느끼는 사람에게 "그것을 위해서는 해외여행이 적합합니다"라고 욕구에 영향을 미칠 뿐이다. 그리고 한걸음 더 나아가서 수요에 영향을 주기 위해서 패키지상품을 더 세련되게 하고, 가격도 적절하게 책정한다. 즉 관광기업은 인간의 필요를 창조할 수 없지만, 필요에 의해서 생긴 욕구와 수요에 영향을 미친다.

4. 관광상품

필요와 욕구를 충족시키기 위하여 주어지는 것을 제품이라고 한다. 즉 여가가 필요하다는 필요를 위해서 해외여행을 하고 싶다는 욕망이 생기는데 이것을 충족시키기 위하여 6박7일짜리 하와이 여행이라는 구체적인 제품을 기업이 제공한다.

일반적인 제품은 유형적인 형태를 취하지만 관광제품은 서비스제품으로서 물리적

인 형태를 갖지는 않는다. 하지만 일반제품과 마찬가지로 사람의 필요와 욕구를 충족시킨다. 심심하면 음악회에 가고, 건강을 위하여 친구와 테니스시합을 하고, 친목도모를 위하여 등산그룹에 가입하며, 자기만의 인생관을 위한 새로운 '행복론'을 주장하는 것 등은 모두 서비스를 통해서 사람의 필요와 욕구를 충족시키는 경우이다.

관광객의 욕구는 관광서비스를 경험해야만 충족된다. 따라서 관광서비스란 넓은 의미에서 보면 관광객의 욕구를 만족시키기 위해 제공되는 다소의 유형적인 것과 서비스의 모든 것이 포함된다.

여기서 유형적인 것이란 관광객이 호텔객실과 전세버스, 항공좌석, 박물관의 전시물과 같은 시설과 준비물을 이용하거나 관람함으로써 편익과 즐거움을 느끼게 해주는 포괄적인 대상물을 의미하며, 관광시에 제공되는 식음료도 포함된다.

5. 가치 · 비용 · 만족

효용이란 소비자가 제품을 통해서 얻고자 하는 편익(benefit)을 말한다. 즉 다른 사람과 구별되는 여름휴가를 보내고 싶다는 필요를 위해서 해외여행에 대한 욕망이 발생하는데, 그것을 위해서 알래스카 9박10일 여행 정도의 최고급 여행상품을 바라는 효용을 가지고 있다고 하겠다.

그러나 효용은 무상으로 주어지는 것이 아니고 비용(cost)이 든다. 이러한 효용에 값을 부여한 것이 가치(value)이다. 알래스카 9박10일 여행을 구매하기 위해서는 약 5백만원 이상의 돈이 필요한데, 소비자는 자신이 원하는 이상적인 편익을 위해서 이만한 비용을 지급해야 한다. 이것은 소비자에게 주어지는 가치이다.

만족(satisfaction)이란 그 제품에서 바라는 가치와 또 그 제품에 대해 지급해야 하는 비용을 함께 고려하며 자기에게 가장 적절하다고 느껴지는 제품을 선택했을 때를 말한다. 해외여행의 경우, 가치와 비용을 함께 생각할 때에 '사이판 여행' 정도가 적합하다고 생각하게 되면 이 제품이 그 소비자의 만족을 극대화시키게 된다. 따라서 소비자가 바라는 효용과, 그것을 위해서 지급해야 할 비용을 고려한 가치 및 그 두 가지를 통해서 얻을 만족도의 극대화, 이 세 가지는 마케팅의 중요한 개념이다.

6. 교환 · 거래 · 관계유지

교환(exchange)이란, 상대방이 필요로 하는 대가를 주고 그로부터 원하는 것을 얻는 행위를 말하는데 이것은 마케팅의 중심적인 개념이다. 교환이 이루어지려면 다음 조건을 갖추어야 한다.

첫째, 둘 또는 그 이상의 교환상대자가 있어야 한다.

둘째, 각자는 상대방이 원하는 것을 가지고 있어야 한다.

셋째, 각자는 자유롭게 의사교환을 할 수 있어야 한다.

넷째, 각자는 자유롭게 의사결정을 할 수 있어야 한다.

이러한 조건이 구비되면 교환이 이루어질 가능성이 있는데, 실제로 교환이 이루어지느냐 하는 것은 '교환조건'에 달려 있다. 교환조건의 기준은 교환함으로써 각자가 교환 전보다도 만족을 더 높일 수 있다고 생각하는 정도를 말하는 것으로, 교환은 가치를 증가시키는 창조적 행위라고 볼 수 있다.

이러한 교환은 거래를 통해서 이루어지는데, 거래(transactions)란 두 당사자 사이의 가치의 교환행위를 말한다. 거래가 성립되려면 상대방이 교환할 가치가 있는 것을 가지고 있어야 하고, 교환수량 · 거래시간 · 거래조건 등에 합의해야 한다.

그런데 올바른 마케팅을 위해서는 거래가 한 번에 끝나서는 안 되고, 비슷한 거래가 계속 반복되도록 거래상대방과의 관계가 유지되어야 하는데 이것을 관계유지(relations)마케팅이라고 한다. 관계유지를 위해서는 장기적으로 기업과 고객이 서로 이익이 되도록 관계를 맺어야 하는데, 그러기 위해서는 언제나 상대방이 원하는 품질을 적절한 가격으로 제공해주고 사후 서비스를 안심할 수 있도록 잘해 주는 장기적인 안목이 필요하다.

7. 시장

교환과 거래가 이루어지려면 시장이 있어야 한다. 시장(market)이란 어떤 상품에 대한 실제적 또는 잠재적 구매자의 집합을 말한다. 시장은 유사한 욕구나 욕망 및 화폐를 갖고 있는 일련의 사람들로 구성되어 있다.

시장은 제품, 서비스, 기타 가치 있는 모든 것들에 둘러싸여서 성장한다. 예를 들면 노동시장은 노동력을 제공하고 그 대가로 임금 또는 제품을 받으려는 사람들로 구성된다. 사실상 노동시장이 그 기능을 원활히 할 수 있도록 도와주는 고용안내소나 직업상담소와 같은 기관들은 노동시장 주변에 생겨나 성장해 가고 있는 것이다. 금융시장은 돈을 빌리고 빌려주며, 저축 또는 보관하고자 하는 사람들의 욕구를 충족시키기 위해서 존재하게 된다. 그리고 기부금시장은 비영리조직의 재정적 욕구를 충족시키기 위해 생긴 시장이다.

관광상품에 대한 전체적 시장은 상용여행객과 위락여행객으로 구성되어 있다. 가끔 어떠한 그룹은 연령, 성(性), 지리적 위치, 소득, 생활양식(Life style) 및 태도 등과 같은 특성에 의해 전체적 시장에서 구별되어진다. 관광마케팅 전문가들은 이러한 요소를 개별적 또는 연합적으로 배합하여 전체시장의 특정부분을 표적으로 삼아 마케팅노력을 집중시키기도 한다. 예를 들어 콩코드 초음속 여객기의 탑승시장은 부유하고 세련된 장년층 여행객으로 구성된다. 그 반면에 할인좌석 탑승시장은 예산에 민감한 젊은 대학생들이 그 대상이 된다.

제3절 관광마케팅의 특징

하나의 산업은 사업체 또는 법인 그리고 그들을 위해 일하는 사람들의 집단이다. 자동차산업, 보험산업 그리고 컴퓨터산업은 이미 잘 알려진 산업의 본보기이다. 산업은 제품 및 서비스 또는 그것을 혼합한 것을 생산하고 있다. 여기서 제품이란 개발 · 제조 · 성장되어 만들어진 물건이다. 그것은 구매자에 의해서 소비 또는 사용되며, 자동차 · 트럭 · 철광석 등을 예로 들 수 있다. 반면에 서비스는 누군가에게 혜택을 주는 행위 또는 실행이다. 채권의 회수를 위해 변호사에게 민사소송업무를 의뢰한다거나 의사에게 건강진단을 받는다면 서비스를 구매하는 것이 된다. 대부분의 산업은 제품이나 서비스를 생산한다.

그러나 관광산업은 보기 드물게 제품과 서비스가 동시에 생산되는 산업이다. 관광상품은 관광에 관련된 제품과 서비스가 결합된 상품을 말한다. 우리가 관광상품을 구매한다면 거기에서 우리는 많은 서비스를 구매하고 있는 것이다.

관광상품은 대부분의 다른 산업제품과는 다른 몇 가지의 특성, 즉 무형성, 생산과 소비의 동시성, 소멸성, 계절성, 동질성, 독특성, 보완성 등을 지니고 있다. 이런 각각의 특성은 관광상품이 시장에서 어떻게 매매되는가에 영향을 미친다. 아래와 같이 관광상품의 특성을 살펴보기로 한다.

1. 무형성

재화와 서비스의 차이 중 가장 기본적이고 널리 언급되는 것이 바로 무형성(intangibility)이다. 왜냐하면 관광서비스는 객체라기보다는 행위이고 성과이기 때문에 우리가 유형적 제품에서와 같이 보거나, 느끼거나, 맛보거나 만질 수 없다.

이러한 무형성은 마케팅에의 몇 가지 시사점을 제공해 준다.

우선 서비스는 저장될 수 없다는 것이다. 그러므로 수요의 변동을 관리하기가 어렵다. 예를 들어 2월에 동계 아시안게임으로 인해 용평리조트에 있는 리조트 숙박시설에 대한 엄청난 수요가 있다고 하자. 7월에는 이러한 수요가 거의 없다. 그러나 리조트 소유주들은 1년 내내 동일한 수의 방을 가지고 있다.

또한 서비스는 합법적으로 특허권을 인정받을 수 없다. 따라서 새로운 개념의 서비스는 경쟁자에 의해 쉽게 모방된다. 서비스는 지속적으로 전시되거나 고객에게 쉽게 커뮤니케이션할 수 없기 때문에 소비자가 쉽게 품질을 평가하기가 어려울 수도 있다. 가격책정에서와 같이 광고나 판촉물에 무엇을 포함시킬 것인가에 대한 의사결정도 쉽지가 않다. 서비스단위당 실제 원가를 산정하기가 어렵고 '가격 · 품질관계'도 복잡하다.

2. 이질성

관광서비스는 대부분 인간의 행위에 의해 생산되는 성과이기 때문에 정확히 똑같은 서비스란 존재하기 어렵다. 관광서비스를 제공하는 종업원들의 행위는 오늘과 내일이 다르고 심지어는 시간마다 달라질 수 있다. 이러한 이질성(heterogeneity)은 고객도 똑같지 않기 때문에 생기는 결과이기도 하다. 각 고객은 독특한 요구사항을 가지고 독특한 방식의 서비스경험을 원한다. 이와 같이 관광서비스와 관련된 이질성은 종업원과 고객 사이의 상호작용의 결과이며, 그 때 발생할 수 있는 모든 가변성을 말한다.

관광서비스는 이렇게 이질성이란 특징이 있기 때문에 일관성 있는 서비스 품질을 보증하기가 쉽지 않다. 다른 말로 표현하면 규격화가 어렵다는 것이다. 실제로 서비스품질은 서비스 제공자가 통제할 수 없는 많은 요인들로 인해 달라지게 된다. 예를 들면 관광소비자가 자신의 욕구를 종업원에게 얼마나 잘 설명해 줄 수 있는가 하는 능력이라든지, 관광소비자의 욕구를 만족시킬 종업원의 능력 또는 의지, 다른 고객이 기다리고 있는지의 여부, 서비스에 대한 기대수준 등을 들 수 있다. 이러한 복잡한 요인들 때문에 서비스관리자는 항상 서비스가 원래 계획된 방식대로 제공될 것이라고 확신할 수 없다.

3. 생산과 소비의 동시성

대부분의 재화가 먼저 생산되고 그 다음 팔리고 소비되는 순서를 거치는 반면, 관광서비스는 생산과 소비가 동시에 일어난다. 이러한 '생산과 소비의 동시성'으로 인해 서비스가 생산되는 현장에 소비자가 존재하며 생산되는 모습을 바라볼 수도 있고 심지어는 생산과정에 참여할 수도 있다. 또한 서비스 제공 중에 고객이 다른 고객과 상호작용할 수 있으며, 이를 통해 다른 사람의 서비스경험에도 영향을 미칠 수 있음을 암시한다. 예를 들어 비행기 안에서 모르는 사람끼리 서로 옆자리에 앉았을 때 그들은 상호 서비스경험에 영향을 미칠 수 있다.

관광서비스는 대개 생산과 소비가 동시에 이루어지기 때문에 대량생산을 하기가 어렵다. 서비스의 품질과 고객만족은 종업원의 행동과 종업원 대 고객간의 상호작용을 포함한 '실시간(real time)'에 매우 의존적이다. 그래서 관광서비스를 집중화하여 규모의 경제(economy of scale)를 달성하기가 불가능할 때가 많다. 즉 관광서비스를 소비자가 편리한 현장에서 직접 제공하기 위해서는 상대적으로 분권화하여 운영해야 할 필요가 있다. 또한 생산과 소비의 동시성으로 인해, 고객은 생산과정을 지켜보고 관여하기도 하기 때문에 서비스거래의 결과에 영향을 미칠 수 있다. 이와 관련된 개념으로 서비스제공과정을 방해하는 '문제고객'이 있을 수 있다. 이들은 자신에 관련된 문제를 스스로 야기하거나 다른 사람의 서비스환경에 영향을 미쳐 결과적으로 낮은 고객만족을 일으킨다.

4. 소멸성

소멸성(perishability)은 관광서비스를 저장하거나 판매하거나, 돌려받을 수 없다는 사실을 말하는 것이다. 사용하지 않은 비행기나 식당 안의 좌석, 호텔객실 등은 이후에 재활용하거나 다시 판매할 수 없다. 대조적으로 재화는 재고로 저장할 수 있고 훗날 재판매할 수 있으며, 심지어는 소비자가 불만을 느낄 때에는 회수할 수도 있는 것이다. 그러나 소비자가 방금 구매한 비행기 좌석은 맘에 안 든다고 해서 반환하거나 다른 소비자에게 다시 팔아버릴 수 있는가? 그렇기 때문에 소멸성은 서비스에 바람직하지 않은 결과를 가져올 가능성을 내포하고 있다.

관광서비스의 소멸성과 관련해서 마케터(marketer)가 직면한 근본적인 과제는 재고를 보유할 수 없다는 점이다. 따라서 수요예측과 제공능력을 충분히 활용할 수 있는 창조적인 계획능력이 중요한 의사결정 분야가 된다. 관광서비스는 회수하거나 재판매할 수 없다는 사실은 서비스가 잘못되었을 때 강력한 보상책이 강구돼야 함을 암시한다.

5. 계절성

대부분의 관광상품은 계절의 영향을 받는다. 계절성(seasonality)은 매년 다른 시간대에서 관광수요의 변동을 말한다. 겨울에 북쪽지방 사람들은 추운 날씨를 피하여 남쪽의 애리조나, 멕시코지역, 카리브해 등 온화한 지역으로 대량 이동한다. 호텔이나 리조트의 객실과 같은 관광상품의 수요는 그러한 지역에서 증가한다. 그러나 북쪽지방 사람들이 자기들의 따뜻한 기후를 즐기기 위해 집에 머무르게 되는 여름에는 수요가 감소한다.

계절성은 일반적으로 관광상품이 기상조건에 의해 영향을 받는 것을 말하지만, 그 주의 요일 또는 그 날의 시간대로부터 발생되는 수요의 변동에까지 적용되기도 한다. 이러한 것은 항공사에서 명백하게 나타난다. 대부분의 사람들, 특히 상용여행객은 주말을 집에서 보내기를 원하기 때문에 월요일이나 금요일의 항공수요는 목요일이나 화요일에 항공기를 이용하는 것보다 높게 나타난다. 또 주간의 항공수요는 대부분의 여행객이 낮 동안에 목적지에 도착하기 때문에 오히려 야간의 항공기 이용보다 높게 나타난다. 휴일은 또한 여행상품 수요에 영향을 미친다. 예를 들어 스키리조트지역은 크리스마스 휴가 때 더욱 많은 사람들로 붐비는 경향이 있다.

계절성에 영향을 받는 상품에 대한 마케팅 대책은 비수기 동안에 수입을 올려야 한다는 것이다. 관광공급자는 그들 상품의 사용을 평준화하든가, 판매가 부진한 기간 동안에 상품의 수요를 창조해야 한다. 이렇게 하는데 가장 두드러진 방법은 비수기 동안에 가격을 인하하는 것이다.

계절성을 극복하는 또 하나의 방법은 비수기 때 이용할 수 있는 특별한 시설을 만드는 것이다. 추운 날씨를 비관하는 것보다 여러 북쪽도시에서 실시하고 있는 것처럼 겨울축제를 만들어 추운 날씨를 관광매력물로 바꿀 수 있어야 한다. 일부 관광기업은 비수기 동안 그들의 초점을 바꾸기도 한다. 즉 여름시즌 동안에 폐업하는 대신에 스키장에서는 컨벤션이나 문화센터로서 스키장시설을 제공하고 있는 것이다.

관광공급자는 또한 이익의 주기적인 상승과 하락을 염두에 두면서 그에 따라 생산능력을 조절한다. 또 관광사업자는 비수기 동안 발생한 손실을 보전하기 위하여 성수기 동안에 가격인상을 한다거나 또는 각 고객의 숙박일수 단축을 요구하기도 한다.

6. 동질성

일부의 관광상품 특히 운송회사의 상품은 본질적으로 그 비교가 가능하다. 즉 그들 상품은 동질성을 지니고 있다. 동질성(parity)의 의미는 경쟁기업이 동일한 기초상품을 제공한다는 것이다. 한 항공사의 비행기는 다른 항공사의 비행기와 거의 비슷

하다. 모든 항공사는 유사한 장비를 사용하며 사실상 항공사는 미국의 보잉사와 같은 동일한 기업에서 제조한 비행기로 비행을 하고 있다. 정부는 모든 조종사들을 동일한 훈련규범에 합치하도록 규율하고 있다. 항공사에서 제공되는 음식조차도 같은 공항의 주방에서 조리되고 있다. 만약 승객이 눈을 감고 있었다면 그들이 어떠한 비행기로 날아왔는지조차도 알지 못할 수도 있다.

그렇게 많은 상품이 동질적이라는 사실은 동일 업종 간에 경쟁상태를 더욱 심각하게 만들고 있다. 호텔이나 항공사는 동일 업종 간에서 타사와 어떻게 차별화하여 소비자들이 자사의 상품을 선택하도록 만들 것인가? 시장에서 성공하기 위해서는 기업이 동질성의 문제를 해결해야만 한다. 이렇게 하는데 한 가지 방법은 비록 중요한 차이점은 없다 할지라도 경쟁자의 상품과 자사 상품을 다르게 보이도록 만드는 것이다.

동질성의 문제를 해결하는 또 하나의 기술은 빈번한 여행프로그램의 설정이다. 기업은 여러 가지의 할증요금을 고객에게 제공함으로써 그 상품을 계속 사용하도록 유혹할 것이다.

7. 독특성

물론 동질성은 관광상품이 독특한 경우에는 문제가 되지 않는다. 예를 들어 관광지나 관광오락물들은 서로 다르고 독특한 면이 있기 때문에 판에 박은 듯한 소구를 한다. 하와이, 워싱턴, 옐로스톤 국립공원, 버킹검 궁전, 자유여신상 같은 관광매력물은 비교적 프로모션활동을 거의 하지 않지만, 서로 유사하지 않아서 수많은 고객들을 매혹한다. 이와 같이 표준화된 특성은 많은 여행객을 끌어들일 수가 있다. 반면에 많은 사람들이 비표준화된 상품의 독특성(uniqueness)에 이끌리는 경우도 있다. 시설이 균일한 체인호텔보다 별난 침실과 아침식사가 제공되는 인(inn)에서 머무르는 것을 더욱 좋아하는 사람들도 있다.

관광상품을 위하여 수행된 마케팅노력에 의해서 관광상품의 독특한 측면은 뚜렷하게 부각된다. 마케팅노력은 잠재고객에게 그 상품의 특징을 명백하게 소구하고 유사상품으로부터 자사상품을 차별화하는 데 많은 도움을 준다.

8. 보완성

하나의 관광상품의 구매는 관광구매의 연쇄반응(a chain reaction)을 구성한다. 그 결과로 하나의 상품이 다른 상품에 더욱 좋은 또는 더욱 나쁜 영향을 주게 된다. 만일 리조트로 스키어들을 이동하는 항공사가 노선을 변경한다거나 곤경에 처한다면 스키리조트사업은 고전을 면치 못할 것이다. 만일 스키리조트에 오는 스키어가 줄어든다면 근처의 레스토랑과 상점에는 손님이 줄어들 것이다. 이런 모든 사업은 비록 별도로 소유되어 있을지라도 서로 밀접하게 연관되어 있다. 이와 같이 관광상품들의 밀접한 관계를 보완성(complementarity)이라고 부를 수 있으며, 이것은 모든 관광상품의 하나의 특징이기도 하다.

관광공급자는 그들 상품의 보완성을 더욱 인식하게 되었다. 그 결과로 많은 기업들이 공동적 마케팅사업에 참가하고 있다. 항공사와 유람선회사가 관광패키지의 디자인에 협력하는 것과 같이, 유람선 · 항공 패키지는 공동적 마케팅의 한 예라고 할 수 있다.

공동적 마케팅사업 및 기타 상호적 노력은 개인의 자유재량적 소득을 획득하려는 관광업체의 경쟁으로 인하여 더욱 필요하게 되었다. 개인의 자유재량적인 소득은 이제까지 습관적으로 생활필수품인 의 · 식 · 주에 할당하고 남은 돈을 의미한다. 휴가나 위락여행에 소비하는 돈은 자유재량소득을 사용하는 하나의 방법에 불과하다. 새 집, VTR, 개인용컴퓨터 그리고 다른 많은 유형상품은 소비자를 유혹한다.

대부분의 사람들은 관광공급자들이 서로 경쟁하고 있다고 생각하는데, 오히려 비관광상품(nontravel product)으로부터의 경쟁이 더욱 위협적으로 느껴지기도 한다. 이를테면 텔레비전, 오페라, 영화, 야구경기, 등산, 독서 등은 관광산업과 경쟁하는 비관광상품이라고 할 수 있다. 관광산업의 여러 가지 구성요소들은 자유재량소득에 대한 가장 바람직한 활동으로서 관광상품을 촉진하기 위하여 함께 협력해야 할 것이다.

제4절 현대 마케팅이념의 구성요소

현대 마케팅이념을 단적으로 표현하면 소비자 또는 소비자지향을 통한 기업이윤의 확보와 기업의 상품을 시장에 판매하기 위한 전사적 활동의 통합 및 조정이라고 할 수 있으며, 마케팅이념은 기업을 지배하는 하나의 철학적 차원에서 존재하는 것이다. 마케팅이념을 성립시키는 3대 요소로는 소비자지향성, 기업이익지향성, 전사적·통합적 마케팅 등이 있다.

1. 소비자지향성

소비자지향이란 기업의 관점이 소비자의 욕구나 욕망을 충족시켜 주거나 그들이 지니고 있는 문제를 해결하는데 도움을 주는 방향으로 향하고 기업이 이를 실천하는 것을 의미한다. 다시 말하면 소비자 또는 고객을 의식한 기업태도라고 할 수 있다. 기업이 존속하기 위해서는 일정한 이익을 얻지 않으면 안되고 그것을 위해서는 일정량 이상의 상품이 소비자에 의해서 구매되지 않으면 안되는 까닭에 기업은 애초부터 소비자 또는 고객의 존재를 의식하지 않을 수 없는 것이다.

과거에는 소비자의 존재란 기업의 영업부문에서 이미 만들어진 상품의 매상증대를 위한 판매대상에 불과하다는 인상이 짙었으나, 이제는 소비자가 바로 기업의 존립 자체를 규제하는 존재로서 인식되기에 이르렀다. 현대의 마케팅에 있어서 소비자는 모든 시스템의 접점이며 목적이다. 따라서 마케팅발상에서 현대의 기업은 소비자 내지 고객을 과거처럼 하나의 판매대상으로 보지 않고 바로 목적으로 인식하여야 하며, 기업의 생존과 성장을 위해서는 소비자의 역할에 대해 최고경영자를 비롯한 전체 관리자 및 전체 종업원들이 다시 한번 그 중요성을 인식하지 않으면 안 되게 되었다.

종래에는 주로 소매상들만이 접촉하여 왔던 소비자가 이제는 제조업이나 서비스업의 최대의 연구대상이 되고, 어떻게 하면 소비자를 만족시킬 수 있을까 하는 것이 기업의 중추적 과업이 되었으며, 이를 수행하기 위한 활동의 과학화·체계화가 요망

되게 되었다.

마케팅이념을 이루고 있는 3대 요소 중의 하나인 소비지향성이라는 것은 기업의 모든 관심과 노력이 소비자를 만족시키는 일에 집중되는 것을 말한다. 그러나 이것은 결코 기업이 소비자를 위해 베풀어 주는 일방적인 자선이라고 생각하면 큰 오해이다. 오늘날의 기업이 격심한 경쟁 속에서 이윤을 얻으면서 지속적으로 번창하기 위해서는 소비자지향이 가장 확실한 방도인 것이다. 분명히 소비자지향은 소비자의 이익 또는 만족에 앞서 기업 스스로의 이익 또는 만족을 위한 것임을 경영자 스스로가 인식해야 할 것이다.

소비자지향은 사회가 기업에 대해서 하나의 규칙이라기보다는 기업이 스스로의 생존·발전을 위해서 채택하여야 할 수단이요, 전략이라고 보는 것이 타당한 해석일 것이다. 그러나 이 말을 내심으로 부정하는 경영자들도 상당수가 있을 것이다. 왜냐하면 소비지향에 관심이 없으면서도 그동안 발전해 왔고 지금도 번영을 누리고 있는 기업이 현실적으로는 얼마든지 있기 때문이다.

소비자지향 없이 이룩되는 기업의 번영이란 물거품처럼 시한부 생명을 가졌다고 보면 틀림없다. 사실상 이러한 기업은 소비자의 무지와 무력과 칭찬할 수 없는 그릇된 관용과 제도상의 미비, 신의에 뿌리박지 못한 사회의 혼탁이라는 환경적 여건 속에 피어난 화사한 독버섯이나 곰팡이와 같은 것이며, 언젠가는 사라질, 또한 사라져야 할 운명에 처한 기업이라고 하지 않을 수 없다. 우리나라에서 신혼여행객 사기모집으로 무리를 일으켰던 일부 여행사들은 앞으로 신용있는 외국기업체의 등장과 고객이 경험을 통하여 비판력을 갖추게 되면 그 존재가치가 없어져 시장에서 사라질 운명에 있다는 것을 명심하지 않으면 안될 것이다. 성수기에 유명관광지의 관광업자의 횡포도 이와 마찬가지일 것이다.

소비지향적인 사고나 경영에서의 적용범위는 실로 광범위한 것이라고 할 수 있다. 제조기업을 비롯하여 모든 도소매업은 물론 항공업·여행업·은행·커피숍·숙박업·병원 등 서비스업체, 나아가서는 상공회의소, 행정관청 등 비영리기관의 경영에 있어서도 이것은 필수적이다. 이 모든 조직체들이 저마다 소비자존중정신에 바탕을 둔 소비자지향 경영을 성실히 실천한다면 기업의 발전은 물론 사회나 유통환경, 그리고 국민생활측면에서 그 편리함은 이루 말할 수 없을 것이다. 여태까지의 예로 미루어 보아 소비자지향이라는 것은 다만 조직체의 대상인 고객에 대한 인간적인 접촉 또는 외면적으로 드러나는 서비스에 의해서만 발휘될 수 있는 것이며, 이렇게 생각하는 사람은 적지 않을 것이다.

그러나 소비자지향은 비단 서비스측면이나 인적 관계에서뿐만 아니라 더 원천적으로 상품계획과 제품 · 가격 · 판매촉진 · 시설 등 여러 국면 및 여러 단계에 걸쳐서 요구되며 기업조직에까지 반영되는 것이다.

2. 기업이익지향성

고객의 만족 또는 소비자지향 정신을 너무 강조하다 보면 혹시 어떤 사람은 기업의 이익이나 이윤획득에 관해서 회의를 느끼거나 결코 앞세워서는 안되는 일인 것처럼 착각하게 될지도 모른다. 그러나 소비자지향이라는 것이 기업의 사회성 · 윤리성 · 규범성에 입각한 소비자 봉사에 관련된 것으로만 인식하여 기업측의 이익관념이 희박해진다면 이는 오히려 마케팅 사고에 위배되는 것이다.

전술한 바와 같이 소비자지향은 결코 고객에 대한 일방적인 단순한 자선을 의미하는 것은 아니다. 이익관념이 없이는 마케팅을 생각할 수 없다. 왜냐하면 기업이 이윤을 획득하지 않고서는 고객만족 또는 고객에 대한 봉사 자체가 계속될 수 없기 때문이다. 다만, 이 이윤추구가 바로 기업의 궁극적인 목적이 될 수 있느냐의 여부와 이윤의 크기가 어느 정도이어야 될 것이냐의 두 가지가 문제시될 뿐이다.

경영학의 대가로 일컬어지는 피터 드러커(Peter F. Drucker) 교수는 우리에게 그것에 대하여 명확한 해답을 주고 있다. 그는 기업의 사회적 사명에 관하여 말하기를 기업체는 항상 사회의 유한한 생산자원의 관리자이며 그들이 사회에 대하여 짊어진 최소한의 책임이란 이들 자원이 기업체에 위탁되었을 때의 동일한 생산력 상태로 이들을 보존하는 일이며, 이에 실패할 경우 국민적 세습재산의 일부는 소비되고 사회전체는 빈곤해지는 것이므로 적자경영은 기업의 사회적 책임에 대한 태만이 된다고 하였다. 그는 기업은 이러한 사회적 사명감에 바탕을 두어야 하고, 기업의 목적은 오직 고객의 창조에 있다고 갈파하였다.

3. 전사적 · 통합적 마케팅

기업의 소비자지향과 그것을 통한 기업이익 확보라는 두 가지 개념은 마케팅이념의 핵심이 되고 있으나, 또 한 가지 배제할 수 없는 요소가 있다. 그것은 전사적 · 통합적인 마케팅관리 체제이다. 아무리 고객만족을 실현함으로써 기업이익을 확보하려고 해도 그것이 최고경영자의 이상이나 관념차원에서 맴돌고 있다면 실천적인 효과를 기대하기는 힘들 것이다. 그러므로 마케팅이념을 효율적으로 전개하고 추구하는 두 가지 성과를 동시에 획득하려면 이를 뒷받침할 수 있는 기업구성원의 정신적인 통합과 적절한 조직이 불가결하다.

우선 기업구성원의 정신적 통합에 대해서 알아보자. 현대 기업에 있어서 마케팅은 통합적 성격을 띠고 있는데, 그것은 모든 구성원이 고객만족을 통해 기업이익을 극대화시킨다는 마케팅정신이 투철해야 하며, 이러한 바탕 위에서 각자가 맡은 직무를 수행하는 체제를 이루어야 한다는 것을 강조하고 있다. 위로는 사장으로부터 아래로는 운전사, 경비원, 교환원에 이르기까지 이들은 모두 자기가 근무하고 있는 회사와 그 상표와 상품의 이미지전달자로서 책임을 지니고 있는 것이다. 뿐만 아니라 이들은 보다 적극적인 자세로서 상품개발이나 판매생산성 제고 혹은 고객편의에 관한 소중한 아이디어를 제공할 수도 있고, 또한 영업부문에서 전개하는 새로운 판매촉진 캠페인에 총체적으로 협조 또는 참여할 수도 있는 것이다.

다음으로 조직구조상의 측면에서 알아보기로 하자. 마케팅은 단지 모든 기업구성원들의 관념상의 유대만 갖고서는 효율적으로 전개될 수 없다. 여기서 마케팅의 통합적 관리문제가 등장하게 된다. 마케팅의 계획과 실천을 위해서는 첫째로 주관부서인 마케팅 및 영업부문에서 독자적인 활동들이 통합적으로 계획 · 조직 · 집행 · 통제되어야 하고, 둘째로는 영업부문의 마케팅계획과 실천이 기업 내 타 기능부문, 이를테면 기술적 연구개발 · 생산 · 재무 · 인사부문 등과 유기적 관련성을 지니고 있지 않으면 안된다.

또한 마케팅계획은 기업 내 타부문의 기능과 분리되어 존재할 수가 없다. 왜냐하면 기업 자체의 사회적 존재이유가 근본적으로는 고객의 욕구 및 욕망을 충족시키기 위한 제품 또는 서비스의 개발과 제공에 있는 이상, 회사의 모든 의사결정의 주축은 마케팅에 두어야 하는 것이 당연하다. 그러나 기업 내부는 실제로 여러 부문으로 분화되어 분업의 원리에 의해 활동이 전개되고 있다. 그리하여 각 부문은 나름대로 독자적인 목표를 갖고 그것을 달성하기 위해 노력을 계속하고 있다.

이상으로 현대의 마케팅이념을 요약하면 그것은 고객만족을 통한 기업이익의 최대화이념이고 그것을 위한 전사적 · 통합적 관리체제라고 말할 수 있다. 따라서 마케팅의 기본교육은 단지 영업부문의 직원뿐만이 아니라 최고경영자를 위시한 전 종업원에 걸쳐서 이루어져야 할 것이다.

제5절 관광마케팅믹스의 개요[28)]

관광마케팅을 위한 또 하나의 중요한 요소는 마케팅믹스이다. 마케팅믹스(marketing mix : 4P's)는 마케팅전략을 계획하고 실시하고 마케팅목표를 이행하는데 있어서 기업이 통제가능한 모든 변수를 말한다. 처방전에서의 재료와 같이 마케팅변수는 성공하기 위해서 적정량을 사용해야 한다. 소비재 마케팅에서 전통적인 4개의 변수(4P's)는 제품, 유통, 가격, 판매촉진이다. 최근 들어 일부 관광마케팅 전문가들은 4개의 마케팅믹스를 추가하였다. 즉 물리적 환경, 구매과정, 패키징, 참가 등이 그것이다. 그들은 이러한 부가적인 믹스요소가 관광서비스 마케팅에 포함되는 과정을 표현하는데 필요하다는 것을 느끼고 있다. 이러한 변수들을 합쳐서 8P's라고 부른다[표 11-1].

마케팅믹스는 엑셀러레이터, 브레이크, 기어변속기, 핸들 등 자동차의 변속장치에 비유된다. 자동차의 통제장치와 같이 마케팅믹스는 목적지나 목표에 도달하기 위해서 끊임없이 조정되어야 한다.

28) 김성혁, 「관광마케팅의 이해」, 백산출판사, 2004, pp.67~75.

1. 상품

상품(product)은 고객의 욕구를 만족시키기 위해 기업이 판매하고 제공하는 모든 것을 말한다. 상품특성에 대한 의사결정은 유형적 · 무형적 측면의 확인과 잠재고객에의 소구를 기초로 하여 결정된다. 여기에는 서비스가 제품에 동반될 것이다. 물론 많은 사례에서와 같이 관광산업이 판매하는 것은 서비스이다. 예를 들면 어떠한 목적지에서 타목적지까지 승객을 운송하는 것에 의해 운송회사는 본질적으로 서비스를 판매하고 있는 것이다. 제품 또는 서비스에 대한 이미지를 개발하고 상품명을 선택하는 것은 대중에게 상품을 제시하는 데 있어서 매우 중요한 일이다.

이 상품의 또 하나의 역할은 제품과 서비스의 정확한 수와 범위를 선택하고 개발하는 데 있다. 대부분의 기업에서는 하나 이상의 제품을 제공한다. 여행사에서는 폭넓은 범위의 제품을 제공할 것인가, 또는 휴가여행과 같은 여행의 어떤 유형을 위한 전문화한 상품을 제공할 것인가를 결정해야 한다.

운송회사에서는 이용가능한 노선 및 서비스의 수준(일등석, 이등석 사용)을 결정해야 하며, 투어 오퍼레이터는 유용한 투어의 수와 각 투어의 일정표를 결정해야 한다.

[그림 11-1] 관광마케팅믹스(8p's)

마케팅믹스	믹스요소의 정의	사 례
① **상품**	• 기업이 고객에게서 제공하는 것	• 유람선
② **유통**	• 유통의 채널	• 여행사
③ **가격**	• 판매자가 어떤 요소를 기준으로 상품에 지급하는 돈의 양	• 99만원 왕복여행
④ **촉진**	•상품에 흥미를 자극하는 활동	• 광고, PR 등
⑤ **물리적환경**	• 판매가 발생하는 환경 또는 상품이 생산되고 소비되는 환경	• 여행사 또는 호텔객실 등
⑥ **구매과정**	• 마케팅 & 정보탐색	
⑦ **패키징**	• 관광상품의 보완적 기능 추가 거래 또는 경험	• 상품 및 정보 선택 • 구매자와 판매자
⑧ **참가**		

2. 유통

유통(Place : 입지 또는 전달과정 = process of delivery)은 고객에게로 서비스 또는 제품을 전달하는 과정에 수반되는 모든 활동을 말한다. 여기에는 유통장소와 유통채널 모두가 포함된다. 판매자는 제품이나 서비스를 판매할 방법과 장소를 결정해야 한다. 예를 들면 거대한 체인에 속해 있는 리조트는 몇 가지의 방법으로 고객에게 접근할 수 있다. 리조트의 마케팅부서가 설립한 유통채널을 통하여 여행객은 여러 방법으로 예약을 할 수 있다. 그 방법으로는 여행사나 투어 오퍼레이터를 이용하는 것, 리조트의 예약데스크나 그룹 내의 다른 리조트에 전화예약을 하는 것, 항공예약 시스템을 이용하는 것 등이 있다.

판매자는 고객을 유인할 가능성이 가장 큰 곳에 유통지점을 설치하려고 한다. 예를 들면 휴가관광을 전문적으로 담당하고 있는 여행사는 도심의 상용지역보다는 교외의 쇼핑센터에 지점을 위치시키면 좋다는 것을 깨달을 것이다. 물론 관광기업이 직접 운영 가능한 유통지점의 수는 제한될 수도 있다. 예를 들면, 항공사에서 자사의 항공권판매소를 통하는 것보다 여행대리점을 통해서 제품을 유통시키는 것이 더욱 비용이 절감된다고 판단한다면 자사대리점을 줄이는 대신에 거래여행사의 수를 증가시킬 것으로 본다.

3. 가격

가격(price)은 제품인 서비스를 받기 위해 고객이 지급해야 하는 돈의 총액이다. 가격을 설정하는 데 있어서 기업은 많은 요인을 고려해야 한다. 제품이나 서비스의 생산과 유통을 위한 실제적 비용, 기업의 이익률, 제품에 대한 현재의 수요, 경쟁자가 제공하는 유사제품 및 서비스의 가격 등을 고려해야 한다. 그와 동시에 가격전략은 제품 또는 서비스가 의도하고 있는 각각의 세분시장에 소구해야 될 것이다. 이는 관광객이 지급할 금액에 상당하는 가치를 제공하는 제품이라고 인지해야만 하기 때문이다.

타산업의 제품처럼 관광상품은 통상적으로 표준적인 가격범위가 있다. 그러나 필요할 때 판매를 자극시키기 위해서 할인가격을 제시하는 수가 있다. 할인가격은 위락여행을 위하여 비수기 계절에 빈번히 제시된다.

4. 촉진

고객에게 촉진(promotion)은 아마도 마케팅믹스에서 가장 가시적인 요소일 것이다. 촉진활동은 제품과 서비스에 대한 관심을 자극하고 사람들에게 정보를 제공하며 구매에 대한 인센티브를 제공하여 제품 및 서비스를 구매하도록 소비자를 설득하기도 한다.

기업이 제품 및 자사를 촉진하는 방법은 무수히 많다. 촉진에는 잡지, 신문, TV, 라디오, 광고판 등이 주로 사용된다. 또한 신문에서의 시사평, 고객인터뷰, 독자의 평, 신문발표를 통한 자유로운 홍보 등도 있다. 판매원이 고객을 다루는데 사용하는 몇 가지의 테크닉은 판매촉진의 한 유형이다. 즉 특별한 선물과 기념품, 모형비행기, 브로셔, 할인, 쿠폰지, 인쇄문구(편지), 사업카드, 회보, 다이렉트 메일, 기타의 판매촉진 상품은 관광제품과 서비스를 소비자에게 인식시키는 데 커다란 도움을 준다.

관광산업의 역사상 흥미있는 선전용 프로그램은 1981년 아메리칸항공사에서 고안해낸 다빈도(단골 이용) 탑승객 프로그램(frequent-flier program)이다. 그 이후로 다른 항공사, 호텔, 렌터카 대리점 등에서는 다빈도 사용고객의 유치를 위한 프로그램을 개발하였고, 상표충성심(brand loyalty)을 인식시켜 나갔다. 그리고 관광기업은 명확한 기업이미지를 심어줄 수 있도록 광고슬로건을 사용하고 있다.

5. 물리적 환경

물리적 환경(physical environment)은 관광산업에 있어 매우 중요하다. 물리적 환경믹스는 특히 두 가지 측면에서 중요하다. 첫째는 판매가 발생하는 환경으로서 중요하고, 둘째는 제품이 생산되고 소비되는 환경으로서 중요하다.

고객들은 즐겁고 안락한 환경아래에서 구매할 가능성이 더욱 크기 때문에 마케팅 전략은 제품과 서비스를 판매하는 물리적 환경을 고려하는 데 주안점을 두어야 한다.

TV나 안락의자와 같은 제품을 구입하는 데는 제품이 어떻게 보이고, 어떻게 느껴지고, 어떻게 작동하는가에 사람들은 많은 관심을 갖는다. 그들의 주의력은 주위환경보다 제품에 더 비중을 두게 된다. 그러나 관광상품을 구매할 때 고객들은 여행이 끝날 때까지 결과가 좋으리라고 확신할 수는 없다. 한편, 고객의 기대와 감정은 객실의 구조, 가구, 방음상태, 기온 그리고 심지어는 냄새와 같은 요인에 의해서도 영향을 받는다.

관광산업에 있어 물리적 환경은 사업의 반복적 안전성을 위해서 특히 중요하다. 한 예로써 별로 매력 없고 안락치 못한 디자인과 장식으로 꾸며진 객실에서 지낸 고객은 다시는 그곳에 숙박예약을 하지 않을 것이다. 리조트의 너저분한 해안이나 풀장, 형편없는 어질러진 스키 자국, 호텔 발코니로부터의 형편없는 전망은 물리적 환경이 여행을 망치는 또 하나의 예이다. 결론적으로 관광기업은 모든 가능한 방법을 동원하여 그들 제품의 물리적 환경을 향상시키는 데 심혈을 기울어야 한다.

6. 구매과정

구매과정(purchasing process)에는 관광상품 구매에 대한 사람들의 심리적 동기와 의사결정방법이 고려되어야 한다. 사람들이 보트, 별장, 가구 대신에 왜 관광상품에 그들의 돈을 소비하려고 하는가, 또 수백 가지나 되는 관광상품 중에서 특정 상품을 왜 선택하는가, 그리고 상용여행, 위락여행, 특별목적여행 등에서 언급되는 것과 같이 사람들은 위신을 높이기 위해서, 모험을 하기 위해서, 다른 지역의 문화를 배우기 위해서 여행을 한다. 일부 사람들은 자신의 건강을 증진시키기 위해서, 조상의 뿌리를 찾기 위해서, 단순히 가족과 친구와 즐기기 위해 여행을 한다. 고객들의 욕구와 욕망, 개인적 특성, 사회적 · 경제적 지위는 그들의 동기를 형성하는 데 도움을 준다. 그러므로 구매자의 동기를 파악할 수 있는 기업은 그 동기에 알맞은 제품과 판매촉진을 조직화할 수가 있다.

잠재고객에게 적절한 정보를 제공하는 것은 구매과정에 있어 결정적으로 중요하다. 고객은 구매하기 전에 관광상품에 대한 정보의 근원, 그 정보에 접근할 수 있는 방법, 구매를 실행하는 방법 등을 알려고 한다. 관광마케터는 구매과정을 촉진하는 방법으로서 이러한 정보를 고객에게 공급하도록 노력해야 한다.

구매과정에서 제품에 대한 정보는 기업이 의도한 대로 항상 지각되고 해석되는 것이 아니다. 그러므로 때때로 제품에 대한 오보라든가 부정적인 관념을 극복하는 것이 필요하다. 예를 들어 1980년대에 유람선산업은 유람선이 돈 많은 백만장자나 졸부를 위한 것이 아니라는 것을 대중에게 확신시켜 줌으로써 그 이후에 유람선 판매가 급격히 증가하였다.

결국 마케터는 구매과정을 고려하는 데 있어서 고객은 구매하는 각각의 관광상품에 대해서 동일하게 생각하지 않는다는 것을 인식하였다. 렌터카나 호텔과 같은 관광상품은 편의점에서 물건을 구입하는 것처럼 그다지 깊이 생각하지 않고 쉽사리 선택되기도 한다. 그러나 휴가목적지와 유람선과 같은 관광상품을 선택하는 데는 많은 생각을 필요로 할 것이다. 이 구매과정 요소는 제품을 어떻게 시장에 내놓는가에 따라 영향을 미친다.

7. 패키징

상용여행이나 위락여행을 막론하고 대부분의 여행상품은 각기 다른 공급자의 통제하에 있는 많은 상품으로 구성되어진다. 그리하여 보완성이라는 관광상품의 특성으로부터 패키징에 대한 필요성이 일찍이 논의되어왔다. 관광마케팅에서 패키징(packaging)변수는 하나하나의 제품을 다발로 묶어 '여행패키지'의 형태로 사용되고 있다.

패키징은 여행객의 욕구를 직접적으로 부응하도록 보완적 상품을 한데 묶음으로써 그들의 어떤 공통적 욕구에 대처할 수 있는 하나의 메커니즘을 여행사에 제공한다. 그러한 과정에서 개별 관광상품의 장점이 더욱 잘 소구되기도 한다.

올 인클루시브 패키지투어(all-inclusive package tour)는 아마도 이러한 개념을 가장 잘 나타내는 예일 것이다. 이러한 투어는 수많은 개별적 관광상품을 하나의 포괄적이고 보완적인 패키지로 묶어준다. 적절하게 함께 묶었을 때 그 패키지는 편리성과 가치가 증가되고, 혼란과 경악의 가능성을 줄이면서 안전감과 안정감을 높이고 일련의 사람들에게 관광의 사회적인 혜택을 제공할 수 있게 된다. 이러한 혜택은 결국 패키징이 보완적인 상품을 단일상품으로 묶음으로써 각 여행상품의 소구점을 높여 고객의 만족도를 제고할 수 있도록 조정되어온 방법의 결과이다.

8. 참가

참가(participation)는 판매거래에 수반되는 모든 사람들이 관여하는 것을 말한다. 참가에는 판매자, 구매자, 기타 고객들이 관여한다. 판매자와 구매자의 밀접한 상호작용과 구매자의 참가가 관광경험의 형성에 도움을 주기 때문에 이 '참가'요소는 관광산업에 있어서 매우 중요하다. 관광경험의 질(quality)은 여행을 하는 동안의 구매자의 행동과 행위에 따라 달라진다. 또한 판매거래에 대한 구매자의 인식은 때때로 제품과 서비스를 다시 구매할 것인가의 여부를 결정한다. 특히 관광사업에서는 반복적 구매가 이루어지기 때문에 참가는 마케팅믹스에 지극히 중요한 부분이라 할 수 있다.

판매거래에 있어서 참가자의 태도와 행동은 고객의 경험을 향상시킬 수도 있고 파괴할 수도 있다. 승무원에게 무례한 대우를 받거나 냉담한 서비스를 받는 승객은 탑승이 즐겁지 못할 것이고, 아마도 그 항공사에 두 번 다시 예약하지 않을 것이다. 한편, 병이 나거나 낙심한 상태의 승객은 아무리 서비스가 우수하다 하더라도 그 여행은 즐겁지 못할 것이다.

비록 참가는 통제하기 어려운 변수이지만, 기업은 종업원의 행동을 잘 관리하도록 노력해야 한다. 훈련프로그램을 완전히 수료하게 하는 것과 종업원에게 제복을 착용하도록 하는 것은 종업원을 관리하는 두 가지의 방법이다. 많은 기업에서는 그들의 업무를 잘 수행한 대가로 자유여행이나 상여금 등을 종업원에게 제공한다. 이러한 것은 내부마케팅(internal marketing)의 실제이다. 인센티브를 제공하는 목적은 종업원이 그 기업에 대하여 좋은 감정을 갖고 업무를 더욱 잘 수행하는 목적이 있다.

관광에서는 매우 강렬하게 관광객의 선호, 기대, 행동 등이 그들이 관광경험을 형성한다. 관광객의 여행경험의 질에 영향을 미치는 요인 가운데는 여행객이 어디를 가기를 원하는가, 그들이 무엇을 하기를 원하는가, 어떠한 관광지를 좋아하는가? 등이 있다. 따라서 구매자가 추구하려는 관광지 프로젝트의 이미지와 혜택이 이러한 과정에서 중요한 역할을 한다.

관광산업에서 마케팅 및 판매에 종사하는 사람은 특히 고객과 제품 사이의 이러한 상호작용을 인식하고 그것을 조화시킬 필요가 있다. 고객이 여행을 계획하고 여러 대안들 사이에서 선택하는 것을 도와야 하는 여행업자는 고객의 기대감을 충족시키기 위해 전문화된 기술을 개발해야 한다.

제12장

관광정책과 관광행정

발표 및 토론과제

관광정책의 의의에 대한 정확한 이해

우리나라 관광정책의 변천과정에 대한 설명

우리나라 관광행정조직에 대한 개념 이해

-중앙 및 지방자치단체 기준

우리나라 및 국제 주요 관광기구의 내용 이해

제1절 관광정책의 의의와 기본이념

1. 관광정책의 의의

관광정책이란 한 나라가 관광이라는 사회현상에 대해서 강구하는 시정의 방향과 기본시책을 말한다. 따라서 관광정책은 그때그때의 정부의 관광에 대한 이념 혹은 관계하는 방법에 따라 크게 달라진다. 관광의 보이지 않는 무역적 측면을 중시하는지, 국민의 관광행동을 생활의 질로서 촉진시킬 것인지 혹은 관광을 지역진흥의 수단으로 생각하는지 등에 의해 정책의 중점이 달라진다. 특히 현대에서는 관광과 환경과의 관계, 소비자로서의 여행자의 보호, 관광자원으로서의 문화유산이나 자연환경의 보호 등도 관광정책의 시야에 포함된다. 관광정책은 이념이며 총론을 의미함으로써, 실행이나 각론에 상당하는 행정은 많은 기관에 별도로 맡겨져 있는 것이 현실이다.

관광정책의 개념에 관하여는 학자에 따라, 정책목적이나 관점 그리고 연구방법에 따라 각기 다르게 정의를 내리고 있다. 그동안 여러 학자들에 의하여 정립된 학설들을 종합해 보면,

첫째, 관광정책은 그 주체가 개인이나 사적 집단이 아니라 공공기관이라는 점이다.

둘째, 관광정책의 목표는 관광문제에 대한 해결이나 공익을 달성하는 것이다.

셋째, 관광정책은 주로 정치적 · 행정적 과정을 거쳐서 이루어진다.

넷째, 관광정책은 이루고자 하는 관광목표로서의 성격과 관광에 대한 미래지향적인 성격을 지니고 있다.

이러한 관점에서 볼 때 관광정책이란 “한 나라의 관광행정활동을 종합적으로 조정하고 추진하기 위한 시정의 기본방향을 명시한 여러 가지 방책”이라고 정의할 수 있다. 그리고 관광정책은 그 대상에 따라 국내관광정책과 국제관광정책으로 나누어 실시되고 있는데, 전자는 한 나라의 정부가 국내관광의 진흥을 위하여 실시하는 각종의 정책이며, 후자는 한 나라의 정부가 국제관광의 진흥을 위하여 실시하는 각종의 정책으로 이해되고 있다.

2. 국제관광과 국내관광

한 지역 또는 한 나라의 국민이 자신이 소속되어 있는 영토 내의 자원이나 시설을 관광하는 행위를 국내관광이라고 말하는데 대응하여, 관광이동이 국경을 넘어 해외로 이동하는 것을 국제관광이라고 말한다.

그러나 원래 인위적으로 국경을 넘느냐 안 넘느냐에 따라 관광의 본질적인 차이가 있는 것은 아니다. 다만, 현실적으로 국경의 존재는 출입국수속을 하지 않을 수 없으며, 또 국경 안이냐 밖이냐에 따라 통화 및 언어가 달라지기 때문에 국제관광은 자연히 국내관광과는 다른 양상을 띠게 된다. 더욱이 국제관광과 국내관광을 분류하고 있는 이유는 그것이 경제적 측면에서 실제 이익이 있느냐 없느냐 하는 데서 구별을 필요로 하고 있다.

영국의 오길비(F.G. Ogilvie)는 "관광은 국내적인 것이든 국제적인 것이든 하등 구별할 필요가 없다"고 말했는데, 그 같은 구별은 어디까지나 인위적인 것이며, 아무런 실효성이 없는 것으로서, 어느 것이든 국가적인 차원에서 실제 이익만 있으면 된다는 것이다. 다시 말하면 누구이든 간에 한 사람이라도 더 많이 오기만 하면 그것으로 족하다는 것이다. 즉 오는 사람의 국적에 따라서 국제관광이냐, 아니면 국내관광이냐 하고 구별할 필요는 없다는 것이다.

그렇지만 국가적인 입장에서 본다면, 그 양자 사이에는 확실히 차이가 있는 것이다. 특히 국민경제적인 관점에서 본다면 국내관광의 소비가 내화의 이동으로만 그치는데 반해, 국제관광에 따른 소비는 관계국 쌍방에 있어서 외화의 수입과 지출을 가져오게 한다. 받아들이는 나라의 입장에서는 국제관광은 외화획득의 수단으로 수출무역에 준하는 효과를 가져오고 있으므로 한 나라의 경제적 의의는 자못 크다고 하겠다. 그와 같은 까닭으로 각국은 국제관광과 국내관광을 구별하게 되고 국내관광사업보다 국제관광사업에 더 힘을 기울이게 된다는 것이다.

국제관광을 이와 같은 각도에서 파악하여 외래관광객의 유치를 국가정책으로 중시하는 풍조는 제1차 세계대전 후에 이탈리아, 독일 등에서 먼저 일어났고, 이윽고 다른 나라에도 보급되었다. 관광이 처음 산업적으로 인식되어 획기적인 주목을 받게 된 것은 바로 이 시기였던 것이다.

국제관광은 외화획득의 수단으로서 주로 받아들이는 나라의 관심거리이지만, 거꾸로 내보내는 나라의 입장에서 이를 국가정책으로서 활용하는 경우도 있다. 이를테면, 제2차 세계대전 후 미국이 취한 관광정책을 들 수 있는데, 미국정부는 유럽의 경제부흥을 기획한 이른바 마샬플랜(Marshall Plan)의 하나로 자기 나라 국민의 유럽관광을 권장함으로써 그 소비하는 달러화에 의해서 유럽의 여러 나라들이 경제부흥, 나아가서는 그 나라들의 구매력 증강을 도모했던 것이다.

그리고 또한 실제문제에 있어서 유럽의 여러 나라들은 각 나라의 민족이나 생활풍토가 서로 다르기는 하나 인종적으로는 다같이 아리안 인종에 속하고 그들의 풍속이나 관습 역시 별다른 차이가 없기 때문에, 오길비(F.G. Ogilvie)가 주장하는 바와 같이 양자의 구별은 거의 찾아볼 수가 없다. 다만, 언어는 다르다고 하더라도 같은 가로쓰기 글자인 알파벳을 사용하고 있으므로, 의 · 식 · 주의 생활에 있어서나 숙박시설, 심지어 선전 포스터에 이르기까지 내국인을 상대로 하는 것이 그대로 외국인에게도 적용하게 되는 것이다.

그러나 우리나라를 위시해서 대부분의 아시아 국가들은 유럽이나 아메리카의 국가들과는 생활풍습에 있어 너무나도 다르다. 특히 우리나라와 같은 경우는 독특한 민족으로서 언어와 풍속도 특수하고 문화도 다르다.

그러므로 원칙적으로 관광에 있어서 국내관광과 국제관광을 구별하지 않는 것이 이상적인 최선책이라 하겠으나, 선전 및 인쇄물의 외국어 사용과 숙박시설의 이용이 외국인 관광객에게 맞지 않으면 안되는 데에 바로 문제가 있다고 하겠다.

결국 관광은 원칙적으로 국제관광과 국내관광으로 구별할 필요가 없으며, 또한 구별하지 않는 것이 이상적 상태이기는 하나, 각 나라에 있어서 생활풍습의 엄청난 차이가 해소되어 의 · 식 · 주의 기본생활이 국제간에 조화적으로 일원화될 때까지, 그리고 국가경제적 요청이 존속할 때까지는 불가피하게 그 구별이 행하여질 수밖에 없다고 본다.

3. 관광정책의 기본이념

1) 관광정책의 기본목적

관광정책의 이념을 설명하기에 앞서 먼저 관광정책의 기본목적에 관하여 기술하려는 것은, 관광정책의 목적이 관광정책의 이념을 실현하기 위해서 설정되어지는 수단이라면 관광정책의 목표는 관광정책의 목적을 보다 구체화한 것이기 때문이다.

관광정책이란 국가나 공공단체가 관광이라는 사회현상에 대하여 강구하는 시정의 방침을 가리키는 말인데, 즉 관광을 장려하고 진흥시키려는 정책을 의미한다. 그런데 왜 국가나 공공단체는 관광을 장려하고 진흥시키려 하는 것일까.

관광이 관광정책의 대상으로 취급될 수 있었던 것은 제1차 세계대전 이후의 일이며, 유럽 여러 나라의 정부가 관광의 경제적 효과에 주목하게 되면서부터 시작되었다. 즉 외국에서 온 여행자의 소비가 외화획득이 되어 국가경제에 이바지한다는 사실이 인식되면서 나라마다 적극적으로 외국인 관광객의 유치에 나섰던 것이 관광정책의 시작이었던 것이다.

이 당시 관광정책에 관한 연구는 대체로 관광소비의 경제에 관한 문제에 집중되었는데, 그것은 국제관광이 한 나라에 가져다 주는 경제적 이익이 강하게 의식되어 그와 같은 이익의 증대를 위한 여러 가지 방책을 추구하는 것이 관광정책에 부과된 과제였기 때문이다. 이와 같은 사실에 입각하여 고찰해 본다면, 국가나 공공단체가 관광정책을 실시하게 된 목적은 관광사업을 진흥시킴으로써 '외화획득'이라는 이념을 실현시키려는 데 있었던 것이다.

외화획득에 의해 국제수지를 개선하는 일은 어떤 나라이건 바라는 바이기 때문에 오늘날에도 각 나라에서는 여러 가지 그러한 관광정책을 실시하고 있는 것이 사실이다. 그렇지만 국제수지 개선만을 위주로 관광정책을 실시한다면 한 나라의 흑자는 다른 나라의 적자를 의미하게 되므로, 결국 관광사업은 각 나라가 외래관광객으로부터 외화를 벌어들이는 것을 의미하게 된다. 이와 같은 관점에 입각해서 본다면, 자기 나라 국민의 해외여행을 가능한 한 억제시키고 어떻게 해서든지 외국인관광객을 유치하는 정책이 되고 만 것이기 때문에, 외화획득에 의한 국제수지의 개선이라고 말하는 관광정책의 이념에는 문제가 있다. 반드시 관광수지가 흑자인 나라만이 훌륭한 나라인 것은 아니기 때문이다. 예를 들어 미국이나 독일의 경우 심한 적자인 때에도 자국민의 해외여행을 권장하고 있는 점을 감안한다면, 관광수지가 흑자인 때에도 해외여행을 허용하지 않는 나라도 그리 자랑스러운 것만은 아니다.

그 나라의 국민이 외국에 여행하여 외화를 쓰더라도 무역이나 문화 등에서 그 이상의 성과를 올린다면 오히려 그 방면의 효과가 더 크다고 본다. 그러므로 외화획득만을 관광정책의 이념으로 내세울 수는 없는 것이다.

오늘날 관광은 국제관광이 가져오는 국제수지 외에도 국제친선이라는 효과와 국내관광이 가져오는 국민후생 등의 효과에도 기여하고 있으므로, 현대에 있어서 관광정책의 이념은 국제간에 상호 이해와 협조를 포함한 국제친선과 보건 및 교육을 포함한 국민후생의 증진에 있다고 하겠다.

더구나 국제관광이 국제친선에 의하여 평화에 이바지한다는 것은 국제연합(UN)이 1967년을 "국제관광의 해"로 지정했을 때의 "관광은 평화에로의 패스포트"라는 슬로건에도 명시되어 있는 것처럼, 국제간의 관광왕래가 나라와 나라와의 관계를 시정하여 평화를 유지하는 힘으로써 큰 역할을 하고 있다고 말할 수 있다.

다음으로 국민후생이라는 이념이 외화획득이라는 이념에 비한다면 훨씬 늦게 제기된 것이지만, 이러한 입장을 가장 잘 표현한 것이 소셜 투어리즘(social tourism)이다. 이는 오늘날 관광이 국민후생에 큰 효과를 가지고 있음에 주목하여 정부나 지방공공단체가 관광을 활발하게 하기 위해서 여러 가지의 시책을 취하는 일과 관광을 국민 일반의 것으로 넓혀 나가고자 하는 생각을 말하는 것이다.

그러나 여러 정책 가운데서 국민후생으로서의 관광정책이 필요하다고 인정을 하면서도 다른 정책, 예를 들면 교통정책 · 주택정책 그리고 문화정책 등과 경합할 경우에 과연 다른 정책을 제쳐놓고 관광정책을 우선적으로 정부나 공공단체가 실시할 것인가? 만약 반대에 부딪혔을 때 설득할 만한 관광정책의 기본이념이 확립되어져야만 할 것이다.

국가나 공공단체는 관광사업을 진흥시킴으로써 앞에서 말한 국제친선, 국민후생과 같은 관광정책의 이념을 실현하려는 것이나, 관광사업은 그 영향이 관광객의 효용에만 미치는 것이 아니라 사업이 가져올 경제적 · 사회적 효과에까지 미치는 것이기 때문에, 단지 관광정책의 목적을 관광사업을 진흥시키기 위한 것이라고 말하는 경우에는, 관광의 본래적 목적인 관광객의 효용은 젖혀놓고 관광사업자의 이익만을 가져오게 하는 관광이 될 우려가 있다. 실제 관광사업자 가운데 일부는 이윤추구에 급급한 나머지 본래의 관광목적에 따르지 않은 사람도 없지 않다.

그러므로 관광사업은 본래의 관광목적을 확립시켜, 이에 기여하기 위하여 추진되어야만 한다. 요약컨대, 관광정책의 기본목적은 단지 "관광사업의 진흥"이 아니고 "관광객의 효용을 위한 관광사업의 진흥"이라는 방향에서 고려되어야 한다고 본다.

2) 관광정책의 기본이념

관광정책의 기본목적은 "관광객의 효용을 위한 관광사업의 진흥"이라는 방향에서 고려되어야 한다고 앞에서 설명한 바 있다.

관광객의 효용을 위한 관광사업을 진흥시키기 위해서는 무엇보다도 먼저 관광의 의의와 효과에 대한 올바른 이해가 필요하다고 본다. 관광은 관광행동 자체가 효과를 가지는 것으로, 관광가치에 의하여 생기는 본래의 효과는 관광행동의 주체자인 관광객에게 그 효과가 미치는 것이라야 한다. 사람에게는 관광을 하고자 하는 의욕이 있고, 이것을 만족시키는 데 따라 근로의욕은 증대되고, 문화적 교양도 높아지는 것이다.

그러므로 관광정책의 기본이념은 어떻든 관광객이 느끼는 관광의 효용을 제1의적인 것으로 생각하지 않을 수 없다.

그렇다면 국제관광에 의한 국제수지의 개선을 지나치게 중시하려는 생각은 올바른 것이 못된다고 본다.

국제관광의 경우에는 그 소비금액보다도 그에 의하여 생기는 효과를 주로 생각하여야 한다. 종래의 사고방식에 따른다면, 자기 나라 사람의 외국여행을 될 수 있는 한 제한하고, 외국인 여행자의 유치와 소비에 힘을 써야 한다는 것이었으나, 이러한 생각이 잘못된 생각이라는 것은 이미 앞에서 지적한 바 있다. 자국민의 외국여행도 그에 의해 마음의 편안을 얻고, 새로이 견문을 넓히는 문화적 효과를 올리면서, 거기에다 무역촉진 등의 효과까지도 올린다면 결코 제한할 것은 못된다고 본다.

그럼에도 불구하고 관광경영의 주체인 국가 또는 공공기관에서는 관광정책을 수행하는 과정에서 국제관광을 외화획득에의 수단으로만 지나치게 의식한 나머지 관광소비자가 관광행위를 통하여 근로의욕이 증대되고 문화적 교양을 향상시킨다는 그 본래의 이념을 저버리고 국제관광에 의한 국제수지의 개선만을 중시하는 경향이 있다.

물론 국제관광이 한 나라의 국제수지의 개선에 절대적인 요소인 것은 부인할 수 없는 사실이다. 그러나 이것은 어디까지나 관광왕래에 의하여 나타나는 효과이지 외화획득이 국제관광의 절대적인 요소일 수만은 없다.

그러므로 국제관광정책의 기본이념은 관광객의 관광효용과 그러한 관광행동으로부터 파생되는 효과를 그의 본질로 해야 한다. 여기에서 관광객의 관광효용이라 함은 관광행동에 의한 관광객 자신의 유익성 곧 관광객의 만족도를 말하며, 관광행동으로부터 파생되는 효과라는 것은 관광객의 소비활동에 따라 생기는 경제적 · 사회적 영향, 즉 외화획득에 의한 국제수지의 개선, 관광왕래에 의한 국제친선의 증진 및 보건의 증진, 고용의 증대 및 사회간접자본의 개발을 통한 국내산업의 발전 등으로 국민소득향상과 조세수입 증대에 미치는 국가적 효용성을 말한다. 그러므로 관광정책을 수행하는 과정에서 국제관광에 의한 국제수지의 개선만을 내세워 그것을 중요시하는 것은 관광정책의 근본적인 이념에 어긋나는 것이다.

그러나 현실적으로 국제수지의 균형이 불안정한 개발도상국에서는 국제관광이 국제수지개선의 유일한 수단이 되고 있음은 잘 알려진 사실이다. 전래적으로 관광의 과도기 상태에서는 어느 나라를 막론하고 자기 나라의 외화절약상 가급적 해외여행을 통제하고 있다. 때문에 국제관광 하면 의례적으로 인바운드(inbound)만을 생각하기 쉽고 아웃바운드(outbound)는 거의 생각지 않는 것이 일반적인 현상이다. 자기 나라 사람의 해외여행도 관광으로 인하여 견식을 넓히고, 또한 상호 인적 교류나 문화적인 교류를 통하여 국제간의 이해증진과 국제친선 및 대외무역의 촉진 등의 효과를 생각한다면 자국인의 해외여행을 결코 억제해서는 안 될 것이다.

국제관광에 있어서 국내인의 해외여행효과가 외국관광객의 국내유치 그것에 비해 훨씬 유리하다는 것을 생각하면 자국민의 해외여행 개방이 국제관광에 있어 오히려 이상적이고 또 그것이 합리적인 경영방법인지도 모른다. 미국이나 영국, 일본 등과 같은 선진국에서는 관광수지면에서 계속 적자를 면하지 못하고 있음에도 불구하고 자국민의 외국여행을 독려하여 관광객을 송출하는 정책을 지향하고 있다. 그 이유는 자국민이 해외여행을 통해서 얻는 효과가 관광유치면에서 외화수입이 차지하는 그것과 비교하여 훨씬 더 크기 때문이다.

그러므로 국제관광정책은 관광유치에 의한 외화획득 그 자체보다도 그로 말미암아 간접적으로 나타나는 파급적인 효과를 그의 본질적 이념으로 해야 할 것이다. 곧 국제관광정책을 수립함에 있어서는 외국관광객 유치에 의한 경제적 효과에만 집착하는 소극적인 정책을 지양하고 한 걸음 더 나아가서 자국민의 해외여행을 통하여 외국에서 자국을 널리 선전함으로써 국위선양에 기여할 수 있는 보다 적극적인 대외관광정책이 요망된다고 하겠다.

따라서 외래관광객의 수용면에 있어서도 외화획득이라는 효과보다도 자국을 외국인에게 널리 이해시킨다는 국제관광 본래의 효과를 위주로 해야 할 것이다. 물론 외국인 관광객을 유치하기 위하여 때로는 막대한 설비투자에도 불구하고 그 반대급부적인 외화수입이 오히려 저조하다면 그 또한 문제가 되지 않을 수 없겠으나, 국제관광정책의 근본이념은 어디까지나 국제친선이 주된 목적이 되어야 한다고 본다.

한편, 국내관광정책의 근본이념은 국민후생이 주된 목적이 되어야 한다. 소셜투어리즘이나 관광의 대중화라고 말하는 것은 관광정책 가운데서 가장 중요한 부분을 차지하는 것이라고 말할 수 있다.

4. 우리나라 관광정책의 변천과정

1) 1950년대의 관광정책

8 · 15해방 직후의 대혼란을 거쳐 1948년에 정부가 수립되었으나, 미처 관광행정체제가 확립되기도 전에 1950년 6 · 25전쟁이 발발하여 전국의 관광시설이 전화로 전부 파괴되었던 것이다. 부산으로 피난을 간 정부는 1950년 12월에 교통부 총무과 소속으로 '관광계'를 신설하여 철도호텔업무를 관장케 하였으며, 그후 1954년 2월 10일 대통령령 제1005호로 교통부 육운국에 '관광과'로 승격시켜 관광사업에 대한 행정적인 체제를 마련하기 시작하였다.

1957년 11월에는 교통부가 현 세계관광기구(UNWTO)의 전신인 국제관설관광기구(IUOTO)에 정회원으로 가입하게 됨으로써 우리나라도 세계관광의 흐름에 편승하는 계기가 되었다.

1958년 3월에는 '관광위원회'의 규정을 제정하여 교통부장관의 자문기관으로 중앙관광위원회를, 도지사의 자문기관으로 지방관광위원회를 각각 설치하여 다소나마 관광행정기능을 보강하였으나, 실질적으로는 관광행정이 이루어지지 못하였다.

2) 1960년대의 관광정책

1960년대는 우리나라 관광사업의 기반조성과 국제관광객 유치를 위한 체제정비의 시기였다고 할 수 있다.

1961년 8월 21일 제정 · 공포된 「관광사업진흥법」은 우리나라 관광의 획기적인 발전을 위한 최초의 법률이 되었으며, 이어서 1962년 4월 24일 제정 · 공포된 「국제관광공사법」에 의하여 국제관광공사(현, 한국관광공사의 전신)가 설립되어 한국관광의 해외선전, 관광객 편의제공, 관광객 유치업무를 수행하기 시작하였다.

1963년 8월에는 교통부직제를 개정하여 관광과를 '관광국'으로 승격시켰는데, 이와 같이 관광의 중앙행정기관으로 신설된 관광국은 관광에 관한 종합적인 정책의 수립과 조정업무를 담당함과 동시에 시 · 도 관광업무의 감독기능을 수행케 함으로써 처음으로 통일되고 일관성 있는 관광행정을 집행할 수 있게 되었다. 또 1963년 3월에는 「관광사업진흥법」 제48조에 의거 대한관광협회(현, 한국관광협회중앙회의 전신)가 설립되면서 도쿄와 뉴욕에 해외선전사무소를 최초로 개설하였다.

1965년 3월에는 대통령령 제2038호로 '관광정책심의위원회 규정'을 제정 · 공포하고, 이를 근거로 국무총리를 위원장으로 하는 '관광정책심의위원회'를 발족하였는데, 여기서 관광정책에 관한 주요 사항을 심의 · 의결케 함으로써 이 기구의 법적 지위를 높이는 한편 기능을 강화하였다.

1965년에는 관광부문의 국제회의인 제14차 아시아 · 태평양관광협회(PATA) 연차총회를 한국에 유치하여 각국 관광업계 대표들에게 한국관광 전반에 대해 알릴 수 있는 계기를 마련하기도 하였으며, 관광업계 종사원의 양성 · 배출을 위해 1962년 통역안내원시험 실시에 이어 1965년부터 관광호텔종사원 자격시험제도를 실시하였다.

1966년에는 외국관광전문가에게 한국관광지 전반에 관한 연구를 의뢰하였는데, 그 연구보고서(일명 Kauffman보고서)에는 한국관광사업의 밝은 전망이 제시되었다.

1967년은 '국제관광의 해'로 정하여 국제친선과 외래관광객의 방한을 촉진하였으며, 같은 해 3월에는 「공원법」이 제정됨에 따라 국내 최초로 지리산이 국립공원으로 지정되었다.

3) 1970년대의 관광정책

1970년대에 들어와서 정부는 관광사업을 경제개발계획에 포함시켜 국가의 주요 전략산업의 하나로 육성함과 동시에 관광수용시설의 확충, 관광단지의 개발 및 관광시장의 다변화 등을 적극 추진하여 1978년에는 역사상 처음으로 외래관광객 100만명을 돌파하는 성과를 거두었다.

이러한 관광진흥정책의 적극적인 추진에 의해 우리나라 관광이 규모와 질적인 면에서 크게 성장함에 따라 종래의 관광법규를 재정비함과 아울러 관광행정조직도 강화할 필요성을 느끼게 되었다.

그래서 1972년 12월 29일 제정된 「관광진흥개발기금법」에 따라 정책금융으로 관광진흥개발기금을 설치하였고, 1975년 4월에는 「관광단지개발촉진법」이 제정되어 경주보문관광단지와 제주중문관광단지 등과 같은 국제수준의 관광단지개발을 촉진하여 관광사업발전의 기반을 조성하는 데 기여하였다.

그리고 1975년 12월 31일에는 우리나라 최초의 관광법규인 「관광사업진흥법」을 발전적으로 폐지함과 동시에 폐지되는 법의 성격을 고려하여 「관광기본법」과 「관광사업법」으로 분리제정하였다. 특히 「관광기본법」은 우리나라 관광법규의 모법이며 근본법의 성격을 갖는데, 이 법은 우리나라 관광진흥의 방향과 시책에 관한 사항을 규정함으로써 국제친선의 증진과 국민경제 및 국민복지의 향상을 기하고 건전한 국민관광의 발전을 도모하는 것을 목적으로 제정되었다.

한편, 우리나라 관광사업이 양적으로 확대되자 1972년 8월에는 교통부직제를 개정하여 '관광국'의 업무과를 폐지하고 기획과, 지도과, 시설과를 신설하여 관광행정기구를 보강함과 동시에 지방자치단체인 서울, 부산, 강원, 제주도에는 '관광과'를, 기타 7개 도에는 관광운수과 내에 '관광계'를 두어 관광업무를 관장케 함으로써 관광진흥을 위한 보다 강력한 행정력이 뒷받침되었다.

더욱이 1979년 9월에는 관광국을 '관광진흥국'과 '관광지도국'으로 확대 개편하고, 관광지도국 내에 '국민관광과'를 신설하여 관광지의 지도 및 개발은 물론, 국민관광에 대한 본격적인 정책수립의 입안이 시행되기에 이르렀다.

4) 1980년대의 관광정책

1980년대는 우리나라 관광이 도약한 시기라 할 수 있다. 즉 건전한 국민관광의 조성과 관광시장구조의 다변화 등 국제관광과 국민관광의 조화 있는 발전을 이루는 성장과 도약의 시기였다고 할 수 있다.

1980년 1월 5일에는 야간통행금지가 해제되고, 1981년부터는 국민관광지를 개발하기 시작하여 전략적 국제관광단지로서 경주보문관광단지 및 제주중문관광단지 개발에 이어 1983년에 충남도남관광단지와 1984년에는 남원관광단지 개발을 추진하기 시작하였다.

한편, 1983년 ASTA총회 및 교역전 서울 유치, 1985년 IBRD / IMF총회, 1986년 ANOC총회 및 86아시안게임, 1988년 서울올림픽 등 대규모 국제행사를 성공적으로 개최함으로써 관광산업의 비약적인 발전을 가져왔으며, 1988년에는 외래관광객 200만명을 돌파하는 성과를 거두기도 했다.

또 한편, 1970년대 후반기에 들어서서 1인당 국민소득이 약 1,000달러에 이르러 국민관광의 여건이 조성되자, 이제까지의 국제관광 우선정책에서 벗어나 국민관광과의 병행발전정책으로 전환하게 됨으로써 새로이 발생하는 관광수요에 능동적으로 대처하기 위해 관광법규의 전면적인 개편이 필요하게 되었다.

이에 따라 1986년 5월 12일 「올림픽대회 등에 대비한 관광숙박업 등의 지원에 관한 법률」이 제정되었는데, 이 법은 제10회 서울아시아경기대회(1986년 개최)와 제24회 서울올림픽대회(1988년 개최)를 원활히 개최하도록 하기 위하여 올림픽이 끝나는 1988년 12월 31일까지만 유효한 한시법으로 제정되었다. 또 1986년 12월 31일에는 「관광진흥법」이 제정되었는데, 이 법은 관광여건을 조성하고 관광자원을 개발하며 관광사업을 육성하여 관광진흥에 이바지하는 것을 목적으로 한다.

5) 1990년대의 관광정책

1990년대는 2000년 ASEM회의 개최 준비, 2001년 한국방문의 해 사업 준비, 2002년 한 · 일월드컵축구대회 준비 등 다가오는 21세기 관광선진국을 대비한 재도약의 시기라고 할 수 있다.

1991년에는 외국인 관광객이 300만명을 넘어섰고, 아르헨티나에서 개최된 제9차 세계관광기구(UNWTO) 총회에서 우리나라가 UNWTO 집행이사국으로 선출되어 국제관광협력의 기반을 다진 한해였다.

1993년에는 대전엑스포를 성공리에 개최하였으며, 엑스포 전후 기간 중에는 일본인 관광객에게 무사증 입국을 허용함으로써 일본인 관광객 유치 증대에 크게 기여하였다.

1994년에는 서울정도 600주년을 기념하여 우리의 전통문화를 세계에 널리 알리고 한국관광의 재도약과 세계화의 계기로 삼기 위해 추진한 "한국방문의 해(Visit Korea)" 사업을 성공적으로 추진하였으며, 아시아 · 태평양관광협회(PATA)의 연차총회, 관광교역전 및 세계지부회의 등 국제행사를 유치 개최하였다.

한편, 제도면에서는 종래 「사행행위 등 규제 및 처벌특례법」에서 사행행위영업의 일환으로 지방경찰청에서 관리해오던 카지노업을 1984년 8월 3일 「관광진흥법」을 개정하여 관광사업의 일종으로 전환 규정하고 문화체육부장관이 허가권을 갖게 되었다.

1996년 12월에는 대규모 관광수요를 유발하는 국제회의산업을 관광과 연계하여 발전할 수 있도록 하기 위하여 「국제회의산업 육성에 관한 법률」을 제정하였으며, 1997년 1월에는 관광숙박시설의 확충을 위해 「관광숙박시설지원 등에 관한 특별법」을 제정하였다. 그리고 이 해에는 우리나라가 세계에서 29번째로 OECD(경제협력개발기구)에 가입함으로써 서방선진국의 관광정책기구들과 협력할 수 있는 체계를 마련하기도 했다.

1998년 2월 28일에는 정부조직의 개편으로 문화체육부가 문화관광부로 그 명칭이 바뀌었는데, 이 과정에서 "관광"이라는 단어가 정부부처 명칭에 처음으로 들어가게 됨으로써 정책입안 및 그 추진에 있어 관광산업에 높은 비중을 부여하게 되었던 것이다.

6) 2000년대의 관광정책

2000년대는 뉴 밀레니엄을 맞이하여 21세기 관광선진국으로서의 힘찬 도약을 준비하는 시기라고 할 수 있다.

2000년도에는 국제관광교류의 증진과 국내관광 수용태세 개선에 주력했다. 제1회 APEC 관광장관회의와 제3차 아시아 · 유럽정상회의(ASEM)를 성공적으로 개최하여 국제적 위상을 한층 제고하였다.

2001년에는 동북아 중심의 허브공항 구축의 일환으로 인천국제공항이 개항하였으며, '2001년 한국방문의 해' 사업을 통해 관광의 선진화를 위한 제반 사업이 수행되었다. 또 관광산업의 국제화를 위하여 제14차 세계관광기구(UNWTO) 총회를 성공적으로 개최하였다.

2002년에는 '한국방문의 해'를 연장하고, 한 · 일월드컵 축구대회 및 부산아시안게임의 성공적인 개최로 국가이미지는 한층 높아져 외래관광객의 방한욕구를 증대시켰다. 또한 관광진흥확대회의의 정기적인 개최로 법제도 개선, 유관부처의 협력모델을 도출하고 관광수용태세 개선에 만전을 기하였다.

2003년은 동북아경제중심국가 건설을 위한 원년으로 아시아 관광허브 건설기반 구축과 개발중심의 관광정책에서 문화예술 및 생태적 가치지향의 관광정책으로의 전환과 국제적 관광인프라 확충을 추진하는 데 중점이 주어졌다. 그러나 연초부터 전 세계적으로 확산된 사스(SARS)와 이라크전쟁 등의 영향으로 전 세계적으로 관광시장이 위축된 한해이기도 하였다. 외래관광객 1천만명 유치와 국민관광시대의 실현을 목표로 한 '참여정부 관광정책 18대과제'가 수립되었다.

2004년은 '관광진흥5개년계획(2004~2008)'이 수립되었으며, 주5일근무제의 확산, 고속철도(KTX)시대의 도래 등 관광환경이 변화되었으며, 제주에서 개최된 제53차 아시아 · 태평양관광협회(PATA) 연차총회는 참가인원면에서 역대 최대의 성과를 거두기도 하였다.

2005년 4월과 6월 속초와 안동에서 각각 '종합관광안내정보 서비스 개통식'을 열고 관광과 첨단 IT기술의 만남, 유-트레블(U-Travel)시대의 개막을 선포하였다. 또 2005년 5월 12일부터 14일까지 부산에서 제4차 APEC 관광포럼이 개최되었는데, 2005년 11월 부산에서 개최되는 APEC 정상회의에 앞서 'APEC 관광의 점검, 미래에 대한 준비'를 주제로 논의되었다. 또한 2005년 5월 22일부터 26일까지 속초에서 동남아국가연합(ASEAN) 10개국과 한 · 중 · 일 3국이 참여하는 ASEAN+3NTO(정부관광기구) 회의가 개최되었다. 그리고 2005년 7월에는 문화, 관광 그리고 스포츠산업을 우리나라의 새로운 성장동력산업으로 만들기 위한 청사진인 'C-Korea 2010'이 수립 · 발표되었으며, 2005년 9월 6일과 7일에는 광주에서 OECD 국제관광회의가 개최되었다.

한편, 2005년 8월부터는 저소득 중소기업체 근로자들을 위한 '여행바우처'제도가 시행되었는데, 관광진흥개발기금 20억원을 활용해 시행되는 여행바우처 제도는 외국인근로자를 포함하여 월소득 250만원 이하의 중소기업체 근로자 1,500만명 내외에게 여행경비의 40%를 15만원 이내에서 지원하고 있다.

2006~2007년에는 외래관광객 입국이 낮은 증가세를 보임에 따라 관광수지 적자가 심화되면서 정부차원에서 관광수지 적자 개선을 위한 대책 마련에 정책 역량을 집중하였다. 따라서 2006년 12월 관광산업 경쟁력 강화대책에서는 관광산업에 대한 조세부담 완화, 신규투자 및 창업촉진을 위한 제도 개선, 해외 관광시장의 획기적 확대 여건 조성, 국민 국내관광 활성화, 관광자원의 품격과 부가가치 제고 등 다섯 개 분야에 걸쳐 총 62개 과제 추진 등 획기적인 범정부적 대책을 발표하였다.

정부는 이와 같이 매년 관광수지 적자가 지속적으로 심화되고 있는 점을 감안하여 2007년 4월에는 한국 고유의 관광브랜드 'Korea, Sparkling'을 선포하고 홍보를 다각화하는 한편, 가격은 낮고 품질은 높은 중저가 숙박시설인 '굿스테이(Goodstay)'와 중저가 숙박시설 체인화 모델인 '베니키아(BENIKEA)' 체인화 사업 운영을 위한 기반을 구축하였다. 또 중국인 관광객 확보를 위해 비자제도를 개선하고, 국내관광 인식 개선을 위한 '대한민국 구석구석 캠페인'을 강화하는 등 해외 관광수요의 국내 전환과 국내관광 활성화를 위한 여건을 개선하였다.

한편, 정부는 남북관광 교류협력사업을 지속적으로 확대하여 남북을 단일 관광권으로 조성하고 동북아 관광의 중심지로 발전시키기 위한 기반을 마련하였다. 2007년 5월에는 경의선 및 동해선의 남북철도연결구간 열차 시범운행이 이루어졌고 6월부터 내금강 관광길이 개통되면서 남북교류의 분위기가 조성되었다.

2007년 10월 남북정상회담에서는 남북 간 사회문화 분야 교류 협력의 일환으로 금강산관광에 이어 직항로를 통한 백두산관광에 대한 협력을 추진하기로 합의하였다. 이와 관련하여 2007년 11월에는 민 · 관 전문가 그룹으로 구성된 현지 실사단이 북한을 방문하여 백두산 삼지연 공항의 활주로와 공항시설 및 직항로 개설을 위한 인프라를 점검하였다. 또 2007년 12월 5일부터는 고려의 옛 도읍인 개성시내와 박연폭포를 관람할 수 있는 당일코스의 개성관광이 본격적으로 시작되어 남북관광의 새로운 전기가 마련되었다.

2008년도에 들어와 정부는 관광산업의 국제경쟁력 강화를 위해서 2008년을 '관광산업 선진화 원년'으로 선포하고 '서비스산업 경쟁력 강화 종합대책' 등 범정부 차원의 대책을 본격적으로 추진하였다. 동년 3월과 12월의 2차례에 걸친 관광산업 경쟁력 강화회의를 비롯하여, 2008년 4월에는 서비스산업선진화(PROGRESS-1) 방안의 일환으로 「관광진흥법」, 「관광진흥개발기금법」, 「국제회의산업 육성에 관한 법률」 등 이른바 관광3법상의 권한사항을 제주특별자치도지사에게 일괄 이양하기로 결정하는 등 적극적이고 지속적인 노력이 추진되었다.

이밖에 2008년에는 민간주도로 3년간 추진되는 '2010~2012 한국방문의 해'를 선포하고, 경제발전, 환경복원, 문화 등이 조화된 한국형 녹색뉴딜사업으로 '문화가 흐르는 4대강 살리기' 사업추진 계획을 발표하였다. 또 정부는 2008년 12월 '2단계 관광산업 경쟁력 강화대책'에서 MICE, 의료관광 등 고수익 관광산업의 전략적 육성을 위한 방안을 발표하였다.

이와 같이 정부는 2008년을 '관광산업 선진화 원년'으로 선포하였고, 이를 위한 일련의 계획들을 2009년에도 지속적으로 추진하였다. 특히 2008년도가 관광산업 선진화를 위한 계획연도라고 한다면 2009년도는 이를 가시화하고 지역관광 활성화 방안을 집중적으로 추가 발굴(2009.7.21)하여 추진한 해라 할 수 있다.

2009년도 정부의 관광산업의 경쟁력 강화와 지역관광 활성화 방안의 세부 추진방향은 '혁신적인 규제완화 및 제도개선'과 '고부가가치 관광산업 육성' 그리고 '시장친화적 민간투자 및 신규시장 확대'로 구분될 수 있는데, 이러한 과제들은 2009년도에 가능한 모두 추진 완료하였으며, 중장기적 추진이 필요한 과제들의 경우는 2010년에 지속 추진하기로 하였다.

이 결과 전 세계 대다수 국가의 관광산업이 침체상태를 면치 못하였으나 우리나라는 환율효과 등 외부적 환경을 바탕으로 삼아 적극적 관광정책 추진으로 관광객이 증가하여 9년 만에 관광수지 흑자로 전환하는 데 성공하였다. 가장 큰 성과로는 관광산업 정책여건 개선 및 도약의 밑거름이 되었다는 점에 있다. 특히 가시적 성과로는 2011년 UNWTO 총회유치(2009.10), 의료관광 활성화 법적 근거 마련(2009.3), MICE · 의료 · 쇼핑 등 고부가가치 관광여건을 개선하였으며, 문화가 흐르는 4대강 살리기 사업, 생태녹색관광, 이야기가 있는 문화생태탐방로 등 저탄소 녹색관광 활성화의 기반을 마련하였다.

〈표 12-1〉 관광의 발전단계

구분	1960년대	1970년대	1980년대	1990년대 초반	1990년대 후반	2000년대
정책 방향	관광기반 확충	국제관광 진흥	국민관광 확충	국제 · 국내관광의 균형		국제관광 · 국민관광의 균형
정책 목표	외화획득	외화획득	외화획득과 국민 삶의 질 향상	국민 삶의 질 향상과 국제경쟁력 향상		외화획득과 삶의 질 향상
권역	-	상징적 복합권역	독자적인 관광권역	법적인 관광권역	복합적인 관광권역	현실적 관광권역
		8대 흡입권 24개발소권 ('78)	8대 이용권 26개발소권 ('83)	5대권 24개발소권 ('90) 관광특구지정 ('94)	법적인 관광권역에 7대문화관광권과 같은 광진흥권역 등장	16개 사도관광권역 ('02)
조직	교통부 관광공로국 1과('61) 관광국 2과('63)	교통부 관광국 1국 3과('72) 2국 6과('79)	교통부 관광국 1국 5과('81) 1국 4과('89)	문화체육부 1국 3과('94)	문화관광부 1국 4과('98)	문화관광부 1국 4과와 관광레저도시추 진기획단, 4팀
법제도	관광사업진흥법 제정('61) 국제관광공사설립 ('62) 대한관광협회설립 ('61)	관광진흥개발기 금법 제정 ('72) 관광사업진흥법 분리 ('75)	관광진흥법으로 통합 개정 ('87)	카지노업의 관광사업화 ('94)	관광숙박시설지 원등에관한특별법 ('96) 국제회의산업육 성에관한법률('96) 유원시설업의 관광사업화('98)	
관광 관련 계획	관광진흥을 위한 종합대책 공표('68)	한국관광종합계획 ('73) 한국관광진흥장 기계획('78)	국민관광장기종 합계획('83) 전국관광장기 종합계획('89)	24개발소권별로 권역계획수립 ('92, '97)	관광비전21('99) 7대문화관광권진 흥방안('99) 남해안관광벨트 개발계획('00) 경북북부 유교문화권 관광개발계획('00)	제2차관광 개발기본계획 ('02) 관광진흥5개년계획 ('04) C-Korea 2010 문화강국('05)
관광 환경	국립공원 지정 ('67)	관광단지개발 - 경주보문('74) - 제주중문('76) 외래관광객 100만명 돌파('78)	아시안게임 ('86) 올림픽개최 ('91) 외래관광객 200만명 돌파('88) 해외여행 자율화('89)	외래관광객 300만명돌파('91) 한국방문의 해 ('94)	외래관광객 400만명돌파('98) 외래관광객 500만명돌파('00) 한국방문의 해 ('01)	외래관광객 600만명 돌파('05)

자료 : 김광근 외, 최신 관광학, 백산출판사, 2007, p.286.

제2절 관광행정조직과 관광기구

1. 우리나라 관광행정의 전개과정

우리나라 관광행정의 역사를 살펴보면, 1950년 12월에 교통부 총무과 소속으로 '관광계'를 설치함으로써 교통부장관이 관광에 관한 행정업무를 관장하기 시작하였고, 그 후 1954년 2월에는 교통부 육운국 '관광과'로 승격시켰으며, 1963년 8월에는 육운국 관광과를 '관광국'으로 승격시켜 관광행정조직을 강화함으로써 우리나라 관광이 발전할 수 있는 기틀을 마련하였다.

1994년 12월 23일에는 정부조직 개편에 따라 그동안 교통부장관이 관장하고 있던 관광업무가 문화체육부장관으로 이관됨으로써 우리나라 관광행정의 주무관청은 문화체육부장관이었으나, 1998년 2월 28일 다시 정부조직의 개편으로 문화체육부가 문화관광부로 개칭되면서 '관광'이라는 단어가 정부부처 명칭에 처음으로 들어가게 되었고, 2005년 3월 31일에는 관광레저도시추진기획단 직제를 신설하였다.

2008년 2월 29일에는 「정부조직법」 개정으로 문화관광부가 문화체육관광부로 명칭이 바뀌었고, 관광레저도시추진기획단장이 관광레저도시기획관으로 변경되었으며, 2009년 4월 17일에는 관광레저도시기획관이 관광레저기획관으로 변경되어 현재에 이르고 있다.

이에 따라 문화체육관광부는 산하의 관광산업국이 중심이 되어 외래관광객의 유치증대와 관광수입증대, 관광산업에 대한 외국자본의 유치증대 등을 통한 경제사회발전에의 기여 및 국민관광의 균형발전을 통한 복지국가 실현이라는 목표를 설정하고 각종 관광산업육성정책을 의욕적으로 추진하고 있다.

2. 중앙관광행정조직

1) 서설

국가의 중앙관광행정기관은 「헌법」 및 그에 의거한 국가의 일반중앙행정기관에 대한 일반법인 「정부조직법」 그리고 관광에 관한 특별법인 「관광기본법」, 「관광진흥법」, 「관광진흥개발기금법」 등에 의하여 설치된다.

「헌법」과 법령에 의거한 국가의 중앙관광행정기관을 개관하면, 국가원수이자 정부수반인 대통령이 중앙관광행정기관의 정점이 되고, 그 밑에 심의기관인 국무회의가 있고, 그리고 대통령의 명을 받아 문화체육관광부를 포함한 각 행정기관을 통할하는 국무총리가 있다. 국무총리 밑에는 관광행정의 주무관청인 문화체육관광부장관이 있다.

2) 대통령

대통령은 외국에 대하여 국가를 대표하는 국가원수로서의 지위와 행정부의 수반으로서의 지위 등 이중적 성격을 갖는다.

대통령은 행정부의 수반으로서 중앙관광행정기관의 구성원을 「헌법」과 법률의 규정에 의하여 임명하고, 관광행정에 관한 최고결정권과 최고지휘권을 가진다. 또한 관광행정에 대한 예산편성권 기타 재정에 관한 권한을 가진다. 또한 대통령은 관광에 관련한 법률을 제안할 권한을 가지며, 국회가 제정한 관광관계법을 공포하고 집행한다. 그리고 그 법률에 이의가 있으면 법률안거부권을 행사할 수 있다.

한편, 대통령은 관광관련 법률에서 구체적으로 범위를 정하여 위임받은 사항과 그 법률을 집행하기 위하여 필요한 사항에 관하여 대통령령을 제정할 수 있는 행정입법권을 가진다. 대통령령으로 제정된 관광관련 행정입법으로는 「관광진흥법 시행령」, 「관광진흥개발기금법 시행령」, 「한국관광공사법 시행령」 등이 있다.

3) 국무회의

우리 헌법상 국무회의는 정부의 권한에 속하는 중요한 정책(관광정책을 포함)을 심의하는 행정부의 최고 심의기관이다. 국무회의는 대통령(의장)을 비롯한 국무총리(부의장)와 문화체육관광부장관 등을 포함한 15인 이상 30인 이하의 국무위원으로 구성된다.

국무회의에서는 관광에 관한 법률안 및 대통령령안, 관광관련 예산안 및 결산 기타 재정에 관한 중요한 사항, 문화체육관광부의 중요한 관광정책의 수립과 조정, 정부의 관광정책에 관계되는 청원의 심사, 국영기업체인 한국관광공사의 관리자의 임명, 기타 대통령 · 국무총리 · 문화체육관광부장관이 제출한 관광에 관한 사항 등을 심의한다.

국무회의는 의결기관이 아니고 심의기관에 불과하기 때문에 그 심의결과는 대통령을 법적으로 구속하지 못하며, 대통령은 심의내용과 다른 정책을 결정하고 집행할 수 있다.

4) 국무총리

국무총리는 최고의 관광행정관청인 대통령을 보좌하고, 관광행정에 관하여 대통령의 명을 받아 문화체육관광부장관 뿐만 아니라 행정각부를 통할한다. 또한 국무회의 부의장으로서 주요 관광정책을 심의하고, 대통령이 궐위되거나 사고로 인하여 직무를 수행할 수 없을 때에는 그 권한을 대행한다.

국무총리는 관광행정의 주무관청인 문화체육관광부장관의 임명을 대통령에게 제청하고, 그 해임을 대통령에게 건의할 수 있다. 또한 국무총리는 국회 또는 그 위원회에 출석하여 관광행정을 포함한 국정처리상황을 보고하거나 의견을 진술하고, 국회의원의 질문에 응답할 권리와 의무를 가진다.

국무총리도 관광행정에 관하여 법률이나 대통령령의 위임이 있는 경우 또는 그 직권으로 총리령을 제정할 수 있다.

5) 문화체육관광부장관

(1) 지위와 권한

문화체육관광부장관은 정부수반인 대통령과 그 명을 받은 국무총리의 통괄 아래에서 관광행정사무를 집행하는 중앙행정관청이다.

「정부조직법」 제30조에 의하면 "문화체육관광부장관은 문화 · 예술 · 영상 · 광고 · 출판 · 간행물 · 체육 · 관광에 관한 사무를 관장한다"고 규정하고 있으므로 문화체육관광부장관이 관광행정에 관한 주무관청이 된다.

문화체육관광부장관은 국무위원의 자격으로서 관광과 관련된 법률안 및 대통령령의 제정 · 개정 · 폐지안을 작성하여 국무회의에 제출할 수 있으며, 관광행정에 관하여 법률이나 대통령령의 위임 또는 직권으로 부령을 제정할 수 있다. 현재 관광과 관련하여 문화체육관광부령으로 제정된 부령으로는 「관광진흥법 시행규칙」과 「관광진흥개발기금법 시행규칙」 등이 있다.

그리고 문화체육관광부장관은 관광행정사무를 통괄하고 소속 공무원을 지휘 · 감독하며 관광행정사무에 관하여 지방행정기관의 장을 지휘 · 감독한다. 그리고 관광행정사무에 관하여 정책을 수립 · 운영하며 중앙관서의 장으로서 관광에 관한 각종의 재정에 관한 권한을 가진다.

(2) 보조기관 및 분장업무

문화체육관광부장관의 관광행정에 관한 권한행사를 보조하는 것을 임무로 하는 보조기관으로는 문화체육관광부 제1차관 및 관광산업국장이 있다. 개정된 「문화체육관광부와 그 소속기관 직제」에 따르면 관광산업국장 밑에는 관광레저기획관을 두며, 관광산업국에는 관광정책과 · 관광진흥과 · 국제관광과 · 녹색관광과 · 관광레저도시과 및 새만금개발팀을 둔다. 관광레저기획관은 녹색관광과 · 관광레저도시과 및 새만금개발팀의 소관사무에 관하여 관광산업국장을 보좌한다.

(3) 관광산업국장은 다음 사항을 분장한다.

1. 관광산업진흥을 위한 종합계획의 수립 및 시행
2. 관광개발기본계획의 수립 및 권역별 관광개발계획의 협의 · 조정
3. 관광산업 정보화 및 통계
4. 남북관광 교류 및 협력
5. 국내 관광진흥 및 외래관광객 유치
6. 관광분야 전문인력 양성
7. 카지노업, 여행업, 관광숙박업, 관광객이용시설업, 국제회의업, 유원시설업 및 관광편의시설업의 육성
8. 문화 · 예술 · 민속 · 레저 · 생태 · 전통음식 및 문화관광축제 등 관광자원의 관광상품화
9. 관광지, 관광단지 및 관광특구의 개발 · 육성

10. 관광진흥개발기금의 조성과 운용
11. 국제관광기구 및 외국정부와의 관광 협력
12. 관광안내체계의 개선 및 편의 증진
13. 관광레저형 기업도시 개발 · 육성
14. 국내외 관광 투자유치 촉진 및 지방자치단체의 관광 투자유치 지원
15. 새만금 관광단지 개발
16. 4대강 유역 관광자원 개발과 활성화

3. 지방관광행정조직

1) 국가의 지방행정기관

국가의 지방행정기관은 그 주관사무의 특성을 기준으로 보통지방행정기관과 특별지방행정기관으로 나누어진다. 전자는 해당 관할구역 내에 시행되는 일반적인 국가행정사무를 관장하며, 사무의 소속에 따라 각 주무부장관의 지휘 · 감독을 받는 국가행정기관을 말한다. 반면에 후자는 특정 중앙관청에 소속하여 그 권한에 속하는 사무를 처리하는 기관을 말한다. 관광행정에 관한 특별행정기관은 없다.

현행법상 보통지방행정기관은 이를 별도로 설치하지 아니하고 지방자치단체의 장인 특별시장, 광역시장, 도지사, 특별자치도지사와 시장 · 군수 및 자치구의 구청장에게 위임하여 행하고 있다(지방자치법 제102조). 따라서 지방자치단체의 장은 국가사무를 수임 · 처리하는 한도 안에서는 국가의 보통지방행정기관의 지위에 있는 것이며, 지방자치단체의 집행기관의 지위와 국가보통행정관청의 지위를 아울러 가진다. 그러므로 지방관광행정조직은 지방자치단체의 조직과 같다고 할 수 있다.

2) 지방자치단체의 관광행정사무

(1) 지방자치단체의 종류 및 성질

우리나라 지방자치단체는 국가공공단체의 하나로서 국가 밑에서 국가로부터 존립목적을 부여받은 일정한 관할구역을 가진 공법인을 말한다. 현행 「지방자치법」의 규

정에 따르면 지방자치단체는 ① 특별시, 광역시, 도, 특별자치도와 ② 시, 군, 구의 두 종류로 구분하고 있다(동법 제2조). 여기서 지방자치단체인 구(이하 "자치구"라 한다)는 특별시와 광역시의 관할구역 안의 구만을 말한다.

특별시, 광역시, 도, 특별자치도(이하 "시 · 도"라 한다)는 정부의 직할 하에 두고, 시는 도의 관할구역 안에, 군은 광역시나 도의 관할구역 안에 두며, 자치구는 특별시와 광역시의 관할구역 안에 둔다(지방자치법 제3조).

(2) 지방자치단체의 관광행정사무

지방자치단체는 그 관할구역 안의 자치사무와 위임사무를 처리하는 것을 목적으로 한다. 여기서 '자치사무'란 지방자치단체의 존립목적이 되는 지방적 복리사무를 말하고, '위임사무'란 법령에 의하여 국가 또는 다른 지방자치단체의 위임에 의하여 그 지방자치단체에 속하게 된 사무를 말한다. 또한 위임사무는 지방자치단체 자체에 위임되는 단체위임사무와 지방자치단체의 장 또는 집행기관에 위임되는 기관위임사무로 구분된다.

관광행정은 국가사무이기 때문에 주로 기관위임사무이며, 이 사무를 처리하는 지방자치단체는 국가의 행정기관이 된다.

지방자치단체가 관광과 관련하여 행하는 사무로는

첫째, 국가시책에의 협조인데, 지방자치단체는 관광에 관한 국가시책에 필요한 시책을 강구하여야 한다(관광기본법 제6조).

둘째, 공공시설 설치사무로서, 지방자치단체는 관광지 등의 조성사업과 그 운영에 관련되는 도로, 전기, 상 · 하수도 등 공공시설을 우선하여 설치하도록 노력하여야 한다(관광진흥법 제57조).

셋째, 입장료 · 관람료 및 이용료의 관광지등의 보존비용 충당사무이다. 지방자치단체가 관광지등에 입장하는 자로부터 입장료를, 관광시설을 관람 또는 이용하는 자로부터 관람료 또는 이용료를 징수한 경우에는 관광지등의 보존 · 관리와 그 개발에 필요한 비용에 충당하여야 한다(관광진흥법 제67조 3항).

(3) "제주특별법"상 관광관련 특례규정

「제주특별자치도 설치 및 국제자유도시 조성을 위한 특별법」(이하 "제주특별법"이라 한다)에 따르면 국가는 제주자치도가 자율적으로 관광정책을 시행할 수 있도록 관련 법령의 정비를 추진하여야 하며, 관광진흥과 관련된 계획을 수립하고 사업을 시행할 경우 제주자치도의 관광진흥에 관한 사항을 고려하여야 한다. 이에 따라 제주자치도는 자율과 책임에 따라 지역의 관광여건을 조성하고 관광자원을 개발하며 관광사업을 육성함으로써 국가의 관광진흥에 이바지하여야 하는데, 이를 위한 관광진흥관련 특례규정을 살펴보면 다음과 같다.

가) 국제회의산업 육성을 위한 특례(제주특별법 제170조)

문화체육관광부장관은 국제회의산업을 육성 · 지원하기 위하여 「국제회의산업 육성에 관한 법률」 제14조에도 불구하고 제주자치도를 국제회의도시로 지정할 수 있다.

나) 카지노업의 허가 등에 관한 특례(제주특별법 제171조)

관광사업의 경쟁력 강화를 위하여 외국인전용 카지노업에 대한 허가 및 지도 · 감독 등에 관한 문화체육관광부장관의 권한을 제주도지사의 권한으로 하고, 그와 관련된 허가요건 · 시설기준을 포함하여 여행업의 등록기준, 관광호텔의 등급결정 등에 관한 사항을 도 조례로 정할 수 있도록 하였다.

다) 관광숙박업의 등급 지정에 관한 특례(제주특별법 제171조의2)

① 「관광진흥법」 제19조제1항(관광숙박업의 등급)에 따른 문화체육관광부장관의 권한은 제주도지사의 권한으로 한다.

② 「관광진흥법」 제19조제2항(우수숙박시설 지정)에서 대통령령으로 정하도록 한 사항은 도조례로 정할 수 있다.

라) 외국인투자의 촉진을 위한 「관광진흥법」 적용의 특례(제주특례법 제171조의6)

제주도지사는 카지노업의 허가를 받으려는 자가 외국인투자를 하려는 경우로서 일정한 요건을 갖추었으면 「관광진흥법」 제21조(카지노업의 허가요건등)에도 불구하고 같은 법 제5조제1항에 따른 카지노업(외국인전용의 카지노업으로 한정한다)의 허가를 할 수 있다.

마) 관광진흥개발기금 등에 관한 특례(제주특별법 제171조 1항, 제172조)

① 「관광진흥법」 제30조제2항(기금의 납부)에 따른 문화체육관광부장관의 권한은 제주도지사의 권한으로 한다.

② 「관광진흥법」 제30조제4항(총매출액, 징수비율 등)에서 대통령령으로 정하도록 한 사항은 도조례로 정할 수 있다.

③ 「관광진흥개발기금법」 제2조제1항(기금의 설치 및 재원)에도 불구하고 제주자치도의 관광사업을 효율적으로 발전시키고, 관광외화수입의 증대에 기여하기 위하여 제주관광진흥기금을 설치한다.

바) 관광진흥 관련 지방공사의 설립 · 운영(제주특별법 제173조)

제주자치도는 관광정책의 추진 및 관광사업의 활성화를 위하여 「지방공기업법」에 따른 지방공사를 설립할 수 있도록 하였다.

4. 관광기구

1) 한국관광공사

(1) 설립근거 및 법적 성격

한국관광공사(KTO : Korea Tourism Organization)는 관광진흥, 관광자원개발, 관광산업의 연구개발 및 관광요원의 양성 · 훈련에 관한 사업을 수행하게 함으로써 국가경제발전과 국민복지증진에 이바지하는 데 목적을 두고 「한국관광공사법」에 의하여 설립된 특수법인으로 「공공기관의 운영에 관한 법률」의 적용을 받는 정부투자기관이다. 당초에는 1962년 4월 24일 제정된 「국제관광공사법」에 의하여 1962년 6월 26일에 국제관광공사라는 명칭으로 설립되었으나, 1982년 11월 29일 「국제관광공사법」이 「한국관광공사법」(이하 "공사법"이라 한다)으로 바뀜에 따라 공사명칭도 한국관광공사(이하 "공사"라 한다)로 바뀌어 오늘에 이르고 있다.

한국관광공사는 2010년 3월 1일 기준 경영본부, 마케팅본부, 경쟁력본부, 신성장본부의 4개 본부에 13개 실 · 뷰로 · 단, 36 팀 · 센터, 5개 국내지사, 3개 권역별 협력단, 15개국 27개 해외지사 조직과 총 544명의 정원으로 구성되어 있다.

(2) 주요사업과 활동

① 주요사업

1. 국제관광진흥사업
   가. 외국인 관광객의 유치를 위한 홍보
   나. 국제관광시장의 조사 및 개척
   다. 관광에 관한 국제협력의 증진
   라. 국제관광에 관한 지도 및 교육
2. 국민관광진흥사업
   가. 국민관광의 홍보
   나. 국민관광의 실태 조사
   다. 국민관광에 관한 지도 및 교육
3. 관광자원개발사업
   가. 관광단지의 조성과 관리, 운영 및 처분
   나. 관광자원 및 관광시설의 개발을 위한 시범사업
   다. 관광지의 개발
   라. 관광자원의 조사
4. 관광산업의 연구 · 개발사업
   가. 관광산업에 관한 정보의 수집 · 분석 및 연구
   나. 관광산업의 연구에 관한 용역사업
5. 관광관련 전문인력의 양성과 훈련사업
6. 관광사업의 발전을 위하여 필요한 물품의 수출입업을 비롯한 부대사업으로서 이사회가 의결한 사업

국관광공사는 위의 사업 중 필요하다고 인정하는 사업은 이사회의 의결을 거쳐 타인에게 위탁하여 경영하게 할 수 있다. 여기서 '타인'이라 함은 공공단체 · 공익법인 또는 문화체육관광부장관이 인정하는 단체를 말한다.

② 주요 활동

한국관광공사는 '매력있는 관광한국을 만드는 글로벌 공기업'을 비전으로, 관광산업의 발전을 통한 국가경제 발전에 기여하기 위해 다양한 사업을 수행하고 있다. 외국인 관광객 유치와 관광수입 증대를 위하여 의료관광, 크루즈관광, 한류관광 등 다양한 고부가가치 한국관광상품을 개발 · 보급하고 있으며, 해외마케팅 전진기지인 15개국 27개 지사를 중심으로 해외관광시장을 개척함과 동시에 지방자치단체와 관광업계의 관광마케팅 활동을 지원하고 있다. 또한 국제회의 및 인센티브 단체 유치 · 개최 지원, 국제기구와의 협력활동 등을 통하여 대표적 고부가가치 상품인 MICE 산업을 종합적으로 지원하고 있다.

한국관광공사의 주요 활동내용을 요약해보면 다음과 같다.

1. 해외시장의 개척
2. 국제회의 유치 · 지원 및 국제협력
3. 마케팅 지원활동
4. 지방자치단체 및 업계와의 협력강화와 이벤트 관광상품 개발
5. 관광의식 선진화 및 관광수용태세 개선
6. 남북관광개발전략 수립 및 남북관광협력사업의 단계별 시행방안 추진
7. 종합적인 관광정보서비스 및 관광안내 편의 제공
8. 관광단지 개발
9. 지방자치단체 관광개발 컨설팅 지원
10. 관광개발분야에 대한 투자유치활동
11. 관광전문인력 양성
12. 판매사업관리 등

(3) 정부로부터의 수탁사업

우수숙박시설의 지정 및 지정취소에 관한 권한, 관광종사원 중 관광통역안내사, 호텔경영사 및 호텔관리사 자격시험, 등록 및 자격증의 발급업무 등을 위탁받아 처리하고 있다. 다만, 자격시험의 출제, 시행, 채점 등 자격시험의 관리에 관한 업무는 「한국산업인력공단법」에 따른 한국산업인력공단에 위탁함에 따라 이를 위한 기본계획을 수립한다.

2) 한국문화관광연구원

(1) 법적 성격

한국문화관광연구원(KCTI : Korea Culture & Tourism Institute : 이하 "연구원"이라 한다)은 관광, 문화예술 및 문화산업분야를 포괄하는 문화체육관광부 산하 연구기관으로서, 관광과 문화분야의 조사 · 연구를 통하여 체계적인 정책개발 및 정책대안을 제시하고 문화 · 관광산업의 육성을 지원함으로써 국민의 복지증진 및 국가발전에 기여할 목적으로 문화체육관광부장관의 허가를 받아 설립된 재단법인으로 공법인(公法人)의 성격을 갖추고 있다.

그런데 이 연구원은 2007년 2월 7일 종래 (재)한국문화관광정책연구원(2002.12.4. 개원)의 명칭을 변경한 것이다.

(2) 조직과 인원

한국문화관광연구원은 2010년 12월 현재 6개의 실로 구성되어 있다. 즉 행정실(총무회계팀, 경영전략팀, 교육협력센터), 관광산업연구실(통계정보센터), 관광정책연구실, 문화산업연구실(민간투자관리센터), 문화예술연구실(여가연구센터), 연구기획조정실 등으로 구성되어 있다.

연구원의 정원은 연구직 50명(연구계약직 포함)을 포함하여 총 81명(정원 81명, 현원 76명)의 인력으로 이루어져 있다.

(3) 주요 기능

연구원의 주요 기능은 다음과 같다.

1. 문화 · 관광발전을 위한 정책개발연구
2. 문화산업, 관광산업, 관광자원 육성 · 개발을 위한 조사 · 연구
3. 문화복지, 문화환경, 예술진흥, 전통문화진흥을 위한 조사 · 연구
4. 남북한 문화 · 관광교류 및 북한 문화예술 · 관광연구
5. 국민관광, 국민여가생활, 관광서비스 관련 조사 · 연구
6. 문화 · 관광 관련 연구용역의 수탁 및 위탁
7. 문화 · 관광 정보화 개발 및 정보서비스
8. 문화 · 관광 관련 자료의 조사 · 발간 · 서비스
9. 문화 · 관광 정책개발관련 사업 및 행사
10. 정부기관 및 문화체육관광부장관이 위탁하는 사업
11. 기타 연구원의 목적에 부합하는 학술연구 · 사업 및 위 각 호에 부대되는 사업

(4) 주요 활동

한국문화관광연구원은 기본연구사업과 수탁연구사업, 종합관광정보시스템 운영사업, 관광I&I사업, 국제협력사업 및 연구지원사업 등 다양한 연구활동을 수행하고 있다.

3) 경북관광개발공사

(1) 설립근거 및 법적 성격

경북관광개발공사(KIDC : Kyongbuk Tourism Development Corporation : 이하 "공사"라 한다)는 정부투자기관인 한국관광공사가 100% 투자한 정부재투자기업으로써 경북지역의 주요 관광지를 운영관리하고 관광자원을 개발하기 위하여 활동하는 정부산하 공공기업이다.

이 공사는 1974년 1월 정부와 IBRD(국제부흥개발은행) 간에 체결한 보문관광단지 개발사업을 위한 차관협정에 따라 1975년 8월 1일 당시 「관광단지개발촉진법」(이 법은 1986년 12월 「관광진흥법」에 흡수 · 폐지되었다)에 의거하여 설립된 '경주관광개발공사'를 모태로 한다. 그 뒤 경북 유교문화권(안동시 일대) 개발사업을 담당해야 할 필요에 의하여 1999년 10월 6일 경북관광개발공사로 이름을 바꾸어 확대 · 개편하였다.

(2) 주요사업

설립당시에는 정부의 경주관광종합개발계획에 따라 조성되어 1979년 4월 6일 개장한 '경주보문관광단지'의 개발 · 관리 · 운영 등을 사업목적으로 하였지만, 이후 '감포관광단지' 개발과 '경상북도유교문화권' 관광자원 개발 등으로 사업분야를 확장하였다.

공사는 다음 각 호의 사업을 행한다.

1. 정부가 건설한 보문관광단지를 인수 · 관리하여 국제수준의 종합관광단지로 개발유지
2. 보문관광단지, 감포관광단지, 경상북도 북부 유교문화권 관광자원 개발 및 기타 지역의 관광단지개발 관리 · 운용
3. 토지 · 건물 및 시설물의 매매, 임대 또는 운영
4. 조경사업
5. 산림, 수경, 녹화(파종, 소묘 및 대묘 식재를 포함한 사방공사)
6. 자동차운송사업
7. 체육 및 오락시설 운영
8. 숙박업 운영(관광숙박업 포함)
9. 관광단지 활성화를 위한 관광진흥 · 홍보업무
10. 위 각 호에 부대하는 일체사업

4) 경기관광공사

(1) 설립근거 및 법적 성격

경기관광공사(Gyeonggi Tourism Organization : 이하 "공사"라 한다)는 「지방공기업법」 제49조에 의하여 2002년 4월 8일 경기도조례로 설치된 지방공사로서 공법상의 재단법인이다. 특히 공사는 지방화시대에 부응하여 우리나라에서는 최초로 지방자치단체가 설립한 지방관광공사이다.

경기도는 공사설립을 위하여 제정한 경기도관광공사 설립 및 운영조례(2002.4.8. 제3178호) 제4조 제1항의 규정에 의하여 공사의 자본금을 전액 현금 또는 현물로 출

자하였는데, 2002년 5월 11일 경기도관광공사 정관을 제정하여 출범하게 된 것이다.

한편으로 공사의 운영을 위하여 필요한 경우에는 자본금의 2분의 1을 초과하지 아니하는 범위 안에서 다른 기관 · 단체 또는 개인이 출자할 수 있게 하여(지방공기업법 제53조 제2항 및 조례 제4조 제1항) 지방자치단체인 경기도가 오너(owner)로서 외부 참여도 가능하도록 개방하고 있다.

(2) 주요사업

공사는 공사의 설립목적을 달성하기 위하여 다음 각 호의 사업을 행한다.

1. 관광자원(관광지, 관광단지, 관광자원, 편의시설 및 외자유치) 개발사업
2. 특수관광시설(쇼핑, 공연장, 위락, 여가 등)의 개발사업
3. 관광진흥(홍보, 관광객유치, 각종 조사 · 연구, 인력의 양성과 훈련) 사업
4. 남북 관광교류에 관한 사업 및 협력지원
5. 국가 또는 지방자치단체가 대행 또는 위탁한 업무
6. 도지사가 필요하다고 인정하여 대행한 사업의 추진 및 관리
7. 위 각 호의 업무와 관련한 설계용역 및 감리 등의 업무
8. 법 제2호와 관련되는 공공성과 수익성이 있는 경영수익사업 등

5) 인천관광공사

(1) 설립근거 및 법적 성격

인천관광공사(INCHEON Tourism Organization : 이하 "공사"라 한다)는 「지방공기업법」 제49조에 의하여 2005년 11월 「인천광역시관광공사 설립과 운영에 관한 조례」로 설립된 지방공사로서 공법상의 재단법인이다. 특히 지방자치단체가 설립한 지방관광공사로는 경기관광공사에 이어 두 번째이다. 공사는 「인천광역시관광공사 정관」을 제정하여 2006년 1월 1일부터 출범하게 된 것이다.

(2) 주요사업

1. 관광자원개발과 운영사업

가. 관광단지조성과 관리 · 운영
나. 관광자원과 관광지개발
다. 관광개발에 따른 외자유치사업
라. 기타 관광객 이용편익시설 개발

2. 특수관광시설 개발과 운영사업
가. 쇼핑관광시설
나. 관광공연장시설
다. 특수위락시설
라. 기타 문화예술 등과 연계한 관광여가시설

3. 관광진흥사업
가. 관광홍보와 관광객유치업무
나. 관광관련 각종 연구 · 조사업무
다. 관광에 관한 각종 국내외 협력 및 지원
라. 관광정보와 출판관련사업
마. 관광인력의 양성과 훈련
바. 관광축제와 이벤트사업

4. 국제회의업
5. 체육시설업
6. 남북관광교류에 관한 사업과 협력 · 지원
7. 국가 또는 지방자치단체가 대행 또는 위탁한 업무
8. 시장이 필요하다고 인정하여 대행한 사업의 추진 및 관리
9. 위 각 호의 업무와 관련한 설계용역과 감리 등의 업무
10. 기타 법 제2조와 관련되는 공공성과 수익성이 있는 경영수익사업 등

6) 제주관광공사

(1) 설립근거 및 법적 성격

제주관광공사(JTO : Jeju Tourism Organization : 이하 "공사"라 한다)는 「제주특별자

치도 설치 및 국제자유도시 조성을 위한 특별법」(제173조), 「지방공기업법」(제49조)과 「제주관광공사 설립 및 운영조례」(이하 "조례"라 한다)로 설립된 지방공사로서 공법상의 재단법인이다. 2008년 7월 2일 제주관광공사 정관에 따라 출범한 제주관광공사는 지방자치단체가 설립한 지방관광공사로는 경기관광공사와 인천관광공사에 이어 세 번째로 설립되었다.

(2) 주요사업

공사는 공사의 목적을 달성하기 위하여 다음의 사업을 행한다.

1. 관광통합 홍보 · 마케팅
   가. 국내외 관광홍보 · 마케팅
   나. 국내외 홍보소(관) 운영
   다. 국제회의 유치 마케팅 및 지원
   라. 관광기업 홍보 지원
2. 관광상품 개발 및 관광자원 개발
   가. 관광상품 개발사업(기업연계)
   나. 축제지원 및 개발, 문화관광 콘텐츠 개발 등의 관광자원 개발사업
   다. 우수 관광기념품 개발 · 지원
   라. 관광안내판 등 안내체계 통합 디자인
3. 관광관련 연구조사 및 관광산업 지원
   가. 관광 및 관광산업 통계의 작성
   나. 관광정책 · 마케팅 계획수립 조사연구
   다. 관광산업 지원업무
   라. 관광기업 · 상품 품질진단 및 네트워크
4. 통합관광안내 시스템
   가. 제주웰컴센터(welcome center)의 관리 및 운영
   나. 관광안내 서비스기능 통합
   다. 정보기술(IT : Information Technology) 등 첨단기술 활용통합 관광정보 시스템 운영

5. 관광관련 교육 및 컨설팅
   가. 관광기업 컨설팅
   나. 관광지개발 및 상품개발 컨설팅
   다. 관광관련 산·학·연 연계사업
   라. 관광종사원 인력양성
6. 관광공사 수익사업의 발굴 및 추진
   가. 지정 면세점의 운영
   나. 그 밖에 도지사가 승인한 사업
7. 국가 또는 제주특별자치도의 사업을 대행하거나 수탁한 업무

5. 관광사업자단체의 관광행정

관광사업자단체는 관광사업자가 관광사업의 건전한 발전과 관광사업자들의 권익증진을 위하여 설립하는 일종의 동업자단체라 할 수 있다. 관광사업자들은 관광사업을 경영하면서 영리를 추구하고 있지만, 관광의 중요성에 비추어 볼 때 관광사업이 순수한 사적인 영리사업만은 아니라고 보며, 관광사업자는 국가의 주요 정책사업을 수행하는 공익적인 존재라고도 할 수 있다. 따라서 관광사업자단체는 이러한 공공성 때문에 사법이 아닌 공법인 「관광진흥법」의 규정에 의하여 설립하는 공법인으로 하고 있다.

1) 한국관광협회중앙회

(1) 설립목적 및 법적 성격

한국관광협회중앙회(KTA : Korea Tourism Association : 이하 "중앙회"라 한다)는 지역별 관광협회 및 업종별 관광협회가 관광사업의 건전한 발전을 위하여 설립한 임의적인 관광관련단체이며, 우리나라 관광업계를 대표하는 단체이다.

중앙회는 관광사업자들이 조직한 단체이므로 사단법인에 해당되며, 영리가 아닌 사업을 목적으로 하므로 비영리법인에 해당한다. 또 '중앙회'는 「관광진흥법」이라는

특별법에 의하여 설립되므로 일종의 특수법인이라 할 수 있다. 따라서 '중앙회'에 관하여 「관광진흥법」에 규정된 것을 제외하고는 「민법」 중 '사단법인'에 관한 규정을 준용한다.

(2) 회원

'중앙회'의 회원은 「관광진흥법」 제45조에 의하여 설립된 지역별 관광협회 및 업종별 관광협회와 동법 제2조 제2호에 의한 관광사업자(업종별위원회)로 하며, 관광관련기관 및 유관기관 · 단체와 이와 유사한 성질의 법인 또는 개인(외국법인 또는 개인을 포함한다)은 특별회원이 될 수 있다. 현재 '중앙회' 산하에는 16개 시 · 도 관광협회와 업종별 협회를 회원으로 두고 있다.

(3) 주요업무

가) 목적사업

'중앙회'는 그 목적을 달성하기 위하여 다음의 업무를 수행한다.

1. 관광사업의 발전을 위한 업무
2. 관광사업 진흥에 필요한 조사 · 연구 및 홍보
3. 관광통계
4. 관광종사원의 교육과 사후관리
5. 회원의 공제사업
6. 국가나 지방자치단체로부터 위탁받은 업무
7. 관광안내소의 운영
8. 위의 1호부터 7호까지의 규정에 의한 업무에 따르는 수익사업

나) 정부로부터의 수탁사업

① 관광종사원 중 국내여행안내사 및 호텔서비스사의 자격시험, 등록 및 자격증의 발급업무와 ② 관광진흥법 시행령 제66조 제1항의 규정에 의하여 호텔업의 등급결정권을 문화체육관광부장관으로부터 위탁받아 등급결정을 하고 있다.

2) 한국일반여행업협회

(1) 설립목적

한국일반여행업협회(KATA : Korea Association Travel Agents)는 1991년 12월「관광진흥법」 제45조의 규정에 의하여 설립된 업종별 관광협회로서, 관광사업의 건전한 발전과 회원 및 여행종사원의 권익증진을 위한 사업, 여행업무에 필요한 조사 · 연구 및 통계, 홍보활동, 여행업무 종사자에 대한 지도 · 연수, 관광진흥을 위한 국제관광기구의 참여 등 대외활동을 통하여 여행업의 건전한 발전에 기여하고 관광진흥과 회원의 권익증진을 목적으로 하고 있다.

(2) 주요사업

한국일반여행업협회는 다음의 사업을 행한다.

1. 관광사업의 건전한 발전과 회원 및 여행업종사원의 권익증진
2. 여행업무에 필요한 조사 · 연구 · 홍보활동 및 통계업무
3. 여행자 및 여행업체로부터 회원이 취급한 여행업무와 관련된 진정 처리
4. 여행업무종사원에 대한 지도 · 연수
5. 여행업무의 적정한 운영을 위한 지도
6. 여행업에 관한 정보의 수집 · 제공
7. 관광사업에 관한 국내외단체 등과의 연계 · 협조
8. 관련기관에 대한 건의 및 의견 전달
9. 정부 및 지방자치단체로부터의 수탁업무
10. 장학사업업무
11. 관광진흥을 위한 국제관광기구에의 참여 등 대외활동
12. 관광안내소 운영
13. 공제운영사업(일반여행업에 한함)
14. 기타 협회의 목적을 달성하기 위하여 필요한 사업 및 부수되는 사업

3) 한국관광호텔업협회

(1) 설립목적

한국관광호텔업협회(KHA : Korea Hotel Association)는 「관광진흥법」 제45조의 규정에 의하여 1996년 9월 12일에 문화체육관광부장관의 설립허가를 받은 업종별 관광협회이다. 이 협회는 관광호텔업을 위한 조사·연구·홍보와 서비스 개선 및 기타 관광호텔업의 육성발전을 위한 업무의 추진과 회원의 권익증진 및 상호친목을 목적으로 하고 있다.

(2) 주요사업

한국관광호텔업협회는 다음의 사업을 행한다.

1. 관광호텔업의 건전한 발전과 권익증진
2. 정부로부터의 수탁사업으로서 호텔업에 대한 등급결정업무
3. 관광진흥개발기금의 융자지원업무 중 운용자금에 대한 수용업체의 선정
4. 관광호텔업 발전에 필요한 조사연구 및 출판물간행과 통계업무
5. 국제호텔업협회 및 국제관광기구에의 참여 및 유대강화
6. 관광객유치를 위한 홍보
7. 관광호텔업 발전을 위한 대정부건의
8. 서비스업무 개선
9. 종사원교육 및 사후관리
10. 정부 및 지방자치단체로부터의 수탁업무
11. 지역간 관광호텔업의 균형발전을 위한 업무
12. 위 사업에 관련된 행사 및 수익사업

4) 한국종합유원시설업협회

(1) 설립목적

한국종합유원시설업협회는 1985년 2월에 설립된 유원시설사업자단체로서 「관광진흥법」 제45조의 적용을 받는 일종의 업종별 관광협회이다. 유원시설업체간 친목 및

복리증진을 도모하고 유원시설 안전서비스 향상을 위한 조사 · 연구 · 검사 및 홍보활동을 활발히 전개하며, 유원시설업의 건전한 발전을 위한 정부의 시책에 적극 협조하고 회원의 권익을 증진보호함을 목적으로 한다.

(2) 주요사업

이 협회는 다음의 사업을 수행한다.

1. 유원시설업계 전반의 건전한 발전과 권익증진을 위한 진흥사업
2. 정기간행물 홍보자료 편찬 및 유원시설업 발전을 위한 홍보사업
3. 국내외 관련기관 단체와의 제휴 및 유대강화를 위한 교류사업
4. 정부로부터 위탁받은 유원시설의 안전성검사 및 안전교육사업
5. 유원시설에 대한 국내외 자료조사 연구 및 컨설팅사업
6. 신규 유원시설 및 주요 부품의 도입 조정시 검수사업
7. 유원시설업 진흥과 관련된 유원시설 제작 수급 및 자금지원
8. 시설운영 등의 계획 및 시책에 대한 회원의 의견 수렴 · 건의 사업
8. 기타 정부가 위탁하는 사업

5) 한국카지노업관광협회

(1) 설립목적

한국카지노업관광협회는 1995년 3월에 문화체육관광부장관으로부터 카지노분야의 업종별 관광협회로 허가받아 설립된 사업자단체로서 한국관광산업의 진흥과 회원사의 권익증진을 목적으로 하고 있다.

(2) 주요업무

이 협회의 주요업무로는 카지노사업의 진흥을 위한 조사 · 연구 및 홍보활동, 출판물 간행, 관광사업과 관련된 국내외 단체와의 교류 · 협력, 카지노업무의 개선 및 지도 · 감독, 카지노종사원의 교육훈련, 정부 또는 지방자치단체로부터 수탁받은 업무수행 등이다.

2010년 말 기준으로 전국 17개(2005년도에 신규로 3개소 개관)의 카지노사업자와 종사원을 대변하는 한국카지노업관광협회는 이용고객의 편의를 증진시키기 위해 카지노의 환경개선과 시설확충을 실시하는 한편, 카지노사업이 지난 30여년간 국제수지 개선, 고용창출, 세수증대 등에 기여한 고부가가치 관광산업으로의 중요성을 홍보하여 카지노산업의 위상제고와 대국민 인식전환을 추진하고 있다. 또한 회원사간에 무분별한 인력 스카우트 등 부작용 방지를 위한 협회차원의 대책강구와 함께 경쟁국가의 현황 등 카지노산업에 대한 정보제공 등으로 카지노 홍보활동을 강화하고 있다.

6) 한국휴양콘도미니엄경영협회

(1) 설립목적

한국휴양콘도미니엄경영협회는 휴양콘도미니엄사업의 건전한 발전과 콘도의 합리적이고 효율적인 운영을 도모함과 동시에 건전한 국민관광 발전에 기여함을 목적으로 1998년에 설립된 업종별 관광협회이다.

(2) 주요업무

협회의 주요업무로는 콘도미니엄업의 건전한 발전과 회원사의 권익증진을 위한 사업, 콘도미니엄업의 발전에 필요한 조사 · 연구와 출판물의 발행 및 통계, 국제콘도미니엄업 및 국제관광기구에의 참여와 유대강화, 관광객유치를 위한 콘도미니엄의 홍보, 콘도미니엄의 발전에 대한 대정부 건의, 관광정책 등 자문, 콘도미니엄업 종사원의 교육훈련 연수, 유관기관 및 단체와의 협력증진, 정부 및 지방자치단체로부터 위탁받은 업무 등이다.

7) 한국외국인관광시설협회

(1) 설립목적

한국외국인관광시설협회는 1964년 6월 30일에 설립된 업종별 관광협회로서 주로 미군기지 주변도시 및 항만에 소재한 외국인전용유흥음식점을 회원사로 관리하며, 정부의 관광진흥시책에 적극 부응하고 업계의 건전한 발전과 회원의 복지증진 및 상호 친목도모에 기여함을 목적으로 하고 있다.

(2) 주요업무

협회의 주요업무로는 회원업소의 진흥을 위한 정책자문, 회원이 필요로 하는 물자 구입 및 공급, 주한 미군 · 외국인 및 외국인 선원과의 친선도모, 외국연예인 공연관련 파견사업 등 외화획득과 국위선양을 위해서 노력하는 것 등이다.

또한 전국 지부소속 회원사에서는 고객서비스 향상, 외국인 및 외국 연예인에 대한 한국소개와 지역 특성에 맞는 문화유적관광 프로그램 제공으로 한국 이미지 제고에 역점을 두고 사업을 시행하고 있다. 협회의 분야별 추진업무는 회원업소 육성사업, 한미친선사업, 외화획득사업, 실천적 선도사업 등이다.

8) 한국컨벤션이벤트산업협회

한국컨벤션이벤트산업협회는 「관광진흥법」 제45조의 규정에 의거 2003년 8월에 설립되어 컨벤션 · 이벤트 기관 및 업계의 의견을 종합 조정하고, 유기적으로 국내외 관련기관과 상호 협조 · 협력활동을 전개함으로써 컨벤션 · 이벤트 업계의 진흥과 회원의 권익 및 복리증진에 이바지하고, 나아가서 국제회의산업 육성을 도모하여 사회적 공익은 물론 관광업계의 권익과 복리를 증대시키는 것을 목적으로 하고 있다.

이 협회는 2004년 9월 「국제회의산업 육성에 관한 법률」상의 국제회의 전담조직으로 지정되어, 국제회의 전문인력 교육 및 수급, 국제회의 관련 정보를 수집하여 배포하는 등 국제회의산업 육성과 진흥에 관련된 업무를 진행하고 있다.

9) 한국MICE협회

한국MICE협회는 「관광진흥법」 제45조의 규정에 따라 2003년 8월에 설립되어 컨벤션 기관 및 업계의 의견을 종합조정하고, 유기적으로 국내의 관련기관과 상호 협조 · 협력활동을 전개함으로써 컨벤션업계의 진흥과 회원의 권익 및 복리증진에 이바지하고, 나아가서 국제회의산업 육성을 도모하여 사회적 공익은 물론 관광업계의 권익과 복리를 증진시키는 것을 목적으로 하고 있다.

또한 2004년 9월에는 「국제회의산업 육성에 관한 법률」상의 국제회의 전담조직으로 지정되어 국제회의 전문인력의 교육 및 수급, 국제회의 관련 정보를 수집하여 배포하는 등 국제회의산업 육성과 진흥에 관련된 업무를 진행하고 있다.

10) 한국관광펜션업협회

한국관광펜션업협회는 주5일근무제의 본격적 시행과 더불어 가족단위 관광체험 숙박시설의 확충이 필요함에 따라 관광펜션 지정제도를 만들어 이의 활성화를 위해 「관광진흥법」 제45조의 규정에 의거 2004년 5월에 설립된 업종별 관광협회이다.

관광펜션은 기존 숙박시설과는 차별화된 외형과 함께 자연을 체험할 수 있는 자연친화 숙박시설로 앞으로 많은 관광객들이 이용하게 될 가족단위 중저가 숙박시설로 육성할 계획이다.

한국관광펜션업협회는 관광펜션업의 차별화를 위해 현 관광펜션업의 문제점을 파악하고 관광펜션업의 활성화를 위해 관광펜션 예약망 구축, 경영관리, 교육훈련지원, 홍보마케팅, 관광펜션과 연계된 관광프로그램 개발 등 다양한 대안사업을 적극 추진하고 있다.

11) 한국골프장경영협회

한국골프장경영협회는 「체육시설의 설치 · 이용에 관한 법률」 제37조에 의하여 1974년 1월에 설립된 골프장사업자단체로서 한국골프장의 건전한 발전과 회원골프장들의 유대증진, 경영지원, 종사자교육, 조사연구 등을 목적으로 하고 있다.

특히 협회의 부설연구기관으로 한국잔디연구소를 설립하여 친환경적 골프장 조성과 관리운영을 위한 각종 방제기술 연구 · 지도와 병충해예방 · 친환경적 골프코스관리기법연구 등을 수행, 환경경영에 앞장서고 있는 것은 물론, 1990년부터 '그린키퍼학교'를 운영하여 전문성을 갖춘 유자격골프코스관리자를 배출하고 있다. 현재의 골프장은 골프채 · 골프회원권 · 골프대회 · 골프마케팅 등 골프산업의 중심축에 자리하고 있으며, 협회는 스포츠산업 및 레저산업을 선도하는 업종으로 그 기능을 충실히 수행하고 있다.

골프장업종에 대한 불합리한 규제의 개선을 통한 경영환경개선, 건전한 골프문화 조성을 위한 대국민 홍보, 불우이웃돕기와 장학금지원 및 골프장개방 등 지역사회와 함께하여 국민대중 속의 친화적 골프장으로 자리매김하도록 적극 추진하고 있다.

12) 한국스키장경영협회

한국스키장경영협회는 스키장사업의 건전한 발전과 친목을 도모하며 스키장사업의 합리적이고 효율적인 운영과 스키를 통한 건전한 국민생활체육활동에 기여하고자 함을 목표로 한다.

한국스키장경영협회는 스키장경영의 장기적 발전을 위한 사계절 종합레저를 모색하고, 스키장경영의 경영활성화를 위한 개선책을 강구하며, 스키장경영의 정보교환 및 상호발전을 도모하기 위해 노력하고 있다. 또 협회는 스키장사업과 관련되는 법적 · 제도적 규제완화 또는 철폐를 건의하고, 스키장사업의 각종 금융, 세제 및 환경관리제도 개선을 위한 연구 · 용역을 시행하는 등 스키장사업의 지속적 발전을 위한 다양한 사업을 추진하고 있다.

또한 협회는 스키장 설치 및 운영에 관한 조사연구 및 정보교환, 스키장종사자에 대한 교육훈련 및 연수사업, 스키장사업에 관한 지도 · 감독 · 홍보 등 회원사의 권익증진과 발전을 위해 노력하고 있다.

13) 한국공예문화진흥원

한국공예문화진흥원은 「민법」 제32조에 의거 2000년 4월 1일 설립된 재단법인으로 공예문화에 대한 기초자료 조사 · 연구, 우수공예문화상품 디자인 개발 및 효율적 유통구조 창출 등 공예기술 저변확대를 통한 공예산업진흥에 기여함을 목적으로 하고 있다.

한국공예문화진흥원은 2002년 한 · 일월드컵대회 기념 우수공예품 미국순회전 등 전시사업을 비롯하여 디자인 및 포장개발 지원과 국내외 공예관련 각종 자료 DB화 및 정보제공 등을 수행하는 공예문화종합센터를 설립 · 운영하고 있고, 2003년도부터는 예산 및 각종 프로그램을 대폭 보강하여 공예산업을 21세기 고부가가치 국가핵심 전략산업의 하나로 집중 육성하기 위한 구심기구로서의 역할을 수행해 나갈 것으로 본다.

6. 국제관광기구

관광산업의 진흥을 효과적으로 달성하기 위해선 국가간 협력 또는 국제관광기구에의 참여와 이를 통한 적극적인 활동이 절실히 요청되고 있다. 더욱이 오늘날과 같이 개방화 및 국제화된 시대에 있어서 국제협력의 중요성은 아무리 강조해도 지나치지 않을 것이다. 특히 관광분야에서의 국제적인 협력은 국가간의 상호이해를 증진하고 국제친선을 도모함으로써 관광교류를 촉진하는 계기가 되므로 각국은 이를 위해 많은 경비와 인력을 투입하고 있다.

우리나라는 세계관광의 흐름을 파악하고 이에 능동적으로 대처하고자 각종 국제기구에 가입하여 활발한 활동을 전개해 오고 있는데, 그 중에서 대표적인 것으로 세계관광기구(UNWTO), 경제협력개발기구(OECD), 아시아·태평양경제협력체(APEC), 아세안+3(ASEAN+3), 아시아·태평양관광협회(PATA), 미주여행업협회(ASTA), 아시아컨벤션뷰로협회(AACVB), 국제회의전문가협회(ICCA), 세계청소년학생교육관광연맹(WYSETC), 세계여행관광협의회(WTTC) 등이다.[29)]

1) UNWTO(세계관광기구)

세계 각국의 정부기관이 회원으로 가입되어 있는 정부간 관광기구인 세계관광기구(UN World Tourism Organization : UNWTO)[30)]는 국제관광연맹(IUOTO : International Union of Official Travel Organization)이 1975년에 정부간 관광협력기구로 개편되어 설립된 기구이다. 현재 세계 154개국 정부기관이 정회원으로, 350개 관광유관기관이 찬조회원으로 가입되어 있으며, 격년제로 개최되는 총회와 6개 지역위원회를 비롯하여 각종 회의 및 세미나를 개최하고 있다. 본부는 스페인의 마드리드에 두고 있다.

UNWTO는 공신력을 가진 각종 통계자료 발간을 비롯하여 교육, 조사, 연구, 관광

---

29) 문화체육관광부, 2010년기준 관광동향에 관한 연차보고서, pp.76~85.

30) 세계관광기구(World Tourism Organization : WTO)는 1975년 설립된 이래 줄곧 WTO라는 명칭을 사용하고 있었으나, 1975년 1월 1일 세계무역기구(World Trade Organization : WTO)가 출범함에 따라 두 기구간에 혼란이 빈번하게 발생하게 되었다. 이에 따라 유엔총회는 이러한 혼란을 피하고 유엔전문기구로서 세계관광기구의 위상을 높이기 위해 2006년 1월부터 WTO라는 명칭을 UNWTO라는 명칭으로 변경하게 된 것이다.

편의 촉진, 관광지 개발, 관광자료 제공 등에 역점을 두고 활동하고 있으며, 관광분야에서 UN 및 전문기구와 협력하는 중심역할을 수행하고 있다.

우리나라는 IUOTO의 회원이었던 교통부(현재는 문화체육관광부)가 1975년 자동적으로 정회원으로 가입하였고, 한국관광공사는 1977년 찬조회원으로 가입했다. 북한은 1987년 9월 제7차 총회에서 정회원으로 가입하였다.

우리나라는 1980년~1983년 기간 중 집행이사국으로 처음 선임되었고, 1991년~1983년 기간 중에는 집행이사국을 역임하였으며, 1995~1999년 기간 중 사업계획조정위원회(Technical Committee for Program and Coordination)의 위원국이 되었다. 또 2004년부터 2007년까지 집행위원회 상임이사국으로서 활동하였으며, 2005년에는 처음으로 집행이사회 의장국으로 선임되어 남아시아 지진 · 해일 피해 당시 긴급 집행이사회를 소집, 주재하여 UNWTO 푸켓액션플랜을 채택하여 실천하였고, 6월 집행이사회에서는 차기 사무총장 선출, ST-EP재단 설립 정관안 확정 등의 성과를 거두는 등 국제 관광계의 새로운 리더로서 역할을 수행하였다.

한편, 2007년 11월 콜롬비아에서 개최된 제17차 총회에서 2008~2011 상임이사국으로 연임이 확정되었으며, 2008년 6월 제주도에서 제83차 집행이사회를 개최함으로써 관광외교역량을 강화하고 우리나라 관광의 국제적 인지도를 드높이는데 기여하였다. 또 2009년 5월에는 제3차 한-UNWTO 협력사업의 일환으로 '아태지역 관광정책에 관한 고위공무원 연수'를 몰디브에서 개최하였으며, 동 사업은 다음해에도 지속될 예정이다.

2) OECD(경제협력개발기구)

OECD(Organization of Economic Cooperation and Development : 경제협력개발기구)는 유럽경제협력기구를 모체로 하여 1961년 선진 20개국을 회원국으로 설립되었다. 회원국의 경제성장 도모, 자유무역 확대, 개발도상국 원조 등을 주요 임무로 하고 있으며, 현재 30개 회원국으로 구성되어 있고, 프랑스 파리에 본부를 두고 있다.

조직구성은 의사결정기구인 이사회, 보좌기구인 집행위원회 및 특별집행위원회를 두고 있으며, 실질적 활동을 수행하는 26개의 분야별 위원회가 있다. 이 중에서 관광위원회는 관광분야에 대한 각국의 정책연구 및 관광진흥정책연구 등을 주요 기능으로 하고 있으며, 위원회 산하에 통계작업반을 두고 있다.

우리나라는 1994년 6월 관광위원회에 대한 옵서버 참가자격이 부여되어 1995년부터 관광위원회 회의 및 통계실무작업반회의에 참가하여 주요 선진국의 관광정책 및 통계기법 등을 습득하고 있으며, 1996년도부터는 정회원으로 활동 중이며, 1998년에는 OECD 관광회의를 서울에서 개최한 바 있고, OECD 권고사업의 하나인 관광위성계정(TSA) 개발을 세계 5번째로 완료하였다. 또한 2003년 9월에는 스위스에서 개최된 OECD 관광회의에 참가하여 관광산업의 구조개혁 프로젝트 조종위원회에 선정되었고, 2005년 9월에는 광주에서 'OECD-Korea 국제관광회의'를 개최하여, '세계관광의 성장 : 중소기업의 기회'라는 주제로 급변하는 산업구조 속에서 관광중소기업들의 새로운 역할 및 협력방안을 모색한 바 있다.

2007년 11월에는 프랑스에서 개최된 제80차 OECD 관광회의에 참가하여 'Culture, Tourism and Attractiveness of the Location' 프로젝트의 일환으로 추진한 남이섬 한류관광 사례를 발표하였으며, 2008년 4월에는 제81차 관광회의에 참가하여 한국의 템플스테이 사례를 발표하였다. 또한 2008년 10월에는 OECD 관광위원회 최초로 이탈리아 리바델가르다에서 개최된 장관급 회의에 참석하여, '문화자원을 통한 관광목적지의 독특성 증진' 방안에 대한 발제에서 템플스테이, 한식 등을 소개하였다.

한편, 2009년에는 OECD 회원국 간 문화와 관광 접목의 성공사례 공유를 위해 제작된 '관광에 있어서의 문화의 영향력(The Impact of Culture on Tourism)' 간행물에 한국 문화관광 우수사례인 '템플스테이'를 수록하였다. 가장 주목할 만한 성과 중의 하나는 2009년 4월에 발표된 '한식 세계화 추진계획'의 전략 중 '우리 식문화 홍보'를 통해 관광자원으로서의 한식의 중요성을 인식시킨다는 목표를 세우고, 우리 관광의 견인차 역할을 한식에 부여하기 위한 한식 세계화(Globalization of Korean Cuisine) 사업을 OECD 차원에서 진행시킨 것이다.

3) APEC(아시아 · 태평양경제협력체)

APEC(Asia Pacific Economic Cooperation : 아시아 · 태평양경제협력체)은 1989년 호주의 캔버라에서 제1차 각료회의를 개최함으로써 발족하였으며, 정상회의를 개최하는 등 역내 경제협력관계 강화의 구심점이 되고 있다.

APEC은 11개 실무그룹(Working Group)을 두고 있는데, 관광실무그룹회의는 1991년 하와이에서 회의를 가진 이후 역내 관광발전을 저해하는 각종 제한조치의 완화, 환경적으로 지속가능한 관광개발 등의 주제를 수행하고 있으며, 2005년 5월까지 총 26회 개최되었다.

우리나라는 1998년 11월 말레이시아 콸라룸푸르에서 개최된 APEC 정상회의에서 김대중 전대통령이 APEC 국가간 관광활성화를 제창한 바 있으며, 이에 대한 후속사업으로 1999년 5월 멕시코에서 개최된 제14차 관광실무그룹회의에서 APEC 관광장관회의 창설이 합의되어 2000년 7월 서울에서 제1차 APEC 관광장관회의가 개최되었다.

우리나라는 2000년 제7차 APEC TWG(관광실무그룹)에서 제안, 2001년 5월 APEC BMC(예산운영위원회)에서 최종 승인된 3개 사업인 "APEC 회원국들의 중소관광기업에 대한 전자상거래 전략의 적용에 관한 연구", "지속가능한 개발을 위한 정책개발자의 교육훈련", "지속가능한 관광을 위한 민 · 관 협력방안 연구"를 수행한 바 있으며, 2004년도에는 제22차, 23차에서 제안, 2003년 7월 APEC BMC에서 최종 승인된 "관광투자촉진을 위한 민관 파트너십", "중소관광기업의 전자상거래 적용 모범사례연구" 등 2건의 사업을 추진하였다.

우리나라는 1998년 제주도에서 제12차 APEC 관광실무그룹회의를, 2004년 5월 경남 진주에서 제24차 APEC 관광실무회의를 개최하였으며, 2005년 5월에는 부산에서 제4차 관광포럼 및 제26차 APEC 관광실무그룹회의를 성공적으로 치렀으며 한국관광 홍보 및 APEC 내 관광외교 강화에 기여했다. 제26차 회의에서는 2005 APEC 정상회의 국가로서 수임하게 된 TWG 의장직을 성공적으로 수행했으며, 정상회의 개최국으로서 주도적으로 추진 중인 '재난관리대응(Emergency Preparedness) 관련' 이슈를 회원국에 주지시키고 APEC 차원의 결속과 협력방안을 도출해내는 등 역내 관광분야 리더십을 발휘하는 계기가 되었다.

4) PATA(아시아 · 태평양관광협회)

PATA(Pacific Asia Travel Association : 아시아 · 태평양관광협회)는 아시아 · 태평양 지역의 관광진흥활동, 지역발전 도모 및 구미관광객 유치를 위한 마케팅활동을 목적으로 1951년에 설립되었다. 태국 방콕에 본부를 두고 있으며 북미, 태평양, 유럽, 중국, 중동에 각각 지역본부가 있다.

주요 활동으로는 연차총회 및 관광교역전 개최, 관광자원 보호활동, 회원들을 위한 마케팅 개발 및 교육사업, 각종 정보자료 발간사업 등이 있다. 현재 73개국 1,000여개 관광기관 및 업체가 회원으로 가입되어 있으며, 전 세계에 39개 지부가 결성되어 있다.

우리나라에서는 문화체육관광부, 한국관광공사 등 총 34개 관광관련 기관 및 업체가 PATA 본부회원으로 가입되어 있으며, 매년 연차총회 및 교역전에 참가하여 세계 여행업계 동향을 파악하고 한국관광 홍보 및 판촉상담활동을 전개하고 있다. PATA 한국지부에는 총 120개 기관 및 업체가 회원으로 가입되어 있으며, 지부총회 개최, 관광전 참여, 관광정보 제공 등의 활동을 하고 있다.

우리나라는 PATA 관련 국제행사로 1965년, 1979년, 1994년, 2004년 PATA총회 및 이사회, 1987년 PATA 관광교역전, 1998년 PATA 이사회를 개최한 바 있다. 특히 2004년 제주 PATA총회에서는 제주도를 세계적인 관광지로 부각시키고자 적극적으로 국내외 홍보를 추진하였으며, 그 결과 PATA 총회사상 최대인 48개국 2,145명이 참가한 성공적인 행사로 평가받았다. 그리고 2005년도에는 우리나라가 관광포스터와 마케팅 부문에서, 2007년도에는 마케팅미디어 비디오부문에서, 2009년에는 마케팅 캠페인 부문과 가이드북부문에서 PATA Gold Awards를 수상했다.

5) ASEAN(동남아연합)

아세안은 1966년 8월 제3차 ASA(Association of Southeast Asia : 동남아연합) 외무장관회의에서 ASA의 재편 필요성이 제기되어, 1967년 말리크 인도네시아 외무장관이 태국 측과 아세안 창립선언 초안을 마련하였다. 1967년 8월 인도네시아, 태국, 말레이시아, 필리핀, 싱가포르 5개국 외무장관회담을 개최, 아세안 창립선언을 통하여 결성되었다.

아세안은 창립 당시 5개국으로 구성되었으나, 1975년 월남전 종결을 계기로 동남아 평화 및 자유 · 중립지대 구상과 '동남아 우호협력조약'의 대상범위를 인도차이나 반도 3개국(베트남, 캄보디아, 라오스) 및 미얀마를 포함한 지역으로 확대하는 구상이 대두되었고, 이후 브루나이(1984년), 베트남(1995년), 라오스와 미얀마(1997년), 캄보디아(1998년)가 차례로 가입하여 현재는 총 10개국의 회원국으로 구성되어 있다.

아세안은 1993년 아세안 자유무역지대(AFTA : ASEAN Free Trade Area)를 결성함으로써 국제적인 교섭력이 한층 강화되기 시작했다. 역내 무역활성화와 공동산업 프로젝트 등을 통해 산업경쟁력 역시 커질 것으로 예상되어 세계시장에서 차지하는 비중이 점점 커질 전망이다.

또한 21세기 세계 관광목적지로 아시아·태평양 지역의 중요성이 커지면서 한·중·일과 아세안의 관광협력을 논의하는 '한·중·일+아세안' 회의가 개최되었고, 이를 통해 우리나라 및 주변국과 아세안 지역의 관광협력 방안 논의가 활발히 진행 중이기도 하다. 특히 2005년 5월 26일에는 강원도 속초에서 제7차 ASEAN+3NTO(한·중·일+아세안)회의가 개최되어, 우리나라와 아세안 국가와의 관광협력 체계를 한층 더 공고히 하였고, 아세안에서 한국의 위상을 제고한 것으로 평가받았다. 연 2회 정기적으로 관광장관회의 및 NTO회의를 개최하여 아세안 및 한·중·일간 관광부문 공동마케팅 방안모색 및 각국의 관광현안과 관련한 의견교류 등 활발한 교류·협력을 구축해 가고 있다. 한-아세안 행동계획(Korea-ASEAN Action Plan)의 후속조치로 2006년 필리핀에서 개최된 제5차 ASEAN+3 관광장관회의에서 아세안 지도의 한국어판을 2만부 제작하여 배포하였으며, 아세안 측의 공동요청사항인 아세안 관광가이드에 대한 한국문화·한국어 교육을 2006년부터 지속적으로 시행함으로써 아세안 지역에 있어 우리나라의 관광 외교역량을 확대하고 우리나라 관광객의 편의 제고를 위해 노력하고 있다.

6) ASTA(미주여행업협회)

미주지역 여행업자의 권익보호와 전문성 제고를 목적으로 1931년에 설립된 ASTA (American Society of Travel Agents : 미주여행업협회)는 미주지역이라는 거대한 시장을 배경으로 세계 140개국 2만여 회원을 거느린 세계 최대의 여행업협회이다.

회원들의 전문성 제고와 판촉기회를 확대하기 위하여 연례행사로 연차총회 및 트레이드쇼, 크루즈페스트 등을 실시하여 각국 NTO와 관광업계의 판촉활동의 장을 마련하고 업계동향에 대한 세미나 개최 등 유익한 교육프로그램을 제공한다.

1973년 한국관광공사가 준회원으로 가입되었으며, 1979년 ASTA 한국지부가 설립되어 운영되고 있다. 우리나라는 미주시장 개척의 기반을 다지기 위하여 동 기구 내

홍보활동을 지속적으로 추진해 오고 있으며, 매년 연차총회 및 트레이드쇼에 업계와 공동으로 한국대표단을 파견하여 판촉 및 정보수집활동을 전개하고 있다. 1983년에는 총회 및 교역전을 서울에 유치하여 대형 국제회의 개최능력을 전 세계에 홍보한 바 있다. 또한 2007년 ASTA 제주 총회(3.25~29, ICC제주)를 성공적으로 개최하면서 미주 관광시장에 대한 동북아 관광거점 확보 기틀을 마련하였고, 회의 개최지인 제주도의 국제관광 이미지가 제고되었다는 평가를 받고 있다.

7) WYSETC(세계청소년학생교육관광연맹)

WYSETC(World Youth Student and Educational Travel Confederation)은 대표적인 국제 청소년/학생 관련 국제기구인 ISTC(International Student Travel Confederation)와 FIYTO(Federation of International Youth Travel Organization)가 합병되면서 2006년 새롭게 만들어진 기구이다.

WYSETC는 네덜란드 암스테르담에 사무국을 두고 있으며, 약 530여 기관 및 업체(118개국)의 회원사를 두고 있다. WYSETC는 국제학생증 발급기관인 ISTC를 비롯하여 총 8개의 청소년 및 학생관광, 국제교육 관련 분과협회로 이루어져 있으며, 매년 청소년/학생관광 전문가들이 한자리에 모이는 WYSTC(World Youth Student Travel Conference)를 개최하고 있다. 한국관광공사는 2002년부터 총회에 참가하여 한국관광 홍보 및 2010년 WYSETC 한국 유치활동을 전개하고 있으며, 국제학생증((International Student Identification Card) 할인혜택 증진 및 관련 리플릿 제작 등 청소년/학생 관광시장의 기반 조성사업도 적극 추진해 나가고 있다.

8) WTTC(세계여행관광협의회)

WTTC(World Travel and Tourism Council)은 전 세계관광 관련 가장 유명한 100여개 업계 리더들이 회원으로 가입되어 있는 대표적인 관광 관련 민간기구이다. 1990년에 설립되었으며 영국 런던에 본부를 두고 있다. 주요 활동은 관광 잠재력이 큰 지역에 대한 관광자문 제공 및 협력사업 전개, "Tourism For Tomorrow Awards" 주관, 세계관광정상회의(Global Travel and Tourism Council) 개최 등이다. 특히 매년 5월 개최되는 관광정상회의는 개최국의 대통령, 국무총리를 비롯 각국의 관광장관, 호텔 및 항공사 CEO 등이 대거 참석하여 관광현안을 논의하는 권위 있는 회의로 정평이 나 있다. 세계 관광산업과 관련된 모든 이슈를 다루며, 고용인원 2.4억명, 세계 GNP의 9.2%를 차지하는 관광산업에 대한 인식을 높이기 위한 활동을 하고 있다. 한국관광공사는 지난 2006년부터 정상회의에 참가하여 세계관광 인사와의 네트워킹 및 최신 관광 트렌드 습득에 힘쓰고 있다.

제13장

관광과 서비스

발표 및 토론과제

일반적 서비스에 대한 정의 및 중요성에 대한 이해

관광서비스의 개념에 대한 설명 및 이해

서비스산업에 있어 고객만족의 의의에 대한 이해

고객접점서비스(MOT)에 대한 개념 이해

21C 관광산업종사원의 서비스 자세에 대한 이해 및 설명

제1절 일반적 서비스의 개념

초기 서비스(service)에 관한 연구는 경제학적 접근으로써 탈공업사회의 단계로 지목되는 1960년대 미국의 위크스(Fuchs, 1968)등에 의하여 시작되었다. 서비스는 주로 마케팅 부문에서 개념이 정립되어 왔는데, 서비스마케팅의 이론 접근은 1960년 미국마케팅협회(AMA)의 '서비스의 제반 개념에 대한 정의 확립'등 서비스의 특성과 본질의 연구에서 시작되었다. 1970년대에는 점차 서비스의 필요성이 강조되는 방법론적 연구, 1980년대에는 서비스의 체계나 전략수립에 관한 연구활동이 두드러진 편이었다. 특히 서비스마케팅이 본격적으로 대두됨으로 인한 주요 쟁점은 기본적 이해의 관점에서 제품과 서비스의 차이와 유사성에서 시작되어 본질의 정의에 따른 서비스 특징에 관한 문제로 확대되어 왔다. 제품과 서비스의 양자 간에는 내부적으로 이질적이나 외부적으로 동질성이 많다는 점, 즉 큰 차이라기보다는 유사성이 훨씬 크고 상호 혼재되어 있다는 점에 관심을 보이게 되었다.

또한 서비스에 대한 연구가 점차 활발하여 짐에 따라 기존의 무형서비스에 대한 관심에서 물적 서비스의 재인식과 서비스의 배달과정과 같은 기술적, 시스템적 서비스의 폭에 이르기까지 확대되어 왔다. 이는 종래의 관심이 인간중심과 물적 중심의 서비스에서 생산성 고취나 능률을 높이는 등 여러 면에 운영의 중요성을 인식하여 활용코자 하는 시스템 · 환경적 측면의 서비스로 확대되고 있음을 나타낸 것이다.

1. 서비스의 어원

문헌자료에 따르면 서비스라는 단어는 14세기부터 시작되었다고 한다. 웹스터 사전(webster dictionary)에서 'service'의 어원유래는 '노예의 상태'란 뜻의 라틴어 'servitium'과 '노예'를 뜻하는 프랑스어 'servus(쎄흐브스)'에서라고 한다. 즉 'service'란 '노예가 주인에게 충성을 바쳐 거든다'는 의미에서 출발하였음을 알 수 있다. 이것이 점차 발전되어 상대를 위한 봉사를 의미하게 되었고, 현대에 이르러서는 무형의 가치로 전산업영역에서 중심축 역할을 수행하는 서비스산업을 지칭하는 뜻으로 변화하였다.

2. 서비스의 사전적 정의

우리나라에서 통용되는 서비스 어의는 통상적으로 봉사, 접대 및 개인적으로 다른 사람을 위해서 여러 가지로 시중을 드는 일이라고 말할 수 있는데, 사전적인 어의를 살펴보면 아래와 같다.

① 호텔이나 레스토랑 등의 업체에서 고객을 상대로 쏟는 정성, 근무, 접대, 봉사 등을 말한다.
② 재화를 생산하지 않으나 그것을 운반 · 배급하거나 생산 · 소비에 필요한 노무를 제공하는 것(기획, 사무, 디자인, 기술, 능력 등)을 말한다.
③ 타인을 위해서 하는 일이나 업무 또는 직업으로 소유권 이전 이외의 거래대상 · 경제활동, 즉 무형의 재화, 용역, 독립서비스업을 말한다.
④ 활동, 편익, 만족을 말한다. '물재(제품) + 서비스(활동, 편익, 만족제공) = 상품'이 되는 것의 서비스 의미를 말한다.
⑤ 경제활동 중에서 값을 감해 주든지 제값 어치의 물건 외에 더 얹어주든지 하여 고객에게 이익을 베푸는 것(일본과 한국에서만 사용)

위 내용을 정리해 보면, 우리나라에서 서비스란 용어가 '① 접대, ② 봉사, ③ 편익, ④ 용역, ⑤ 무료(덤)'등의 의미로 사용되고 있음을 알 수 있다.

3. 서비스의 발전과 중요성

1) 서비스의 발전

현대를 사는 우리는 각종 서비스와 함께 묻혀 지내고 있다는 의미에서 현대사회를 일반적으로 서비스(service)사회라 칭한다. 미래의 경제 · 사회는 서비스의 비중이 폭발적으로 증가될 전망이다. 서비스 없이는 아무것도 존재할 수 없으며, 어떤 일도 진행될 수 없는 세상의 변화가 이루어 진 것이다. 우리가 살고 있는 사회가 서비스사회 또는 서비스경제에서 벗어날 수 없는 사회 · 문화구조를 지니고 있기 때문이다.

퓩스(Fuchs)에 의하면, 서비스경제는 GNP의 절반 이상이 서비스분야에서 일어나는 경제라고 말하고 있다. 우리나라도 서비스부문이 GNP의 60%를 넘어선지 오래되었다. 이미 고도경제 서비스사회가 정착된 것이다. 전 세계적으로 서비스산업이 전체산업의 60% 이상을 차지하고 있으며 선진국일수록 그 비율은 높다. 세계는 지금 수입의 증대, 도시화, 전문화, 고학력화 현상으로 인한 고객들의 서비스 구매욕구의 증대로 서비스산업이 매우 빠르게 성장하고 있다. 서비스의 경제적 공헌을 개념화, 계량화하려는 노력, 서비스를 통한 강력한 경쟁력 우위를 확보하려는 기업활동 등에 기반하여 서비스는 경제현상의 커다란 축으로 자리잡아가고 있다.

경제 · 사회의 구조가 유형가치가 주체인 사회는 후진형 사회라고 한다. 후진형 사회에서는 기술, 지식, 정보, 디자인 등이 수준 낮게 평가된다. 노동의 양에 비하여 노동력이 넘쳐 효율이 필요 없는 이유 때문이다. 그러나 경제수준이 일정단계에 이르면 효율성이 요구되는 사회로 변화하게 된다. 그 결과 인적 · 기능적 서비스를 중심으로 하는 서비스업이 등장하게 되고 일반 기업에서도 서비스부문의 비중이 증대하게 된다. 이러한 추세에도 불구하고 서비스산업은 일부에서나마 부수적인 산업으로 이해되고 있는데, 이는 전통적인 경제 논리로 서비스를 이해하려는 데에 따른 문제점으로 보인다.

선진화된 산업사회에서는 전문 · 분업화가 진전되고, 국민소득 향상으로 국민의 생활수요가 다양해진다. 또한 학력수준의 향상으로 문화적 소비가 증대되며 자아실현의 고차원적인 욕구가 대두되게 된다. 이처럼 고도화된 복합적인 소비행동이 서비스재를 더 중하게 여기는 성향으로 변화된 것이다. 따라서 현대사회에서는 아무리 좋은 제품일지라도 서비스가 더해졌을 때 비로소 그 가치가 빛을 보게 되는 것이다. 기술 · 디자인 · 기획 등의 소프트한 가치가 상대적으로 상승하게 된 것이다. 기업의 경영관리도 유통 · 판매 · 개발 등과 같은 서비스부문의 역할이 증대되었다. 소프트한 가치 즉, 서비스부문이 상대적으로 확충된다는 것이다.

우리사회도 선진고도산업화 되면서 국민총생산(GNP)에서의 사회간접자본 및 서비스산업의 비중이 확대되고 있다. 서비스산업의 취업자 수도 매년 증가하여 전체

취업자 수의 절반 이상을 차지하고 있다. 가계지출의 비용구성에 있어서도 문화적 · 사회적 · 자기실현적인 고차원의 욕구가 대두되어 레저 관련, 문화 관련 비중이 늘고 있다. 결과적으로 우리 사회도 서비스부문이 선진국 수준이 되었으며, 앞으로 이 부문이 더욱 확충될 것으로 예측된다.

2) 서비스의 중요성

미국의 유통업체 노드스트롬사는 개점 이후 자산규모를 7배 이상 급성장시켰고, 광고예산은 동종산업의 평균수준(매출액의 약 5%)보다 훨씬 적지만(매출액의 1.5%) 단위 매장당 매출액은 백화점 중 최고로서 업체 평균수준에 비해 3배정도 높게 나타났다. 이렇게 고성장 할 수 있었던 원동력은 무엇일까? 그것은 바로 타의 추종을 불허하는 '서비스'였다.

싱가폴의 싱가폴항공과 태국 방콕의 오리엔탈호텔도 '서비스'하나로 중무장하고 세계 제일의 생산성과 성장률을 이어가고 있다.

서비스가 이처럼 사업 성공의 중심으로 대두되게 된 근본적인 이유는 어디에 있는가? 다름 아닌 고객들의 요구가 달라졌기 때문이다. 현대사회의 고객들은 다른 무엇보다도 더 서비스 수준에 의해 상품을 구매하고 있기 때문이다.

(1) 고객의 소비성향 변화와 서비스

소득수준 및 사회문화수준이 높아지면서 소비자 자본주의가 대두되고, "나는 소비한다. 고로 존재한다"는 소비개념의 변화를 가져오게 되었다.

고객의 소비성향은 서비스가치를 선호하는 쪽으로 빠른 속도로 변해가고 있다. 또한 소비생산 개념이 대두되어 소비의 개념이 공급에 대응되는 단순개념에서 다차원의 형태를 취하게 되었다. 이에 따라 고객의 소비형태가 물적 충족에서 심적 충족으로 변해가고 있으며 사회구조가 다양화, 세분화되면서 고객 계층 또한 다양화되고 있다. 결국 고객들의 의식이 서비스부문의 필요도를 높이고 있는 것이다. 따라서 기업경영도 소비형태의 변화에 맞춰 서비스부문에 더 많은 투자를 하지 않으면 안되게 되었다. 서비스의 관심제고를 통한 고객만족 경영, 즉 서비스마케팅 콘셉트가 무엇보다도 중요하게 되었다.

(2) 서비스가 없는 재화는 없다

산업이 고도로 발전, 성숙되면 서비스가 없는 어떤 재화도 존재할 수 없게 된다. 소비자들의 욕구가 개성화 · 다양화되기 때문이다. 각기 다른 소비자들의 욕구가 개성화 · 다양화되기 때문이다. 각기 다른 소비자를 만족시킬 상품의 생산을 위해서는 서비스가치가 필수적으로 요구된다는 것이다. 어떤 종류의 상품도 서비스가치가 더해지지 않고서는 상품이 될 수 없게 된다.

(3) 서비스 재화가 물재(物財)의 가치보다 고(高)평가된다

고객들의 서비스에 대한 관심도가 증대되면서 유형의 물재 가치보다 서비스 가치가 훨씬 높게 평가된다. 때에 따라서는 서비스재의 가치가 물재의 가치보다 수배에 달하는 경우도 발생한다.

(4) 선진화 사회의 잣대가 된다

일반적으로 서비스업종에 종사하는 비율이 70% 이상일 때 선진화사회라고 한다. 바꾸어 말하면 선진화가 되면 서비스산업화가 진전된다는 것이다. 그리고 서비스산업화가 이룩되어야만 선진화대열에 낄 수 있다는 의미이기도 하다. 이처럼 서비스는 선진화 사회를 판가름하는 잣대로 작용한다.

제2절 관광서비스의 개념

1. 관광서비스 정의

일상적으로 서비스(service)라고 하면 '공짜' 또는 '무료', '덤'이라는 단어를 떠 올린다. "음료는 서비스입니다"라고 할 때의 개념으로 대부분 사용하고 있다. 또는 "저 종사원(직원)은 서비스가 좋아"라고 고객을 대하는 태도나 자세로 표현되기도 한다. 그러나 서비스는 이렇게 단순한 의미로 사용되기 보다는 보다 구체적이고 포괄적으로 많은 학자들이 사용하고 있다. 미국마케팅학회(AMA)에서는 '서비스란 판매목적으로 제공되거나 또는 상품과 연계해서 제공되는 모든 활동, 편익, 만족'이라고 정의하면서 오락서비스, 호텔서비스, 전력서비스, 수송서비스 등을 들고 있다.

라스멜(Rathmell)은 서비스의 속성을 중심으로 '서비스란 시장에서 판매되는 무형의 상품'으로 정의하고 있다. 또한 서비스를 인간적 봉사의 측면에서 파악하려고 하는 경우도 있다.

레빗(Levitt)은 서비스를 주종관계에서와 같이 인간의 인간에 대한 봉사라고 보는 것이 기존의 통설이라고 전제하고 현대 서비스는 이런 전통적인 발상에서 탈피해야 한다고 주장하고 있다.

위의 내용을 바탕으로 살펴보면 관광서비스란 무형적 성격을 띠는 일련의 활동으로서 고객과 관광종사원의 상호관계에서 발생하며 고객의 욕구를 충족시키는 행위라고 할 수 있다.

2. 관광서비스의 특성

관광서비스는 통상적인 일반 산업서비스와 비교할 때 아래와 같은 특성을 가지고 있다.

1) 무형성(intangibility)

관광서비스의 기본 특성은 일단 형태가 없다는 것이다.

객관적으로 누구에게나 보이지 않고 형태로 제시할 수 없으며 물체처럼 만질 수 없는 것이다. 예를 들면, 호텔 식당에서 제공되는 음식은 만질 수 있는 유형적인 것이지만 종사원이 제공하는 서비스 그 자체는 결코 만질 수 없는 것이다. 또한 무형성은 실체를 보거나 만질 수 없다는 객관적 의미와 보거나 만질 수 없기 때문에 그 서비스가 어떤 것인가를 상상하기가 어렵다는 주관적의미가 있다. 이런 무형적 특성으로 인해 서비스 상품은 진열하기가 곤란하며 그에 대한 커뮤니케이션도 곤란하다. 따라서 무형성으로 인한 이와같은 문제점을 해결하기 위해서는 실제적인 단서를 강조하고, 구전 커뮤니케이션을 자극하며 강력한 이미지를 창출하고 가격결정에 있어서 원가회계 등의 비용정보를 이용하고 구매 후 커뮤니케이션에 신경을 써야 한다.

2) 비분리성(inseparability)

서비스는 생산과 소비가 동시에 발생한다.

다시 말해, 서비스 제공자에 의해 제공되는 것과 동시에 고객에 의해 소비되는 성격을 가진다. 일반적으로 공산품의 경우 생산과 소비가 분리되어 일단 생산되면 유통과정을 통해 시장에서 판매되면 나중에 소비된다. 그러나 서비스의 경우 생산과 소비가 동시에 발생되기 때문에 소비자가 서비스공급에 참여해야 하는 경우가 대부분이다. 그리고 다른 소비자도 서비스 생산과정에 참여하므로 고객들이 형성하는 분위기가 하나의 서비스 내용이 될 수 있다. 또 고객들이 참여하기 때문에 서비스 상품을 대량생산하기가 어렵다.

3) 이질성(hetergeneity)

서비스는 '표준화'가 매우 어려운 특성을 가진다.

서비스는 최초 생산과 유통, 전달과정에서 여러 가지의 가변적 요소가 많이 반영되기 때문에 특정한 고객에 대한 서비스가 다음 고객에 제공되는 서비스와 다를 가능성이 많다. 예를 들면 같은 호텔의 경우에도 종사원이 제공하는 서비스(서빙)의 내용과 질이 시간이나 고객의 취향에 따라 달리 제공되어 질 수밖에 없는 예를 들 수 있다.

이러한 서비스의 이질성은 문제와 기회를 동시에 제공한다. 제공 서비스의 질을 항시 일정하게 하는 균일화 과정이 어렵기 때문에 관광 관련 기업으로서는 제공되는 서비스를 어떻게 일정 수준이상으로 유지하고 표준화시킬 것인가가 커다란 문제가 될 것이다. 반면에 서비스의 이질성은 고객에 따른 개별화의 기회를 제공한다. 보통 서비스의 효용은 소비자의 주관으로 평가하는 경우가 대부분이므로 제공되는 서비스의 개성화를 통하여 고객의 다양한 욕구에 대응할 있다.

4) 소멸성(perishability)

공산품의 경우 판매되지 않은 일반 제품은 재고로 보관하거나 저장이 가능한 반면 서비스는 무형성에 기인하여 재고로 보관할 수 없는 특성이 있다. 이와 같이 서비스의 생산에는 재고와 저장이 불가능함으로 재고 조절능력이 미흡하다. 또 구매된 서비스라 하더라도 당시 1회로서 소멸되며 그와 동시에 서비스의 편익도 사라진다. 따라서 이를 해결하기 위하여 수요와 공급 간의 조화를 이루는 전략이 필요하다.

3. 관광서비스의 구성요소

관광과 관련한 인간의 욕구와 욕망을 충족시키고 감동과 깨달음을 주기 위한 활동인 관광서비스는 4가지로 구성된다. 관광상품(Tourism Product), 서비스시스템(Service System), 관광서비스 환경(Service Environment), 서비스 전달(Service Delivery)[31]이다.

[그림 13-1]은 관광욕구를 갖고 있는 고객은 관광상품을 구매한 후 기대를 갖고, 직접 관광서비스 시스템에 참가하여 관광서비스를 전달받으며 체험을 하게 된다. 이때 관광서비스는 관광서비스 환경에 따라 다르게 전달된다.

[그림 13-1] 관광서비스 구성요소와 주변환경과의 관계

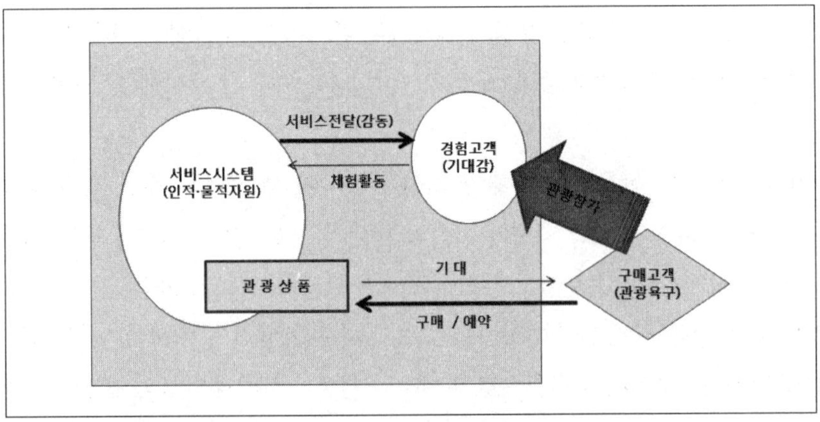

31) 이러한 서비스의 구성요소를 물리적 제품(physical product), 서비스 제품(service product), 서비스 환경(service environment), 서비스 전달(service delivery)로 한 의견에 따른 것이다(Rust, R.T. and R. L. Oliver, 1993).

1) 관광상품

관광상품은 고객의 관광욕구와 욕망을 충족시키기 위해서, 객관적으로 제시되기 위해 조직된 상품이다. 여기에는 관광서비스 기업이 고객에게 상품의 형태로 전달할 수 있는 모든 것들이 포함된다. 객관적으로 제시되어야 하기 때문에 무형의 관광상품이라 하더라도 유형적 단서들을 이용하여 타상품과 비교가 가능하도록 노력을 기울인다.

호텔상품의 경우 객실이나 부대시설의 모습이 담긴 사진을 넣어 브로슈어를 만들고 여행상품은 일정표와 관광지 사진을 수록하기도 한다. 이러한 유형적 단서들은 서비스를 이용하거나 체험하기 전에 관광상품의 내용을 예측하거나 타상품과 비교하는데 사용된다.

고객의 입장에서 볼 때 관광상품은 고객이 관광과 관련하여 소유, 참가, 이용하는 모든 것들이다. 고객은 관광시설의 이용이나 관광활동의 참가, 또는 체험의 권리를 구매한다. 호텔식당의 음식, 관광기념품의 구매, 여행상품의 구매, 테마파크의 입장권, 호텔 숙박권, 바의 음료, 항공권, 관광지 입장권, 박물관 입장권, 오페라 관람권 등이 모두 여기에 해당한다.

그 밖에 객관적으로 제시되는 상품의 내용으로는 여행상품의 경우, 기간, 항공기 종류, 경유지 유무, 방문지, 투숙하는 호텔의 등급, 식사의 내용 및 횟수, 교통수단의 종류, 안내원의 유무 등이다. 호텔 숙박권의 경우도 호텔의 등급, 호텔의 위치, 객실의 크기 및 종류, 객실의 위치(경관), 식사제공 유무, 부대시설의 유무 및 종류, 픽업서비스의 유무 등이다.

2) 서비스시스템

서비스시스템(Service System)은 고객이 관광과 관련하여 구매하는 핵심적인 성과(Performance)를 말한다. 즉 관광서비스 기업이 고객이 원하는 결과물을 제공하기 위해 일련의 사건들(events)을 미리 설계해 둔 것이다. 서비스시스템에서는 고객과 서비스종사원과의 상호작용이 반드시 필요하며, 이 과정에서 관광기업과 관광상품, 관광서비스만의 독특한 가치를 나타낼 수 있다.

예를 들어, 항공기 내의 좌석에는 Business class와 Economy class가 있는데, 동일한 항공기 내에 있는데도 불구하고 가격 면에서 2~3배의 차이를 보이고 있다. 객관적으로 제시할 수 있는 관광상품에는 Business class좌석의 구조가 Economy class에 비해 상당히 크고 또 간격도 넓어서 뒤로 눕거나 다리를 펴는데 불편이 훨씬 적다. 따라서 Economy class 증후군이라는 혈전현상에 의한 돌연사의 위험을 훨씬 줄일 수 있다.

뿐만 아니라 Business class와 Economy class는 서로 다른 서비스시스템을 가지고 있다. 항공기 승무원의 서비스는 Business class와 Economy class의 고객에서 서로 다른 서비스를 제공하도록 설계되어 있다. 고객과 접촉하는 횟수도 다르고, 기내식의 내용뿐만 아니라 기내식을 제공하는 방법도 다르게 설계되어 있다. 한 명의 승무원이 서비스를 제공하는 고객의 숫자도 다르게 계획되어 있다. 기꺼이 두세 배의 요금을 지급하고 Business class를 구입한 고객은 Economy class와는 다른 결과를 원하기 때문이다.

3) 관광서비스 환경

관광서비스 환경(Service environment)은 서비스를 둘러싸고 있는 환경으로 '서비스 스케이프(Service scape)'[32]라고도 한다. 관광서비스 환경은 고객이 관광종사원과 상호작용을 하며 서비스를 경험할 때, 그 서비스를 기억하는데 영향을 주며 매우 선명하고 핵심적으로 기억된다.

예를 들면, 잠을 자기 위해 호텔에 투숙했을 때 관광상품으로 제시된 호텔의 모습이나 부대시설의 내용, 객실의 조건 이외에 깨끗한 느낌, 향기, 안락함, 마음에 드는 실내장식, 좋아하는 색깔의 커튼과 카펫, 벽에 걸린 그림, 선호하는 가구 등을 갖춘 곳이 더 기쁘게 생각된다. 또 그 때 나타난 창가의 아름다운 저녁노을은 호텔서비스 전체를 선명하고 아름답게 기억하게 해 준다.

레스토랑에서 식사를 할 때도 옆자리에 앉은 품위 있는 고객, 아름다운 사람들의 모습, 다른 손님이 나에게 좋은 인상을 주었을 때, 자신이 평소에 듣고 싶었던 음악이 흘러나오는 등 서비스 환경은 그 순간이 기억되도록 하고 만족에도 영향을 준다.

32) Bitner M. J. (1992), "Servicescapes : The Impact of Physical Surroundings on Customers and Employees," *Journal of Marketing*, Vol. 56, April, pp.69~82.

여행서비스에서의 환경은 더욱 범위가 넓다. 평범한 관광지라 하더라도 고객이 방문한 날 특별한 축제가 있거나 유명연예인이 방문하여 사인회를 하는 등 새로운 흥밋거리를 주거나, 날씨가 무척 좋다거나, 특별행사가 있어서 상품을 받거나 이벤트에 참가하는 기회를 가졌거나, 여행지에서 만난 사람이 특별히 좋은 느낌을 주었을 때는 여행서비스가 더욱 선명하게 기억된다.

4) 서비스 전달

서비스 전달(Service delivery)은 서비스종사원에 의한 서비스의 수행을 말한다. 즉 실제로 그 서비스가 어떻게 수행되는가에 대한 것으로 고객이 서비스를 소비하고, 종사원이 서비스를 수행할 때 발생하는 모든 것들이 여기에 포함된다. 아무리 서비스 시스템이 잘 짜여져 있다고 하더라도 서비스종사원이 이것을 제대로 수행하지 않거나, 고객이 제대로 받아들이지 못한다면 고객은 만족에 도달하기 어려워진다. 아무리 훌륭한 서비스로 설계되었더라도 서비스종사원에 따라서 서비스는 다르게 전달된다.

호텔에서는 음료가 담긴 컵은 컵 받침과 함께 제공되고 절대로 입이 닿는 컵의 윗부분을 손으로 잡지 않도록 설계되어 있다. 그런데 손님이 너무 많은 나머지 종사원이 컵 받침을 잊었거나, 또는 서둘러 음료수를 제공하느라고 컵의 윗부분을 손으로 잡아서 내려놓았다면, 설계된 만족 도달과는 다르게 실제 서비스가 전달되었다. 승무원에게 음료를 원한다고 말한 후 음료를 제공할 때까지의 시간이 1분으로 설계되었다면, 이것은 서비스 시스템 또는 서비스 제품이다. 그러나 승무원이 잡담에 1분, 거울을 보느라고 1분이 더 소요되어 총 3분이 걸리면 이것은 서비스 전달의 차원이다. 관광지에서 가이드가 관광지 설명을 10분 동안 하도록 내용이 구성되어 서비스가 설계되었다. 그러나 가이드가 몸이 불편하거나 내용을 잠시 잊는 등 개인적인 이유로 3분만에 끝내버렸다면 이것이 서비스 전달의 차원이 된다. 국외여행에서 미팅(Meeting)과 센딩(Sending)서비스는 고객에게 여행사의 따뜻한 마음을 전달하고 즐거운 여행이 될 수 있도록 하려는 목적으로 설계되었다.

그러나 미팅과 센딩업무를 담당한 종사원이 공항에 나갔지만 아무것도 하지 않고 항공권만 전달해 주고 먼저 사라져 버린다면 서비스 전달에서 실패를 한 것으로 볼 수 있다.

4. 관광서비스의 기본조건

1) 관광의 정신에 대한 식견과 전략

우수한 관광서비스는 관광의 정신에 대한 올바른 식견을 가지고 고객의 정신적 깨달음과 감동이라는 충만감을 제공하기 위한 전략을 가지고 있어야 한다. 사전에 약속된 대로의 서비스를 차질 없이 제공한다거나, 예상했던 대로 부족함이나 결함이 없는 여행활동을 마치는 것만으로는 만족에 도달할 수는 없다. 관광서비스의 만족은 고객이 관광의 정신적 가치인 깨달음, 느낌, 감동, 발견, 배움 등의 가치를 가질 수 있어야 하기 때문이다. 그래서 때로는 감동을 위한 연출도 필요하다.

2) 우수한 관광종사원

우수한 관광종사원은 관광에 대한 올바른 사고를 가지고 있어야 하고 고객지향적이어야 한다. 고객에게 관광의 감동을 줄 수 있고 깨달음을 얻을 수 있도록 도와주어야 하기 때문이다. 고객은 관광의 정신적 가치를 사전에 알고 있을 수도 있지만, 전혀 알지 못할 수도 있다. 여행은 자칫 설레임으로 소풍을 떠나기 전의 마음으로 들떠 조급해지거나, 막연한 기대로 한껏 부풀어 있다가 어린 시절 소풍에서 돌아올 때처럼 피곤함으로 지쳐버리기 쉽다. 관광의 정신에 도달하지 못한다면 고달픔만을 안고 오게 되는 것이다.

우수한 관광종사원은 고객을 깨달음으로 이끌어야 한다. 관광의 자세와 '삶의 빛'이 되는 것들을 발견할 수 있도록 해야 한다. 고객의 관광이 말초적 즐거움이 아니라 감동과 깨달음으로 가치 있는 것이 될 수 있도록 하는 것이다. 감동에 도달한 고객은 그 관광서비스의 우수성을 남에게 전하게 되고 자신도 지속적으로 우수한 종사원과의 관광활동을 선호하여 반복적으로 구매하게 된다.

3) 서비스활동과 정신을 위한 시스템

관광서비스 제공시스템은 고객을 중심으로 설계되어야 한다. 관광기업의 입장에서 편리하고 유리한 설계가 아니다. 우선 고객에게 여행의 편의를 제공하는 완전한 시스템이어야 한다. 그렇지만 감동이란 안전한 여행이나 안락한 잠자리만으로 도달되지 않는다. 고객중심의 설계는 고객이 감동과 깨달음을 얻도록 철저하게 고객에게 맞추어진 서비스시스템이 필요하다.

아무리 안전한 여행을 마쳤다 할지라도 고객에게 아무런 느낌조차도 없고 고객의 입장에서 아무것도 가치 있는 것을 얻을 수 없다면, 여행은 단지 여행으로 끝나버린다. 그러면 여행은 많은 시간과 경제적 부담, 노력들을 잃게 된다. 관광서비스는 모든 고객이 가치 있는 체험으로 깨달음과 감동을 얻을 수 있는 시스템을 개발하고 유지해야 한다.

5. 관광서비스의 목표

관광서비스의 목표는 관광서비스를 제공받은 사람이 감동과 깨달음에 도달하도록

[그림 13-1] 관광서비스의 목표(여행상품 구매 전제)

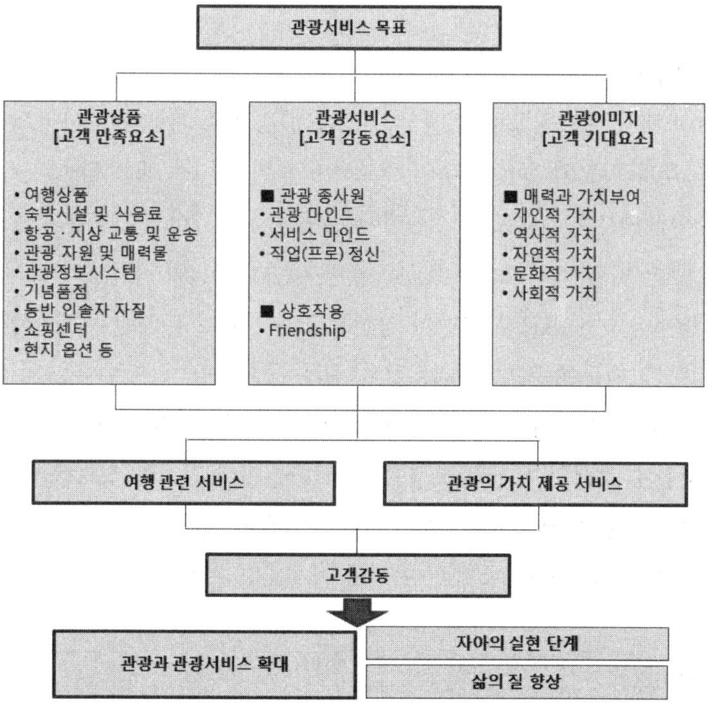

하는 것이다. 다시 말하면, 사람들에게 여행과 관련한 편의를 제공하여 기대를 충족시키고, 관광으로 감동과 깨달음에 도달하도록 하는 것이다. 더 나아가 관광한 사람이 깨달음을 실천하여 삶의 질이 향상되고 존경받는 삶이 되도록 하는 것이다. 관광서비스의 목표가 실현되면 관광은 더욱 확대되고 관광서비스와 관광사업은 인간의 삶의 질 향상에 기여하는 것이 된다. 비록 기업으로서 그리고 사업으로서 조직이 이익을 추구하고 있지만, 관광사업 존립의 기반이 되는 관광의 지속적인 발전과 관광서비스의 확대가 반드시 따라야 한다. 그러므로 관광을 통해 인간의 삶의 질 향상을 이루는 것이 관광서비스의 더 큰 목표가 되어야 한다.

6. 관광서비스의 사례

위에서 살펴본 관광서비스의 분류를 바탕으로 관광서비스를 크게 나누면 인간을 중심으로 서비스를 제공하는 여행서비스와 시설이용을 중심으로 하여 인적 서비스를 구성하는 대표적 서비스인 호텔서비스로 나눠 설명할 수 있다.

1) 여행서비스

관광서비스에서 대표적으로 인적 서비스를 중심으로 제공되는 서비스이다. 여행서비스는 고객과 직원의 높은 접촉이 필요하며 주된 서비스 제공 장소는 관광지이다. 관광지에서 제공되는 서비스는 시설 내에서 제공되는 서비스보다 통제 불가능한 요소가 더욱 많다. 따라서 서비스의 완성도를 높이는데 직원의 판단력이 크게 작용한다.

또한 여행서비스는 비교적 고가의 상품으로 구성되며 다양한 여행관련 전문지식을 필요로 하기 때문에 직원의 전문성이 매우 중요하다.

직원은 여행전문가로서 여행과 관련한 각종 지식을 갖추고 있어야 하며, 고객과 대면하는 순간에 고객의 욕구와 욕망을 파악하고 이에 적절한 정보를 제공함으로써 고객의 욕구에 적합한 여행지를 추천하거나 여행상품을 추천해야 한다. 이를 위해 여행서비스에서는 인적 서비스 제공시스템을 개발하고 관리하는 것이 우선되어야 한다.

2) 호텔서비스

호텔서비스는 호텔의 객실을 비롯한 각종 시설의 이용을 핵심으로 하며 호텔시설 내에서 서비스를 전달한다. 고객과 매우 높은 접촉을 갖지만 서비스의 제공 장소가 대부분 호텔 내로 제한되기 때문에 호텔서비스 종사원의 근무 장소도 호텔 내로 제한되는 경우가 대부분이다.

또한 서비스종사원은 제한된 시설 내에서 고객과 접촉하도록 계획되어 있고, 그 접촉의 규범까지도 계획되어 있다. 서비스종사원은 고객과 접촉을 위해 대인관계에 필요한 접촉기술이 필요하며 사전에 직원의 높은 행동규범이 확립되어야 고객의 욕구에 매우 민감하게 대처하게 된다. 고객에 따라 서비스를 변화시킬 수 있는 정도가 높지 않고, 정해진 행동규범 내에서 개별 고객에게 맞는 서비스를 제공해야 하므로 종사원의 재량의 정도는 낮다.

〈표 13-1〉 호텔서비스와 여행서비스의 비교

구 분	호텔서비스	여행서비스
서비스 핵심	시설의 이용 서비스	인적 서비스 중심
서비스 전달 공간 범위	시설범위 내(단일 장소)	복수 장소의 여행 · 관광지
종사원 서비스 요구 능력	수준 높은 행동 규범 준수	전문지식과 판단력 필요
서비스 재량권 소유	고객 재량권 소유	종사원 재량권 소유

제3절 관광서비스와 고객만족

1. 고객만족의 의의

고객만족(customer satisfaction)은 1970년대 이후 끊임없이 이슈화되고 있는 기업의 마케팅 사고 중심적 개념이다. 기업이 추구하는 목표달성이 바로 고객만족인 것이다. 이는 기업의 성과와 밀접한 상관관계를 가지고 있으며, 높은 수준의 고객만족은 기존 고객의 충성도 향상, 가격 민감도 감소, 기존 고객의 이탈 방지, 마케팅 실패 비용의 감소, 신규고객 창출비용의 절감과 기업 브랜드파워 향상으로 직결된다.

최근 들어 고객만족은 고객감동, 고객충성, 고객성공, 고객가치 등의 용어와 혼용되어지고 있다. 통상적으로 '만족(satisfaction)'이란 단어의 의미는 라틴어 satis(enough)와 facere(to do / to make)에서 파생되었으며, 만족시키는 상품이나 서비스가 충분한 정도까지 고객이 요구하는 것을 제공할 능력을 지니고 있다는 의미로 해석하고 있다. 만족이 과식 또는 과도한 투기 등과 같은 지나친 결과 수준까지의 충족으로 보기도 한다.

고객의 의사결정 또는 경험적인 측면에서 보면 고객만족이란 소비자의 심리적 과정의 최종상태로서 인지적 상태, 평가, 정서적 반응, 인지적 판단과 정서적 반응이 결합된 만족에 대한 판단 등 네 가지 관점에서 그 정의를 내릴 수 있다.

첫째, 인지적 상태에서의 고객만족은 소비자가 치른 대가에 대해 적절하게 보상되었다고 느끼는 소비자의 판단으로 보고 있다.

둘째, 고객의 평가에서의 고객만족은 고객이 선택한 대안이 그 대안에 대한 사전 신념과 일치되었는가에 대한 평가라고 보고 있다.

셋째, 정서적 반응으로 보는 관점에서 고객만족은 고객의 기대 일치 · 불일치와 같은 고객의 다양한 인지적 처리과정 후 형성되는 정서적 반응으로 보고 있다.

넷째, 고객만족은 인지적 판단과 정서적 반응이 결합되어 나타나는 것으로 보고 고객만족은 만족에 대한 고객의 판단이다.

따라서 위 내용을 바탕으로 고객만족에 대한 개념을 관광산업분야의 한 분야인 여행사를 중심으로 설명하면, 여행사에서는 여행서비스에 대한 고객만족이란 여행자의 기대와 여행에서 느낀 실제의 지각간의 차이를 말한다. 즉 여행자의 만족은 여행상품과 서비스에 대한 자신의 기대와 지각의 차이를 의미하는 것으로 여기에서 기대의 초과나 충족이 고객만족으로 이어지는 것이다. 고객의 지각은 기대와 실제경험 사이의 차이에 의해 설명될 수 있는 만족과 불만족에 관련이 있기 때문에 품질은 기대된 품질과 지각된 품질 사이의 차이로서 인식된다는 것이다. 지각된 품질을 기대와 비교할 때 품질이 기대보다 더 높으면 고객은 만족하는 경향이 있다.

2. 고객만족의 원칙과 고객만족 경영

1) 고객만족의 원칙

일반적으로 고객만족의 원칙은 다음과 같이 설명할 수 있다.

① 고객의 정확히 인지하여야한다(기존고객, 신규고객, 취향 등).
② 첫인상이 가장 전체 만족도를 크게 좌우하는 중요한 요소이다.
③ 고개이 기대하는 이상의 욕구를 충족시켜야 한다.
④ 고객의 노력과 수고를 아껴야 한다.
⑤ 고객의 의사결정이 가능한대로 용이하여야 한다.
⑥ 고객의 의식과 인식에 초점과 눈높이를 맞춰야 한다.
⑦ 고객은 지루한 기다림을 싫어한다.
⑧ 고객이 다시 찾고 싶어 하는 추억을 만들어 주어야 한다.
⑨ 고객들은 좋지 못한 경험을 더 오래 기억한다.
⑩ 고객으로 하여금 충분한 응대를 받았다고 느끼게 해야 한다.

2) 고객만족 경영

고객만족을 목표로 하는 경영이 곧, 고객만족 경영이다. 다시 말해 기업의 총체적 고객만족 목표를 추구하기 위해 고객지향 사고가 기업경영의 모든 측면에서 반영되는 경영이 바로 고객만족 경영으로 단정할 수 있다.

3) 고객만족서비스의 중요성

관광 관련 기업에서 특히 고객만족을 강조하는 것은 서비스가 고객의 명시적인 요청에 의한 무형의 거래이며, 인간 활동을 기본으로 사람들과의 접촉에서 서비스가 창출되고 그 생산과정에 그 생산과정에 고객이 직접 참여하기 때문이다. 고객만족 경영의 추구는 고정고객의 확보와 그들의 구전을 통한 신규고객 창출이 가능하여 결과적으로 매출액의 증가를 가져올 수 있기 때문이다. 고객만족서비스란 고객의 요구, 기대에 부응하는 서비스를 제공하여 그 결과로 서비스의 재구매가 이루어지고 이런 현상이 반복되어 고객의 충성도가 계속 유지 존속되는 상태라 할 수 있다.

이를 위해 소위 '고객만족지수(CSI : customer satisfaction index)를 도입하는 기업들이 점차 증가하고 있다. CSI는 고객의 반응에 의해서 만들어진 경영성과 지표로 고객의 눈으로 본 경쟁기업과의 비교평가를 알 수 있다. 이와 같은 조사를 통하여 향후 고객만족을 극대화시킬 수 있는 유용한 정보를 취득할 수 있다.

3. 고객접점 서비스

1) 고객접점 서비스의 의의

고객접점 서비스란 고객과 서비스 종사원 간의 아주 짧은 만남의 순간에 이우러지는 서비스로 이 순간은 소위 '진실의 순간(MOT : moment of truth)' 또는 '결정적 순간'이라고 한다. 이 순간에 고객접점의 최일선에 있는 종사원들은 비로소 책임과 권한을 가지고 자기 업체를 선택한 것이 가장 좋은 선택이라는 사실을 고객에게 입증시켜야 한다. 고객과의 접점의 중요성을 강조한 결정적 순간은 리처드 노먼(R.Norman)이 만든 용어로 스칸디나비아 항공(SAS : Scandinavian Airline System)의 얀 칼존 회장이 사용하면서 세간의 이목을 끌었던 경영의 기법이다.

고객과의 접점에서 짧은 시간에 고객이 선택한 최고, 최상의 업체라는 것을 증명해야 한다는 것이 결정적 순간의 목표이다. 현대의 고객은 시장에서의 선택의 폭이 넓어졌다. 수많은 업체들 중에서 어떤 업체의 서비스를 구매할 것인지를 의사결정하는 것은 원천적으로 고객의 권한이다. 결정적 순간의 종사원들은 전체 서비스과정을 이해하고 고객의 입장에서 서비스를 제공하여, 고객에게 우리 업체가 최고, 최상의 대안이라는 것을 느끼고 체험할 수 있도록 해야만 한다.

2) 고객접점의 서비스 구성요소

고객접점서비스는 일정기간동안 고객이 직접적으로 서비스와 상호작용하는 것으로 그 상황에서 인적 · 물적 · 시스템적 구성요소로 구분할 수 있다. 제조업에서는 물적 · 기술적 접근방식이 우선되지만 서비스산업에서는 종사원과 고객사이의 상호작용을 우선시하는 인간적 접근이 중요하다.

이 접점에서 효과적인 커뮤니케이션을 위한 개인적 서비스 능력이 고객의 만족·불만족의 차이를 나타낸다. 고객과의 상호작용은 다음과 같이 구분할 수 있다

① 고객과 현장 서비스 제공 종사원
② 고객과 서비스환경의 물리적 환경
③ 고객과 고객과의 관계

결론적으로 고객, 서비스 접점에서 만나는 종사원, 서비스시스템이 모두 견제와 균형을 통해 효과적으로 맡은 역할을 다하며 조화를 이룰 때 고객만족의 극대화가 기대된다.

〈표 13-2〉 서비스 MOT 사례 I(호텔)

- 호텔에 최초 예약전화를 거는 순간
- 교환원이 프런트로 및 레스토랑으로 전화를 연결하는 순간
- 예약이 성립되는 순간
- 호텔에 도착하여 컨시어지가 인사하고 짐을 내려놓는 순간
- 프런트에서 체크 인 등록을 하는 순간
- 엘리베이터를 탑승하는 순간
- 객실로 안내되는 순간
- 프런트에서 체크 아웃 절차를 수행하는 순간
- 부대업장을 이용하는 순간
- 기타 고객의 안내 및 문의사항을 처리하는 순간
- 호텔을 떠나는 순간

자료 : 일본능률협회, 1991

〈표 13-3〉 서비스 MOT 사례 II(항공사)

▪ 정보를 얻기 위해 항공사에 최초로 전화를 하는 순간 ▪ 예약업무를 수행하는 순간 ▪ 공항 카운터에 접근하였을 때의 수간 ▪ 보딩패스 발권과 탑승안내를 받는 순간 ▪ 출발 라운지에서 출발을 기다리고 있는 순간 ▪ 탑승하는 순간 ▪ 탑승하여 승무원의 최초 환영을 받는 순간 ▪ 착석해야 할 좌석을 찾고 있는 순간 ▪ 수하물 넣을 곳을 찾고 있는 순간 ▪ 기내 서비스를 제공받는 순간 ▪ 비행기에서 내리는 순간 ▪ 공항에서 수하물을 찾는 순간

자료 : Albrecht, 1988

4. 21C 관광산업종사원의 서비스 자세

현대 들어 모든 기업은 국내경쟁을 초월하여 세계의 일류기업, 다국적기업과 별도의 보호장치 없이 무한경쟁을 해야 한다. 세계적인 무한경쟁시대인 것이다. 서비스기업의 현상도 예외 없이 서비스종사원들의 변화를 요구하고 있다. 그 변화의 요구는 치열한 국제경쟁에서 생존 할 수 있는 능력과 자질을 갖춘 사람으로 다시 태어나는 것이다.

21C 이와 같이 급변하는 대내외 환경에서 서비스 종사원은 어떤 정신자세를 가져야 할 것인가? 그것은 최선을 다하는 마음자세, 자기분야에서 최고가 되겠다는 마음자세, 창조와 개척의 마음자세, 혁신하는 마음자세, 신념과 패기의 마음자세 등을 갖춰야 한다.

(1) 최선을 다하는 마음자세

'평범한 서비스종사원이 뭐 그리 대단한 일을 할 거라고 그냥저냥, 대충대충 하면 되겠지라고 생각할지 모르지만, 그것은 매우 잘못된 생각이다. 사람이 이루고 달성하는 성과라는 측면은 하루아침에 이루어지는 것이 아니며, 갑자기 거창한 업적이 쌓이는 것도 아니다. 조그마한 일들을 하나하나 수행하여 나가다 보면 성과도 축적이 되면서 그것을 근간으로 큰일을 수행할 수 있게 되는 것이다.

(2) 자기 분야에서 최고가 되겠다는 프로의 마음 자세

우리가 생존하는 사회는 진정한 프로가 각광받고 존중받는 시대로 변모하였다. 정치도, 사회도 사업도, 모든 직업도 마찬가지이다. 진정한 프로란 자기가 맡은 분야의 일들을 맵시 있게 결과를 맺는 사람, 즉 전문가를 말한다. 사회가 발전함에 따라 직업이나 업무가 매우 세분화되고 고도화되었다. 세분화되고 고도화된 일들을 처리하자면 매우 전문적인 지식과 감각이 필요한 것이다. 이런 전문적인 지식과 감각을 가진 사람이 진정한 프로인 것이다.

(3) 창조와 개척자 정신의 마음자세

일반적으로 기업이 수행하는 업무들은 창조하는 것이다. 기존의 제품을 생산하는 것도 창조이며, 새로운 제품을 개발하는 것도 창조이다. 제품을 만들고 개발하더라도 좀 더 새롭고, 고객의 욕구에 부합한 제품, 세상 사람들의 생활을 보다 풍요롭게 해줄 수 있는 상품을 내어놓아야 한다.

모든 직장인들은 매사에 창조와 개척하는 마음자세로 임해야 한다. 무한경쟁의 시대에 창의력만이 기업이 생존하고 내가 생존하는 유일한 방법이기 때문이다.

(4) 지속적으로 혁신하는 마음자세

변화와 혁신이 없는 정체현상은 곧 살아있는 것이 아니다. 혁신을 통해 나아가지 않는 제자리걸음은 퇴보이다. 이것이 무한경쟁시대를 맞이한 기업환경이다. 지금은 세계가 나날이 변화하고, 자고나면 새로운 신기술이 탄생하고 신제품이 출시된다. 직장인들의 끊임없이 자기혁신을 하는 마음자세를 견지해야만 무한경쟁에서 살아남을 수 있다.

(5) 신념과 패기의 마음자세

서비스종사원은 '하면 된다', '나는 할 수 있다'라는 굳은 신념을 갖춰야 한다. 또한 어렵고 힘들어도 해보자는 패기를 가져야 한다. 아무리 어렵고 힘든 일도 노력하고 고민하면 해결의 실마리가 보이게 마련이다.

무슨 일이든 할 수 있다고 생각하는 사람과 조금만 어려워도 할 수 없다고 생각하는 사람은 일의 성취 결과에 있어 많은 차이를 갖는다. 그래서 '미래는 도전하는 사람의 것'이라고 한다.

참고문헌

[국내문헌]

21C호텔관광연구회, 관광사업론, 가산출판사, 2002.

강규선, 관광객의 사회 · 심리적 웰빙수준이 여행소비행동에 미치는 영향 연구, 경원대학교 박사학위 청구 논문, 2006.

강남국, 혁신 고객서비스경영, 학현사, 2009.

국제산업정보연구소, 리조트산업전략, 1989.

김광근 외, 관광학의 이해, 백산출판사, 2011.

김도희, 관광학개론, 백산출판사, 2009.

김미경 외, 신관광학, 백산출판사, 2010.

______, 관광자원학, 백산출판사, 1998.

김사헌, 관광경제학, 백산출판사, 2010.

______, 국제관광론 : 국제관광현상의 사회문화론적 해석, 백산출판사, 2007.

김성혁, 관광마케팅의 이해, 백산출판사, 2004.

______, 관광사업론, 백산출판사, 2003.

김영규, 관광사업론, 기문사, 2008.

______, 여행사경영과 실무, 대왕사, 2008.

김용상 외, 관광학(제5판), 백산출판사, 2011.

김정옥, 관광자원관리론, 대왕사, 1997.

김창연, 관광항공운송사업론, 대왕사, 2000.

김천중, 신관광정보론, 대왕사, 2004.

김학용, 항공업무관리, 대왕사, 2004.

나영선, 외식사업창업과 경영, 백산출판사, 2009.

노길명, 문화인류학의 이해, 일신사, 2002.

대한관광경영학회, 관광법규의 이해, 백산출판사, 2000.

동남레저산업연구소, 관광학의 이해, 기문사, 2006.

문화체육관광부, (2007~2010)관광동향에 관한 연차보고서.

_____________, 2009년 기준 관광동향에 관한 연차보고서, 2010.
_____________, 관광동향에 관한 연차보고서, 2010.
박상수 외, 해설관광법규, 백산출판사, 2010.
박시범 외, 관광레저경영론, 새로미, 2005.
________, NEW 관광학원론, 새로미, 2011.
박시사, 관광소비자행동론, 대왕사, 2001.
_____, 항공사경영론, 백산출판사, 2008.
박의서, MICE산업의 이해(제2판), 학현사, 2008.
박호표, 호텔마케팅의 이해, 도서출발 북넷, 2008.
삼일회계법인, 서비스기업의 성공조건, 김영사, 1993.
서태양, 문화관광론(제3판), 대왕사, 2011.
손광수, 알기쉬운 CS, 하기쉬운 CS, 21세기북스, 1994.
송성인, 새로운 호텔경영학, 새로미, 2007.
_____, 최신 호텔경영론, 백산출판사, 2005.
신재기 외, 컨벤션마케팅, 한올출판사, 2003.
안광호 외, 브랜드 파워, 한언, 1997.
우경식 외, 관광서비스마케팅, 새로미, 2010.
원융희, 관광과 문화, 학문사, 1999.
이강욱, 관광산업의 중요성과 전략적 육성방안, 청사초롱, 2002. 제203호.
이강재, 관광개발의 영향이 지역주민의 태도에 미치는 연구, 관광·레저연구, 1994.
이경모, 크루즈산업의 이해, 대왕사, 2004.
이광원, 관광학의 이해, 기문사, 2010.
이선용, "국내외식사업의 전망과 마케팅 전략", : pp.1~4.
이애주·하인수, 우리나라에서의 크루즈개발방향과 시장확대 전략에 관한 연구, 호텔·관광연구, Vol. 3. No. 1, 2001.
이유재, 서비스마케팅(제2판), 학현사, 2001.
이정학, 관광학원론(제2판), 대왕사, 2011.
_____, 로텔경영의 이해, 기문사, 2010.
이후석, 관광자원의 이해, 백산출판사, 2003.
임주환, 신관광학의 이해, 백산출판사, 2004.
장병권, 국민관광론, 기문사, 2001.

______, 한국관광행정론, 일신사, 1993.
정석종, 해양관광론, 대왕사, 2011.
정의선, 관광학원론, 백산출판사, 2011.
정의천, 최신관광법규론(제11판), 대왕사, 2011.
정주영 외, 최신관광학의 이해, 백산출판사, 2006.
조명환, 관광문화론, 백산출판사, 2010.
조성호 외, 외식사업 창업과 경영(제2판), 대왕사, 2011.
최동열, 관광서비스(제2판), 기문사, 2008.
최태광, 관광마케팅, 백산출판사, 2002.
하헌국 외, 관관사업론, 학문사, 2001.
한국관광공사, 관광동향에 대한 연차보고서, 2003.
__________, 관광시장 동향 분석, 제1호, 2002.
__________, 국민여행실태조사, 2001. 1999. 1997. 1995
__________, 전국관광중장기종합개발계획, 1989.
__________, 주요 경쟁국의 관광인프라 개선사례 및 시사점, 2004.
__________, 해외마케팅 전략, 2002.
한국관광학회, 한국관광발전사, 1983.
__________, 한국관광학총론, 백산출판사, 2009.
한국문화관광연구원, 우수여행상품 인증제도 실시 계획, 관광정책동향, 2001.
______________, 주5일 근무제 도입에 따른 관광정책 대응방안, 2001.
한국외식산업연구소, 외식사업경영론, 백산출판사, 2002.

[외국문헌]

A. M. Morrison, *Hospitality and Travel Marketing*, Delmar Publishers Inc., 1989.
Albrecht, K. *At America's Service*, Homewood, IL : Dow Jhones-Irwin.
AMA Board Approves, *New Marketing Definition*, Marketing News, March 1, 1985.
Balzer, Harry, *Product Positioning*, Chicago : International Foodservice Manufactures Association, 1982.
Bessom, R. M. *Unique Aspects of Marketing of Services*, Arizona Business Bulletin, November, 1973.

Burkart, A. J. & S. Medlik, *Tourism*: Past, Present and Future, 2nd edition, London: Heinemann, 1982.

Charles, Howe, *Natural Resource Economics*: Issue, Analysis and policy, John Wiley & Sons, Inc.

Chuck Y. Gee, James C, Makens and Dexter J. L. Choy, *The Travel Industry*, Van Nostrand Reinhold, 1997.

Colin Hunter and Howard Green, *Tourism and the Environment : A Sustainable relationship?*, London and Newyork, 1995.

Crampton, J.L., *Lecture on Tourism, Given at univ.* Hawaii, Spring Semester, 1972.

Doglas E. Lundberg, *The Hotel and Restaurant Business*, 4th, 1984.

Edgell, D. L. *International Tourism Policy*, Van Nostrand Reinhold, 1990.

Goncalves, Karen P. *Service Marketing : A Startegic Approach*, Prentice-Hall, 1998.

McIntosh, R. W. & Goldner, C. R. *Tourism : Principles, Practics, Philosophies*, John Wiley & Sons, Inc. 1986.

Mil, R. C. & Morrison, A. M. *The Tourism System, Englewood Cliffs*, New Jersey, 1985.

Samren, I. *Service Strategies in Practices*, European Research, February, 1988.

岡本伸之, 최규환역, 觀光學入門, 백산출판사, 2003.

鈴木忠義, 現代觀光論, 有斐閣. 1974.

前田 勇著, 金鎭卓譯, 現代觀光總論, 백산출판사, 2003.

[Home Page]

http://www.pata.org

http://www.ijto.or.kr

http://www.kata.or.kr

http://www.kcti.re.kr

http://www.koreacasino.or.kr

http://www.koreatravel.or.kr

http://www.kto.or.kr

http://www.micekorea.or.kr

http://www.unwto.org

http:serch.daum.net

http:serch.naver.com

http:serch.naver.com

http:www.foodguide.co.kr

http:www.foodguide.co.kr

http:www.google.co.kr

http:www.gourmet.co.kr

http:www.knto.go.kr

http:www.mct.go.kr

저자소개

강규선

[학력]
- 인천기계공고 정밀기계설계과 졸업(1981년)
- 경원대학교 경상대학 관광경영학과 졸업(1988년)
- 고려대학교 경영전문대학원 경영학석사[MBA](1999년)
- 경원대학교 대학원 관광경영학과 경영학박사(2006년)
- 현, 메이필드호텔전문학교 호텔관광경영학부 교수

[연구논문]
- 리조트호텔 선택행동에 영향을 미치는 요인에 관한 실증적 연구
- 관광객의 사회 · 심리적 웰빙수준이 여행소비행동에 미치는 영향
- 여행소비행동 모델설정에 관한 연구[E.B.M 모델적용을 중심으로] 외

[현업경력]
- 현대백화점 그룹 근무(1989년~2006년)
- 현대호텔[경주 · 울산 · 경포대 · 블라디보스톡] 마케팅팀 서울사무소장 역임
- 현대드림투어 금강산관광팀장, 컨벤션사업팀장, 상품운영팀장, 패키지팀장 역임
- 호주투어 마케팅본부장 역임(2007년~2009년)

[직무 수행 주요 경력]
- '88서울올림픽조직위 & KID 공동주관 올림픽파크텔 Space Design 프로젝트
- 현대훼미리리조트(속초) 신규 개관 프로젝트
- 현대호텔(경주) 신규 개관 프로젝트
- 2002한일월드컵 현대차 · 기아차 · 현대중공업 Hospitality Program 운영총괄
- 현대자동차 세계 대리점 컨퍼런스 유치진행('02. 스페인 세비아)
- 기아자동차차 세계 대리점 컨퍼런스 유치진행('02. 호주 시드니)
- 세계화학공학회, IPU총회, PATA아 · 태지부총회, 세계자기학회총회
- 아 · 태 파괴강도학술대회, 국제혈액정화학회, 아 · 태부동산학회 등 컨벤션 유치진행

[기타 · 대외 활동 경력]
- 경원대, 동원대, 숭의여대 관광과 겸임교수 역임
- 서울시 시정개발연구원 「서울시 문화상품 마케팅방안」 자문위원 역임
- 한국호텔리조트학회, 국제관관광무역연구학회 정회원
- 한국관광호텔 & 리조트경영인협회 정회원
- 대안관광개발 프로젝트 「수」 컨설팅 자문위원

글로벌시대 관광학의 이해

2013년 2월 25일 초판 1쇄 인쇄
2013년 2월 28일 초판 1쇄 발행

저 자 강 규 선

발행인 寅製 진 욱 상

발행처 백산출판사

서울시 성북구 정릉3동 653-40
등록 : 1974. 1. 9. 제 1-72호
전화 : 914-1621, 917-6240
FAX : 912-4438
http://www.ibaeksan.kr
editbsp@naver.com

저자와의 합의하에 인지첩부 생략

값 20,000원
ISBN 978-89-6183-707-1